한국연구재단 학술명저번역총서 동양편 331

서호몽심
西湖夢尋

한국연구재단 학술명저번역총서
동양편 331

서호몽심 西湖夢尋

초판 1쇄 인쇄 2024년 11월 11일
초판 1쇄 발행 2024년 11월 25일

저　　자	장대 張岱
역 주 자	김숙향
펴 낸 이	이대현
편　　집	이태곤 권분옥 임애정 강윤경
디 자 인	안혜진 최선주 강보민
기획/마케팅	박태훈 김동건
펴 낸 곳	도서출판 역락
주　　소	서울시 서초구 동광로46길 6-6 문창빌딩 2층 (우06589)
전　　화	02-3409-2055(대표), 2058(영업), 2060(편집) FAX 02-3409-2059
이 메 일	youkrack@hanmail.net
홈페이지	www.youkrackbooks.com
등　　록	1999년 4월 19일 제303-2002-000014호

ISBN 979-11-6742-873-8 94820
ISBN 979-11-6742-443-3 94080(세트)

*정가는 뒤표지에 있습니다.
*파본은 구입처에서 교환해 드립니다.

이 저서는 2021년 대한민국 교육부와 한국연구재단의 지원을 받아 수행된 연구임 (NRF-2021S1A5A7079703)

서호몽심

西湖夢尋

한국연구재단 학술명저번역총서 동양편 331

장대(張岱) 저
김숙향 역주

역락

── 옮긴이의 말 ──

서호(西湖), 중국 고대 문인들의 예술적 영감의 원천

　서호(西湖)는 중국 절강성(浙江省) 항주(杭州)의 서쪽에 위치한 호수이다. 삼면이 산으로 둘러싸여 있고 호수 안에 작은 섬들이 어우러져 아름다운 풍경을 자랑한다. 예부터 지금까지 서호는 많은 중국인의 사랑을 받아온 명소로, 그 아름다움을 한눈에 담기 위해 고대 중국인들은 높고 멋진 누각과 정자를 지었고, 더 가까이에서 경치를 즐기고자 다양한 모양의 배를 만들어 타기도 하였다. 자연의 아름다움과 인간의 풍류가 조화를 이루는 서호는 오랜 세월 동안 많은 이들의 사랑을 받아왔으며, 지금까지도 여전히 사람들에게 무한한 영감을 주는 특별한 장소로 자리 잡고 있다.
　명나라 말기 사대부 집안의 자제로 태어난 장대(張岱, 1597-1689?)에게도 서호는 특별한 의미를 지닌 장소다. 이전 시기 수많은 문인들이 그러했듯이, 장대도 서호에서 창작의 영감을 얻고, 복잡한 현실에서 잠시 벗어나 자신만의 풍류를 즐겼다. 눈이 많이 내린 어느 추운 겨울날, 인적이 없는 호수로 장대는 눈 구경을 나섰다. 눈이 쌓여 아무도 없는 호수에서 뜻밖에 자신과 같은 생각을 가진 이들을 만나고 돌아왔다는 일화는 <호심정간설(湖心亭看雪)>이라는 작품으로 탄생하였다. 새하얀 눈이 그려내는 자연의 아름다움과 독특한 명말 사대부 문인의 풍류가 잘 어우러진 글로, 장대의 독특한 시각과 함축적인 문장을 엿볼 수 있다. 그리하여 <호심정간설>은 장대의 대표작이자, 서호를 담은 대표작이며, 명나라 말기 소품(小品)의 대표작으로 오늘날까지 인정받고 있다. 7월 15일, 서호에서 벌어지는 다양한 풍경과 달구경을 하는 사람들을 세밀하게 묘사한 <서호칠월반(西湖七月半)>도 서호를 담은 수작이다. 이 글에서 장대는 당시 사람들이 서호를 주요 무대로 하여 어떻게 달을 감상하는지, 무엇을 하며 즐겼는지, 그 시절의 분위기는 어떠했는지 등을 마치 길게 그려진 그림을 보는 듯 생생하게 묘사하였다. 이러한 작품들은 장대가 서호를 단순한 묘사의 대상으로 보지 않았음을 의미한다. ≪서호몽심≫에서 장대는 서호 주변의 자연과 경물의 형상을 이야기하고, 역사를 기록하였으며, 나아가 묘사 대상과 관련된 인물과 사건을 드러냈다. 아울러 행간 사이사이에 자신의 감정과 생각을 담았다. 때로는 드러내놓고 말하였고, 때로는 행간에 숨기기도 하였으며, 남의 입을 빌리기도 하였다. 주로 객관적인 역사와 사실을 자신의 주관적인 생각과 연결하는 서술방식을 활용하였다. 이러한 점에서 볼 때 서호는 장대의 내면세계와 미적 취향, 그리고 자신만의 생각을 전달하기 좋은 매개였던 것이다.

　　≪서호몽심≫은 총 5권(卷), 72편으로 구성되어 있다. 항주 일대의 주요한 산수, 사찰, 사원, 탑, 동굴, 누각 등을 전체적으로 묘사하고 있다. 장대는 서호를 중심으로 북로(北路), 서로(西路), 중로(中路), 남로(南路), 외경(外景)으로 공간을 나누고, 총기(總記)를 더하여 차례대로 서술하였다. 주목할 만한 점은 장대가 직접 적은 72편의 작품 외에도 고대 중국 문인들과 장대와 동시대 인물들의 시문(詩文) 193편을 선별하여 작품마다 부록했다는 점이다. 항주에서 관리를 지냈던 백거이(白居易)나 소식(蘇軾)처럼 유명한 문학가들의 작품을 비롯하여 잘 알려지지 않은 작가들의 문장도 다수 수록되어 있다. 잘 알려지지 않은 작가들 중에는 출생 연월조차 찾을 수 없는 이들도

있지만, 서호의 풍경을 시(詩)로, 사(詞)로, 또 대련(對聯) 등 다양한 형태로 그 아름다움을 표현하였다. 이렇게 편찬된 ≪서호몽심≫은 한 권의 '서호시문집(西湖詩文集)'이라 해도 손색이 없다.

장대(張岱), 명말청초 대표적인 강남 문인

장대(張岱)의 자(字)는 종자(宗子), 석공(石公)이고 호(號)는 도암(陶庵), 접암(蝶庵) 등이 있다. 명(明)나라 말기, 지금의 절강성(浙江省) 소흥(紹興) 출신이다. 그는 사대부 가정에서 태어나 강남의 부유하고 호화로운 생활을 영유하였다. 장대는 전통적인 사대부 집안의 자제와는 다른 독특한 취미와 개성을 가졌다. 장대의 집안은 삼대에 걸쳐 책을 모아 집안에 보유한 장서가 많았으니, 어렸을 때 자신의 집에 3만 권 이상의 책이 있었다고 회고하였다. 덕분에 어린 시절 잔병치레가 잦았던 장대는 집에서 요양을 하며 많은 서적을 탐독하였다. 어려서부터 글재주가 있었지만, 관직에는 뜻이 없었다. 성인이 된 뒤에는 강남의 여러 지역을 여행하며, 다양한 사람들과 어울리고, 취미생활을 즐겼다. 직접 극본을 쓰기도 하고, 차의 역사를 기록하기도 하였으며, 유가 경전에 관한 생각이나 기록에 남길만한 인물들, 그리고 역사에 대한 책을 쓰기도 하였다.

명나라 중엽 이후로, 환관들은 권력을 휘두르고 간신들이 정치를 좌우하였다. 첩자들이 활개를 치고 당쟁이 치열해지면서 나라는 안팎으로 걱정이 극심해졌다. 동시에 왕양명(王陽明)과 이지(李贄)를 중심으로 이학(理學)과 예교(禮敎)에 반하는 사상이 확산되면서, 문인사회에도 변화가 생겼다. 어두운 현실 속에서 문인들은 정치에 대한 절망을 개인의 욕망 추구와 개성의 해방으로 전환하였다. 입신과 양명에 대한 욕망은 자연과 산수, 그리고 명말 산업의 발달로 인해 풍부해진 물자와 문화에 대한 향유로 이어졌다. 풍부한 물질들을 향유하면서 정신적 만족을 추구한 것이다. 장대가 직접 쓴 자신의 묘지명에서도 스스로 좋은 집, 예쁜 하녀, 화려한 옷, 좋은 음식, 화려한 등불, 불꽃놀이, 연극 악기, 골동품, 차, 귤, 책과 시 등에 빠졌다고 밝힌 바 있다. 당시 문인사회의 분위기는 향락적이고 호화로웠으며 세속적이었음을 알 수 있다. 부유했던 가정환경, 그리고 사상의 변화와 사회적 풍조가 바로 장대의 개성적인 취향과 글쓰기를 탄생시킨 것이다.

  명나라는 장대의 나이 48세에 멸망하였다. 그로부터 가세도 기울어졌다. 장대는 청나라를 따르지 않고 산으로 들어가 저술에 힘쓰다 생을 마감하였다. ≪서호몽심≫은 강희(康熙) 10년(1671년), 즉 장대의 나이 75세에 완성되었다. 그러나 바로 출간되지 못하였고, 46년 뒤인 강희 56년(1717)에 개인 소장본으로 첫 판본이 나왔다. 이것이 바로 봉희당본(鳳嬉堂本)이다. 이후 광서(光緒) 9년(1883년)에 무림장고총편본(武林掌故叢編本)이 나왔는데, 강희당본의 범례를 삭제하고 차례를 바꾸었다. 본 역서는 2011년 중화서국에서 출판된 이소룡(李小龍) 평주(評注)의 ≪서호몽심≫을 저본으로 하고 다른 통행본에 수록된 역주를 두루 참고하였다. 2011년 중화서국 ≪서호몽심≫은 강희각본(康熙刻本)을 저본으로 광서(光緒) 9년(1883년) 무림장고총편본(武林掌故叢編本) 및 다른 문인들의 문집을 두루 참고하여 교감한 것이다.

기록(記錄), 서호의 역사를 쓰고 사람을 기록하다.

장대는 항주에서 오랫동안 거주하였다. 그간 축적했던 경험과 지식을 바탕으로, 서호와 그 주변의 산수, 경물, 불교 사원, 사당 등의 옛 모습을 ≪서호몽심≫에 생생하게 회고하였다. 특히 1654년, 전란으로 황폐해진 서호의 모습을 직접 목격한 후, 그 안타까운 심경을 작품에 담아냈다. 이를 통해 장대는 과거의 영화로웠던 서호와 현재의 황폐해진 모습을 대비시키며, 시대의 변화와 그에 따른 자신의 감정을 날카롭게 표현하였다. 이러한 장대의 서호 기록은 전통적인 유기문과는 다르다. 전통적인 유기문은 작가가 여행을 하면서 보고 들은 일을 기록하고, 산천과 경물에 자신의 감정을 담아 묘사한다. 여행 과정에서의 경험이 작가와 만나 심미적인 감수성이 펼쳐지는 것이 전통적인 유기문의 특징이다. 따라서 자연 경물을 자세하게 묘사하거나 간략하게 소략하거나, 자신의 마음 상태를 산수에 녹이거나, 자신의 생각을 담아 문장의 사상성을 부각시키기도 한다. 그러나 장대는 서호의 풍경보다는 역사 기록에 더 많은 지면을 할애하였다. 묘사하려는 대상 경물의 외형적 특징이나 아름다움보다 그 경물의 탄생에서부터 장대의 시대에 이르기까지 겪어온 변천 과정을 기록하는데 더 많은 공을 들였다. 그 역사 기록에 이어 장대는 묘사 대상과 관련된 인물의 이야기를 펼쳐놓는다. ≪서호몽심≫ 전체 작품 중 거의 모든 작품에서 우리는 서호와 관련된 인물의 이야기를 만나볼 수 있다. 예를 들면 <영은사(靈隱寺)>에서는 여러 번의 화재를 겪으면서 보수를 거듭하고, 또 이름도 계속 바뀌었던 절의 역사를 기록한 뒤, 장대 시대 영은사 승려 구덕의 이야기를 꺼낸다. 구덕은 영은사를 열심히 경영하여 많은 불자들을 모아 시주를 받았고, 이전보다 더 화려하게 절을 보수한 인물이다. <비래봉(飛來峰)>에서는 기이한 비래봉의 형상을 묘사한 뒤 곧바로 비래봉에 불상을 새긴 양곤에 대한 원망을 쏟아냈다. 경물이 가진 외관의 미와 굴곡진 역사, 그리고 무엇보다 경물에 얽힌 인물의 이야기가 장대의 손끝에서 생생하게 재현된다. 경관과 역사, 그리고 인물의 조합은 장대가 후손에게 보여주고 싶었던 서호의 총체적인 모습, 즉 진면목이라 할 수 있다.

장대는 오늘날의 표현으로 말하자면 '능력자'였다. 그는 고대 지식인의 필수 능력인 시문(詩文) 창작에 뛰어났을 뿐만 아니라, 지식의 범위도 넓고 풍부했다. 또한 다양한 취미를 가지고 있었으며, 관심 분야에 전문성도 탁월했다. 독특한 취향과 성품을 가진 인물이지만 뛰어난 커뮤니케이션 능력으로, 나이와 신분을 초월하여 다양한 인물들과 교류하였다. 넓은 시야로 세상을 바라보았고, 이를 예술적으로 표현하는 감각 역시 뛰어났다. 당대는 물론이고 현대에 살았더라도 그는 아마 독보적인 존재였을 것이다. 그런 장대의 책을 두 권째 번역하면서 그의 글을 해석하고 이해하는 일은 처음보다 결코 쉽지 않았다. 장대의 개성이 담긴 원문의 뉘앙스를 최대한 살리려 노력했으나, 그 깊이를 모두 전달하는 데 한계가 있음을 이해해주시길 바란다.

오늘날 서호는 ≪서호몽심≫ 속 서호의 모습과는 또 많은 차이가 있다. 그러나 옛사람들이 그러했듯이, 오늘날의 사람들도 계절에 따라 변화하는 아름다운 서호에서 영감을 받으며, 일상의 번잡함을 잊는 특별한 공간으로 여기며 향유하고 있다. 이 책이 과거와 현재의 서호와 사람을 이어주는 가교가 되기를 바란다. 마지막으로 무한한 사랑과 응원을 아낌없이 베풀어주시는 어머니 신정섭 님께 깊은 감사의 마음을 전한다.

― 차례 ―

옮긴이의 말 4
자서 自序 22
서호총기 西湖總記 25

| 卷1 | 西湖北路 | 서호 북로 |

1. 옥련정 玉蓮亭 ——————————————————— 49
   부록작품 1 백거이, 〈옥련정〉 白居易 〈玉蓮亭〉 ————— 51

2. 소경사 昭慶寺 ——————————————————— 53
   부록작품 1 원굉도, 〈소경사에 관한 짧은 글〉 袁宏道 〈昭慶寺小記〉 ——— 55
   부록작품 2 장대, 〈서호향시에 대한 글〉 張岱 〈西湖香市記〉 ——— 57

3. 와와탕 哇哇宕 ——————————————————— 60
   부록작품 1 도륭, 〈와와탕〉 屠隆 〈哇哇宕〉 ————————— 61

4. 대불두 大佛頭 ——————————————————— 62
   부록작품 1 장대, 〈대석불원〉 張岱 〈大石佛院〉 ————————— 64
   부록작품 2 견룡우, 〈서호대불두찬〉 甄龍友 〈西湖大佛頭贊〉 ——— 66

5. 보숙탑 保俶塔 ——————————————————— 67
   부록작품 1 황구문, 〈겨울 보숙탑에 오르다〉 黃久文 〈冬日登保俶塔〉 ——— 70

| 부록작품 2 | 하공근, 〈보숙탑〉 夏公謹 〈保俶塔〉 | 71 |
| 부록작품 3 | 전사복, 〈보숙탑〉 錢思復 〈保俶塔〉 | 72 |

6. 마노사 瑪瑙寺 —————————————————— 73

| 부록작품 1 | 장대, 〈마노사에 길게 울리는 종소리〉 張岱 〈瑪瑙寺長鳴鐘〉 | 74 |

7. 지과사 智果寺 —————————————————— 77

8. 육현사 六賢祠 —————————————————— 81

| 부록작품 1 | 장명필, 〈육현사〉 張明弼 〈六賢祠〉 | 84 |

9. 서령교 西泠橋 —————————————————— 86

부록작품 1	원굉도, 〈서령교〉 袁宏道 〈西泠橋〉	88
부록작품 2	원굉도, 〈도화우〉 袁宏道 〈桃花雨〉	89
부록작품 3	이유방, 〈서령교 그림에 쓴 글〉 李流芳 〈西泠橋題畵〉	90

10. 악왕분 嶽王墳 —————————————————— 91

부록작품 1	장경원, 〈악분에 관한 짧은 글〉 張京元 〈嶽墳小記〉	97
부록작품 2	주시, 〈악왕분〉 周詩 〈嶽王墳〉	97
부록작품 3	고계, 〈악왕분〉 高啓 〈嶽王墳〉	98
부록작품 4	당순지, 〈악왕분〉 唐順之 〈嶽王墳〉	99
부록작품 5	채여남, 〈악왕묘〉 蔡汝南 〈嶽王墓〉	100
부록작품 6	왕세정, 〈악분〉 王世貞 〈嶽墳〉	101
부록작품 7	서위, 〈악분〉 徐渭 〈嶽墳〉	102
부록작품 8	장대, 〈악왕분〉 張岱 〈嶽王墳〉	102
부록작품 9	동기창, 〈악분 기둥의 대련〉 董其昌 〈嶽墳柱對〉	103
부록작품 10	장대, 〈악분 기둥에 새기다〉 張岱 〈嶽墳柱銘〉	104

11. 자운동 紫雲洞 —————————————————— 105

| 부록작품 1 | 왕사임의 시(詩) 王思任 詩 | 106 |

卷2　西湖西路　　　　　　　　　서호 서로

1. 옥천사 玉泉寺 ——————————————————— 111
　　부록작품 1　김보, 〈옥천사〉 金堡 〈玉泉寺〉　　　　　　　113

2. 집경사 集慶寺 ——————————————————— 115
　　부록작품 1　장경원, 〈구리송에 관한 짧은 글〉 張京元 〈九里松小記〉　117
　　부록작품 2　진현휘, 〈집경사〉 陳玄暉 〈集慶寺〉　　　　　117

3. 비래봉 飛來峰 ——————————————————— 120
　　부록작품 1　원굉도, 〈비래봉에 관한 짧은 글〉 袁宏道 〈飛來峰小記〉　124
　　부록작품 2　원굉도, 〈비래봉에 대해 쓴 글〉 袁宏道 〈戲題飛來峰〉　125
　　부록작품 3　장대, 〈비래봉〉 張岱 〈飛來峰〉　　　　　　126

4. 냉천정 冷泉亭 ——————————————————— 128
　　부록작품 1　원굉도, 〈냉천정에 관한 짧은 글〉 袁宏道 〈冷泉亭小記〉　131

5. 영은사 靈隱寺 ——————————————————— 133
　　부록작품 1　장대, 〈구덕 스님의 장수를 기원하고 대전의 완공을 축하하다〉
　　　　　　　　張岱 〈壽具和尙並賀大殿落成〉　　　　　　136
　　부록작품 2　장호, 〈영은사〉 張祜 〈靈隱寺〉　　　　　　139
　　부록작품 3　가도, 〈영은사〉 賈島 〈靈隱寺〉　　　　　　140
　　부록작품 4　주시, 〈영은사〉 周詩 〈靈隱寺〉　　　　　　141

6. 북고봉 北高峰 ——————————————————— 142
　　부록작품 1　소식, 〈영은고봉탑을 여행하다〉 蘇軾 〈遊靈隱高峰塔〉　144

7. 도광암 韜光庵 ——————————————————— 146
　　부록작품 1　원굉도, 〈도광암에 관한 짧은 글〉 袁宏道 〈韜光庵小記〉　148
　　부록작품 2　장경원, 〈도광암에 관한 짧은 글〉 張京元 〈韜光庵小記〉　149

부록작품 3	소사위, 〈도광암에 관한 짧은 글〉 蕭士瑋 〈韜光庵小記〉	150
부록작품 4	수조화, 〈도광암에서 북고봉에 오르다〉 受肇和 〈自韜光登北高峰〉	151
부록작품 5	백거이, 〈도광선사를 초대하다〉 白居易 〈招韜光禪師〉	152
부록작품 6	도광선사, 〈백태수에게 답하다〉 韜光禪師 〈答白太守〉	152
부록작품 7	양반, 〈도광암〉 楊蟠 〈韜光庵〉	153
부록작품 8	왕사임, 〈도광암〉 王思任 〈韜光庵〉	154
부록작품 9	왕사임, 〈도광계곡길〉 王思任 〈韜光澗道〉	155

8. 구루산방 岣嶁山房 —————————————— 156

부록작품 1	장대, 〈구루산방에 관한 짧은 글〉 張岱 〈岣嶁山房小記〉	157
부록작품 2	서위, 〈이구루산인을 방문하다〉 徐渭 〈訪李岣嶁山人〉	159
부록작품 3	왕사임, 〈구루승려의 방〉 王思任 〈岣嶁僧舍〉	159

9. 청련산방 青蓮山房 —————————————— 161

| 부록작품 1 | 진계유, 〈청련산방〉 陳繼儒 〈青蓮山房〉 | 163 |

10. 호원동 呼猿洞 —————————————— 165

| 부록작품 1 | 진홍수, 〈호원동〉 陳洪綬 〈呼猿洞〉 | 167 |
| 부록작품 2 | 장대, 〈호원동〉 張岱 〈呼猿洞〉 | 168 |

11. 삼생석 三生石 —————————————— 169

| 부록작품 1 | 왕원장, 〈중축으로 돌아가는 스님을 전송하다〉 王元章 〈送僧歸中竺〉 | 173 |
| 부록작품 2 | 소식, 〈하천축 혜정 스님에게 보내다〉 蘇軾 〈贈下天竺惠淨師〉 | 174 |

12. 상천축 上天竺 —————————————— 176

부록작품 1	장경원, 〈상천축에 관한 짧은 글〉 張京元 〈上天竺小記〉	180
부록작품 2	소사위, 〈상천축에 관한 짧은 글〉 蕭士瑋 〈上天竺小記〉	180
부록작품 3	소식, 〈천축시 서문에 대한 글〉 蘇軾 〈記天竺詩引〉	181
부록작품 4	소식, 〈상천축 변재선사에게 보내다〉 蘇軾 〈贈上天竺辨才禪師〉	182
부록작품 5	장대, 〈천축사 기둥의 대련〉 張岱 〈天竺柱對〉	183

| 卷3 | 西湖中路 | 서호 중로 |

1. 진루 秦樓 ——————————————————— 187
   - 부록작품 1 소식, 〈수명루〉 蘇軾 〈水明樓〉 188

2. 편석거 片石居 —————————————————— 190
   - 부록작품 1 서위, 〈8월 16일 편석거에서 밤에 배를 타다〉
     徐渭 〈八月十六片石居夜泛〉 191

3. 십금당 十錦塘 —————————————————— 193
   - 부록작품 1 원굉도, 〈단교 망호정에 관한 짧은 글〉
     袁宏道 〈斷橋望湖亭小記〉 195
   - 부록작품 2 장경원, 〈단교에 관한 짧은 글〉 張京元 〈斷橋小記〉 196
   - 부록작품 3 이유방, 〈단교춘망도에 쓴 사(詞)〉 李流芳 〈斷橋春望圖題詞〉 197
   - 부록작품 4 담원춘, 〈호상초서〉 譚元春 〈湖霜草序〉 198
   - 부록작품 5 왕숙고, 〈십금당〉 王叔杲 〈十錦塘〉 199
   - 부록작품 6 백거이, 〈망호루〉 白居易 〈望湖樓〉 200
   - 부록작품 7 서위, 〈망호정〉 徐渭 〈望湖亭〉 201
   - 부록작품 8 장대, 〈서호칠월반〉 張岱 〈西湖七月半記〉 201

4. 고산 孤山 ——————————————————— 205
   - 부록작품 1 원굉도, 〈고산소기〉 袁宏道 〈孤山小記〉 207
   - 부록작품 2 장경원, 〈고산소기〉 張京元 〈孤山小記〉 208
   - 부록작품 3 장경원, 〈소조화벽〉 張京元 〈蕭照畫壁〉 209
   - 부록작품 4 심수정, 〈고산종매소〉 沈守正 〈孤山種梅疏〉 209
   - 부록작품 5 이유방, 〈고산야월도에 쓰다〉 李流芳 〈題孤山夜月圖〉 210
   - 부록작품 6 소식, 〈임포 시 뒤에 쓰다〉 蘇軾 〈書林逋詩後〉 211
   - 부록작품 7 장호, 〈고산〉 張祜 〈孤山〉 212
   - 부록작품 8 서위, 〈고산에서 달을 감상하다〉 徐渭 〈孤山玩月〉 213
   - 부록작품 9 탁경, 〈고산에 매화를 심다〉 卓敬 〈孤山種梅〉 215
   - 부록작품 10 왕치등, 〈임순경에게 고산에서 살 곳을 점쳐서 주다〉
     王稚登 〈贈林純卿葡居孤山〉 215

부록작품 11	진학, 〈고산 임은군 사당에 쓰다〉 陳鶴 〈題孤山林隱君祠〉	216
부록작품 12	왕사임, 〈고산〉 王思任 〈孤山〉	217
부록작품 13	장대, 〈고산종매서에 덧붙이다〉 張岱 〈補孤山種梅敍〉	218
부록작품 14	장대, 〈임화정묘비에 새기다〉 張岱 〈林和靖墓柱銘〉	219

5. 관왕묘 關王廟 ——————————————————— 221

부록작품 1	동기창, 〈고산관왕묘 기둥에 새기다〉 董其昌 〈孤山關王廟柱銘〉	225
부록작품 2	송조약, 〈관제묘주련〉 宋兆礿 〈關帝廟柱聯〉	225
부록작품 3	장대, 〈관제묘주대〉 張岱 〈關帝廟柱對〉	226

6. 소소소묘 蘇小小墓 ——————————————————— 227

부록작품 1	서릉 소소소의 시 西陵蘇小小詩	228
부록작품 2	서릉 소소소의 사 又詞	229
부록작품 3	이하, 〈소소소〉 李賀 〈蘇小小〉	230
부록작품 4	심원리, 〈소소소의 노래〉 沈原理 〈蘇小小歌〉	231
부록작품 5	원유산, 〈소소 초상에 쓰다〉 元遺山 〈題蘇小像〉	232
부록작품 6	서위, 〈소소소묘〉 徐渭 〈蘇小小墓〉	233

7. 육선공사 陸宣公祠 ——————————————————— 234

| 부록작품 1 | 기표가, 〈육선공사〉 祁彪佳 〈陸宣公祠〉 | 237 |

8. 육일천 六一泉 ——————————————————— 239

| 부록작품 1 | 소식, 〈육일천 명문(銘文)〉 蘇軾 〈六一泉銘〉 | 242 |
| 부록작품 2 | 백거이, 〈죽각〉 白居易 〈竹閣〉 | 244 |

9. 갈령 葛嶺 ——————————————————— 245

| 부록작품 1 | 기치가, 〈갈령〉 祁豸佳 〈葛嶺〉 | 247 |

10. 소공제 蘇公堤 ——————————————————— 249

부록작품 1	장경원, 〈소제에 관한 짧은 글〉 張京元 〈蘇堤小記〉	252
부록작품 2	이유방, 〈양봉파무도에 쓰다〉 李流芳 〈題兩峰罷霧圖〉	253
부록작품 3	소식, 〈축제〉 蘇軾 〈築堤〉	254

부록작품 4	소식, 〈또 다른 시(詩)〉 蘇軾 〈又詩〉	255
부록작품 5	왕세정, 〈호수를 떠다니며 육교(六橋)를 건너다〉	
	王世貞 〈泛湖度六橋堤〉	257
부록작품 6	이감룡, 〈서호〉 李鑒龍 〈西湖〉	257

11. 호심정 湖心亭 — 259

부록작품 1	장경원, 〈호심정에 관한 짧은 글〉 張京元 〈湖心亭小記〉	261
부록작품 2	장대, 〈호심정에 관한 짧은 글〉 張岱 〈湖心亭小記〉	261
부록작품 3	호래조, 〈호심정 기둥에 새기다〉 胡來朝 〈湖心亭柱銘〉	262
부록작품 4	정엽, 〈호심정 기둥에 새기다〉 鄭燁 〈湖心亭柱銘〉	263
부록작품 5	장대, 〈청희각 대련〉 張岱 〈淸喜閣柱對〉	264

12. 방생지 放生池 — 265

| 부록작품 1 | 도망령, 〈방생지〉 陶望齡 〈放生池〉 | 267 |

13. 취백루 醉白樓 — 271

| 부록작품 1 | 예원로, 〈취백루〉 倪元璐 〈醉白樓〉 | 272 |

14. 소청불사 小靑佛舍 — 273

| 부록작품 1 | 소청, 〈자운각을 참배하다〉 小靑 〈拜慈雲閣〉 | 275 |
| 부록작품 2 | 소청, 〈소소소묘를 참배하다〉 小靑 〈拜蘇小小墓〉 | 275 |

卷4 西湖南路 서호 남로

1. 유주정 柳洲亭 — 279

부록작품 1	장걸, 〈유주정〉 張傑 〈柳洲亭〉	281
부록작품 2	왕사임, 〈문수정〉 王思任 〈問水亭〉	282
부록작품 3	조여우, 〈풍악루의 푸른 버드나무 가지〉	
	趙汝愚 〈豐樂樓柳梢青〉	283

2. 영지사 靈芝寺 — 284

| 부록작품 1 | 장대, 〈영지사〉 張岱 〈靈芝寺〉 | 286 |

3. 전왕사 錢王祠 — 287

부록작품 1	소식, 〈표충관 비에 관한 글〉 蘇軾 〈表忠觀碑記〉	290
부록작품 2	장대, 〈전왕사〉 張岱 〈錢王祠〉	294
부록작품 3	장대, 〈전왕 사당 기둥에 새기다〉 張岱 〈錢王祠柱銘〉	295

4. 정자사 淨慈寺 — 296

| 부록작품 1 | 원굉도, 〈연화동에 관한 짧은 글〉 袁宏道 〈蓮花洞小記〉 | 300 |
| 부록작품 2 | 왕사임, 〈정자사〉 王思任 〈淨慈寺〉 | 301 |

5. 소봉래 小蓬萊 — 302

| 부록작품 1 | 장대, 〈소봉래분운석〉 張岱 〈小蓬萊奔雲石〉 | 305 |

6. 뇌봉탑 雷峰塔 — 307

| 부록작품 1 | 임포, 〈뇌봉〉 林逋 〈雷峰〉 | 309 |
| 부록작품 2 | 장대, 〈뇌봉탑〉 張岱 〈雷峰塔〉 | 310 |

7. 포아장 包衙莊 — 312

| 부록작품 1 | 진함휘, 〈남병포장〉 陳函輝 〈南屏包莊〉 | 315 |

8. 남고봉 南高峰 — 316

| 부록작품 1 | 김보, 〈남고봉〉 金堡 〈南高峰〉 | 317 |

9. 연하석옥 煙霞石屋 — 319

부록작품 1	소식, 〈수락동에 관한 짧은 글〉 蘇軾 〈水樂洞小記〉	321
부록작품 2	원굉도, 〈연하동에 관한 짧은 글〉 袁宏道 〈煙霞洞小記〉	322
부록작품 3	장경원, 〈석옥에 관한 짧은 글〉 張京元 〈石屋小記〉	322
부록작품 4	장경원, 〈연하사에 관한 짧은 글〉 張京元 〈煙霞寺小記〉	323
부록작품 5	이유방, 〈연하춘동화에 쓰다〉 李流芳 〈題煙霞春洞畵〉	323

10. 고려사 高麗寺 —————————————————————— 325

11. 법상사 法相寺 —————————————————————— 327
   부록작품 1 원굉도,〈법상사에서 장이화상의 육신을 참배하고 장난삼아 쓰다〉
   袁宏道〈法相寺拜長耳和尚肉身戲題〉 328
   부록작품 2 서위,〈법상사에서 활석을 보다〉徐渭〈法相寺看活石〉 329
   부록작품 3 장경원,〈법상사에 관한 짧은 글〉張京元〈法相寺小記〉 330
   부록작품 4 이유방,〈법상산정화에 쓰다〉李流芳〈題法相山亭畫〉 331

12. 우분 於墳 —————————————————————— 333
   부록작품 1 왕사임,〈충숙사에서 조문하다〉王思任〈弔於忠肅祠〉 340
   부록작품 2 장부,〈우충숙을 조문하다〉張溥〈弔於忠肅〉 341
   부록작품 3 장대,〈우소보 사당〉張岱〈於少保祠〉 342
   부록작품 4 양학,〈우분화표 기둥에 새기다〉楊鶴〈於墳華表柱銘〉 343
   부록작품 5 양학,〈정사 기둥에 새기다〉楊鶴〈正祠柱銘〉 343
   부록작품 6 동기창,〈우소보사 기둥에 새기다〉董其昌〈於少保祠柱銘〉 344
   부록작품 7 장대,〈우소보 기둥에 새기다〉張岱〈於少保柱銘〉 345
   부록작품 8 장대,〈정향교에 관한 짧은 글〉張岱〈定香橋小記〉 345

13. 풍황령 風篁嶺 —————————————————————— 349
   부록작품 1 이유방,〈풍황령〉李流芳〈風篁嶺〉 351

14. 용정 龍井 —————————————————————— 352

15. 일편운 一片雲 —————————————————————— 354
   부록작품 1 진관,〈용정제명에 관한 글〉秦觀〈龍井題名記〉 355
   부록작품 2 장경원,〈용정에 관한 짧은 글〉張京元〈龍井小記〉 357
   부록작품 3 왕치등,〈용정시〉王稚登〈龍井詩〉 357
   부록작품 4 원굉도,〈용정〉袁宏道〈龍井〉 358
   부록작품 5 장대,〈용정 기둥에 새기다〉張岱〈龍井柱銘〉 359

16. 구계십팔간 九溪十八澗 —————————————————————— 361
   부록작품 1 이유방,〈십팔간〉李流芳〈十八澗〉 362

卷5 西湖外景 — 서호 외경

1. 서계 西溪 —————————————————————————— 367
   - 부록작품 1 왕치등, 〈서계에서 팽흠지에게 보내는 글〉
     王稚登 〈西溪寄彭欽之書〉 368
   - 부록작품 2 이유방, 〈서계화에 쓰다〉 李流芳 〈題西溪畫〉 369
   - 부록작품 3 양반, 〈서계〉 楊蟠 〈西溪〉 370
   - 부록작품 4 왕사임, 〈서계〉 王思任 〈西溪〉 370
   - 부록작품 5 장대, 〈추설암시〉 張岱 〈秋雪庵詩〉 371

2. 호포천 虎跑泉 —————————————————————————— 373
   - 부록작품 1 소식, 〈호포천〉 蘇軾 〈虎跑泉〉 375
   - 부록작품 2 원굉도, 〈호포천〉 袁宏道 〈虎跑泉〉 376

3. 봉황산 鳳凰山 —————————————————————————— 377
   - 부록작품 1 소식, 〈만송령 혜명원 벽에 쓰다〉 蘇軾 〈題萬松嶺惠明院壁〉 378
   - 부록작품 2 서위, 〈팔선대〉 徐渭 〈八仙臺〉 379
   - 부록작품 3 원굉도, 〈천진서원〉 袁宏道 〈天眞書院〉 380

4. 송대내 宋大內 —————————————————————————— 381
   - 부록작품 1 사고우, 〈송내를 애도하다〉 謝皐羽 〈弔宋內〉 383
   - 부록작품 2 황진경, 〈송내를 애도하다〉 黃晉卿 〈弔宋內〉 384
   - 부록작품 3 조맹부, 〈송내〉 趙孟頫 〈宋內〉 385
   - 부록작품 4 유기, 〈송대내〉 劉基 〈宋大內〉 386

5. 범천사 梵天寺 —————————————————————————— 390
   - 부록작품 1 소식, 〈범천사제명〉 蘇軾 〈梵天寺題名〉 392

6. 승과사 勝果寺 —————————————————————————— 393
   - 부록작품 1 원정, 〈승과사〉 圓淨 〈勝果寺〉 394
   - 부록작품 2 처묵, 〈승과사〉 處默 〈勝果寺〉 395

7. 오운산 五雲山 ——— 397

- **부록작품 1** 원굉도, 〈어교장에 관한 짧은 글〉 袁宏道 <御教場小記> 399

8. 운서 雲棲 ——— 400

- **부록작품 1** 원굉도, 〈운서에 관한 짧은 글〉 袁宏道 <雲棲小記> 407
- **부록작품 2** 이유방, 〈운서춘설도에 쓴 글〉 李流芳 <雲棲春雪圖跋> 408
- **부록작품 3** 이유방, 〈설산도에 쓰다〉 李流芳 <題雪山圖> 408
- **부록작품 4** 장대, 〈연지대사에게 보낸 대련〉 張岱 <贈蓮池大師柱對> 409

9. 육화탑 六和塔 ——— 410

- **부록작품 1** 이유방, 〈육화탑효기도에 쓰다〉 李流芳 <題六和塔曉騎圖> 411
- **부록작품 2** 오거, 〈육화탑 응제〉 吳琚 <六和塔應制> 413
- **부록작품 3** 양유정, 〈조수 관람〉 楊維楨 <觀潮> 414
- **부록작품 4** 서위, 〈영강루에서 조수를 감상하다〉 徐渭 <映江樓看潮> 416

10. 진해루 鎮海樓 ——— 417

- **부록작품 1** 서위, 〈진해루에 관한 글〉 徐渭 <鎮海樓記> 419
- **부록작품 2** 장대, 〈진해루〉 張岱 <鎮海樓> 422

11. 오공사 伍公祠 ——— 424

- **부록작품 1** 고계, 〈오공사〉 高啓 <伍公祠> 425
- **부록작품 2** 서위, 〈오공묘〉 徐渭 <伍公廟> 426
- **부록작품 3** 장대, 〈오상국사〉 張岱 <伍相國祠> 427

12. 성황묘 城隍廟 ——— 429

- **부록작품 1** 장대, 〈오산의 성황묘〉 張岱 <吳山城隍廟> 433
- **부록작품 2** 장대, 〈성황묘 기둥에 새기다〉 張岱 <城隍廟柱銘> 434

13. 화덕묘 火德廟 ——— 435

- **부록작품 1** 장대, 〈화덕사〉 張岱 <火德祠> 436

14. 부용석 芙蓉石 —————————————————— 439
부록작품 1 장대, 〈부용석〉 張岱 〈芙蓉石〉　　　　　　　　　441

15. 운거암 雲居庵 —————————————————— 443
부록작품 1 이유방, 〈운거산 붉은 낙엽에 관한 글〉 李流芳 〈雲居山紅葉記〉　445
부록작품 2 고계, 〈환주 서하대에서 하룻밤 묵다〉
　　　　　　 高啓 〈宿幻住棲霞臺〉　　　　　　　　　447
부록작품 3 하원길, 〈운거암〉 夏原吉 〈雲居庵〉　　　　　　　　448
부록작품 4 서위, 〈운거암 소나무 아래에서 성의 남쪽을 바라보며〉
　　　　　　 徐渭 〈雲居庵松下眺城南〉　　　　　　　449

16. 시공묘 施公廟 —————————————————— 450
부록작품 1 장대, 〈시공묘〉 張岱 〈施公廟〉　　　　　　　　　451

17. 삼모관 三茅觀 —————————————————— 453
부록작품 1 서위, 〈삼모관에서 조수를 감상하다〉 徐渭 〈三茅觀觀潮〉　455
부록작품 2 서위, 〈삼모관에서 눈을 감상하다〉 徐渭 〈三茅觀眺雪〉　456

18. 자양암 紫陽庵 —————————————————— 458
부록작품 1 이유방, 〈자양암화에 쓰다〉 李流芳 〈題紫陽庵畵〉　460
부록작품 2 원굉도, 〈자양궁에 관한 짧은 글〉 袁宏道 〈紫陽宮小記〉　461
부록작품 3 왕치등, 〈자양암 정진인 사당〉 王稚登 〈紫陽庵丁真人祠〉　462
부록작품 4 동기창, 〈자양암에 쓰다〉 董其昌 〈題紫陽庵〉　462

자서(自序)

내 인생은 불운하여 서호(西湖)[1]와 28년 동안 멀리 떨어져 있었다. 그러나 서호는 하루도 내 꿈속에 들어오지 않은 날이 없었고, 꿈속에서 서호는 실제로 단 하루도 나와 헤어진 적이 없었다. 지난 갑오년(甲午年, 1654), 정유년(丁酉年, 1657)에 두 번 서호에 갔다. 용금문(湧金門) 상씨(商氏)의 루외루(樓外樓), 기씨(祁氏)의 우거(偶居), 전씨(錢氏)와 여씨(餘氏)의 별장 그리고 우리 집의 기원(寄園)까지,[2] 일대 호수 주변의 별장들은 거의 깨진 기와 조각과 벽돌 부스러기만 남아 있었다. 즉, 내 꿈속에 있던 것들이 도리어 서호에는 없는 것이 되었다. 단교(斷橋)[3]에 이르러 바라보니, 옛날의 연약한 버들과 예쁜 복

---

[1] 西湖: 서호는 중국 浙江省 杭州의 서쪽에 위치한 호수이다. 남, 서, 북 삼면이 산으로 둘러싸여 있고 백제, 소제, 양수, 조수 등 여러 개의 다리가 서호의 물길을 나누고 있다. 호수 안에는 세 개의 작은 섬이 있다. 서호는 예로부터 <白蛇傳>, <梁山伯與祝英>, <蘇小小>와 같은 민간 전설과 신화의 무대가 되기도 하였고, 白居易, 蘇軾, 林逋와 같은 역대 문학가들의 영감이 되기도 하였다.

[2] 湧金門은 고대 항주 서쪽 성문으로, 지금은 남아 있지 않다. 商氏는 명나라 吏部尚書 商周祚(1577-?)이다. 상주조의 字는 明兼이고, 號는 等軒으로 紹興 會稽 사람이다. 萬曆 29년에 진사가 되었다. 祁氏는 祁彪佳(1602-1645)이다. 기표가의 字가 虎子이고 號가 世培이다. 山陰(지금의 浙江省 紹興) 사람이며 장대의 친구이다. 錢氏는 명나라의 관료 錢象坤(1569-1640)이다. 전상곤의 字는 弘載이고, 號가 麟武이며, 會稽(지금의 浙江省 紹興) 사람이다. 餘氏는 翰林院修撰 餘煌(1588-1646)이다. 여황의 字는 武貞이고 전상곤과 동향이다. 寄園은 장대의 할아버지의 정원이다.

[3] 斷橋: 단교는 원래 寶祐橋라 하였다. 당나라 때부터 단교로 이름이 바뀌었다. 호수 북쪽 고산에서 오는 길이 끊어져 보인다고 하여 단교라고 하는 설이 있고, 겨울에 쌓인 눈이 일부 남아 다리의 길이가 짧아보인다고 단교라고 하는 설이 있다. 단교는 이호와 외호를 구분짓

숭아 나무, 가무를 즐기던 누각들이 마치 홍수에 잠긴 듯 백에 하나도 남지
않았다. 나는 급히 피하고 말았다. 내가 서호를 위해 왔다지만, 지금 보는
것이 이렇다면, 차라리 내 꿈속의 서호를 지키는 것이 더 안전하고 무사할
것이다. 그리하여 생각해보니, 내 꿈이 이공봉(李供奉)의 꿈과는 달랐다. 이
공봉의 꿈은 천모산(天姥山)이고,[4] 마치 신녀(神女)나 아름다운 여인처럼 꿈
에서 보지 못한 것이니, 그의 꿈은 환상이다. 내 꿈의 서호는 마치 집, 정원,
가족처럼, 꿈에서도 예전부터 있었던 것이니, 그 꿈은 진짜이다. 지금 나
는 남의 집에서 세 들어 산 지 23년이 되었지만,[5] 꿈속에서는 여전히 옛집
에 있다. 옛날에 부리던 어린 노복이 이제는 백발이 되었지만 꿈속에서는
여전히 소년이다. 오래된 습관을 아직 버리지 못하였고, 옛 모습도 버리기
어렵다. 그러니 이제부터 나는 그저 접암(蝶庵)[6]에 조용히 머물며 천천히 쉴
것이다. 오직 내 옛꿈만 지키면, 한 폭의 서호 경치는 여전히 굳건하게 움
직이지 않을 것이다. 자식들이 물어보면 어쩌다 말을 해주겠지만, 그 모든
건 꿈속에서 꾼 꿈을 말하는 것이니, 악몽이 아니면 잠꼬대일 뿐이다. 이에
≪몽심(夢尋)≫ 72편을 짓고 후세에 남겨 서호의 그림자로 삼았다. 나는 마
치 산에 사는 사람 같아서, 바다에서 돌아와 해산물 맛을 크게 칭찬하니 마
을 사람들이 앞다투어 와서 내 눈을 핥는 것과 같다. 아아! 금색의 생선 살

는 경계점이자, 서호의 대표적인 열 가지 경치인 西湖十景 중 하나 '斷橋殘雪'의 배경이기
도 하다.

4 李供奉은 唐代 시인 李白(701-762)을 말한다. 玄宗 天寶 초에 이백은 翰林供奉을 지냈기에
李供奉이라고 부른 것이다. 천모산은 浙江省 新昌에 위치하였고, 이백은 꿈속에서 천모산
을 유람하는 내용을 <夢遊天姥吟留別>이란 시로 남겼다. ≪李白詩全集≫ 卷十四 참조.

5 ≪琅嬛文集≫ 권2 <快園記>에 의하면, 順治 6년(1649)에 장대는 諸公旦의 후손에게 紹興
臥龍山 아래 快園을 빌렸다. 이곳에서 24년을 살았다고 기록하였다.

6 蝶庵: 장대의 서재이다. 또 장대는 別号로 蝶庵居士라고 하였다.

과 옥색의 기둥 같은 진귀한 요리는 혀를 지나면 즉시 사라지니, 눈을 핥는 것이 어찌 그 군침도는 것을 달래겠는가!

신해년(辛亥年, 강희(康熙) 10년, 1671) 7월 16일, 고검접암(古劍蝶庵) 노인 장대(張岱)가 썼다.

余生不辰, 闊別西湖二十八載, 然西湖無日不入吾夢中, 而夢中之西湖, 實未嘗一日別余也. 前甲午、丁酉, 兩至西湖, 如湧金門商氏之樓外樓, 祁氏之偶居, 錢氏、餘氏之別墅, 及余家之寄園, 一帶湖莊, 僅存瓦礫. 則是余夢中所有者, 反爲西湖所無. 及至斷橋一望, 凡昔日之弱柳夭桃、歌樓舞榭, 如洪水淹沒, 百不存一矣. 余及急急走避, 謂余爲西湖而來, 今所見若此, 反不如保我夢中之西湖, 尙得安全無恙也. 因想余夢與李供奉異: 供奉之夢天姥也, 如神女名姝, 夢所未見, 其夢也幻; 余之夢西湖也, 如家園眷屬, 夢所故有, 其夢也眞. 今余僦居他氏已二十三載, 夢中猶在故居; 舊役小溪, 今已白頭, 夢中仍是總角. 夙習未除, 故態難脫. 而今而後, 余但向蝶庵岑寂, 蘧榻於徐, 惟吾舊夢是保, 一派西湖景色, 猶端然未動也. 兒曹詰問, 偶爲言之, 總是夢中說夢, 非魘卽囈也. 因作≪夢尋≫七十二則, 留之後世, 以作西湖之影. 余猶山中人, 歸自海上, 盛稱海錯之美, 鄕人競來共舐其眼. 嗟嗟! 金齏瑤柱, 過舌卽空, 則舐眼亦何救其饞哉!

歲辛亥七月旣望, 古劍蝶庵老人張岱題

서호총기(西湖總記)

명성이호(明聖二湖)[7]

마진(馬臻)이 감호(鑑湖)를 만든 이래,[8] 한(漢)나라부터 당(唐)나라에 걸쳐 가장 먼저 이름을 얻었다. 그러나 이후 북송(北宋)에 이르러 서호(西湖)가 흥기하여 감호의 명성을 빼앗았고, 사람들은 모두 서호로 몰려 갔다. 그리하여 감호의 담백하고 원대함은 서호의 화려함에 미치지 못하게 되었다. 한편, 상호(湘湖)[9]는 외딴 곳에 쓸쓸히 자리 잡고 있어 다니는 배나 수레가 드물었기에, 운치를 아는 선비나 높으신 분들은 언급조차 하지 않았다. 내 아우 의유(毅孺)[10]는 항상 서호를 미인에, 상호를 은사(隱士)에, 감호를 신선(神仙)에 비유하곤 하였다. 그러나 나는 그렇게 생각하지 않았다. 나는 상호는 처녀로 보았고, 잠들며 부끄러워하는 모습이 아직 시집가지 않은 때를 본 듯하였다. 감호는 명문가의 규수처럼, 존경할 만하지만 친하게 지낼 수 없는 것 같다. 그러나 서호는 기방의 기녀처럼, 소리와 색이 모두 아름답지만, 문에 기대어 웃음을 팔아 누구나 얻을 수 있고 함부로 희롱할 수 있는 것 같다. 누구나 얻을 수 있고 희롱할 수 있으니, 그래서 누구나 선망하게 된다. 누구나 선망하게 되었으니, 그래서 누구나 가벼이 여긴다. 봄과 여름

---

7   明聖二湖: 明聖은 서호의 옛 이름이고, 二湖는 西湖의 里湖와 外湖를 말한다.
8   鑑湖는 지금의 浙江省 紹興 남쪽에 위치한 鏡湖로, 馬臻이 팠다고 알려져 있다. 마진(88-141)은 東漢 시대의 관리로, 水利 전문가이다.
9   湘湖: 상호는 杭州 동남쪽 蕭山 일대에 위치한 호수이다. 서호와는 자매호수라 불린다. 상호는 옛 越王城으로, 勾踐이 군대를 주둔시키고 吳나라 군사와 싸웠던 곳이다.
10 毅孺: 장대의 친척 동생 張弘이며, 毅孺는 그의 字이다.

에는 자주 찾지만, 가을과 겨울에는 쓸쓸하다. 꽃 피는 아침에는 떠들썩하게 몰려들지만, 달 밝은 저녁이면 별처럼 흩어진다. 날이 맑게 개면 부평초처럼 모이지만, 비가 오고 눈이 내리면 적막해진다. 그러므로 나는 일찍이 이렇게 말하였다.

"책을 잘 읽는 것은 '동우삼여[董遇三餘, 동우의 세 가지 여유]'만한 것이 없고, 호수유람을 잘하는 것 또한 '동우삼여'만한 것이 없다. 동우(董遇)가 말하길, '겨울은 한 해의 여유이고, 밤은 하루의 여유이며, 비는 한 달의 여유이다.'라 하였다.[11] 눈 덮인 산봉우리의 오래된 매화가 어찌 안개 낀 둑의 높은 버드나무보다 못할까? 밤하늘에 뜬 밝은 달이 어찌 아침에 핀 꽃의 아름다움보다 못할까? 비의 어스름한 색채가 어찌 햇빛의 반짝이는 빛깔보다 못할까? 심오한 정취를 이해하는 건 이해하는 사람에게 달려 있다."

그 사람이 바로 호수의 네 현인(賢人)인데, 내가 또 말하길, "백락천의 호탕함은 실로 임화정(林和靖)의 깊은 고요함에 미치지 못하고 이업후(李鄴侯)의 기이함은 소동파(蘇東坡)의 영민함에 미치지 못한다."[12]라고 하였다. 그 나머지로, 예컨대 가사도(賈似道)의 사치스러움과 손동영(孫東瀛)의 화려함

---

[11] 董遇는 後漢 말기 獻帝 때의 학자이다. 학문을 좋아하여 늘 독서에 힘을 쏟았는데 혹자가 배움을 청해오자 그에게 三餘에 대한 이야기를 해주었다. 三餘, 즉 세 가지 여유는 본문의 내용처럼, "겨울은 한 해의 여유이고, 밤은 하루의 여유이며, 비 내리는 날은 시기의 여유다.(冬者歲之餘, 夜者日之餘, 陰雨者時之餘也.)"이다.

[12] 白樂天은 唐나라의 詩人 白居易(772-846)로, 字가 樂天이다. 和靖은 北宋의 詩人 林逋(967-1028)이다. 화정은 宋 仁宗이 하사한 諡號이다. 鄴侯는 唐나라 문인 李泌(722-789)인데, 德宗 때 鄴縣侯로 봉해졌다. 道術를 좋아했으며 杭州刺史를 지냈다.

은,[13] 비록 그들이 서호에 수십 년을 머물고 수십만 냥을 썼지만, 서호의 성격과 서호의 풍미에 대해서는 진실로 꿈에도 생각하지 못한 것이 있었다. 세상의 선비들이여, 어찌 서호 유람을 쉽게 논할 수 있겠는가?

> 自馬臻開鑒湖, 而由漢及唐, 得名最早. 後至北宋, 西湖起而奪之. 人皆奔走西湖, 而鑒湖之淡遠, 自不及西湖之冶豔矣. 至於湘湖則僻處蕭然, 舟車罕至, 故韻士高人無有齒及之者. 余弟毅孺常比西湖爲美人, 湘湖爲隱士, 鑒湖爲神仙. 余不謂然. 余以湘湖爲處子, 眠娗羞澀, 猶及見其未嫁之時; 而鑒湖爲名門閨淑, 可欽而不可狎; 若西湖則爲曲中名妓, 聲色俱麗, 然倚門獻笑, 人人得而媟褻之矣. 人人得而媟褻, 故人人得而豔羨; 人人得而豔羨, 故人人得而輕慢. 在春夏則熱鬧之至, 秋冬則冷落矣; 在花朝則喧哄之至, 月夕則星散矣; 在淸明則萍聚之至, 雨雪則寂寥矣. 故余嘗謂: "善讀書, 無過董遇三餘, 而善遊湖者, 亦無過董遇三餘. 董遇曰: '冬者, 歲之餘也; 夜者, 日之餘也; 雨者, 月之餘也.' 雪巘古梅, 何遜煙堤高柳; 夜月空明, 何遜朝花綽約; 雨色涳濛, 何遜晴光灩瀲. 深情領略, 是在解人." 卽湖上四賢, 余亦謂: "樂天之曠達, 固不若和靖之靜深; 鄴侯之荒誕, 自不若東坡之靈敏也." 其餘如賈似道之豪奢, 孫東瀛之華贍, 雖在西湖數十年, 用錢數十

[13] 賈似道(1213-1275)는 南宋 말의 대신으로, 號가 秋壑이다. 浙江省 臺州 사람이며 중년에 항주의 서호 부근 孤山에서 생활하였다. 孫東瀛은 명대 萬曆 연간의 司禮太監을 지낸 관리 孫隆(1397-1458)이다. 동영은 그의 號이다. 明 神宗은 그를 소주와 항주의 직조와 세금 징수를 담당하는 태감으로 파견하였다. 萬曆 17년(1589), 손륭은 거액을 들여 杭州 西湖의 白沙堤를 수리하고 望湖亭을 재건했으며, 靈隱寺, 湖心亭, 靜慈寺, 煙霞洞, 龍井, 片雲亭, 三茅觀, 十錦塘 등의 고적을 중수했다. 이는 ≪서호몽심≫에도 자주 언급되었다. 원굉도도 손동영의 업적을 높이 평가하여, "항주 사람들은 '이것은 內使 孫公이 수리하고 꾸민 것이다.'라고 말하였다. 이 손공은 서호에 큰 공을 세운 사람이다. 昭慶寺 · 淨慈寺 · 龍井寺에서부터 산중 사찰과 암자에 이르기까지. 그가 시주한 금액이 수십만 냥이 넘는다. 나는 백거이와 소식, 이 두 분이 서호의 開山古佛이라면 손공은 훗날의 伽藍이라고 생각한다.(杭人曰: "此內使孫公所修飾也." 此公大是西湖功德主. 自昭慶, 天竺, 淨慈, 龍井及山中庵院之屬, 所施不下數十萬. 余謂白蘇二公, 西湖開山古佛, 此公異日伽藍也.)"라고 하였다. 袁宏道, <斷橋望湖亭小記> 참조.

萬, 其於西湖之性情、西湖之風味, 實有未曾夢見者在也. 世間措大, 何得易言遊湖.

부록작품 1

소식, <밤에 서호에 배를 띄우다>
끝없이 펼쳐진 갈대, 아득한 물결,
연꽃이 밤에 피고 바람에 이슬이 향기롭다.
멀리 있는 절에서 등불 하나둘 보이니,
달빛 더욱 어두워지기 기다려 호수 빛 감상하리.

蘇軾, <夜泛西湖>
菰蒲無邊水茫茫, 荷花夜開風露香.
漸見燈明出遠寺, 更待月黑看湖光.

부록작품 2

소식, <밤에 호수에서 돌아가다>
내가 다 비우지 못한 술 한 잔,
반쯤 취하니 술맛 더욱 길게 남네.
가마 타고 호수에서 돌아오니,
봄바람 불어 얼굴이 시원하다.
고산(孤山) 서쪽까지 가니,
이미 밤이 깊어 어둡다.

맑게 읊조리는 소리 꿈과 뒤섞여

생각난 시구 금세 잊었네.

아직도 기억에 남아 있는 이화촌(梨花村),

은은한 향기 맡는다.

蘇軾, <湖上夜歸>
我飲不盡器, 半酣尤味長.
籃輿湖上歸, 春風吹面涼.
行到孤山西, 夜色已蒼蒼.
淸吟雜夢寐, 得句旋已忘.
尙記梨花村, 依依聞暗香.

부록작품 3

소식, <서호를 그리워하며 조미숙에게 보낸다>

서호(西湖)는 천하의 절경이라,

유람객들 어리석든 어질든 관계없다.

깊이에 따라 얻는 바 다를 터이니,

누가 능히 그 전부를 알 수 있겠는가?

아, 나는 본래 제멋대로고 곧은 기질이라,

일찍이 세상에서 버림받았네.

홀로 산수를 즐기기에 전념하였으니,

이 어찌 천명이 아니랴?

360개나 되는 절들 중에,

그윽한 곳 찾아 세월을 보냈다.
어디를 가든 그 묘미를 깨달았으나,
마음으로 알지만 말로는 전하기 어렵구나.
지금까지도 맑은 밤 꿈을 꾸고,
귀와 눈에 향기와 신선함이 남아 있다.
그대는 사신의 부절을 들고,
풍채가 구름과 연기 속에서도 환히 비춘다.
맑은 물과 푸른 산봉우리가,
어찌 그대 위해 아름답겠는가?
어찌 말을 멈추고 따르지 않고,
잠시 승방을 빌려 잠을 자지 않는가?
내 벽에 적힌 시 읽어 보니,
번뇌 깨끗하고 시원하게 씻어준다.
지팡이 짚고 길 잃어도,
뜻이 있는 대로 곧바로 향하리.
그러다 옛 어부 만나면,
갈대밭에서 스스로 편안히 쉬리라.
길을 물어 얻게 되면,
물고기 사는 데 돈은 따지지 않으리.

蘇軾, <懷西湖寄晁美叔>
西湖天下景, 遊者無愚賢.
深淺隨所得, 誰能識其全.
嗟我本狂直, 早爲世所捐.

獨專山水樂, 付與寧非天.
三百六十寺, 幽尋逐窮年.
所至得其妙, 心知口難傳.
至今淸夜夢, 耳目餘芳鮮.
君持使者節, 風采爍雲煙.
淸流與碧巘, 安肯爲君姸.
胡不屛騎從, 暫借僧榻眠.
讀我壁間詩, 淸涼洗煩煎.
策杖無道路, 直造意所使.
應逢古漁父, 葦間自夤緣.
問道若有得, 買魚弗論錢.

부록작품 4

이규,[14] <서호>

비단 장막 여니 도화 휘날리는 언덕 있고,

목련나무로 만든 노는 버들 나루에 묶여 있다.

새의 노래 술 권하는 듯하고,

꽃의 웃음 사람을 머물게 하려는 듯하다.

종소리 온 산 저녁에 울리고,

누각 십 리 밖이 봄이라.

---

[14] 李奎: 이규는 嘉靖 연간의 인물로 추정된다. 字는 伯文이고 호는 珠山이며, 錢塘 사람이다. 모곤 등과 서호를 유람하는 시사를 조작하였으며 <西湖舟中>, <游天竺寺有懷謝康樂> 같은 시를 지었다.

돌아보니 향기로운 안개 속에서,

새하얀 비단 같은 육교(六橋) 새롭구나.

李奎, <西湖>
錦帳開桃岸, 蘭橈系柳津.
鳥歌如勸酒, 花笑欲留人.
鍾磬千山夕, 樓臺十里春.
回看香霧里, 羅綺六橋新.

부록작품 5

소식, <서호를 열다>

위대한 사람은 모의(謀議)함에 많은 것을 구하지 않으니,

일이 결정되면 복잡한 건 저절로 해결된다.

거북이와 물고기 다 놓아주어 푸르고 맑음 되돌리니,

앞 언덕에 갈대밭이 막아도 좋다.

하루아침에 아름다운 일 누가 이어갈 수 있을까?

백 자 높이의 푸른 벼랑 아직도 갈고 닦을 수 있다.

하늘에 별들도 기뻐할 것이니,

달이 밝을 때 금빛 물결에 몸을 담그네.

蘇軾, <開西湖>
偉人謀議不求多, 事定紛紜自唯阿.
盡放龜魚還綠淨, 肯容蕭葦障前坡.

一朝美事誰能繼, 百尺蒼崖尚可磨.
天上列星當亦喜, 月明時下浴金波.

부록작품 6

주립훈,[15] <서호>

평평한 호수 처음 불어나니 하늘처럼 푸르고,

황폐한 풀 무정하여 세월을 잊어버리네.

그때 노래하고 춤추던 그 땅이 아직 남아 있고,

서령(西泠)의 안개비 속에서 아름다운 여인의 배 떠다닌다.

周立勳, <西湖>
平湖初漲綠如天, 荒草無情不記年.
猶有當時歌舞地, 西泠煙雨麗人船.

부록작품 7

하위,[16] <서호죽지사>

사방에 빈 물결이 웃음소리를 휘감고,

---

[15] 周立勳: 주립훈(1598-1640)의 字는 勒卣이고, 直隷 華亭縣(지금의 上海市 松江) 사람이다. 崇禎 초에 陳子龍, 夏允彛 등과 幾社를 결성하였다. 시문이 격앙된 분위기이나 염정적인 작품도 뛰어났다. 평생 과거시험을 보았으나 급제하지 못하였다.

[16] 夏煒: 하위(1575-?)의 字는 汝華이고, 號는 緘庵이며, 浙江 湖州府 출신이다. 萬曆 35년(1607)에 進士가 되어 武昌知縣이 되었다. 淮海副使, 江西參政 등의 관직을 지냈다.

호수 빛은 오늘이 가장 분명하구나.

뱃사람들아 어디로 놀러 갈지 정하지 말고,

오직 원앙이 잠든 곳을 향해 가라.

호수는 종일 잔잔한 안개뿐이라,

여기에만 봄빛 있음을 믿지 못하겠다.

웃으며 버들꽃 따서 팔뚝에 장식하다가,

낭군님 저녁에 와서 봄바람에 겁먹을까 걱정이다.

술잔 돌리며 호숫가에 이르렀으니,

꾀꼬리와 꽃들에게 잠시도 가만히 있지 말라 하네.

누구 집 황금 고삐 매인 말을 보니,

봄빛 등에 업고 고산(孤山)으로 향한다.

봄 물결 사방에서 모여 햇살 비치는 모래 가리고,

대낮엔 호수에서, 밤에는 집에서 지낸다.

봄바람 그치지 않아 이상했는데,

원래 어깨와 머리에 매화를 꽂았던 것이구나.

夏燁, <西湖竹枝詞>

四面空波卷笑聲, 湖光今日最分明.

舟人莫定遊何外, 但望鴛鴦睡處行.

平湖竟日只溟濛, 不信韶光只此中.

笑拾楊花裝半臂, 恐郎到晚怯春風.

行觴次第到湖灣, 不許鶯花半刻閑.
眼看誰家金絡馬, 日駝春色向孤山.

春波四合沒晴沙, 畫在湖船夜在家.
怪殺春風歸不斷, 擔頭原自插梅花.

부록작품 8

구양수,[17] <서호>

연꽃 향기 사라지고 화려한 배 떠다니는데,

그대는 과연 양주(揚州)를 다시 떠올릴까?

이십사교(二十四橋)에 비치는 달,

서호의 10경(頃) 가을과 바꾸리.

歐陽修, <西湖>
菡萏香消畫舸浮, 使君寧復憶揚州.
都將二十四橋月, 換得西湖十頃秋.

---

[17] 歐陽修: 구양수(1007-1072)는 宋代의 문인으로, 字는 永叔이고, 號는 醉翁, 六一居士이다. 당대와 송대 뛰어난 여덟 명의 문장가 唐宋八大家의 한 명으로, 시문에 뛰어났다. 저서로 ≪新五代史≫, ≪新唐書≫ 등이 있다.

부록작품 9

조자앙,[18] <서호>

봄날 그늘에 버들개지 날지 못하고,

두 발 달린 부들 더 무성하게 자란다.

길을 내라 소리쳐 백로 놀라게 할까 걱정되어,

홀로 느릿느릿 말 타고 호수 돌아 집에 간다.

趙子昂, <西湖>

春陰柳絮不能飛, 兩足蒲芽綠更肥.

只恐前呵驚白鷺, 獨騎款段繞湖歸.

부록작품 10

원굉도,[19] <서호총평>

용정(龍井)은 감미로운 샘물로 가득하고,

비래(飛來)는 석골(石骨)이 풍부하다.

소교(蘇橋) 십 리에 바람불고,

---

[18] 趙子昂: 조자앙은 원대의 화가 趙孟頫(1254-1322)이다. 조맹부의 字가 子昂이고, 號는 松雪道人이다. 지금의 浙江省 湖州 吳興 사람이다. 宋 太祖의 후손으로, 翰林學士 등의 벼슬을 지냈다. 원대 문인화와 서법에 주요 인물이다.

[19] 袁宏道: 원굉도(1568-1610)는 明末의 문인으로, 字는 中郞이고, 號는 石公이며, 湖廣公 安縣 사람이다. 만력 20년(1592)에 진사에 급제하여 吳縣知縣, 禮部儀制司主事, 吏部郞中 등의 관직을 지냈다. 형 袁宗道와 아우 袁中道와 함께 의고파에 반대하는 주장을 펼쳐 삼원이라고 불리며, 이들의 출신지인 공안에서 비롯하여 공안파가 생겼다. 공안파는 격조에 얽매이지 않고 개인의 자유로운 개성의 발현을 주장하였다. ≪袁中郞集≫이 전해진다.

승과사(勝果寺) 하늘에 달이 뜬다.
전사(錢祠)에는 볼만한 곳 없지만
아름다운 돌은 있다.
고산(孤山)의 옛 정자,
시원한 그늘숲으로 가득하다.
일 년에 한 번 복사꽃 피면,
일 년에 한 번 백발이 된다.
남고봉에서 구름 생기는 것 보고,
북고봉에서 달 지는 것 본다.
월(越)나라 사람은 날개가 없어도,
월 지역 두루 여행할 수 있다.

袁宏道, <西湖總評>
龍井饒甘泉, 飛來富石骨.
蘇橋十里風, 勝果一天月.
錢祠無佳處, 一片好石碼.
孤山舊亭子, 涼蔭滿林樾.
一年一桃花, 一歲一白發.
南高看雲生, 北高見月沒.
楚人無羽毛, 能得凡遊越.

부록작품 11

범경문,[20] <서호>
호숫가에 구경꾼들 얼마나 있나,
절반은 단교(斷橋)의 안개와 빗속에 있구나.
봄바람을 따라 노래와 춤을 구경하고,
사람들 눈을 들어 푸른 산 바라본다.

範景文, <西湖>
湖邊多少遊觀者, 半在斷橋煙雨間.
盡逐春風看歌舞, 凡人著眼看靑山.

부록작품 12

장대, <서호>
서호의 시작을 회상하니,
어찌하여 이런 이름 얻었나?
문득 서시의 얼굴을 만난 듯,
옛사람들의 평가에 깊이 탄복한다.
아름다운 산과 강이 어우러지고,
안개비 속에 풍채가 피어나네.
어찌하여 부르지 않을 수 있으랴,

---

[20] 範景文: 범경문(1587-1644)은 명말의 문인으로, 字는 夢章이고, 號는 思仁이며, 直隷 吳橋縣(지금의 河北省 吳橋) 사람이다. 관직이 兵部尙書兼東閣大學士에까지 이르렀는데, 청탁과 뇌물을 받지 않아 '二不尙書'라 불렸다. 명나라가 망하자 스스로 목숨을 끊었다.

한 번 보면 깊은 정이 생기는 것을.
안개 낀 빛 속을 바라보니,
아득하여 찾을 수 없구나.
내 고향에선 다투어 길을 오르지만,
이곳에선 호수 한가운데를 말하네.
미전(米顚)의 그림에 먹을 뿌리고,
백자(伯子)의 거문고에 정을 옮기네
남화(南華)의 가을 물 같은 뜻,
천고토록 사람들이 공경하네.
언덕에 도착하면 사람의 마음 떠나고,
호숫가에 이르니 사람 마음 떠나,
달이 떠도 호수를 보지 않네.
어부의 등불이 물 건너 보이고,
제방의 나무들 안개에 싸여 있네.
진정한 뜻은 말로 다 할 수 없고,
담백한 화장은 분첩이 없다.
누가 이를 이해할 수 있을까 묻노니,
이때 수염 난 소동파가 있으리.

張岱, <西湖>
追想西湖始, 何緣得此名.
恍逢西子面, 大服古人評.
冶豔山川合, 風姿煙雨生.
奈何呼不已, 一往有深情.

一望煙光裏, 蒼茫不可尋.
吾鄉爭道上, 此地說湖心.
潑墨米顚畫, 移情伯子琴.
南華秋水意, 千古有人欽.
到岸人心去, 月來不看湖.
漁燈隔水見, 堤樹帶煙熇.
眞意言詞盡, 淡妝脂粉無.
問誰能領略, 此際有髥蘇.

부록작품 13

장대, <서호의 열 가지 경치>

봉우리마다 고인(高人)이 있어,

두 사람이 서로 이야기를 나눈다.

이곳에는 서호가 있어,

머물며 떠나기를 원치 않네.

(兩峰插雲, 구름 사이로 솟은 두 봉우리.)

호수의 기운 얼음처럼 차고,

달빛은 눈보다 희다.

삼단과 함께 하길 포기한다면,

항주 사람들은 달을 보지 않는다.

(三潭印月, 三潭에 찍힌 달.)

높은 버드나무 그늘 긴 둑에,
띄엄띄엄 남은 달빛 새어 나오네.
소나무 모래 위를 걷는 듯,
마치 눈을 밟는 것 같다.
(斷橋殘雪, 단교에 녹지 않고 남은 눈)

밤 기운이 남병산(南屛山)을 감싸고,
옅은 안개 종잇장처럼 얇다.
종소리 높은 곳에서 울리고,
밤에 빈 강물 건너간다.
(南屛晚鍾, 남병산 밤에 울리는 종)

연기 낀 버드나무와 복숭아꽃,
붉은 옥이 가을 물에 잠겼다.
연약한 사람 밤을 이기지 못해,
서시(西施)가 막 잠에서 깨어난다.
(蘇堤春曉, 소제의 봄날 새벽)

뺨에 붉은 기운 감돌고,
입을 벌려 미소를 짓네.
무엇이 연꽃을 취하게 했나?
따뜻한 바람은 본래 술 같구나.
(曲院風荷, 곡원의 바람 맞은 연꽃)

깊은 버드나무에서 꾀꼬리 지저귀고,
맑은 소리 푸른 숲에 스며드네.
정말로 시심(詩心)이 있다면,
북 치고 피리 부는 소리에 비할 수 없네.
(柳浪聞鶯, 유랑정에서 듣는 꾀꼬리 소리)

무너진 탑 호숫가에 서 있는데,
쓰러질 듯 취한 노인 같다.
기이한 정취는 폐허 속에 있는데,
어찌 인공(人工)을 빌릴 필요가 있을까?
(雷峰夕照, 뇌봉의 저녁 노을)

가을 하늘에 밝은 달 보이고,
차가운 기운 숲속으로 들어온다.
고독하게 날아가는 기러기 소리 조용히 들으니,
소리는 가볍고 하늘은 높구나.
(平湖秋月, 평호에 뜬 가을 달)

방생지를 깊이 원망하니,
쓸데없이 물고기 감옥을 만들었구나.
이제 화항(花港)에 왔으니,
어찌 사람의 구속을 받겠는가?
(花港觀魚, 화항에서 감상하는 물고기)

張岱, <西湖十景>

一峰一高人, 兩人相與語.
此地有西湖, 勾留不肯去. (兩峰插雲)
湖氣冷如冰, 月光淡於雪.
肯棄與三潭, 杭人不看月. (三潭印月)
高柳蔭長堤, 疏疏漏殘月.
蹩躠步松沙, 恍疑是踏雪. (斷橋殘雪)
夜氣溺南屏, 輕嵐薄如紙.
鍾聲出上方, 夜渡空江水. (南屏晚鍾)
煙柳幕桃花, 紅玉沉秋水.
文弱不勝夜, 西施剛睡起. (蘇堤春曉)
頰上帶微酡, 解頤開笑口.
何物醉荷花, 暖風原似酒. (曲院風荷)
深柳叫黃鸝, 清音入空翠.
若果有詩腸, 不應比鼓吹. (柳浪聞鶯)
殘塔臨湖岸, 頹然一醉翁.
奇情在瓦礫, 何必藉人工. (雷峰夕照)
秋空見皓月, 冷氣入林皐.
靜聽孤飛雁, 聲輕天正高. (平湖秋月)
深恨放生池, 無端造魚獄.
今來花港中, 肯受人拘束? (花港觀魚)

부록작품 14

유기경,[21] <망해조>

동남은 형세가 뛰어나,

삼오(三吳)의 도읍이며,

전당은 예로부터 번화했네.

연무 속 버드나무와 그림같은 다리,

바람에 휘날리는 초록 장막,

들쑥날쑥한 집들이 십만 가구이다.

구름같은 나무가 둑의 모래를 둘러싸고,

성난 파도 서리와 눈을 휘감아,

천연의 참호 끝이 없다.

시장에는 구슬과 보석 줄지어 있고,

집집마다 비단이 가득하여,

호화로움을 다투네.

겹겹이 둘러싼 호수와 중첩된 산봉우리는 아름다워,

가을에 계수나무 열매 열리고,

십 리에 걸쳐 연꽃이 핀다.

낮에는 피리 불며 놀고,

밤에는 마름 노래 흘러나오며,

즐겁게 낚시하는 노인과 연꽃 소녀들이 있다.

---

21 柳耆卿: 유기경은 北宋의 문인 柳永(985-1053)이다. 유영의 원래 이름은 三變이고, 字는 景莊이었는데 나중에 永으로 바꾸었고, 다시 耆卿으로 고쳤다. 민간의 정서를 반영한 慢詞를 잘 지어 송사 발전에 기틀을 마련한 대표적인 사 작가이다. ≪樂章集≫이 전해진다.

천 명의 기병이 고관을 둘러싸고,

술에 취해 피리와 북소리를 들으며,

안개 속 노을을 읊으며 감상한다.

다른 날에 이 좋은 경치를 그림으로 그려,

돌아가 봉지(鳳池)에서 자랑하고 싶다.

(금나라 군주가 이 사(詞)를 읽고 서호의 아름다운 경치를 흠모하여 마침내 채찍을 던지고 강을 건널 생각을 하였다.)

柳耆卿, <望海潮>

東南形勝, 三吳都會, 錢塘自古繁華.

煙柳畫橋, 風簾翠幕, 參差十萬人家.

雲樹繞堤沙. 怒濤卷霜雪, 天塹無涯.

市列珠璣, 戶盈羅綺, 競豪奢.

重湖疊巘清佳, 有三秋桂子, 十里荷花.

羌管弄晴, 菱歌泛夜, 嬉嬉釣叟蓮娃.

千騎擁高牙. 乘醉聽簫鼓, 吟賞煙霞.

異日圖將好景, 鳳池誇.

(金主閱此詞, 慕西湖勝景, 遂起投鞭渡江之思.)

부록작품 15

우국보,[22] <풍입송>

봄 내내 꽃값을 쓰며, 날마다 호숫가에서 취하네.

옥총마(玉驄馬) 서호 길 잘 알아, 술집 앞 지나며 콧김 내뿜는다.

붉은 살구꽃 향기 속에서 피리와 북소리 울리고,

푸른 버드나무 그림자 속에서 그네가 흔들리네.

따뜻한 바람 불어오는 십 리 거리엔 아름다운 여인 천국,

꽃이 머리카락을 살짝 누른다.

화선(畫船)에 봄을 실어 떠나고, 남은 정 호숫물과 안개에 맡기네.

내일 다시 만취한 몸 끌고, 길가에 꽃 비녀 찾으러 오리라.

於國寶, <風入松>
一春常費買花錢, 日日醉湖邊.
玉驄慣識西湖路, 驕嘶過、沽酒樓前.
紅杏香中簫鼓, 綠楊影里秋千.
暖風十里麗人天. 花壓鬢雲偏.
畫船載得春歸去, 餘情付、湖水湖煙.
明日重扶殘醉, 來尋陌上花鈿.

---

[22] 於國寶: 우국보는 俞國寶를 잘못 쓴 것이다. 俞國寶는 南宋 江西派의 시인으로, 字는 알 수 없고 號는 醒庵이며, 江西 撫州 출신이다. ≪醒庵遺珠集≫이 있다.

卷1

西湖北路

서호 북로

1

옥련정(玉蓮亭)

　백락천(白樂天)이 항주(杭州)를 다스릴 때,[1] 정사를 공평하게 하고 소송은 간략하게 하였다. 가난한 백성이 법을 어기면 서호(西湖)에 나무를 몇 그루 심게 하였고, 부유한 백성이 죄를 지으면 서호에 수 무(畝)[2]의 봉전(葑田)[3]을 개간하라 명하였다. 역임한 지 여러 해가 지나는 동안, 호수의 봉전은 전부 개간되었고 나무도 그늘이 생길 정도로 무성해졌다. 백락천은 매번 이곳에 기녀를 데려와 산을 구경하고 꽃과 버드나무를 찾곤 하였다. 백성들은 그를 기리기 위해 동상을 만들고 제사를 지냈다. 옥련정은 호숫가에 있는데 정자 주변에 온갖 종류의 청련을 심었으니, 이는 백락천의 청렴결백을

1　白樂天은 中唐 시기의 시인 白居易(772-846)로, 자가 낙천이다. 백거이는 唐 穆宗 때 지방관을 자처하여 항주로 내려가 杭州刺史를 지냈다.
2　畝: 토지 면적의 단위로, 사방 100보를 1무라고 한다.
3　葑田: 봉전은 원래 호수였던 곳에 수초같은 식물이 오랫동안 부패하면서 진흙으로 변해 만들어진 밭이다. ≪宋史≫에 따르면 서호 주변 30리에 이런 봉전이 있었다고 한다. "臨安西湖周回三十里, 源出於武林泉...(중략)...至宋以來, 稍廢不治, 水涸草生漸成葑田." ≪宋史≫ 河渠志七 참조.

상징하는 것이다. 정자에서 오른쪽으로 돌아서 북쪽으로 가면 남주정(纜舟亭)이 있다. 이곳은 누선(樓船)[4]이 빽빽이 모여 있고, 키 큰 버드나무가 긴 제방에 늘어섰다. 유람객들은 여기에 와서 배를 사서 호수로 들어갔는데, 시장같이 시끄러웠다. 동쪽으로 가면 옥부원(玉鳧園)이 있다. 호수의 한 구석에 위치하고 있으며, 성 밖의 한적한 곳이라 배가 자주 다니지 않았다. 서호에 머물면서 소란함을 피하고 싶다면 여기만큼 적당한 장소가 없다. 정원에는 누각이 있는데, 창에 기대어 남쪽을 바라보면 모래사장에 물이 맑다. 수백 마리 물오리가 물속에서 출몰하는 모습을 자주 볼 수 있는데, 그 경치가 그윽하고 빼어나다.

白樂天守杭州, 政平訟簡. 貧民有犯法者, 於西湖種樹幾株; 富民有贖罪者, 令於西湖開葑田數畝. 曆任多年, 湖葑盡拓, 樹木成蔭. 樂天每於此地載妓看山、尋花問柳, 居民設像祀之. 亭臨湖岸, 多種靑蓮, 以象公之潔白. 右折而北, 爲纜舟亭, 樓船鱗集, 高柳長堤. 遊人至此, 買舫入湖者, 喧闐如市. 東去爲玉鳧園, 湖水一角, 僻處城阿, 舟楫罕到. 寓西湖者, 欲避囂雜, 莫於此地爲宜. 園中有樓, 倚窗南望, 沙際水明, 常見浴鳧數百出沒波心, 此景幽絶.

---

[4] 樓船: 망루가 있는 큰 배를 말한다. 장대는 《陶庵夢憶》 권8 <樓船>에서 부친이 만든 누선에 대해 설명하였는데, 배 안 망루에서 경치를 감상할 뿐 아니라 극 공연을 할 정도로 규모가 큰 배이다.

부록작품 1

백거이, <옥련정>[5]

호수에 봄이 오니 그림 같고,

어지러운 산봉우리들 둘러싼 호수 잔잔하다.

산에 늘어선 소나무 천 겹 비취 같고,

달이 호수 한가운데서 한 점의 구슬같이 비친다.

푸른 잔디 위에 초록 이삭 돋아나고,

푸른 꽃잎 펼쳐진 연꽃 물속에서 자란다.

항주를 떨치고 떠나지 못함은,

절반은 호수 때문이라.

고산사(孤山寺)는 북쪽에, 사정(謝亭)은 서쪽에,

수면은 잔잔하고 구름은 낮게 깔렸네.

여기저기 일찍 일어난 꾀꼬리 따뜻한 곡식 다투어 먹고,

뉘 집 새로 온 제비인지 봄 진흙 쪼고 있다.

흐드러진 꽃 점점 사람 눈을 현혹시키고,

얕은 풀밭 말발굽 감출 정도로 자랐네.

가장 좋아하는 호수 동쪽 가는 것만으로 모자라,

버들 그늘 따라 백사제(白沙堤) 안으로 들어간다.

---

[5] 백거이의 <옥련정>시는 원래 <春題湖上>과 <錢塘湖春行>, 두 수의 독립된 작품이다. 두 작품 모두 백거이가 항주에서 杭州刺史를 지내며 지은 것인데, 장대는 <옥련정>이라는 제목으로 하나로 붙여 수록하였다.

白居易, <玉蓮亭>

湖上春來似畫圖, 亂峰圍繞水平鋪.
松排山面千層翠, 月照波心一點珠.
碧毯綠頭抽早麥, 青羅裙帶展新蒲.
未能拋得杭州去, 一半勾留是此湖.

孤山寺北謝亭西, 水面初平雲腳低.
幾處早鶯爭暖穀, 誰家新燕啄春泥.
亂花漸欲迷人眼, 淺草才能沒馬蹄.
最愛湖東行不足, 綠楊陰里白沙堤.

2

소경사(昭慶寺)

 소경사(昭慶寺)[6]는 사자봉(獅子峰)과 둔하석(屯霞石)에서 맥이 발원하여 풍수가들에게 화룡(火龍)[7]이라 불린다. 석진(石晉) 원년(936)에 처음 지어졌고 전씨(錢氏) 건덕(乾德) 5년(967)에 훼손되었다.[8] 송나라 태평흥국(太平興國) 원년(976)에 재건하면서 계단(戒壇)[9]을 세웠다. 천희(天禧) 초년에 소경(昭慶)으로 개명하였다. 그 해에 또 불이 났다. 명나라 홍무(洪武)에서 성화(成化)에 이르기까지, 수리하였지만 다시 불이 났다. 4년에 재건하라는 칙명을 받들어 염방(廉訪) 양계종(楊繼宗)[10]의 감독하에 수리하였다. 호주(湖州)의 부호들이

---

6 昭慶寺: 옛터는 杭州 西湖 寶石山 동쪽으로, 五代 後晉에 지어졌는데, 조대를 거쳐 훼손과 복원을 반복하다 현재는 남아 있지 않다.

7 火龍: 풍수학에서 꽃과 풀이 자라지 않는 곳을 말한다.

8 石晉은 五代十國의 後晉으로, 건국자가 石敬瑭이기에 石晉이라고도 한다. 錢氏는 五代十國의 吳越國으로, 錢鏐이고, 乾德은 宋 太祖 趙匡胤의 연호이다. 錢氏 乾德은 전류가 송나라로 귀속하였음을 의미한다.

9 戒壇: 불가용어로, 戒를 주는 의식이 이루어지는 壇이다.

10 廉訪은 감찰하는 관직으로, 宋代 廉訪使者와 元代 肅政廉訪, 그리고 이후 按察使의 통칭이다. 楊繼宗(1426-1488)은 山西省 陽城 사람으로, 명나라 때의 청렴한 관리로 유명하였다.

모금에 응하여 만금(萬金)을 기부하였다. 전당과 내실이 매우 웅장하고 화려했다. 가정(嘉靖) 34년(1555)에 왜구가 침략하자 적군의 근거지가 될까 두려워 다급히 불태웠다. 일이 평정된 뒤 다시 지었는데, 풍수가들의 말을 따라 민가를 없애고 사찰의 문에서 물을 보이게 하여 화재를 막았다. 융경(隆慶) 3년(1569)에 다시 훼손되었다. 만력(萬曆) 17년(1589)에 사례감태감(司禮監太監) 손륭(孫隆)이 직조(織造)를 맡아 재건을 도왔는데,[11] 장식과 법기들이 한 시대를 풍미할 정도로 성대하였다. 또, 동쪽과 서쪽 곁채에 모두 시장 점포가 즐비하여 진귀한 물건들을 쌓아두고 팔았다. 봄에는 향시(香市)[12]가 열려 남해(南海), 천축(天竺), 산동(山東)의 참배객들과 마을의 부녀자, 그리고 아이들이 오가며 거래를 하였다.[13] 사람들의 소리가 시끄러워 혀가 닳고 귀가 멍멍해질 정도였는데, 여름이 되어서야 비로소 끝났다. 숭정(崇禎) 13년(1640)에 다시 불이 나 연기와 불길이 하늘을 가리고 호수도 붉게 만들었다. 청(淸)나라 초기에 이르러 더욱 화려해졌는데, 계단을 정돈하여 전대보다 더 장엄해졌다. 일설에 의하면, 절을 지을 때 전무숙왕(錢武肅王)의 80세 생일을 축하하기 위해, 승려 원정(圓淨)이 승려 고박(古樸), 천향(天香), 승련(勝蓮), 승림(勝林), 자수(慈受), 자운(慈雲)과 연사(蓮社)를 결성해, 불경을 외고 방생하

---

[11] 司禮監은 명나라에 설치된 기관명으로, 1384년 명 太祖 洪武 17년에 처음 설치되었다. 조정에서 환관과 궁중 업무를 관리하는 十二監 가운데 하나이다. 太監은 사례감의 主官이다. 孫隆은 萬曆 초년에 司禮監太監을 맡았고 소주와 항주의 織造도 맡았다. 훗날 四府의 稅監을 겸임할 정도로 신임을 얻은 관리다. 織造는 명청 양대에 걸쳐 남경, 항주, 소주 등지에 설치된 관직으로, 비단을 황실에 제공하는 일을 담당하였다.

[12] 香市: 향을 피워 참배하러 온 사람들이 많아지면서 조성된 시장이다.

[13] 南海는 南海觀音菩薩의 道場으로 알려진 普陀山이다. 天竺은 杭州 天竺山에 위치한 세 곳의 사찰, 上天竺法喜寺, 中天竺法淨寺, 下天竺法鏡寺이다. 山東은 浙江省 동쪽 일대를 말한다.

며 왕을 위해 축하했다고 한다.[14] 매월 초하루, 단(壇)에 올라 계(戒)를 세웠고, 현지 백성들과 향을 피우고 예를 올려 전무숙왕의 공덕을 밝혔으니, 이로 인해 소경사라는 이름이 지어졌다. 지금은 여러 고승들의 이름을 그대로 방의 이름으로 사용하고 있다.

> 昭慶寺, 自獅子峰、屯霞石發脈, 堪輿家謂之火龍. 石晉元年始創, 毁於錢氏乾德五年. 宋太平興國元年重建, 立戒壇. 天禧初, 改名昭慶. 是歲又火. 迨明洪武至成化, 凡修而火者再. 四年奉敕再建, 廉訪楊繼宗監修. 有湖州富民應募, 摯萬金來. 殿宇室廬, 頗極壯麗. 嘉靖三十四年以倭亂, 恐賊據爲巢, 遽火之. 事平再造, 遂用堪輿家說, 辟除民舍, 使寺門見水, 以厭火災. 隆慶三年復毁. 萬曆十七年, 司禮監太監孫隆以織造助建, 懸幢列鼎, 絶盛一時. 而兩廡櫛比, 皆市廛精肆, 奇貨可居. 春時有香市, 與南海、天竺、山東香客及鄕村婦女兒童, 往來交易, 人聲嘈雜, 舌敝耳聾, 抵夏方止. 崇禎十三年又火, 煙焰障天, 湖水爲赤. 及至清初, 踵事增華, 戒壇整肅, 較之前代, 尤更莊嚴. 一說建寺時, 爲錢武肅王八十大壽, 寺僧圓淨緇訂緇流古樸、天香、勝蓮、勝林、慈受、慈雲等, 結蓮社, 誦經放生, 爲王祝壽. 每月朔, 登壇設戒, 居民行香禮佛, 以昭王之功德, 因名昭慶. 今以古德諸號, 即爲房名.

부록작품 1

원굉도, <소경사에 관한 짧은 글>

전당문(錢塘門)에서 서쪽으로 가며 보숙탑(保俶塔)을 바라보니, 층층이 솟

---

[14] 錢武肅王(852-932): 吳越國의 개국자 錢鏐로, 諡號가 武肅이다. 蓮社는 원래 晉의 高僧 慧遠이 廬山에 세운 불교 모임으로, 본문에서는 불교 모임이란 뜻이다.

은 절벽 사이에 솟아 있어서 이미 마음이 호수 위로 날아간 듯하다. 정오에 소경사에 들어가 차를 마신 후, 곧바로 작은 배를 타고 호수로 들어갔다. 산의 색은 여인의 눈썹같고 꽃의 빛은 여인의 뺨처럼 곱다. 따뜻한 바람이 술처럼 취하게 하고 물결무늬는 비단처럼 부드러워, 고개를 들자마자 이미 눈과 마음이 몽롱해졌다. 이때 한마디 말을 하고자 해도 할 수 없었으니, 이는 마치 동아왕(東阿王)이 꿈속에서 처음 낙신(洛神)을 만났을 때와 같았다.[15] 내가 서호를 여행한 것은 이때가 처음이었고, 만력(萬曆) 정유년(丁酉年) 2월 14일이었다. 저녁에 자공(子公)과 함께 정자사(淨慈寺)에 건너가, 아우 아빈(阿賓)이 예전에 살던 승방을 찾았다. 육교(六橋)와 악분(嶽墳), 석경당(石徑塘)을 거쳐 돌아왔다. 다음날 아침, 도석궤의 편지가 도착했고, 19일에 도석궤 형제와 불교도 왕정허(王靜虛)가 도착하여 호수와 산, 좋은 친구들이 한꺼번에 모였다.

袁宏道, <昭慶寺小記>
　　從錢塘門而西, 望寶俶塔, 突兀層崖中, 則已心飛湖上也. 午刻入昭慶, 茶畢, 即掉小舟入湖. 山色如娥, 花光似頰, 溫風如酒, 波紋若綾, 才一擧頭, 已不覺目酣神醉. 此時欲下一語不得, 大約如東阿王夢中初遇洛神時也. 余遊西湖始此, 時萬曆丁酉二月十四日也. 晚同子公渡淨寺, 覓阿賓舊住僧房. 取道由六橋、嶽墳、石徑塘而歸. 次早陶石簣帖子至, 十九日, 石簣兄弟同學佛人王靜虛至, 湖山、好友, 一時湊集矣.

15　東阿王은 삼국시대 魏나라의 曹植(192-232)을 말한다. 字는 子建, 諡號는 陳思王으로, 曹操의 아들이자 曹丕의 동생이다. 조식은 伏羲氏의 딸 宓妃가 洛水에 빠져 수신이 되었다는 전설에 의거해 <洛神賦>를 지었다. 이 글에서 처음 낙신을 만났을 때 "정신이 왔다 갔다 하고 마음이 놀라며, 갑자기 생각이 흩어졌다.(精移神駭, 忽焉思散.)"라고 표현하였다.

부록작품 2

장대, <서호향시에 대한 글>[16]

서호의 향시(香市)는 화조절(花朝節)[17]에 시작하여 단오(端午)에 끝난다. 산의 동쪽 사람들은 향을 사르러 매일 보타사(普陀寺)로 가고 가흥(嘉興)과 호주(湖州) 사람들은 향을 사르러 매일 천축사(天竺寺)로 간다. 이들이 도착하면 서호 사람들과 함께 물건을 사고파는데, 그리하여 향시(香市)라고 한다. 그러나 참배객들은 삼천축(三天竺)[18]에서도 물건을 살 수 있고, 악왕분(嶽王墳)에서도 살 수 있으며, 호심정(湖心亭)에서도 살 수 있고, 비래봉(飛來峰)에서도 살 수 있다. 물건을 살 수 있는 곳이 많은데 유독 소경사로만 모여든다. 소경사의 두 긴 복도는 원래 매일 시장이 열리는 곳으로, 삼대팔조(三代八朝)[19]의 골동품과 만(蠻), 이(夷), 민(閩), 맥(貊)의 진귀한 물건들이 다 모여 있다. 향시가 열리면 소경사 대전 한가운데와 주변의 누각 위아래, 연못의 양쪽, 절 입구의 안팎으로, 집이 있으면 점포를 차리고, 집이 없으면 천막을 쳤으며, 천막 밖에도 좌판을 차려 구석구석까지 빽빽하게 들어찼다. 무릇 연지·비녀·귀걸이·상아로 만든 자·가위부터 경전(經典)·목어(木魚)·아이들이 가지고 노는 장난감에 이르기까지, 없는 게 없었다. 이때는 따뜻한 봄이라 복사꽃과 버드나무가 어여쁘고 악기 연주와 청아한 목소리가 조화롭게 울린다. 기슭에는 남은 배가 없고 여관에도 남은 자리가 없으며 주점에는 남은 술이 없다. 원굉도(袁宏道)

---

16 이 작품은 張岱, ≪陶庵夢憶≫ 卷七에도 <西湖香市>라는 제목으로 수록되어있다.
17 花朝節: 화조절은 고대 민간의 전통명절로, 花神節 또는 百花生日이라고 한다. 주로 꽃을 심고 감상하는 활동을 한다. 시기는 시대와 지역마다 다른데, 中原과 西南 지역에는 매년 음력 2월 초이틀이고, 東北과 江南 지역은 3월 15일이다.
18 三天竺: 杭州 天竺山에 있는 세 사찰을 말한다. 즉 上天竺法喜講寺, 中天竺法淨禪寺, 下天竺法鏡講寺이다.
19 三代八朝: 三代는 夏, 商, 周이고 八朝는 漢, 魏, 晉, 宋, 齊, 梁, 陳, 隋를 말한다.

의 "산의 색깔은 마치 여인의 눈썹같고 꽃의 빛깔은 여인의 뺨처럼 아름답다. 따뜻한 바람은 술처럼 취하게 하고 물결무늬는 비단처럼 곱다."라는 말은 이미 서호의 3월을 전부 그려낸 것이다. 여기에 또 향배객들이 섞이니 풍경이 또 다르다. 선비와 여인의 우아함은 시골에서 온 여인들의 화려한 치장을 이기지 못하고, 난초의 향기도 합향(合香)[20]과 고수의 향기를 이길 수 없다. 관현 악기의 소리는 북과 생황의 떠들썩함을 이길 수 없고, 정이(鼎彝)의 기이한 빛은 흙으로 만든 사람, 대나무, 말의 인기를 이길 수 없으며, 송원(宋元) 시대의 명화(名畵)도 서호의 풍경도나 불도(佛圖)의 종잇값을 이길 수 없다. 도망치듯 쫓아가듯, 달리듯 쫓기듯, 치고받으며 길을 열어주지 않고, 사방에서 끌고 당기고 하여 가만히 있을 수가 없다. 수십 수백만의 남녀노소가 매일 소경사의 사방을 에워싸며 몰려드는데, 넉 달이 지나서야 끝난다. 아마 장강 동쪽으로는 이런 곳은 없을 것이다.

숭정(崇禎) 경진년(庚辰年, 1640)에 소경사에 화재가 발생하였다. 그 해부터 신사년(辛巳年)과 임오년(壬午年)까지 계속된 기근으로 백성들의 절반이 굶어 죽었다. 임오년에는 산의 동쪽 길도 끊겨 참배객도 끊겼다. 오는 사람이 없으니 시장도 폐지되었다. 신사년 여름에 나는 서호에 있었다. 본 것이라고는, 성 안에 굶어 죽은 이들을 성 밖으로 내보내려고 연장을 지고 서로를 부여잡는 광경뿐이었다. 당시 항주 태수 유몽겸(劉夢謙)[21]은 변량(汴梁) 사람이었는데, 그의 덕을 보고자 많은 고향 사람들이 서호에 머물렀다. 태수는 매일 같이 소송에서 얻을 돈을 고향 사람들에게 보내주었다. 그러자 한 실없는 자가 고시

20　합향: 蘇合香에서 축출한 향료이다.
21　劉夢謙: 유몽겸(?-?)의 字는 涵長이고, 號는 雪濤이며, 河南 汝寧府 羅山縣(지금의 河南省 羅山) 사람이다. 崇禎 11년부터 항주의 태수로 부임했다.

(古詩)를 고쳐 태수를 책망하길, "산은 푸르지 않고 누각도 높지 않으며, 서호의 노래와 춤이 일시에 멈추었네. 따스한 바람 불어 시체 악취를 풍기니 되돌려 항주에서 변주로 보내네."[22]라 하였으니, 가히 서호 실록이 될 만하다.

張岱, <西湖香市記>

西湖香市, 起於花朝, 盡於端午. 山東進香普陀者日至, 嘉、湖進香天竺者日至, 至則與湖之人市焉, 故曰香市. 然進香之人市於三天竺, 市於嶽王墳, 市於湖心亭, 市於陸宣公祠, 無不市, 而獨湊集於昭慶寺. 昭慶寺兩廊故無日不市者, 三代八朝之古董, 蠻夷閩貊之珍異, 皆集焉. 至香市, 則殿中邊甬道上下, 池左右, 山門內外, 有屋則攤, 無屋則廠, 廠外有蓬, 蓬外又攤, 節節寸寸. 凡霜簪珥、牙尺剪刀, 以至經典、木魚、伢兒嬉具之類, 無不集. 此時春暖, 桃柳明媚, 鼓吹清和, 岸無留船, 寓無留容, 肆無留釀. 袁石公所謂"山色如娥, 花光似頰, 溫風如酒, 波紋若綾", 已畫出西湖三月. 而此以香客雜來, 光景又別. 士女閒都, 不勝其村妝野婦之喬畫; 芳蘭薌澤, 不勝其合香芫荽之薰蒸; 絲竹管弦, 不勝其搖鼓欲笙之聒帳, 鼎彝光怪, 不勝其泥人竹馬之行情; 宋元名畫, 不勝其湖景佛圖之紙貴. 如逃如逐, 如奔如追, 撩撲不開, 牽挽不住. 數百十萬男男女女、老老少少, 日簇擁於寺之前後左右者, 凡四閱月方罷. 恐大江以東, 斷無此二地矣.

崇禎庚辰, 昭慶寺火. 是歲及辛巳、壬午歲洊饑, 民強半餓死. 壬午道鯁山東, 香客斷絕, 無有至者, 市遂廢. 辛巳夏, 余在西湖, 但見城中餓殍异出, 扛捥相屬. 時杭州劉太守夢謙, 汴梁人, 鄉里抽豐者多寓西湖, 日以民詞餽送. 有輕薄子改古詩誚之曰: "山不青山樓不樓, 西湖歌舞一時休. 暖風吹得死人臭, 還把杭州送汴州." 可作西湖實錄.

---

[22] 이 시는 원래 南宋의 詩人 林升(1123-1189)의 <題臨安邸>이다. "산 밖에도 청산이고 누대 밖에도 누대라, 서호의 가무는 언제나 그칠까? 따스한 바람이 불어 놀러온 이들을 취하게 하니 항주를 변주로 만든 셈이구나.(山外青山樓外樓, 西湖歌舞幾時休. 暖風吹得遊人醉, 直把杭州作汴州.)"

3

와와탕(哇哇宕)

　　와와석(哇哇石)은 기반산(棋盤山) 위에 있다. 소경사(昭慶寺) 뒤에 석지(石池)가 있는데, 깊이를 알 수 없을 정도로 깊다. 가파른 절벽이 하늘을 가로지르고 둘레가 3, 4무(畝) 정도 된다. 빈 골짜기에는 소리가 울려 퍼지는데, 누군가 부르면 그 소리가 되돌아와 마치 어린아이가 우는 것 같았다. 위쪽으로는 기반석이 산 정상에 우뚝 솟아 있다. 그 아래로는 열사사(烈士祠)가 있는데, 주필(朱蹕), 김승(金勝), 축위(祝威)와 같은 이들을 기리는 사당이다.[23] 이들은 모두 송나라 때 금나라에 맞서 싸우다 죽은 자들로, 생전에 백성들을 보호한 공을 세웠기에 지금까지 제사를 모시고 있다.

> 　　哇哇石在棋盤山上. 昭慶寺後, 有石池深不可測, 峭壁橫空, 方圓可三四畝, 空穀相傳, 聲喚聲應, 如小兒啼焉. 上有棋盤石, 聳立山頂. 其下烈士祠,

---

23　朱蹕, 金勝, 祝威: 이들은 모두 金나라 군대에 맞서 싸운 南宋의 장수다. 朱蹕(1079-1129)은 湖州 安吉 출신으로, 字는 子美다. 宋 高宗 때 錢塘의 縣令을 지냈다. 建炎 3년(1129), 금나라가 항주를 함락하고 余杭을 침범하자, 주필이 병사 2천을 이끌고 전방에서 적을 막아 항주 백성들을 피신할 수 있게 하였다. 그 후 주필은 금나라 병사에게 화살을 맞아 전사하였다. 金勝과 祝威은 주필의 부하 장수로 葛嶺을 지키다 전사하였다.

爲朱蹕、金勝、祝威諸人, 皆宋時死金人難者, 以其生前有護衛百姓功, 故至今祀之.

부록작품 1

도륭,[24] <와와탕>

소경사(昭慶寺) 장엄함은 불도(佛圖)에 다 나타냈는데,

어찌 텅 빈 골짜기에 아기 우는 앵앵 소리 들리나?

수천 명의 아기들 젖 떨어져 세상의 성현이 되니,

다섯 가지 깨달음의 소리가 급고독에 보답한다.

오래된 동굴에서 흘러나온 복숭아꽃,

기이한 바위가 날아와 얼음 항아리에 들어가네.

바위 아래 몸을 숨겨 소식 전하니,

절벽에서 땅이 울리도록 마음대로 외쳐라.

屠隆, <哇哇宕>

昭慶莊嚴盡佛圖, 如何空穀有呱呱.

千兒乳墮成賢劫, 五覺聲聞報給孤.

流出桃花緣古宕, 飛來怪石入冰壺.

隱身巖下傳消息, 任爾臨崖動地呼.

---

[24] 屠隆: 도륭(1543-1605)은 明代의 문인으로, 字는 長卿이고 號는 赤水, 鴻苞居士이다. 萬曆 5년(1577)에 進士로 급제하였고, 禮部主事, 郎中과 같은 관직을 맡았다. 청렴하고 정직하며 백성들의 애환에 관심을 쏟은 관리라고 평가받았다. 萬曆 12년(1584)에 모함을 받아 관직에서 쫓겨났고, 그 후로 강호를 유람하며 산을 찾아 도를 닦고 글을 팔아 생계를 이어갔다. 저서로 ≪由拳集≫, ≪鴻苞集≫ 등이 전해진다.

4

대불두(大佛頭)

　대석불사(大石佛寺)에 관한 옛 역사기록을 보면, 진시황제가 동쪽으로 순행하다가 바다에 들어갈 때 여기에 있던 바위에 배를 묶었다고 한다.[25] 훗날 가평장(賈平章)이 이호(里湖)의 갈령(葛嶺)에 살았는데, 당시 송나라 행궁은 봉황산(鳳凰山)에 있어 서로 간의 거리가 20리(里)가 넘었다.[26] 가평장은 아침 종소리를 들으면 바로 호수에 배를 띄웠다. 노를 사용하지 않고 큰 비단줄로 둥근 바퀴를 죄어서 돌렸는데, 마치 질주하듯 빨랐다. 대불두는 바로 그 닻줄을 매었던 돌기둥이다. 가평장이 패한 후, 후세 사람들은 그 돌을 반신불상으로 조각하고 금으로 장식하였으며, 전각을 지어 그 위를 덮은 뒤 대석불원(大石佛院)이라고 불렀다. 원나라 말기에 이르러 망가졌다. 명(明) 영락(永樂) 연간에 승려 지림(志琳)이 재건하였고 칙명을 받아 대불선사(大佛禪

---

[25] 기원전 210년 秦始皇은 咸陽에서 순행을 떠났다. 會稽에서 禹王의 제사를 올리기 위해 錢塘을 거쳤는데, 전당강에서 바람이 심하게 불고 파도가 높이 치자 寶石山 아래에 배를 정박시키고 돌에 닻줄을 묶었다고 전해진다.

[26] 가평장은 <明聖二湖>의 주석 참조. 葛嶺은 寶石山 서쪽에 위치한 산으로 東晉 시기 葛洪이 수련하였다고 전해지는 곳이다. ≪서호몽심≫ 권3에 <葛嶺>이 수록되어 있다.

寺)로 이름을 바꾸었다. 가평장은 나라를 망친 간신이었지만, 산수, 서화, 골동품에 대해서는 그의 감상을 거치면 정교하지 않은 것이 없었다. 그가 만든 비단줄 또한 훌륭했다. 어느 날 임안(臨安)[27]에 불이 났다. 가평장은 반한당(半閑堂)에서 귀뚜라미 싸움을 하고 있었는데, 연달아 화재 소식을 알려왔다. 가평장은 아랑곳하지 않고, "태묘(太廟)까지 불이 붙거든 와서 알려주거라."라고 말하였다.[28] 잠시 후, 누군가 와서 보고하기를, "불이 태묘까지 번졌습니다!"라 하자, 가평장은 작은 어깨 가마를 타고 곤봉과 칼을 든 힘센 사내 넷의 호위를 받았다. 가마를 든 사람들이 조금씩 가다 자리를 바꾸어 순식간에 불이 번진 곳까지 도착하였다. 가평장이 침착하게 명령을 내리길, "태묘가 불타거든 지휘 장수를 참수하라."라고 하였다. 그러자 지휘 장수는 용맹한 병사 수십 명을 이끌고 몸을 날려 건물 위로 뛰어올라 순식간에 불을 껐다. 가평장은 비록 간웅이었지만 명령을 내리면 반드시 시행되었으니, 또 대장부의 기상도 있었다.

> 大石佛寺, 考舊史, 秦始皇東遊入海, 纜舟於此石上. 後因賈平章住里湖葛嶺, 宋大內在鳳凰山, 相去二十餘里, 平章聞朝鍾響, 即下湖船, 不用篙楫, 用大錦纜絞動盤車, 則舟去如駛. 大佛頭, 其系纜石樁也. 平章敗, 後人鐫爲半身佛像, 飾以黃金, 構殿覆之, 名大石佛院. 至元末毀. 明永樂間, 僧志琳重建, 敕賜大佛禪寺. 賈秋壑爲誤國奸人, 其於山水書畫骨董, 凡經其鑒賞, 無不精妙. 所制錦纜, 亦自可人. 一日臨安失火, 賈方在半閑堂鬥蟋蟀, 報者絡繹, 賈殊不顧, 但曰: "至太廟則報." 俄而, 報者曰: "火直至太廟

---

27 臨安: 지금의 浙江省 杭州이다.
28 太廟: 중국 고대 황제의 宗廟를 말한다. 夏나라 때는 '世室', 殷商 시기에는 '重屋', 周나라 때는 '明堂'이라고 하였으며, 秦漢 시대부터 태묘라고 칭하였다.

矣!"賈從小肩輿, 四力士以椎劍護, 舁輿人里許即易, 倏忽至火所, 下令肅然, 不過曰:"焚太廟者, 斬殿帥." 於是帥率勇士數十人, 飛身上屋, 一時撲滅. 賈雖奸雄, 威令必行, 亦有快人處.

부록작품 1

장대, <대석불원>

나는 젊어서 놀러 다니기 좋아하여,

유명한 산 찾아 마음껏 탐구하였다.

태산(泰山)은 높고 웅장하였고,

보타산(普陀山)은 멀고 아득하였다.

천축(天竺)에서는 밝은 빛을 내뿜었고,

제운산(齊雲山)에는 흰 새들 모여 들었다.

살아있는 부처와 신령스런 신들도,

금신(金身)에 비하면 작기 그지없다.

남명산(南明山)에 이르러,

석불(石佛) 구름 밖으로 모습을 드러내었네.

집게손가락과 엄지손가락,

일곱 자가 모자라네.

보석은 더욱 특이하였으니,

그해 석공의 솜씨 뛰어났다.

바위 몇 길이나 되는 높이에,

오직 머리 하나만 빚어 만들었네.

그 반쪽 허리의 길이 재본들,

여섯 자가 부족할 터.
묻기를, 부처의 크기 얼마나 크길래,
인간과 천상도 알지 못하는가.
단지 오가는 사람만 보이니,
이리저리 돌아다니는 벼룩같다.
나는 남들과 달라,
참선하다 늙어버렸다.
대지를 밟으며 하늘을 쓰다듬는 것,
어찌 부처의 가르침이 아니겠는가.
형상을 구하고 여래를 찾다보면,
크고 작은 모든 게 마음에서 만든 것이네.
내 이 대불두를 봄에,
여전히 한 포기 풀처럼 본다.

張岱, <大石佛院>
余少愛嬉遊, 名山恣探討.
泰嶽旣嵬峨, 補陀復杳渺.
天竺放光明, 齊雲集百鳥.
活佛與靈神, 金身皆藐小.
自到南明山, 石佛出雲表.
食指及拇指, 七尺猶未了.
寶石更特殊, 當年石工巧.
岩石數丈高, 止塑一頭腦.
量其半截腰, 丈六猶嫌少.
問佛凡許長, 人天不能曉.

但見往來人, 盤旋如虱蚤.
而我獨不然, 參禪已到老.
入地而摩天, 何在非佛道.
色相求如來, 鉅細皆心造.
我視大佛頭, 仍然一莖草.

부록작품 2

견룡우,[29] <서호대불두찬>

색은 황금 같고 얼굴은 보름달 같구나.

온 세상 사람들, 오직 나무둥치만 보았네.

甄龍友, <西湖大佛頭贊>

色如黃金, 面如滿月.

盡大地人, 只見一橛.

---

29 **甄龍友**: 견룡우의 字는 雲卿이고 永嘉(지금의 浙江省 溫州) 사람이다. 高宗 紹興 24년(1154)에 進士가 되었고 國子監簿를 역임하였다. 견룡우는 나중에 良友로 이름을 바꾸었다.

5

보숙탑(保俶塔)

　보석산(寶石山)의 높이는 63장(丈)이고, 둘레는 13리(里)이다. 전무숙왕(錢武肅王)이 수성보석산(壽星寶石山)으로 봉하였고 나은(羅隱)[30]이 그것을 기록하였다. 그 산 정상은 보봉(寶峰)이라 하며 거기에 보숙탑(保俶塔)이 있는데, 일명 보소탑(寶所塔)이라고도 하는, 이것이 바로 보숙탑이다. 송나라 태평흥국(太平興國) 원년(元年, 976)에 오월왕(吳越王) 숙(俶)[31]은 당나라가 망하였다는 소

---

[30] 羅隱: 나은(833-910)은 唐末五代의 문인으로, 본명은 橫이고 字는 昭諫이다. 杭州 新城 출신이다. 가난한 유학자 집안에서 태어나 어릴 때부터 학업에 매진하였으나, 과거에 운이 없어 28년 동안 열 차례의 진사 시험에 응시했으나 낙방하였다. 錢鏐의 아래에서 錢塘令, 司勳郎中, 給事中 같은 관직을 맡았고, ≪湘南應用集≫ 三卷, ≪淮海寓言≫ 七卷과 같은 저술을 남겼다.

[31] 吳越王俶: 五代十國 시기 吳越國의 왕 錢俶(929-988)이다. 전숙의 字는 文德이다. 처음 이름은 弘俶이었는데 송나라에 귀속된 후 피휘하여 俶으로 개명하였다. 吳越 武肅王 錢鏐의 손자이고 文穆王 錢元瓘의 아홉째 아들이다. ≪續資治通鑒≫ 宋紀八에 전숙이 도성에 들어갔을 때의 상황이 기록되어 있다. 北宋 開寶 9년(976) 2월에 "吳越의 국왕 俶과 그의 아들 鎮海鎮東節度使 惟濬 등이 崇德殿에서 뵙고 長春殿에서 연회를 열었다. 그 전에 황제께서 禮賢宅을 방문하시어 휘장과 음식 같은 도구를 살피셨다. 그리고 곧바로 거처하라 명하시니 총애하고 베푸심이 두터웠다.(吳越國王俶, 及其子鎮海鎮東節度使惟濬等, 人見崇德殿, 宴長春殿. 先是, 車駕幸禮賢宅, 視供帳之具. 及至, 即詔做居之, 寵費甚厚.)"

식을 듣고 두려워하여 부인 손씨(孫氏)와 아들 유준(惟浚), 손자 승우(承佑)와 함께 조정에 들어갔다. 혹시라도 자신을 붙잡아둘까 걱정되어, 불탑을 짓기로 약속하고 돌아갈 수 있게 해달라고 청하였다. 그 이름을 보숙탑이라고 한 것은 천자를 받들기 위함이었다. 도성에 이르자 머물 곳으로 예현택(禮賢宅)을 하사받았고 하사품도 매우 후하게 받았다. 두 달을 머무르게 하다 돌려보냈는데, 황색 보자기 하나를 하사하였다. 봉인을 매우 단단히 하였는데, 주의를 주기를, "돌아가는 길에 꼭 은밀히 보라."라고 하였다. 봉인을 풀어보니, 모두 전숙을 붙잡아둘 것을 청하는 신하들의 상소문이었다. 전숙은 매우 두려워하였다. 돌아온 후, 부처님의 은혜에 보답하고자 탑을 세웠다. 보숙(保俶)이라는 이름이 후에 보숙(保叔)으로 오인되었고, 또 잘 모르는 자가 그것을 따라서 '保叔緣何不保夫[어찌 시동생을 보호하고 지아비를 보호하지 않는가?]'라는 시구를 짓기도 하였다.[32] 전숙은 사람됨이 공손하고 신중하였다. 풀려나 돌아온 뒤에도 항상 일을 볼 때마다 동쪽 편으로 옮겨 앉아,[33] 주변에 말하였다.

"서북쪽은 황제의 도성이 있는 곳이다. 천자의 위엄이 내 얼굴과 지척 거리에 있는데, 내 어찌 감히 편안히 앉아 있을 수 있겠는가!"

매일 자신을 수양하고 반성하며 조정에 공물을 들임에 향을 태운 이후

---

32 保叔緣何不保夫: 보숙탑의 전설 가운데 송씨 성을 가진 형수 宋嫂가 시동생을 보호하기 위해 탑을 만들었다는 이야기가 있다. 형을 대신해 전쟁터에 나간 시동생의 안전을 빌기 위해 탑을 지었는데 이를 혹자가 풍자하길, "어찌 시동생을 보호하고 지아비를 보호하지 않는가?"라는 내용의 시를 적은 것이다.

33 고대 황제는 북쪽에 앉아 남쪽을 보았다. 때문에 南面은 곧 왕을 지칭한다. 吳越은 동남쪽에 위치했기에 전숙이 동쪽 끝에 앉아 스스로 왕의 신하임을 보인 것이다.

에 사절을 보냈다.[34] 얼마 후 그 지역이 송나라에 귀속되자 전숙은 회해국왕(淮海國王)에 봉해졌다. 보숙탑은 원나라 지정(至正) 말년에 훼손되었다가 승려 혜거(慧炬)가 재건하였다. 명나라 성화(成化) 연간에 다시 훼손되었다가 정덕(正德) 9년(1514)에 승려 문용(文鏞)이 재건하였다. 가정(嘉靖) 원년(元年, 1522)에 다시 훼손되었다가 22년 승려 영고(永固)가 재건하였다. 융경(隆慶) 3년(1569)에 거센 바람에 지붕이 부러지자 탑도 점점 허물어졌으며, 만력(萬曆) 22년(1594)에 수리되었다. 보숙탑이 있던 자리에는 수성석(壽星石)과 둔하석(屯霞石)이 있다. 절에서 백 보 떨어진 곳에 간송대(看松臺)도 있다. 간송대에 올라가 거대한 협곡을 내려다보면, 소나무 숲을 뛰어넘는 것 같아 보는 이들로 하여금 경악하게 만든다. 탑 아래의 바위 절벽은 가파르고, 그 절벽을 따라가면 암자 네댓 칸이 있는데, 천연의 그림 같은 경치를 이룬다.

寶石山高六十三丈, 周一十三里. 錢武肅王封壽星寶石山, 羅隱爲之記. 其絶頂爲寶峰, 有保俶塔, 一名寶所塔, 蓋保俶塔也. 宋太平興國元年, 吳越王俶, 聞唐亡而懼, 乃與妻孫氏、子惟濬、孫承祐入朝, 恐其被留, 許造塔以保之. 稱名, 尊天子也. 至都, 賜禮賢宅以居, 賞賚甚厚. 留兩月遣還, 賜一黃袱, 封識甚固, 戒曰: "途中宜密觀." 及啟之, 則皆群臣乞留俶章疏也, 俶甚感懼. 既歸, 造塔以報佛恩. 保俶之名, 遂誤爲保叔. 不知者遂有"保叔緣何不保夫"之句. 俶爲人敬慎, 放歸後, 每視事, 徙坐東偏, 謂左右曰: "西北者, 神京在焉, 天威不違顏咫尺, 俶敢寧居乎!" 每修省入貢, 焚香而後遣之. 未幾, 以地歸宋, 封俶爲淮海國王. 其塔, 元至正末毀, 僧慧炬重建. 明成化間又毀, 正德九年僧文鏞再建. 嘉靖元年又毀, 二十二年僧永固再建. 隆慶三年大風折其頂, 塔亦漸圮, 萬曆二十二年重修. 其地有壽星石、屯

[34] 옛날 황제에게 공물을 바치거나 조견할 때는 향을 태워 잡귀를 없애 공경의 뜻을 보였다.

霞石. 去寺百步, 有看松臺, 俯臨巨壑, 淩駕松抄, 看者驚悸. 塔下石壁孤峭, 緣壁有精廬四五間, 爲天然圖畫圖.

부록작품 1

황구문,[35] <겨울 보숙탑에 오르다>
산봉우리에 희미하게 보이는 탑,
낙엽 떨어져 안개 낀 물가 깨끗하다.
추운 날 산 그림자는 수척하고,
서리 내린 바위 벼랑은 괴롭다.
산 구름 유유자적하여,
찾아오는 사람이 주인으로 적당하다.
그대와 마음을 나누고 싶으나,
소나무 바람이 나를 대신해 말한다.

黃久文, <冬日登保俶塔>
當峰一塔微, 落木淨煙浦.
日寒山影瘦, 霜沍石稜苦.
山雲自悠然, 來者適爲主.
與子欲談心, 松風代吾語.

---

[35] 黃久文: 황구문의 생애는 알려진 바가 없다.

부록작품 2

하공근,³⁶ <보숙탑>

손님이 서호에 이르렀으나,

봄나들이 아직 이르다.

돌문 깊어 험난함을 겪고,

산 속 누각 고요히 위험하다.

정오, 절에서 종소리 어지럽게 울리고,

바람과 물결이 배를 천천히 보낸다.

맑은 술잔에 즐거움 무궁하여

취한 붓으로 다시 시를 쓴다.

夏公謹, <保俶塔>

客到西湖上, 春遊尚及時.

石門深歷險, 山閣靜憑危.

午寺鳴鐘亂, 風潮去舫遲.

清樽歡不極, 醉筆更題詩.

---

36 夏公謹: 하공근은 明 중기의 문인 夏言(1482-1548)이다. 字가 公謹이고, 號는 桂洲이며, 江西 廣信 출신이다. 正德 12년(1517), 진사에 급제하였고 給事中 시절 정직하고 직언을 하기로 유명하였다. 嘉靖 27년(1548), 河套 지역의 수복을 지지하다 嚴嵩의 모함을 받아 67세의 나이로 처형되었다. 후에 穆宗이 文潛이란 시호를 추증하였다. 시와 문장에도 재능이 있어 ≪桂洲集≫, ≪南宮奏稿≫를 남겼다.

부록작품 3

전사복,[37] <보숙탑>

금빛 탑은 하늘에 열린 그림 같고,

철골 지붕에 바람의 이야기 울리네.

들에 뜬 구름 가을과 함께 하얗고,

강가의 나무 저녁에 더욱 푸르다.

바위 집에 빗물 숨기고,

절벽에 박힌 돌에 별이 떨어진다.

아래로 호수 위의 손님을 보니,

노랫소리와 악기 소리 정녕 고요하다.

錢思復, <保俶塔>

金刹天開畫, 鐵簷風語鈴.

野雲秋共白, 江樹晚逾青.

鑿屋巖藏雨, 粘崖石墜星.

下看湖上客, 歌吹正沉冥.

---

[37] 錢思復: 명대의 문인 錢惟善(?-1379)으로, 字가 思復이고 號가 心白道人이다. 錢塘 출신이며, 원나라 至正 元年에 응시한 과거시험에서 응시자 3천 명 중 유일하게 문제를 풀어 주시험관의 칭찬을 받았다. 저서로 《江月松風集》 12권이 전해진다.

6

마노사(瑪瑙寺)

마노(瑪瑙) 언덕은 보숙탑(保俶塔) 서쪽에 있는데, 깨진 돌멩이가 반짝반짝 빛이 나 그 질감이 마노같았다. 현지 사람들은 그 돌을 채취하여 인장을 새겼다. 진(晉)나라 때 비로소 마노보승원(瑪瑙寶勝院)이 지어졌으나, 원(元)나라 말기에 훼손되었다가, 명나라 영락 연간에 재건되었다. 승려 방주(芳洲)의 하인이 대나무를 심다가 샘을 발견했는데, 그래서 그 샘 이름을 복부천(卜夫泉)이라고 하였다. 산 정상에는 누각이 있어 하늘을 향해 높이 솟아 있고, 그곳에서 기대어 바라보는 것이 가장 좋다고 하여 세간에서 마노산거(瑪瑙山居)라 부른다. 절에는 큰 종이 있는데, 종구(鍾口)의 크기가 알맞아 소리가 편안하고 멀리까지 들린다. 종에는 ≪연경(蓮經)≫ 7권과 ≪금강경(金剛經)≫ 32분(分)이 새겨져 있다.[38] 밤낮으로 12시간 동안 여섯 명의 승려가 번갈아 가며 종을 친다. 종이 한 번 울리면 ≪법화경(法華經)≫ 7권과 ≪금강경≫ 32분의 경문이 한 글자 한 글자 모두 울려 퍼진다. 내가 맑은 밤에

---

[38] ≪蓮經≫은 불교 경전 ≪妙法蓮華經≫으로, ≪法華經≫이라고도 한다. ≪金剛經≫도 불교 경전으로 ≪金剛般若波羅蜜經≫, 약칭 ≪般若經≫이라고도 한다.

종소리를 듣고 도에 대한 생각이 일어나 다음 날 새벽까지 헛된 생각을 하지 않았다. 지금 동이 틀 무렵에 그 종소리를 들으니 갑자기 정신이 번쩍 들고 대지와 강산이 모두 진동한다. 둥 하고 한 번 울리는 종소리가 결국 ≪법화경≫과 ≪반야경≫을 한 바퀴씩 돌리는 일이다. 불전(佛典)에 이르길, "인간 세상에 종소리가 끊이지 않는 한, 지옥에 떨어진 중생들은 잠시 고문 도구에서 벗어날 수 있다."고 하였다. 그런데 왕조가 바뀐 이후 승려들이 게을러서 전처럼 열심히 종을 치지 않을까 걱정이다.

瑪瑙坡在保俶塔西, 碎石文瑩, 質若瑪瑙, 土人采之, 以鐫圖篆. 晉時遂建瑪瑙寶勝院, 元末毀, 明永樂間重建. 有僧芳洲仆夫藝竹得泉, 遂名仆夫泉. 山巓有閣, 淩空特起, 憑眺最勝, 俗稱瑪瑙山居. 寺中有大鍾, 侈弇齊適, 舒而遠聞, 上鑄≪蓮經≫七卷, ≪金剛經≫三十二分. 晝夜十二時, 供六僧撞之. 每撞一聲, 則≪法華≫七卷、≪金剛≫三十二分, 字字皆聲. 吾想淸夜聞鍾, 起人道念, 一至旦晝, 無不牿亡. 今於平明白晝時聽鍾聲, 猛爲提醒, 大地山河, 都爲震動, 則鏗鍧一響, 是竟≪法華≫一轉、≪般若≫一轉矣. 內典云: 人間鍾鳴未歇際, 地獄衆生刑具暫脫此間也. 鼎革以後, 恐寺僧惰慢, 不克如前.

부록작품 1

장대, <마노사에 길게 울리는 종소리>

여과(女媧) 돌을 제련하기를 구리 제련하듯 하여,

범왕(梵王) 천곡(千斛)이나 되는 종을 주조하였다.

복부천(僕夫泉)에서 이른 아침부터 깨끗이 씻고 닦으니,

절반은 단단한 구리요, 절반은 마노다.

쇠를 두드리고 옥을 깨는 곤오(昆吾)의 검으로,
종의 고리 빙빙 돌리자 바다짐승도 달아난다.
십만 팔천 ≪법화경≫의 글자와,
그다음으로 ≪금강반야(金剛般若)≫가 새겨져 있네.

신성한 문자들이 앞뒤로 가득하니,
한 번 울림에 연화감옥 깨트리네.
온갖 귀신들 잠시 형틀에서 벗어나,
울음소리에도 걱정하지 않네.
밤낮으로 백각(百刻)마다 삼천 번 두드리니,
보살의 자비로운 눈물이 비처럼 내린다.
삼라전(森羅殿) 앞에서 형벌을 면하고,
악귀 흉포한 모습 일제히 물러간다.
한 번 둥하고 울리면 대지가 놀라고,
청련의 글자마다 파도 소리가 있다.
오직 중생의 원한을 풀어주기 위해
비로자나불의 긴 설법 듣는다.
감히 말하길 부처의 말씀이 모두 허황되다 하여,
우리 승려들을 밤낮으로 수고롭게 만든다.
어찌하면 탕왕(湯王)이 한 면을 열어,
길한 그물과 족새를 모두 보이지 않게 할 수 있을까?

張岱, <瑪瑙寺長鳴鐘>
女媧煉石如煉銅, 鑄出梵王千斛鐘.

僕夫泉淸洗刷早, 半是頑銅半瑪瑙.
錘金琢玉昆吾刀, 盤旋鐘紐走蒲牢.
十萬八千≪法華≫字, ≪金剛般若≫居其次.
貝葉靈文滿背腹, 一聲撞破蓮花獄.
萬鬼桁楊暫脫離, 不愁漏盡啼荒雞.
晝夜百刻三千杵, 菩薩慈悲淚如雨.
森羅殿前免刑戮, 惡鬼狰獰齊退役.
一擊淵淵大地驚, 青蓮字字有潮音.
特爲衆生解冤結, 共聽毗廬廣長舌.
敢言佛說盡荒唐, 勞我闍黎日夜忙.
安得成湯開一面, 吉網羅鉗都不見.

지과사(智果寺)

지과사(智果寺)는 과거 고산(孤山)에 있었고 전무숙왕(錢武肅王)이 지었다. 송나라 소흥(紹興) 연간에 사성관(四聖觀)을 지으면서 지과사는 대불사(大佛寺) 서쪽으로 옮겨졌다. 이전에 소동파(蘇東坡)가 황주(黃州)를 다스릴 때, 우잠(於潛)의 승려 도잠(道潛), 호(號)가 참요자(參寥子)인 자가 오(吳) 지역에서 찾아왔다.[39] 소동파가 꿈속에서 그와 함께 시를 지었다며 이런 구절을 말하였다. "한식과 청명도 모두 지났건만 바위 샘물과 회화나무로 피운 불은 한때 새롭구나." 그 후 7년 뒤, 소동파가 항주를 다스릴 때, 참요자가 지과사에 터를 잡았는데, 갈라진 바위 틈에서 샘물이 솟아났다. 한식 다음날 소동파가 찾아오자, 참요자가 그 샘물을 길어다 차를 끓이니, 꼭 일전에 꾼 꿈

---

[39] 蘇東坡는 元豐 2년(1079)에 黃州의 團練副使로 좌천되었다. 황주는 지금의 湖北 黃岡이다. 於潛은 지금의 浙江省 臨安縣으로 당시는 항주부에 속하였다. 道潛(1043-1106)은 北宋 시기의 승려로, 蘇軾, 秦觀과 같은 문인과 교류하였다. 도잠의 속세의 성은 何, 본명은 曇潛이고, 字는 參寥이며 妙總大師라는 호를 하사받았다. 어려서 출가한 도잠은 宋 神宗 熙寧 10년 (1077), 소식이 彭城에서 관직을 지낼 때부터 교류하였다. 도잠이 지과사에 머문 시기는 哲宗, 元祐 연간(1086-1094)이며, 그 후 소식이 유배를 가자 그를 따라갔다가 말년에는 은거하였다. 도잠은 뛰어난 시인으로, 특히 절구에 능하였다. ≪參寥子詩集≫이 전해진다.

과 일치하였다. 소동파는 사방의 제단을 둘러보고 참요자에게 이렇게 말하였다. "내 평생 이곳에 와본 적이 없으나, 지금 눈앞에 보이는 광경은 마치 이미 본 적이 있는 것 같습니다. 여기에서 참회당까지 가려면 93개의 계단을 거쳐야 할 것입니다." 그래서 세어보니, 과연 그의 말대로였다. 그리고 참요자에게 말하길, "제가 전생에 이곳의 중이었던 모양입니다. 지금 이 절의 스님들은 모두 저와 동기일 따름이지요. 제가 죽으면 육신을 절에 바쳐 가람(伽藍)이 되어야겠습니다."라 하였다.[40] 참요자는 이에 소동파의 모습을 만들어 가람신과 같은 항렬로 공양하였고 게(偈)[41]를 지어 다음과 같이 벽에 남겼다.

　　　금강 입 벌려 종루를 향해 웃으니,
　　　종루도 머리에 비 맞는 금강을 향해 웃네.
　　　선 하나로 이어줄 이웃이 나타나기를 기다리니,
　　　두 가지 일이 한꺼번에 해결되리라.

그 후 절은 폐허가 되었다. 숭정(崇禎) 임신년(壬申年, 1632)에 양주(揚州)의 무재(茂才) 포동덕(鮑同德), 자(字)는 유린(有鄰)이라고 하는 이가 절에 머물게 되었다.[42] 그런데 두 번이나 소동파가 꿈에 나타나 그에게 절을 수리하라고 명하였다. 포동덕은 거절하며, "가난한 선비가 어찌 이런 일을 감당하겠습

40　伽藍: 승려들이 머무는 사찰로 僧伽藍이라고도 한다. 여기서는 사찰을 보호하는 伽藍神으로 쓰였다.
41　偈: 伽陀, 즉 부처의 공덕이나 가르침을 찬탄하는 노래 가사이다.
42　揚州는 지금의 江苏省 揚州이다. 茂才는 秀才로, 東漢 때 光武帝의 이름인 秀자를 피하여 茂로 고쳤다. 鮑同德이란 인물에 대해 알려진 바는 없다.

니까?"라 하였다. 소동파가 말하기를, "그대가 하기만 하면, 저절로 도와주는 자가 있을 것이오."라고 하였다. 다음날 포동덕은 담장에 적힌 게(偈)의 글귀에서 '유린(有鄰)'이란 두 글자를 보고 마음이 움직여 뜻을 세웠다. 또 <서령기몽(西泠記夢)>이란 글을 지어 만나는 사람마다 꺼내 보였다. 어느 날, 집으로 돌아오는 길에 고향 사람 요영언(姚永言)[43]을 만나, 꿈에 대한 일을 전부 이야기하였다. 좌중에 광동에서 진사로 뽑힌 송조약(宋兆禴)[44]이란 자가 듣고 매우 놀라워하였다. 다음날 송조약은 관리가 되어 인화(仁和)[45]로 부임하였다. 요영언이 계속 그를 부추기자 송조약은 힘써 그 어려움을 감당하고 절을 다시 수리하였다. 당시 절 뒤에 샘이 솟아났는데, 호사가들은 그 샘을 참요천(參寥泉)이라고 불렀다.

> 智果寺, 舊在孤山, 錢武肅王建. 宋紹興間造四聖觀, 徙於大佛寺西. 先是, 東坡守黃州, 於潛僧道潛, 號參寥子, 自吳來訪, 東坡夢與賦詩, 有"寒食淸明都過了, 石泉槐火一時新"之句. 後七年, 東坡守杭, 參寥葡居智果, 有泉出石罅間. 寒食之明日, 東坡來訪, 參寥汲泉煮茗, 適符所夢. 東坡四顧壇壝, 謂參寥曰: "某生平未嘗至此, 而眼界所視, 皆若素所經歷者. 自此上懺堂, 當有九十三級." 數之, 果如其言, 卽謂參寥子曰: "某前身寺中僧也, 今日寺僧皆吾法屬耳, 吾死後, 當舍身爲寺中伽藍." 參寥遂塑東坡像, 供之伽藍之列, 留偈壁間, 有: "金剛開口笑鍾樓, 樓笑金剛雨打頭, 直待有鄰通一線, 兩重公案一時修." 後寺破敗.

---

[43] 姚永言: 姚思孝로, 字가 永言이다. 崇禎 元年에 進士를 지냈는데 나중에 승려가 되었다. 원문에 姚思孝가 維揚 출신이라 하였는데, 지금의 江蘇省 揚州로 포동덕과 같은 지역이다.

[44] 宋兆禴: 송조약(1600-1642)의 또 다른 이름은 爾孚이고 호는 喜公으로, 廣東省 揭陽 출신이다. 1628년에 崇禎 戊辰科 進士에 급제하여 江西廣昌縣令, 浙江仁和縣令 등을 역임하였다. 송조약은 시를 잘 지었고, 저서로 ≪學言餘草≫, ≪舊耕堂存草≫를 남겼다.

[45] 仁和: 浙江省 杭州에 속한 옛 縣이다.

崇禎壬申, 有揚州茂才鮑同德字有鄰者來寓寺中. 東坡兩次入夢, 屬以修寺, 鮑辭以"貧士安辦此?"公曰: "子第爲之, 自有助子者."次日, 見壁間偈有"有鄰"二字, 遂心動立願, 作≪西泠記夢≫, 見人輒出示之. 一日至邸, 遇維揚姚永言, 備言其夢. 座中有粵東謁選進士宋公兆禴者, 甚爲駭異. 次日, 宋公筮仕, 遂得仁和. 永言慫恿之, 宋公力任其艱, 寺得再葺. 時有泉適出寺後, 好事者仍名之參寥泉焉.

8

육현사(六賢祠)

송나라 때 서호에는 두 곳의 삼현사(三賢祠)가 있었다. 하나는 고산(孤山) 죽각(竹閣)에 있었고, 삼현(三賢)은 백락천, 임화정(林和靖), 소동파(蘇東坡)였다. 다른 하나는 용정(龍井) 자성원(資聖院)에 있고, 여기서 삼현은 조열도(趙閱道), 승려 변재(辨才), 소동파였다.[46] 보경(寶慶) 연간에 원초(袁樵)[47]가 죽각에 있던 삼현사를 소공제(蘇公堤)로 옮기고, 누각과 관을 지어 관청의 술을 팔았다. 어떤 사람이 시를 써서 이렇게 말했다.

> 임화정, 소동파, 백락천,
> 세 사람에게 가을 국화 띄운 차가운 샘물 바쳤으나,
> 이제는 얼굴에 진흙이 가득 떠올랐으니
> 원초와 함께 술값이나 챙기련다.

---

[46] 趙閱道(1008-1084)는 北宋의 趙抃이다. 辨才는 北宋 시기의 승려 徐元淨(1011-1091)으로, 杭州 於潛 출신이다. 10세에 출가하여 후에 上天竺의 주지가 되어 20년 동안 설법하였다. 神宗으로부터 紫衣와 辨才大師라는 號를 하사받았다.

[47] 袁樵: 원초는 ≪西湖遊覽志≫의 기록에 따르면 袁韶(1161-1237)를 잘못 적은 것이다. 淳熙 14년 進士가 되어 臨安府尹을 십년 간 맡았다.

또 진미공(陳眉公)의 필기(筆記)에 따르면, 전당에 수선왕묘(水仙王廟)가 있는데 임화정의 사당과 그 근처에 있었다고 한다.[48] 소동파 선생이 임화정의 고결한 절개를 세상에 드러내고자 하여 신상(神像)을 옮겨서 수선왕과 함께 모셨다는 것이다. 황산곡(黃山穀)[49]의 ≪수선화(水仙花)≫라는 시(詩)에도 이 일이 다음과 같이 적혀있다.

과거 전당에 수선왕묘가 있다 하는데,
지금 형주(荊州)에 수선화를 보았네.
은은한 향기 화려한 빛깔이 시구를 돋우니,
고산(孤山) 처사의 집에 있어야 마땅하겠구나.

그러므로 송나라 때 수선왕묘에서 지낸 제사는 오직 임화정 한 사람 뿐이었다. 명나라 정덕(正德) 3년(1508), 군수(郡守) 양맹영(楊孟瑛)[50]이 서호를 다시 준설하고, 사현사(四賢祠)를 세워 이업후(李鄴侯), 백거이, 소동파, 임화정 4인을 모셨다. 항주 사람들은 여기에 양맹영도 더하여 오현(五賢)이라 칭하였다. 그 후 양맹영의 제사를 더하고 주유신(周維新) 공(公)과 왕엄주(王弇州) 공(公)을 추가로 제향하여 육현사(六賢祠)라 불렀다.[51] 장공량(張公亮)은 이렇

---

48 陳眉公은 明代 문인 陳繼儒(1558-1639)로, 眉公은 그의 號이다. ≪西湖遊覽志≫의 기록에 따르면, 水仙王廟는 蘇堤에 있었고 龍王祠라고도 하였다. 그곳에는 存菊이라는 이름의 우물이 있었다고 한다.

49 黃山穀: 北宋의 시인 黃庭堅(1045-1105)으로, 山穀은 그의 號이다.

50 楊孟瑛: 양맹영(1459-?)의 명대의 관리로, 字는 溫甫이다. 明 弘治 16년에 杭州知州로 부임하였다. 당시 서호는 침전된 흙으로 막혀있었는데 그가 다시 파내고 다리를 만들었다. 훗날 이 다리를 楊公堤라 불렀다.

51 周維新은 明代의 관리 周新(?-1413)으로, 明 成祖에 의해 杭州城隍으로 봉해졌다. 청렴한 관리로, 항주 백성들의 사랑과 존경을 받았다. 王弇州는 明代 後七子의 한 명인 王世貞(1526-

게 말하였다.

"서호의 사당에는 그 땅에서 오랫동안 살았고, 풍류를 알며 산수를 깊이 이해해야만 그 반열에 오를 수 있다. 주공은 냉정한 얼굴을 하고 있고 또 신령이 되었으니 별도의 사당이 있다. 엄주는 문인일 뿐, 서호에 오래된 인연이 없는데 지금 사현과 함께 모시니, 어울리지 않을까 걱정이다."

사람들은 그의 정확한 논리에 탄복하였다.

> 宋時西湖有三賢祠兩: 其一在孤山竹閣, 三賢者, 白樂天、林和靖、蘇東坡也. 其一在龍井資聖院. 三賢者, 趙閱道、僧辨才、蘇東坡也. 寶慶間, 袁樵移竹閣三賢祠於蘇公堤, 建亭館以沽官酒. 或題詩云:"和靖、東坡、白樂天, 三人秋菊薦寒泉, 而今滿面生塵土, 欲與袁樵趁酒錢." 又據陳眉公筆記: 錢塘有水仙王廟, 林和靖祠堂近之. 東坡先生以和靖清節映世, 遂移神像配食水仙王. 黃山穀有≪水仙花≫詩用此事: '錢塘昔聞水仙廟, 荊州今見水仙花, 暗香靚色撩詩句, 宜在孤山處士家.'" 則宋時所祀, 止和靖一人. 明正德三年, 郡守楊孟瑛重浚西湖, 立四賢祠, 以祀李鄴侯、白、蘇、林四人, 杭人益以楊公, 稱五賢. 而後乃祧楊公, 增祀周公維新、王公弇州, 稱六賢祠. 張公亮曰:"湖上之祠, 宜以久居其地與風流標令爲山水深契者, 乃列之. 周公冷面, 且爲神明, 有別祠矣. 弇州文人, 與湖非久要, 今並四公而坐, 恐難熟熱也." 人服其確論.

1590)으로, 弇州山人이 그의 號이다.

부록작품 1

장명필,[52] <육현사>

산천도 저마다 소리와 기운이 있어,

서호는 사람과 쉽게 친해지지 않는다.

닷새간 경조(京兆) 왕엄주(王弇州)는,

냉정한 얼굴을 한 안찰사로 한철(寒鐵)이라 불렸다.

원래 호수와 산에 오랜 인연이 없으니,

가슴속에 풍류는 다시 머물지 않았다.

당시 이업후(李鄴侯)가 건의했을 때,

서령(西泠)에는 배가 오고 가지 못하였다.

오직 임하정, 소동파, 백락천만이,

진정으로 안개와 노을 가득한 서호의 풍경과 어울렸다.

풍류로 천년 간 제사를 모셨으니,

그것은 바로 소나무의 바람, 국화꽃의 이슬, 매화꽃의 눈송이로다.

張明弼, <六賢祠>

山川亦自有聲氣, 西湖不易與人熱.

五日京兆王弇州, 冷面臬司號寒鐵.

原與湖山非久要, 心胸不復留風月.

猶議當時李鄴侯, 西泠尚未通舟楫.

---

[52] 張明弼: 장명필(1601-1655)은 명대의 문인으로, 字는 公亮이고, 南京 鎮江府 사람이다. 崇禎 11년에 廣東揭陽縣 知縣을 맡았다가 浙江按察司 照磨로 좌천되었고 杭州推官事를 맡았다. 어릴 때부터 재능이 드러나 고문과 시부를 잘 짓기로 유명하였다. ≪螢芝集≫ 二十卷과 ≪免角詮≫ 十卷이 전해진다.

惟有林蘇白樂天, 真與煙霞相接納.
風流俎豆自千秋, 松風菊露梅花雪.

9

서령교(西泠橋)

서령교(西泠橋)는 서릉(西陵)이라고도 하는데, 혹자는 이곳이 바로 "소소소(蘇小小)가 마음을 맺은 장소"라고 하였다.[53] 방자공(方子公)의 시(詩)에 보면,[54] "'계속 들리는 고기 잡는 소리 어디서 들리는지 알겠구나. 아마도 서령(西泠)의 첫 번째 다리일 것이다.'라는 구절에서 '릉(陵)'을 '령(泠)'이라 적은 것으로 보면 소소소가 마음을 맺은 장소는 아마 잘못된 것일 수 있다."라고 하였는데, 나는 이렇게 말하였다.

"상관없다. 그냥 서릉(西陵)이라고 하면 된다. 백거이의 단교시(斷

---

[53] 蘇小小: 소소소는 南朝 齊나라의 기녀로, 錢塘의 名倡으로 전해진다. ≪玉臺新詠≫에 수록된 <蘇小小歌>에 보면, "소첩 油壁車 타고 낭군은 青驄馬 타네. 어디서 두 마음 함께 하리오? 서릉 소나무와 잣나무 아래 기녀 하나가 늘 유벽거에 앉아 있다.(妾乘油壁車, 郎跨青驄馬. 何處結同心, 西陵松柏下一名伎, 常坐油壁車.)"라는 구절이 있다. 기방의 다른 기녀들보다 아름다운 외모에 선비들과 견줄만한 교양을 갖춘 예인이었으나, 요절하여 西泠 언덕에 묻혔다. ≪서호몽심≫ 권3 <蘇小小墓> 참조.

[54] 方子公: 方文僎으로 字가 子公이다. 徽州 사람으로 袁宏道와 함께 항주를 유람한 친구라 알려져 있다.

橋詩)에 '버들 빛 봄날 소소(蘇小)의 집을 덮었다.[柳色春藏蘇小家.]'[55]는 구절이 있는데, 단교는 이곳과 멀지 않다. 그러니 어찌 서령(西泠)을 서릉의 옛터로 보고 차용하지 않을 수 있겠는가!"

옛날 왕손(王孫) 조맹견(趙孟堅), 자(字)가 자고(子固)인 자가 오랫동안 무림(武林)에 머물렀다. 단오절이 되자 주공근(周公謹)이 호사가(好事家)들과 함께 조자고를 불러 서호를 유람하였다.[56] 술에 취하자 조자고가 모자를 벗고 술로 머리를 적시며 다리를 쭉 뻗고 앉아 ≪이소(離騷)≫를 부르는데, 마치 곁에 아무도 없는 듯하였다. 옅은 밤기운이 서령교로 스며들어 고산(孤山)을 스치자, 무성한 나무 사이에 배를 정박하였다. 그는 숲에서 가장 깊숙한 곳을 가리키며 눈을 부릅뜨고 소리쳤다. "이곳이야말로 홍곡자(洪谷子)와 동북원(董北苑)의 뜻을 얻은 필법과도 같구나."[57] 근처에 있던 수십 척의 배에 탄 사람들은 모두 놀라움을 금치 못하고 탄성을 질렀다. 그들은 조자고가 하늘에서 유배된 신선이라고 여겼다. 산수의 참맛을 얻은 이로, 소동파 이후 이 조자고를 다시 만난 것이다.

---

55 이는 白居易의 七言 律詩 <杭州春望>의 한 구절이다. "望海樓에 밝은 새벽 빛 비추고 護江堤의 희고 반짝이는 모랫길을 걷는다. 파도 소리 밤새 伍員廟에 들어오고 버들 빛 봄날 蘇小의 집을 덮었다. 붉은 소매 비단 짜며 감 꼭지 자랑하고 주막에서 배꽃 따라 술을 판다. 누가 호수의 절 가는 서남쪽 길을 열었나? 풀빛 치마 허리가 한 줄로 기울어져 있다.(望海樓明照曙霞, 護江堤白蹋晴沙. 濤聲夜入伍員廟, 柳色春藏蘇小家. 紅袖織綾誇柿蒂, 青旗沽酒趁梨花. 誰開湖寺西南路, 草綠裙腰一道斜.)" ≪白香山詩集≫ 卷二十五 참조.

56 趙孟堅(1199-1264)은 字가 子固이며, 宋 太祖 趙匡胤의 11대손이다. 남송 말기의 화가이다. 武林은 옛날 杭州의 별칭이다. 周公謹은 南宋 문인 周密(1232-1298)로, 公謹은 그의 字이다.

57 洪谷子은 唐末五代 河南 沁水 사람이다. 後梁 때 난세를 피하여 太行山 洪谷에 은거하여 洪谷子라 하였다. 평생 관직에 나가지 않고 그림만 그렸고 특히 산수화에 뛰어나 당시 이름을 날렸다. 북방 산수화의 시조로 불린다. 董北苑도 같은 시기의 화가이다. 江西省 鍾陵 사람이며 남당에서 벼슬하여 北苑使가 되었으므로, 董北苑이라고 불렀다. 그 역시 그림에 뛰어나 강남 지역에서 활동하면서 높은 품격을 인정받아 남송화의 시조라고 일컫는다.

西泠橋一名西陵, 或曰: 即蘇小小結同心處也. 及見方子公詩有云: "'數聲漁笛知何處, 疑在西泠第一橋.' 陵作泠, 蘇小恐誤." 余曰: "管不得, 只西陵便好. 且白公斷橋詩'柳色青藏蘇小家', 斷橋去此不遠, 豈不可借作西泠故實耶!" 昔趙王孫孟堅子固常客武林, 值菖蒲節, 周公謹同好事者邀子固遊西湖. 酒酣, 子固脫帽, 以酒晞發, 箕踞歌≪離騷≫, 旁若無人. 薄暮入西泠橋, 掠孤山, 艤舟茂樹間, 指林麓最幽處, 瞠目叫曰: "此真洪穀子、董北苑得意筆也." 鄰舟數十, 皆驚駭絕歎, 以爲眞謫仙人. 得山水之趣味者, 東坡之後, 復見此人.

부록작품 1

원굉도, <서령교>

서릉교에 물은 길게 흐르고,

소나무 잎은 바늘처럼 가늘어, 비단 띠를 맺지 않으려 하네.

꾀꼬리 적삼 같고 제비 비녀같다.

기름칠한 마차는 쪼개져 땔감이 되고,

청총마(青驄馬) 서쪽에서 오는구나.

어제는 나무 끝에 꽃이었으나,

오늘은 길바닥 흙이 되었다.

한 맺힌 피와 울부짖는 혼,

절반은 비바람에 흩어졌네.

袁宏道, <西泠橋>

西陵橋, 水長在.

松葉細如鍼, 不肯結羅帶.

鶯如衫, 燕如釵.
油壁車, 斫爲柴.
靑驄馬, 自西來.
昨日樹頭花, 今朝陌上土.
恨血與啼魂, 一半逐風雨.

부록작품 2

원굉도, <도화우>

연한 비취와 진홍은 대부분 시들어버리고,

거센 바람 비를 재촉해 가위처럼 차갑게 다가온다.

복숭아꽃 항주 여인과 비슷하다면,

연지 씻어낸 모습은 볼품없겠지.

袁宏道, <桃花雨>
淺碧深紅大半殘, 惡風催雨剪刀寒.
桃花若比杭州女, 洗卻臙脂不耐看.

부록작품 3

이유방,[58] <서령교 그림에 쓴 글>

나는 일찍이 맹양(孟暘)을 위해 부채에 이런 시를 적어주었다.

다보봉(多寶峰) 봉우리 돌 무너질 듯하고,
서령교(西泠橋) 옆 나무는 피지 않았네.
가벼운 연기와 얇은 안개 아래로 석양이 비치고,
조각배 타고 작은 정자로 왔네.

서령교의 나무 색깔은 정말 생각날 정도로 아름답고, 다리 역시 고풍스럽다. 최근에 개축한다는 소식이 들리니 예전 모습을 다시 볼 수는 없을 것이다. 이에 깊이 탄식한다.

李流芳, <西泠橋題畫>

余嘗爲孟暘題扇: "多寶峰頭石欲摧, 西泠橋邊樹不開. 輕煙薄霧斜陽下, 曾泛扁舟小築來." 西泠橋樹色, 眞使人可念, 橋亦自有古色. 近聞且改築, 當無復舊觀矣. 對此悵然.

---

[58] 李流芳: 명나라 때의 문인 이류방(1575-1629)의 字는 長蘅, 號는 檀園, 香海, 懷堂이며 만년에는 愼娛居士, 六浮道人이라고 불렀다. 南直隸 徽州 歙縣(지금의 安徽省 歙縣) 출신이며, 서른 둘에 擧人이 되었지만 벼슬길에 나가지 않았다. 시문은 대체로 경치와 답례에 대한 것들이 많았고 청신하고 자연스러운 풍격으로 평가받았다. 특히 산수화와 서예에 뛰어난 재능을 보인 인물이다. 서호를 자주 유람하며 그림을 그리고 문장을 지어 ≪서호몽심≫에도 부록 작품이 여러 편 수록되어 있다.

악왕분(嶽王墳)

　　악악왕(嶽鄂王)이 죽자 외순(隗順)이라는 옥졸이 그의 시신을 어깨에 메고 성 밖 북산으로 가서 장사지냈다.[59] 그 후 조정에서 악악왕의 장지를 찾는 데에 상금을 걸자 외순의 아들이 알려주었다. 가서 관을 열어보니 생전 모습 그대로여서 상복을 입히고 염을 하였다. 외순은 역사에 기록되지 않았다. 그러나 악악왕이 지금 이렇게 추앙받고 제사를 챙기며, 오랜 세월 동안 이름이 전해지는 것은 바로 외순의 공로이다. 태사(太史) 예원로(倪元璐)가 말하길,[60] "악왕사(嶽王祠)에는 진흙으로 만든 충무(忠武)의 모형과 쇠를 녹여 만든 진회(秦檜)와 만사설(萬俟卨)이 있다.[61] 사람들이 진회와 만사설

59　嶽鄂王: 金나라에 저항한 南宋의 장수 嶽飛(1103-1141)다. 북송 말기 군에 들어가 嶽家軍을 이끌고 금나라를 공격하여 세력을 약화시켰으나, 당시 和平論을 주장하던 재상 秦檜의 모략에 빠져 누명을 쓰고 살해되었다. 진회가 죽은 뒤 누명이 벗겨지고, 救國의 영웅으로 嶽王廟에 배향되었다.

60　倪元璐: 明나라 말기의 관리이자 서예가 倪元璐(1594-1644)이다. 明 天啟 2년에 進士를 지냈다. 崇禎 17년에 李自成이 수도를 차지하자 목메어 자살하였다.

61　秦檜(1090-1155)는 南宋의 재상으로, 主和派의 대표적인 인물이다. 송나라 高宗에게 金나라에 투항을 할 것을 권하고 명장 嶽飛에게 누명을 씌워 죽여 오늘날까지 간신의 대명사로 평가받는 인물이다. 萬俟卨(1083-1157)은 진회와 의기투합하여 금나라에 대항하는 세력을 모

이 불멸하기를 바라는 마음이 충무보다 심했던 것이다."라고 하였다. 악악왕의 시호가 충무로 바뀐 것을 헤아려 보면 대략 융경(隆慶) 4년(1570)이다.[62] 악악왕의 묘 앞에는 진회와 왕씨(王氏),[63] 그리고 만사설, 3인의 동상이 있는데, 정덕(正德) 8년(1513)에 처음으로 이륭(李隆)의 지휘 아래 구리로 만들었다. 곧바로 여행객들이 돌면서 때려 부수었다. 나중에 장준(張俊)[64]의 동상이 추가되어 네 명은 반대쪽으로 등을 맞대고 단청에 꿇어앉게 되었다. 만력(萬曆) 26년(1598) 안찰사부사(按察司副使) 범래(範淶)[65]가 구리를 철로 바꾸면서 유람객들의 주먹질은 더욱 심해졌다. 네 명의 머리가 모두 떨어졌고, 하체도 마구 던져진 돌에 맞았으며, 어깨와 등만 남게 되었다.

악악왕묘 옆에는 은병(銀瓶) 소녀[66]의 무덤이 있다. 악악왕이 살해된 뒤 그의 딸이 은병을 품고 우물에 몸을 던져 죽었다. 양철애(楊鐵崖)[67]의 악부(樂

함에 빠트렸다. 만사설 역시 명장 악비를 모함하여 해치는 데 적극 가담하였다. 나중에는 진회와 권력 다툼을 하다 축출되었다.

[62] 忠武: 충무는 악비의 諡號이다. 악비는 1178년에 武穆이란 시호를 받았는데 후에 무관에게 내리는 최고의 시호인 충무로 개정되었다.

[63] 王氏: 진회의 아내로, 北宋의 재상 王珪의 손녀이다. 진회가 악비를 모함할 때 세간의 의론이 들끓을까 걱정하며 주저하자 아내인 왕씨가 부추겼다고 하여 함께 동상을 세워 둔 것이다.

[64] 張俊: 장준(1086-1154)은 南宋의 장수로, 嶽飛와 韓世忠, 韓琦와 함께 남송의 4대 名將으로 꼽힌다. 高宗의 총애를 받아 만년에 악비와 함께 淸河郡王에 봉해졌으나, 나중에 진회와 결탁해 악비를 모함하는 데에 일조하였다.

[65] 範淶: 범래(1560?-1610)의 字는 原易이고, 號는 啼陽으로, 黃山 출신이다. 明 萬曆 2년(1574)에 진사가 되어 만력 22년에 浙江按察司副使로 부임하여 사법처리를 맡았다. 그는 서호에 가서 민족 영웅인 악비의 무덤에 참배하고, 이미 부서진 반역자 진회 일당의 동상을 철로 다시 만들어 사람들이 침을 뱉고 발로 차는 등 마음대로 분노를 풀게 해주었다.

[66] 銀瓶 소녀: 악비의 딸 嶽孝娥로 부친의 억울한 사망 소식을 듣고 은병을 끌어안고 죽었다고 하여 은병소녀라 전해진다.

[67] 楊鐵崖: 元나라의 문인 楊維楨(1296-1370)으로, 號가 鐵崖이다. 원나라 말기에 병란이 일어나자 강남으로 피난을 가 항주에서 살았다.

府)에 이르길, "악씨(嶽氏) 집안의 아버지는 나라의 성벽인데 진씨(秦氏) 집안의 노비가 그 성벽을 허물었구나. 하늘이 영험치 못해 우리 아버지와 형을 죽였도다. 아! 나의 은병은 나의 아버지이니, 제영(緹縈)이 살아서 아버지를 구하지 못한다면, 사는 것은 의미가 없네.[68] 천 리 길 우물이나 한 길 병 속이나, 병 안의 물이 정위(精衛)[69] 새처럼 우는구나." 무덤 앞에는 분시회(分屍檜)[70]가 있다. 천순(天順) 8년(1461)에 항주의 동지(同知) 마위거(馬偉鋸)가 심었는데,[71] 위에서 아래까지 잘라놓아 마치 진회의 사지가 찢긴 듯한 모양이다. 융경(隆慶) 5년(1571)에 큰 벼락이 내려 부러졌다. 태사(太史) 주지준(朱之俊)이 말하길,[72] "일개 진회 따위일 뿐이다. 철로 머리를 만들고 나무로 심장을 만들어도 모두 이 지경이 되어 보존할 수 없었구나."라고 하였다. 천계(天啟) 정묘년(丁卯年, 1627)에 절강순무(浙江巡撫)가 사당을 지었는데, 환관에게 아첨하고자[73] 하여 공을 들여 아주 정교하게 만들었다. 소제(蘇堤)의 첫 번째 다리를 백 보(步) 떨어진 곳으로 옮겼는데, 며칠 만에 완성해내어 그 신속함

---

68 緹縈: 제영은 西漢의 관리 淳於意의 딸이다. 文帝 때 순우의가 모함을 당해 사형선고를 받자 딸인 제영이 문제에게 상소를 올려, 자신을 관노로 바치겠으니 아버지를 용서해 달라고 청했다는 일화가 전해진다.

69 精衛: 정위는 신화 속의 인물이다. 炎帝의 딸로 바다에 빠져 죽고 정위라는 새가 되었다.

70 分屍檜: 분시회는 노송나무인데, 秦檜의 '사지를 찢어버린다'는 의미로 나무이름을 분시회라 지었다.

71 同知는 명청 시대 知府를 보좌하는 正五品의 관직이다. 고정된 인원은 없었지만 대체로 한두명을 뽑아 맡겼다. 주로 지역의 소금과 양곡을 관리하고 치안과 경비, 수리 시설 등 잡다한 업무를 보았다. 馬偉鋸의 생애에 관한 기록은 찾아볼 수 없다.

72 朱之俊: 주지준(1596-1671)의 字는 擢秀이고, 號는 滄起이며, 山西省 汾陽 출신이다. 天啓 2년에 進士가 되어 한림원에 들어갔고 얼마 후 國子監司業이 되었다. 명나라가 망한 뒤에는 관직을 마다하고 산수에 빠져 살았다.

73 여기서 말하는 환관은 명나라 말기의 魏忠賢(1568-1627)이다. 위충현은 熹宗 즉위 초에 희종의 유모인 客氏와 결탁하여 국정을 전횡하였다. 다음에 등장하는 魏璫 역시 위충현을 가리킨다. 璫은 漢代 환관들의 관에 사용하는 장식품으로, 후에 환관을 지칭하는 말로 파생되었다.

에 놀랐다. 숭정(崇禎)으로 연호가 바뀌고, 위당(魏璫)이 패하자, 그 사당을 허물어 나무와 돌을 악악왕의 사당 수리에 사용하고자 하였다. 점을 치자 악악왕이 허락하지 않는다고 나왔다.

악운(嶽雲)[74]은 악악왕의 양아들인데, 열두 살 때 장헌(張憲)[75]을 따라 전쟁에 나가, 그의 힘을 얻어 대승을 거두었다. 호(號)를 영관인(贏官人)이라 하였는데, 군중에서 모두 그렇게 불렀다. 양손에 쥔 철퇴의 무게는 80근(斤)이나 나갔다. 악악왕이 출정할 때마다 반드시 함께 갔고 매번 뛰어난 공을 세웠으나, 악악왕은 항상 그의 공을 숨겼다. 관직은 좌무대부(左武大夫)와 충주방어사(忠州防御使)까지 올랐다. 사망한 나이가 22세로 안원군승선사(安遠軍承宣使)로 추봉되었다. 그가 사용했던 철퇴는 아직도 남아 있다. 장헌은 악악왕의 부하 장수로, 전쟁에서 여러 번 공을 세웠다. 소흥(紹興) 10년(1140)에 올출(兀朮)이 임영(臨潁)에 군대를 주둔시키자,[76] 장헌이 그 군대를 격파하고 15리(里)까지 추격해 중원을 크게 진동시켰다. 그런데 진회가 화친을 주장하여 병사들을 철수시켰다. 진회와 장준(張俊)은 모략을 꾸며 악비를 죽이려고 하였다. 악비의 부하들을 꾀어 잘못된 일을 고하라고 했지만 끝까지 아무도 응하지 않았다. 장준은 장헌을 고문하여 온전한 피부가 없을 정도로

---

[74] 嶽云: 악운(1119-1142)의 字는 應祥이고, 號는 會卿이다. 악비의 첫 번째 부인 劉氏의 소생이다. 본문의 내용처럼 악운은 아버지를 따라 12세 때부터 전쟁에 나가 여러 번 공을 세웠다.

[75] 張憲: 장헌(?-1142)은 閬州(지금의 四川省 南充) 사람이다. 領嶽飛의 휘하의 前軍統制로, 악비의 측근이었다. 관직은 龍神衛四廂都指揮使, 閬州觀察使 등을 맡았다. 악비를 모함하기를 거부하여 살해당했으나 나중에 명예가 회복되어 원래의 관직을 받고 寧遠軍承宣使으로 추증되었다.

[76] 兀朮은 금나라 태조 完顏阿骨打의 넷째 아들 完顏宗弼(1090-1148)로, 여진족이다. 완안종필은 어려서부터 용맹하고 지략이 뛰어났다. 요나라를 멸망시키는 데 공을 세웠고 이후 송나라를 공격하여 宋高宗趙構를 굴복시켰으나, 명장 악비에게 여러 번 패하였다. 臨潁은 지금의 河南省 漯河이다.

만들었지만, 장헌은 강변하며 굴복하지 않다가 결국 억울하게 죽었다. 경정(景定) 2년(1261)에 열문후(烈文侯)에 추봉되었다. 정덕(正德) 12년(1517) 왕대우(王大祐)라는 평민이 땅을 파다가 비석을 발견하고 난 뒤에야 비로소 추봉되었다. 군수(郡守) 양재(梁材)는 사당을 지었고 수찬(修撰) 당고(唐皋)가 기록하였다.[77]

우고(牛皋)[78]의 무덤은 서하령(棲霞嶺) 위에 있다. 우고의 자(字)는 백원(伯遠)이고 여주(汝州) 사람이다. 악악왕의 부하 장수로, 아주 오래전부터 전공을 세웠다. 진회는 우고가 자신을 원망할까 두려워 어느 날 크게 연회를 열고 여러 군사들이 있는 틈에 독으로 그를 죽였다. 우고가 죽기 전 탄식하며 말하였다.

"내 나이 예순에 가까운데 관직은 시종랑(侍從郎)에 올랐으니, 지금 죽음에 무슨 원한이 있겠는가! 단지 화친이 맺어진 뒤 나라의 영토가 나날이 줄어드는 것을 한탄할 뿐이다. 대장부가 되어 전장에서 죽어 그 시체가 말가죽에 싸임으로 임금과 부모에게 보답하지 못한다니, 이것이 한스러울 뿐이다!"

---

[77] 梁材(1470-1540)는 명나라의 관료로, 字는 大用이고, 號는 儉庵이며, 順天府 大城縣 사람이다. 나중에 관직이 戶部尙書에까지 이르렀다. 唐皋(1469-1526)도 명나라의 관료이다. 字는 守之이고 號는 心庵이며 南直隸 徽州府(지금의 安徽省 黃山) 사람이다. 明 正德 연간에 과거에 급제하였고 훗날 관직이 侍講學士兼經筵講官에까지 이른 인물이다.

[78] 牛皋: 南宋의 장수 우고(1087-1147)의 字는 伯遠이고, 汝州 魯化山(지금의 河南省) 출신이다. 악비의 휘하에 들어가 中軍統制를 맡아 금나라와의 전쟁에서 여러 번 승리하였다. 악비가 억울하게 죽은 뒤에도 송나라와의 화친에 반대하였고 본문의 내용처럼 진회에게 독살되었다.

嶽鄂王死, 獄卒隗順負其屍, 逾城至北山以葬. 後朝廷購求葬處, 順之子以告. 及啟棺如生, 乃以禮服殮焉. 隗順, 史失載. 今之得以崇封祀享、肸蠁千秋, 皆順力也. 倪太史元璐曰: "嶽王祠, 泥範忠武, 鐵鑄檜、禼, 人之欲不朽檜、禼也, 甚於忠武." 按公之改諡忠武, 自隆慶四年. 墓前之有秦檜、王氏、萬俟禼三像, 始於正德八年, 指揮李隆以銅鑄之, 旋爲遊人撞碎. 後增張俊一像. 四人反接, 跪於丹墀. 自萬曆二十六年, 按察司副使範淶易之以鐵, 遊人椎擊益狠, 四首齊落, 而下體爲亂石所擲, 止露肩背.

旁墓爲銀瓶小姐. 王被害, 其女抱銀瓶墜井中死. 楊鐵崖樂府曰: "嶽家父, 國之城; 秦家奴, 城之傾. 皇天不靈, 殺我父與兄. 嗟我銀瓶爲我父, 緹縈生不贖父死, 不如無生. 千尺井, 一尺瓶, 瓶中之水精衛鳴." 墓前有分屍檜. 天順八年, 杭州同知馬偉鋸而植之, 首尾分處, 以示磔檜狀. 隆慶五年, 大雷擊折之. 朱太史之俊曰: "一秦檜耳, 鐵首木心, 俱不能保至此." 天啟丁卯, 浙撫造祠媚璫, 窮工極巧, 徙蘇堤第一橋於百步之外, 數日立成, 駭其神速. 崇禎改元, 魏璫敗, 毀其祠, 議以木石修王廟. 蜀之王, 王弗許.

嶽雲, 王之養子, 年十二從張憲戰, 得其力, 大捷, 號曰"贏官人", 軍中皆呼焉. 手握兩鐵錘, 重八十斤. 王征伐, 未嘗不與, 每立奇功, 王輒隱之. 官至左武大夫、忠州防禦使. 死年二十二, 贈安遠軍承宣使. 所用鐵錘猶存. 張憲爲王部將, 屢立戰功. 紹興十年, 兀術頓兵臨穎, 憲破其兵, 追奔十五里, 中原大振. 秦檜主和, 班師. 檜與張俊謀殺嶽飛, 誘飛部曲能告飛事者, 卒無人應. 張俊鍛煉憲, 被掠無完膚, 強辯不伏, 卒以冤死. 景定二年, 追封烈文侯. 正德十二年, 布衣王大祐發地得碣石, 乃崇封焉. 郡守梁材建廟, 修撰唐臯記之.

牛臯墓在棲霞嶺上. 臯字伯遠, 汝州人, 嶽鄂王部將, 素立戰功. 秦檜懼其怨己, 一日大會眾軍士, 置毒害之. 臯將死, 歎曰: "吾年近六十, 官至侍從郞, 一死何恨, 但恨和議一成, 國家日削. 大丈夫不能以馬革裹屍報君父, 是爲歎耳!"

부록작품 1

장경원, <악분에 관한 짧은 글>

악소보(嶽少保)의 무덤과 사당은 남향으로 옛날에는 시장에 있었다. 손중귀(孫中貴)가 민가를 사서 도로를 열어 호수 가까이로 하였으니 대단히 멋진 광경이었다. 사당의 오른쪽에는 관복을 입히고 묻은 무덤이 있다. 석문과 화표는 크지는 않아도 고풍스러운 멋이 있다.

張京元, <嶽墳小記>

嶽少保墳祠, 祠南向, 舊在闤闠. 孫中貴爲買民居, 開道臨湖, 殊愜大觀. 祠右, 衣冠葬焉. 石門華表, 形制不巨, 雅有古色.

부록작품 2

주시,[79] <악왕분>

장군이 묻힌 곳,

지나는 손님들은 영웅의 풍모를 경배한다.

북벌에서 생전의 위엄을 떨쳤고,

남쪽 가지에 죽어서 충성하네.

전쟁의 무기와 말 달라도,

눈물은 예나 지금이나 같구나.

봉구(封丘)의 언덕에서 바라보니,

푸르스름한 저녁 햇빛이구나.

---

[79] 周詩: 주시(?-?)는 字는 以言이고, 蘇州府 昆山 사람이다. 의학 이론에 정통하고 시와 문장으로 이름을 날렸다. 황제가 의관으로 삼으려 하였지만 귀향하여 고향에서 사망하였다. 평생의 저작물들은 많이 흩어졌고, 만년에 ≪內經解≫와 ≪虛岩山人集≫이 남았다.

周詩, <嶽王墳>
將軍埋骨處, 過客式英風.
北伐生前烈, 南枝死後忠.
幹戈戎馬異, 涕淚古今同.
目斷封丘上, 蒼蒼夕照中.

부록작품 3

고계,[80] <악왕분>

가지 없는 큰 나무 북풍을 향하고,

천 년의 한을 품은 영웅을 울린다.

회군하라는 명은 이미 세 전각에 내려졌고,

적을 쏘는 글은 두 궁궐을 말하고 있다.

상방에서 누가 칼을 청했나 매번 생각하다,

허무하게 높은 사당에 스스로 활을 숨긴다.

서하령(棲霞嶺)에 올라 이제 고개를 돌리니,

하얀 안개 속이라 여러 무덤 보이지 않는구나.

高啟, <嶽王墳>
大樹無枝向北風, 千年遺恨泣英雄.
班師詔已成三殿, 射虜書猶說兩宮.

---

80 高啟: 고계(1336-1373)는 元末明初의 문인으로, 宋濂, 劉基와 함께 '明初詩文三大家'로 불린다. 고계의 字는 季迪이고 號는 槎軒이며, 平江路 長洲(지금의 江蘇省 蘇州) 사람이다. 청신하면서 웅건하고 호방한 시풍으로 七言歌行에 능하였다. ≪高太史大全集≫ 18권이 있다.

每憶上方誰請劍, 空嗟高廟自藏弓.
棲霞嶺上今回首, 不見諸陵白霧中.

부록작품 4

당순지,[81] <악왕분>

나라의 치욕이 아직 씻기지 않았으니,
내 몸이 위태로워도 기꺼이 감수하네.
구원(九原)의 사람들 돌아오지 못하여,
만학(萬壑)의 기운 오랫동안 차갑다.
활을 일찍 숨긴 일을 어찌 한스럽게 여기랴?
결국 칼을 빌리는 게 어려운 일임을 알았다.
나는 장수로 태어나지 않았으나,
지금 이 순간 충성을 다하리.

唐順之, <嶽王墳>
國恥猶未雪, 身危亦自甘.
九原人不返, 萬壑氣長寒.
豈恨藏弓早, 終知借劍難.
吾生非壯士, 於此發衝冠.

---

[81] 唐順之: 당순지(1507-1560)는 명대의 문인이다. 字는 應德이고, 號는 荊川이며, 시호는 文襄이다. 南直 常州府 武進(지금의 江蘇省 武進) 사람이다. 嘉靖 8년에 회시에 합격하여, 벼슬이 右僉都御史에 이르렀다. 저서로 ≪荊川集≫, ≪武編≫ 등이 있다.

부록작품 5

채여남,[82] <악왕묘>

누가 삼자옥(三字獄)을 만들어,

이 장성(長城)에 떨어졌는가?

북쪽을 바라보니 정말 눈물이 흐르고

남쪽 가지들 헛되이 푸르다.

나라는 내 몸과 함께 다 하였으나,

임금은 신하를 의지하며 살아남았다.

해가 지고 솔바람 일어나니,

아직도 검과 창 소리 들려온다.

蔡汝南, <嶽王墓>
誰將三字獄, 墮此一長城.
北望眞堪淚, 南枝空自榮.
國隨身共盡, 君恃相爲生.
落日松風起, 猶聞劍戟鳴.

---

[82] 蔡汝南: 채여남(1516-1565)은 명대의 문인으로, 字는 子目이고, 號는 抱石이며, 浙江 德淸 사람이다. 嘉靖 연간에 진사가 되었고 17세에 시 짓기를 좋아하여 명성이 높았다. 중년에는 경학에 전념하였고 衡州知縣으로 있을 때 종종 石鼓書院에 가서 여러 학생들에게 經書를 강의하고 도를 전하였다.

부록작품 6

왕세정,[83] <악분>

해질녘 소나무와 삼나무 옛 비석을 덮고,

영웅의 기풍 살랑살랑 영사(靈祠)를 흔든다.

헛되이 전해지는 적제중흥(赤帝中興)의 조서,

스스로 꺾어버린 황룡 대장의 깃발.

세 전당에 어떤 이는 북극성을 향하고,

여섯 능에는 나무 없어 남쪽 가지를 대한다.

까마귀 부리로 구천을 논하지 마라,

새가 다 떠나고 활을 감추어도 슬퍼하지 말지어다.

王世貞, <嶽墳>

落日松杉覆古碑, 英風颯颯動靈祠.

空傳赤帝中興詔, 自折黃龍大將旗.

三殿有人朝北極, 六陵無樹對南枝.

莫將烏喙論勾踐, 鳥盡弓藏也不悲.

---

[83] 王世貞: 왕세정(1526-1590)은 明代의 문인으로 자는 元美이고, 호는 鳳州, 弇州山人이다. 관직이 刑部尙書에 이르렀으며 시문에 뛰어나 李攀龍과 함께 '李王'이라고 불렸다. 저서로 ≪弇州山人四部稿≫, ≪藝苑卮言≫, ≪鳴鳳記≫가 있다.

부록작품 7

서위,[84] <악분>

무덤의 문은 푸른 호수 가운데 참담하고,

단청과 붉은 대문 물에 비쳐 붉다.

사해의 용과 뱀 한식 이후에,

여섯 능은 폭풍우 큰 강 동쪽에서 불었네.

영웅들은 며칠 밤 동안 천하를 놓고 다투었고,

충효는 가문에 전해져 제사 지내는 제기와 같이 하네.

두 궁궐 애끓는 마음 끝에 마지막 눈 내리고,

해마다 보리밥 먹으며 봄바람 가로막는다.

徐渭, <嶽墳>

墓門慘淡碧湖中, 丹雘朱扉射水紅.

四海龍蛇寒食後, 六陵風雨大江東.

英雄幾夜乾坤博, 忠孝傳家俎豆同.

腸斷兩宮終朔雪, 年年麥飯隔春風.

부록작품 8

장대, <악왕분>

서령(西泠)의 안개비 속 악왕의 궁전에,

---

[84] 徐渭: 서위(1521-1593)의 字는 文長이고 號는 天池山人으로, 명나라 말기 山陰 출신의 문인이다. 시문과 서화에 모두 뛰어났으며, 대표적인 작품으로는 雜劇 ≪四聲猿≫과 문집인 ≪徐文長集≫ 30卷이 있다.

귀기(鬼氣)의 음산함이 푸른 나무숲으로 스며든다.

함곡관 금(金)나라 사람 오래 눈물 흘리고

소릉(昭陵)의 돌로 만든 말 바람결에 울부짖는다.

하늘 절반을 뒤덮은 번개와 천둥 금패를 식히고,

한 가문의 풍파에 밤의 계곡 붉어졌다.

진흙으로 빚은 악후(嶽侯)와 철로 만든 진회,

천년 동안 간웅을 욕하게 만들었다.

張岱, <嶽王墳>
西泠煙雨嶽王宮, 鬼氣陰森碧樹叢.
函穀金人長墮淚, 昭陵石馬自嘶風.
半天雷電金牌冷, 一族風波夜壑紅.
泥塑嶽侯鐵鑄檜, 只令千載罵奸雄.

부록작품 9

동기창,[85] <악분 기둥의 대련>

남쪽 사람 남쪽으로 돌아가고,

북쪽 사람 북쪽으로 돌아가는데,

작은 조정 어찌 살길을 구할까?

---

[85] 董其昌: 동기창(1555-1636)은 明末의 문인이자 화가이다. 字는 玄宰이고, 號는 思白이며, 直隸 華亭(지금의 上海市 松江) 사람이다. 萬曆 연간에 진사가 되어 관직이 南京禮部尙書에 이르렀다. 동기창은 서법에 뛰어나 전대의 여러 대가들의 장점을 집대성하여 자신만의 독보적인 경지를 개척하였다.

효자는 효를 위해 죽고,

충신은 충절을 위해 죽으니,

대장부라면 마땅히 그래야 하리.

董其昌, <嶽墳柱對>

南人歸南, 北人歸北, 小朝廷豈求活耶;

孝子死孝, 忠臣死忠, 大丈夫當如是矣.

부록작품 10

장대, <악분 기둥에 새기다>

하늘을 부르며 슬퍼하는 철상(鐵像),

이 원한 아직 풀리지 않아,

소릉(昭陵)을 향한 석마(石馬)의 울음소리 자주 들리네.

영토를 넓히고 황룡을 마셨지만,

그 뜻 마땅히 갚아야 하여,

여전히 진흙 병사들 장군의 묘를 적시고 있구나.

張岱, <嶽墳柱銘>

呼天悲鐵像, 此冤未雪, 常聞石馬哭昭陵;

拓地飲黃龍, 厥志當酬, 尚見泥兵濕蔣廟.

11

자운동(紫雲洞)

　자운동(紫雲洞)은 연하령(煙霞嶺)의 오른쪽에 있다. 그곳은 기이한 바위와 푸른 숲이 어우러져 있으며, 하늘을 가르듯 벌어져 있다. 산 정상은 층층이 쌓여 있어 마치 하늘이 지은 집 같다. 가사도(賈似道)는 일꾼들에게 명하여 바위를 깎아 암자를 짓고 그 위에 관세음보살의 불상을 새겼다. 두 개의 바위가 서로 기대어 문을 이루고 있다. 맑은 바람이 불면 바위틈으로 바람이 통과하여 오래 앉아 있으면 사람을 오싹하게 만든다. 동굴 한가운데는 돌출된 웅덩이가 있는데, 물이 맑고 깨끗해 그 깊이를 알 수 없었다. 동굴 아래에는 나운와(懶雲窩)가 있다. 사방이 산으로 둘러싸여 있고 대나무와 숲이 그늘을 드리웠는데, 그 한가운데에 암자를 만들었다. 명사들이 유람하다 이곳에 이르면 언제나 세상을 버리고 싶은 생각을 하곤 하였다. 동굴 옆에 한 계곡은 그윽하고 깊은데, 옛날 어떤 사람이 바위를 뚫다가 쇠북 소리를 듣고 그만두었다고 해서 '금고동(金鼓洞)'이라고 부른다. 동굴 아래 있는 샘의 이름은 '백사(白沙)'이다. 호사가들이 백사 물을 가져다 차를 끓였는데 호포(虎跑)⁸⁶의 샘물과 견줄만하였다.

> 紫雲洞在煙霞嶺右. 其地怪石蒼翠, 劈空開裂, 山頂層層, 如廈屋天構. 賈似道命工疏剔建庵, 刻大士像於其上. 雙石相倚爲門, 淸風時來, 谽谺透出, 久坐使人寒栗. 又有一坎突出洞中, 蓄水澄潔, 莫測其底. 洞下有懶雲窩, 四山圍合, 竹木掩映, 結庵其中. 名賢遊覽至此, 每有遺世之思. 洞旁一壑幽深, 昔人鑿石, 聞金鼓聲而止, 遂名"金鼓洞". 洞下有泉, 曰"白沙". 好事者取以瀹茗, 與虎跑齊名.

부록작품 1

왕사임⁸⁷의 시(詩)

대나무 가마 타고 그윽한 곳 두루 찾아다니니,

깊은 계곡의 기운 잔잔하구나.

산 잎 가을에 만나 취하고,

시냇물 소리 정오에 잦아든다.

이 샘물 대나무 숲에 둘러싸여 있고,

돌마다 구름 같은 그늘 짙구나.

뼛속까지 시원한 바람이 불어오고,

---

86 虎跑: 서호 大慈山 아래에 있는 虎跑泉으로, 천하의 3대 名泉으로 손꼽힌다.
87 王思任: 왕사임(1575-1646)은 明末의 문인이다. 字는 季重이고 號는 遂東이며, 만년에 스스로 謔庵이라 불렀다. 浙江 山陰(지금의 浙江省 紹興) 사람이다. 萬曆 23년(1595)에 進士가 되어 興平, 當塗, 靑浦, 세 縣을 다스렸고 또 袁州推官, 九江僉事 등의 관직을 역임하였다. 명나라가 망하자 청나라의 음식을 먹지 않겠다며 굶어 죽었다. 필법이 해학적이고 풍자적이다. 유기 ≪遊喚≫과 ≪歷遊記≫가 전해지며 만명 소품문에도 뛰어나 ≪謔庵文飯小品≫을 남겼다. 후인들에 의해 편찬된 ≪王季重十種≫이 전해진다.

승려들의 거처에는 푸른 그림자가 가득하다.

王思任 詩
筍輿幽討遍, 大壑氣沉沉.
山葉逢秋醉, 溪聲入午喑.
是泉從竹護, 無石不雲深.
沁骨涼風至, 僧寮絮碧陰.

卷2

西湖西路

서호 서로

1

옥천사(玉泉寺)

옥천사(玉泉寺)는 옛 정공원(淨空院)이다. 남제(南齊) 건원(建元)[1] 때의 승려 담기(曇起)[2]가 이곳에서 설법을 하자 용왕이 와서 듣고는 감탄하여 박수를 쳤더니 샘이 솟아났다. 그리하여 용왕사(龍王祠)가 만들어졌다. 진(晉) 천복(天福) 3년(938)에 샘 왼쪽에 정공원을 짓기 시작하였다. 송(宋) 이종(理宗)[3]이 '옥천정공원(玉泉淨空院)'이란 현판을 썼다. 사당 앞으로 1무(畝) 가량 떨어진 곳에 연못이 있는데, 샘물이 옥처럼 희고 물빛도 맑고 깨끗하여 들여다보면 가라앉은 껍데기 하나 없었다. 연못 가운데에 오색 물고기 백여 마리가 있었는데, 떡 부스러기를 던지면 꼬리를 치며 서로 차지하려고 빙빙 도는

---

[1] 建元: 南朝 齊 高帝의 연호로 479년에서 482년 동안 사용되었다.

[2] 이 작품은 ≪西湖遊覽志≫ 9卷의 <玉泉寺> 서술 내용과 상당 부분 일치하는데, ≪서호유람지≫에는 승려의 이름이 曇超(419-492)로 기재되어 있다. 담초의 姓은 張氏로 河北省 淸河 출신으로 전해진다.

[3] 理宗: 송나라의 황제 趙昀(1205-1264)으로, 嘉定 17년(1224) 寧宗이 죽자 승상 史彌遠이 詔書를 고쳐 옹립해 황제가 되었다. 端平 원년(1234) 몽고의 병사를 모아 蔡州를 격파하고 금나라를 멸망시켰다. 이어 三京을 수복했는데, 결국 몽고와 전투를 벌여 이때부터 변방이 동요하기 시작해 쉴 날이 없게 되었다. 나중에 丁大全과 賈似道가 서로 정권을 차지해 조정이 날로 붕괴되었고 국세는 위태로워져 갔다. 40년 동안 재위하였다.

광경이 꽤 정취가 있었다. 연못 바닥에는 구멍이 있는데 여기서 마치 풀무[4] 같이 공기가 새어 나왔으니, 이것이 바로 신용천혈(神龍泉穴)이다. 또 세우천(細雨泉)이 있어 맑은 날에 수면을 보면 마치 빗방울이 떨어지는 것 같은데, 어째서 그런지는 모르겠다. 이 샘물은 4천(千) 무(畝)의 밭에 물을 댈 수 있을 정도였다. 가까운 곳에 포가전(鮑家田)이라 불리는 밭은 오월왕(吳越王)의 재상 포경신(鮑慶臣)[5]의 봉지다. 만력(萬曆) 28년(1600)에 사례(司禮) 손동영(孫東瀛)[6]이 연못가에 관음대사(觀音大士) 사원을 수리하였다. 봄이 되면 여행객들이 더욱 많아졌다. 각자 간식거리를 가져와 사찰의 물고기를 구경했는데, 먹이를 너무 많이 주어 물고기들이 전부 뚱뚱해졌다. 방생지에 사는 물고기와 비교될 정도였으니, 배가 불러 죽을 지경의 난쟁이와 같았다.[7]

> 玉泉寺爲故淨空院. 南齊建元中, 僧曇起說法於此, 龍王來聽, 爲之撫掌出泉, 遂建龍王祠. 晉天福三年, 始建淨空院於泉左. 宋理宗書"玉泉淨空院"額. 祠前有池畝許, 泉白如玉, 水望澄明, 淵無潛甲. 中有五色魚百餘尾, 投以餠餌, 則奮鬐鼓鬣, 攫奪盤旋, 大有情致. 泉底有孔, 出氣如橐籥, 是卽神龍泉穴. 又有細雨泉, 晴天水面如雨點, 不解其故. 泉出可漑田四千畝. 近者曰鮑家田, 吳越王相鮑慶臣采地也. 萬曆二十八年, 司禮孫東瀛於池畔改

---

4   풀무: 불을 피울 때 바람을 일으키는 기구.
5   鮑慶臣: 唐末五代 吳越의 武將 鮑君福(864-940)으로, 慶臣은 그의 字이다. 처음에 浙東觀察使 劉漢宏의 부하였다가 오월로 투항해 전공을 세워 衢州應援指揮使가 되었다.
6   孫東瀛: 앞의 주 참조.
7   '난쟁이가 배불러 죽는다(侏儒飽欲死)'는 이야기는 《漢書》 卷65 <東方朔傳>에 나온다. 동방삭이 漢 武帝에게 처우의 개선을 바라며 말하길, "신은 살아도 살아있는 게 아닙니다. 난쟁이는 키가 3척 남짓인데 봉록은 쌀 한 부대, 돈 240이며 저는 키가 9척이 넘는데도 봉록이 그와 같습니다. 난쟁이는 배가 불러 죽을 지경이고 소신은 배가 고파 죽을 지경입니다.(臣朔生亦言, 死亦言. 朱儒長三尺餘, 奉一囊粟, 錢二百四十. 臣朔長九尺餘, 亦奉一囊粟, 錢二百四十. 朱儒飽欲死, 臣朔饑欲死.)"라 했으니, 바로 여기서 비롯된 이야기다.

建大士樓居. 春時, 遊人甚眾, 各攜果餌到寺觀魚, 喂飼之多, 魚皆鼇飫, 較之放生池, 則侏儒飽欲死矣.

부록작품 1

김보,[8] <옥천사>

옛날 남제(南齊) 때, 설법하는 승려 담기(曇起)가 있었다.
하늘 꽃이 푸른 하늘에서 떨어지고, 신룡이 법문을 들었다.
박수치며 한 번 탄식하자, 샘물이 흘러나와 젖빛이 되었다.
맑고 깨끗한데 더욱 환하고, 차가워 혹독한 더위 물리친다.
돌 부서지자 겨울 천둥 울리듯, 하늘 놀라 가을비 쏟아냈다.
어찌 뜨거운 햇볕 속에서 물살은 부서진 깃털 같나?
말하자면 풀무 소리 같은데 공기 구멍은 샘 바닥에 있다.
그 안에 큰 바다 물고기가 많아, 흉포한 것이 수백 마리이다.
갑자기 떡을 던지자 서로 먹으려 몰려들었다.
먹이를 보면 곧 목숨도 잊었으니, 도둑이 몰려드는 것도 이상하지 않다.

金堡, <玉泉寺>

在昔南齊時, 說法有曇起.

天花墮碧空, 神龍聽法語.

---

[8] 金堡: 김보(1614-1680)는 명말의 승려로, 字는 道隱이고 號는 衛公으로, 浙江 仁和縣(지금의 浙江省 杭州) 사람이다. 永曆 2년(1648)에 兵科給事中이 되어 직언을 잘하였다. 2년 뒤 간첩으로 고발당하여 고문당하여 다리가 불구가 되었고 유배되었다. 청나라 군대가 남하하자 머리를 깎고 승려가 되었다. 法名은 今釋이고, 字는 澹歸이며, 號는 性因이다. 저서로 ≪遍行堂集≫, ≪嶺海焚餘≫ 등이 있다.

撫掌一贊歎, 出泉成白乳.
澄潔更空明, 寒涼卻酷暑.
石破起冬雷, 天驚逗秋雨.
如何烈日中, 水紋如碎羽.
言有橐籥聲, 氣孔在泉底.
內多海大魚, 狰獰數百尾.
餅餌驟然投, 要遮全振旅.
見食卽忘生, 無怪盜賊聚.

2

집경사(集慶寺)

구리송(九里松)은 당나라 자사(刺史)⁹ 원인경(袁仁敬)¹⁰이 심었다. 소나무가 천축사(天竺寺)까지 이어져 무릇 9리(里)에 달한다. 양쪽으로 각각 세 줄씩 심었고 한 줄 당 8, 9척(尺)이 떨어져 있었다. 길 양쪽에 푸른 나뭇잎이 우거져 있고 덩굴이 벽을 뒤덮어 그 아래를 지나가는 사람은 얼굴이 모두 녹색이 되었다. 1리쯤 더 가면 집경사(集慶寺)가 있는데, 이곳은 송(宋) 이종(理宗)이 총애하던 염비(閻妃)의 공덕원(功德院)이다.¹¹ 순우(淳祐) 11년(1251)에 만들어졌다. 염비는 은현(鄞縣)¹² 사람인데, 요염한 미모로 황제의 총애를 독차지한 후궁이다. 사원의 편액은 모두 이종의 친필로, 정교하고 아름답기가 다른 사찰보다 뛰어났다. 처음 이 사원을 지을 때 푸른 잎만 보이면 잘라

---

9 刺史: 漢 武帝 때 만들어진 지방 행정 감찰직이다.
10 袁仁敬: 唐 玄宗 開元 13년(725)에 杭州刺史를 맡았던 袁仁恭(?-?)으로, 당시 유명한 司刑官이었다. 재상 張九齡과 친분이 있었으며 공정하게 법을 집행하여 백성들의 신망을 받았다.
11 閻妃는 宋 理宗 만년의 총애하던 후궁이다. 鄞縣(지금의 浙江省 寧波) 출신으로, 貴妃까지 책봉되었던 인물이다. 황제의 총애를 믿고 정사를 어지럽혀 백성들의 미움이 깊었다. 功德院은 시주를 받아 세운 절인데, 불가에서 좋은 일을 쌓은 공과 불도를 수행한 덕을 공덕이라 한다.
12 鄞縣: 지금의 浙江省 宁波市이다.

공훈이 있는 옛 신하가 나서도 보호하지 못하고 채찍질 당하고 핍박을 받아 닭과 돼지까지도 불안해하였다. 당시 누군가 법당 북에 "정자사(淨慈寺), 영은사(靈隱寺), 삼천축사(三天竺寺)도 염비의 예쁜 얼굴 가죽에 미치지 못하네."라고 적었다. 이종이 그 글을 보고 몹시 노하여 이를 쓴 자를 대대적으로 수색했지만 결국 찾을 수 없었다. 이 절에는 지금까지도 이종의 초상 두 폭이 남아 있다. 육릉(六陵)도 이미 도굴되었고 감탕나무도 자라지 않는데[13] 이종의 얼굴은 염비의 얼굴 가죽 덕분에 남아 있으니, 이 어찌 가볍게 웃을 수 있겠는가? 집경사는 원나라 말기에 훼손되었다가 명나라 홍무(洪武) 27년(1394)에 재건되었다.

> 九里松, 唐刺史袁仁敬植. 松以達天竺, 凡九里, 左右各三行, 每行相去八九尺. 蒼翠夾道, 藤蘿冒塗, 走其下者, 人面皆綠. 行里許, 有集慶寺, 乃宋理宗所愛閻妃功德院也. 淳祐十一年建造. 閻妃, 鄞縣人, 以妖豔專寵後宮. 寺額皆御書, 巧麗冠於諸刹. 經始時, 望靑采斫, 勳舊不保, 鞭答追逮, 擾及雞豚. 時有人書法堂鼓云, "淨慈靈隱三天竺, 不及閻妃好面皮." 理宗深恨之, 大索不得. 此寺至今有理宗御容兩軸. 六陵旣掘, 冬靑不生, 而帝之遺像竟托閻妃之面皮以存, 何可輕誚也. 元季毀, 明洪武二十七年重建.

---

13 六陵: 南宋 여섯 황제인 高宗, 孝宗, 光宗, 寧宗, 理宗, 度宗의 묘이다. 元 世祖 至元년 간에 楊璉眞伽(?-?)가 강남 지역의 불교를 관리하면서 재상 桑哥(?-1291)와 결탁해 남송 여섯 황제의 묘를 도굴하였다. 후에 唐珏과 林景熙가 송 고종과 효종의 유골을 수습해 紹興 蘭渚山 부근에 묻고 감탕나무를 심어 위치를 표시하였다.

부록작품 1

장경원,[14] <구리송에 관한 짧은 글>

구리송(九里松)은 겨우 한두 그루만 남아 있다. 마치 날아오르는 용처럼, 하늘을 가르듯 웅장하고 고풍스러우며, 기이하고 위대했다. 생각해보면 당시에는 만 그루가 넘는 나무가 하늘을 찔러 솔바람 소리가 전당의 조수보다 거셌으리라. 그러나 지금은 모두 사라지고 없다. 다시 수백, 수천 년이 지나면 상전벽해 하여 북고봉(北高峰) 꼭대기에 있는 조개껍질만 남을 것이니, 어찌 구리송이 있었는지 없었는지를 물을 수 있겠는가!

張京元, <九里松小記>

九里松者, 僅見一株兩株, 如飛龍劈空, 雄古奇偉. 想當年萬綠參天, 松風聲壯於錢塘潮, 今已化爲烏有. 更千百歲, 桑田滄海, 恐北高峰頭有螺蚌殼矣, 安問樹有無哉!

부록작품 2

진현휘,[15] <집경사>

옥고리 비스듬히 걸린 안쪽에 염비(閻妃),

---

[14] 張京元: 장경원(?-?)은 明代의 문인으로, 字는 思德이고, 號는 鐘山이며, 南直隸 揚州(지금의 江蘇省) 사람이다. 어려서부터 총명하여 세 살 때 이미 책을 읽고 암송하였고, 성장하면서 문장과 말솜씨로 큰 명성을 얻었다. 萬曆 32년(1604)에 진사에 급제하여 戶部主事에 임명되었고 江西參議僉事로 발탁되었다가 提學副使로 승진하였다. 저서로 ≪楚辭刪注≫ 二卷, ≪寒燈隨筆≫ 一卷이 전해진다.

[15] 陳玄暉: 진현휘(1574-1631)는 명대의 문인으로, 字는 無象이고, 號는 俶眞이며, 浙江 海寧縣 사람이다. 萬曆 41년(1613)에 진사가 되어 翰林院 編修를 제수받았다. 天啟 3년(1623)에 湖廣參政을 맡았고 이후 관직이 山東左參政에 이르렀다. 시문을 잘 짓기로 유명하였고 저서로 ≪論語講意≫, ≪大風堂集≫이 전해진다.

이름이 아직도 전해지니 참으로 이상하다.
궁녀가 부처에게 아첨하여 섬기지 않았다면,
어찌 황제의 초상이 절에 있을 수 있었겠는가?

땅을 덮은 황금은 자미(紫薇)에서 나오지만,
관가는 염비 하나만 못하구나.
강남의 부세는 누굴 믿고 거두나?
날마다 가평장(賈平章)은 마음껏 물놀이에 빠졌구나.

황무지를 개간하고 흙을 쌓아 제단을 만들어,
공덕의 드높음이 석비에 있다.
집경사는 아직 남아 있지만, 궁전은 파괴되었고,
얼굴은 진실로 염비에게 있었네.

예전에는 구리송(九里松)이 있었다고 전해졌지만,
훗날 듣기로는 절을 지은 후 하루아침에 없어졌다고 한다.
그물에 걸린 새를 방생하고,
스님의 말 듣고 믿으니 공덕이 있다 하네.

陳玄暉, <集慶寺>
玉鉤斜內一閻妃, 姓氏猶傳真足奇.
宮嬪若非能佞佛, 御容焉得在招提.

布地黃金出紫薇, 官家不若一閻妃.

江南賦稅憑誰用, 日縱平章恣水嬉.

開荒築土建壇堘, 功德巍峨在石碑.
集慶猶存宮殿毀, 面皮真個屬閻妃.

昔日曾傳九里松, 後聞建寺一朝空.
放生自出羅禽鳥, 聽信闍黎說有功.

3

비래봉(飛來峰)

　비래봉은 모서리 층마다 구멍이 뚫려 있고 문양이 영롱하여 미전(米顚)[16]의 소매 속에 있던 기이한 돌 같다. 돌에 빠진 사람에게 보여주면 필시 조복을 갖춰 입고 절을 하며 감히 하대하지 못하고 '돌 어르신'이라고 높여 불렀을 것이다.[17] 내가 양곤(楊髡)[18]에게 깊은 원한이 있는 건 여기저기에 불

---

[16] 米顚: 北宋 시대의 화가 米芾(1051-1107)이다. 돌을 애호하여 기이한 돌을 보면 돌에 대고 절을 하고, 지나친 결벽증을 보였기에 米顚 혹은 米癡로 불렀다.

[17] 米芾은 기이한 돌을 보면 조복을 갖춰입고 절을 하며 '石丈'으로 불렀다고 한다. '丈'은 손윗사람이나 나이든 남성을 지칭하는 말로, 기이한 돌을 높여 불렀던 것이다. "米芾詠諸好奇……見立石頗奇, 喜曰, 此足以當我拜. 遂命左右取袍笏拜之, 每呼曰'石丈'." 宋 葉夢得, ≪石林燕語≫ 卷十 참조.

[18] 楊髡: 元나라 唐兀 사람으로 僧官이었던 楊璉眞伽(?-?)이다. 世祖 至元 14년(1277)에 江南釋教總統이 되어 南宋 趙氏들의 황릉과 대신들의 무덤 101곳을 도굴하였다. 승려의 신분으로 사람들에게 美人과 보물들을 셀 수 없이 받았고, 佛寺 명의로 佃戶 50만 호를 점유하였다. 1291년 官物을 훔쳤다가 투옥되었다. 관리들이 사형에 처할 것을 주청했지만 세조가 허락하지 않고 사람과 토지들만 환수하도록 하였다. 髡은 머리를 깎아 버리는 형벌로, 이후 승려를 폄하하는 말이 되었다.

상을 조각했기 때문이다. 나한(羅漢)[19]과 세존(世尊)[20]을 이렇게 줄줄이 새겨 놓았으니, 마치 서자(西子)[21]가 고운 살결과 새하얀 몸을 가졌는데 거기에 누대·연못·새·짐승을 새겨 넣고 더하여 검게 칠한 것 같다. 비래봉의 기이한 형상은 하늘이 만든 것인데, 제멋대로 자르고 깎았으니 생각하면 뼛속까지 아프다. 문득 안타까운 점은 비래봉이 서방(西方)에 숨어 있지 못하고 훌쩍 영취(靈鷲)[22]로 날아와 사람들에게 모욕을 당하고 있다는 것이다. 이는 선비가 때를 만나지 못하고, 은둔하지도 못하며, 뛰어난 재능으로 인해 오히려 모욕을 당하는 것과 같다. 곽박(郭璞)[23]이나 예형(禰衡)[24] 같은 이들이 모두 이런 참담한 일을 당하였다. 혜리(慧理)가 한숨을 내쉬며 무슨 일로 날라온 건지를 물은 것은[25] 무릇 그 점이 아프고 안타까웠기 때문이다. 또한 양

---

19 羅漢: 나한은 阿羅漢의 준말로, 소승의 교법을 수행하는 聲聞 4과의 가장 윗자리다.
20 世尊: 석가모니에 대한 존칭이다.
21 西子: 春秋 시기 越나라의 미녀 西施(기원전503-기원전473)다. 越王 句踐이 吳王 夫差에게 패하자, 신하 范蠡가 월나라의 미인인 서시를 오왕에게 바쳤다. 오왕은 서시에게 빠져 국정을 돌보지 않았고 서시는 온갖 사치 향락을 누리며 오나라를 멸망에 이르게 하였다. 서시는 고대 중국 미녀의 대명사가 되었다.
22 靈鷲: 비래봉이다. 승려 慧理가 비래봉을 보고 '봉우리가 마치 부처께서 세상에 계실 적에 여러 차례 신령이 되셔서 숨어 지내신 인도의 靈鷲山과 같다.'라 하여 붙여진 이름이다.
23 郭璞: 곽박(276-324)은 東晉 시기 河東郡 聞喜縣(지금의 山西省) 사람으로, 字는 景純이다. 박학하여 천문과 古文字, 曆算, 蔔筮術에 밝았고, 특히 詩賦에 뛰어났다. 王敦의 記室參軍이 되었는데, 왕돈이 역모를 꾀하려고 곽박에게 길흉을 점치게 하였다. 점괘가 불길하게 나와 만류하자 화가 난 왕돈이 곽박을 죽였다.
24 禰衡: 예형(173-198)은 後漢 말기 平原郡 般縣(지금의 山東省 德州) 사람으로 젊었을 때부터 말주변이 좋았고, 성격이 강직하면서 오만하였다. 오직 孔融, 楊修와만 마음을 터놓고 사귀었는데, 공융이 그의 재능을 아껴 여러 차례 曹操 앞에서 칭찬하며 추천하였다. 조조가 만나려고 불렀지만 병을 핑계로 나가지 않았다. 자신의 재주를 믿고 조조를 모욕하여 쫓겨나 黃祖에게 의탁하였으나 결국 황조의 비위에 거슬려 죽임을 당하였다.
25 慧理: 東晉 때의 승려로 西天竺 사람이다. 晉 成帝 咸和 초년에 중국에 와서 처음에 杭州에 머물 때 산세가 수려한 것을 보고 "이것은 중천축국 영취산의 작은 봉우리인데, 어떻게 날

곤이 계곡을 따라 새겨 놓은 나한은 모두 자신을 닮게 만들었는데, 사자를 타거나 코끼리를 타거나, 시녀들이 모두 꽃을 바치는 등 한둘이 아니었다. 전여성(田汝成)[26] 선생이 그중 하나를 부수었고 내가 어릴 적 구루산방(岣嶁山房)에서 글공부할 때도 그중 하나를 부쉈다. 듣자하니 양곤은 당시 덕장사(德藏寺)에 살면서 고분을 파내어 강시를 강간하길 즐겼다고 한다. 그 절 뒤에 주제거(朱提擧) 부인(夫人)과 육좌승(陸左丞)의 딸[27]이 묻혔는데 모두 색요(色夭)[28]로 요절하여 수은을 부어 염을 하였다. 그 일을 알게 된 양곤은 무덤을 파헤치도록 명령하였다. 절에 진체(眞諦)라는 승려가 있었는데, 천성이 어리석어 절에서 나무나 하고 물이나 길어오는 일을 하였다. 그런 그가 양곤의 일을 듣고는, 크게 화를 내고 노발대발 고함을 지르며 욕을 하였다. 그 절의 주지 스님은 화가 미칠까 두려워 진체를 가두어버렸다. 다음날 새벽 대여섯 시쯤 양곤이 일어나 사람들을 모아 무덤을 파자 진체가 담을 넘어 나와 위타(韋䭾)[29] 불상의 나무 방망이를 뽑아 양곤을 힘껏 내리쳐 두개

아왔는지 모르겠구나!(此乃中天竺國靈鷲山之小嶺, 不知何以飛來.)"고 말하고는 靈鷲와 靈隱, 두 사찰을 지었다.

26 田汝成: 전여성(1503-1557)은 明代 문인으로, 字는 叔禾이고, 浙江省 錢塘 사람이다. 明 嘉靖 5년(1526) 진사가 되었고, 이후 禮部祠祭郎中, 廣東提學僉使, 福建提學副使 등을 역임하였다. 해임되어 고향으로 돌아온 뒤로는 호수와 산을 유람하고 명승고적을 탐방하면서 지냈다. 박학하고 글재주도 있어 ≪田叔禾集≫ 12권과 ≪西湖遊覽志≫ 24권, ≪西湖遊覽志餘≫ 26권 등을 남겼다. ≪서호몽심≫에는 전여성의 유람기록과 유사하거나 일치하는 부분이 많아 장대가 그의 저술을 참고한 것으로 추정된다.

27 이 두 여성에 대한 구체적인 내용은 알려진 바가 없다. 이전 기록을 보면 元代 姚桐壽가 쓴 ≪樂郊私語≫에 관련 내용이 있다. 다만, ≪악교사어≫에는 '朱' 자가 '宋', '化女'가 '愛女'로 적혀있다.

28 色夭: 오랜 병으로 진액기 기혈이 심하게 소모되어 피부색이 거칠고 윤기가 없어지는 질병이다.

29 韋䭾: 원래 婆羅門의 天神이었으나, 훗날 불교에 의해 흡수되어 護法諸天의 하나가 되었다. 그 형상이 어린아이의 얼굴에 갑옷을 입고 투구를 썼으며 손에 金剛杵를 들고 있다. 일반적

골을 부숴버렸다. 양곤을 구하기 위해 달려든 사람들도 모두 상처를 입고 말았다. 사람들은 진체가 군중 속에서 뛰어오르는 모습을 보았는데, 뛸 때마다 몇 장(丈)을 넘어 마치 매가 날아가듯, 호랑이가 뛰어오르는 듯 재빨리 뛰어오르는데, 사람의 힘으로 도저히 따라잡을 수 없을 정도였다. 순식간에 등불과 횃불이 모두 꺼졌고 곰방메, 호미, 가래, 삽도 모두 부서졌다. 양곤은 크게 두려워하며 이르길, 위타가 현신한 것이라고 하였다. 그리하여 감히 무덤을 파지 못하고 사람들을 데리고 급히 돌아간 뒤 다시 묻지 못하였다. 이 승려는 실로 산신의 기운을 내뿜은 것이다.

> 飛來峰, 棱層剔透, 嵌空玲瓏, 是米顚袖中一塊奇石. 使有石癖者見之, 必具袍笏下拜, 不敢以稱謂簡褻, 只以"石丈"呼之也. 深恨楊髡, 遍體俱鑿佛像, 羅漢世尊, 櫛比皆是, 如西子以花豔之膚, 瑩白之體, 刺作臺池鳥獸, 乃以黔墨塗之也. 奇格天成, 妄遭錐鑿, 思之骨痛. 翻恨其不匿影西方, 輕出靈鷲, 受人戮辱; 亦猶士君子生不逢時, 不束身隱遁, 以才華傑出, 反受摧殘, 郭璞、禰衡並受此慘矣. 慧理一歎, 謂其何事飛來, 蓋痛之也, 亦惜之也. 且楊髡沿溪所刻羅漢, 皆貌己像, 騎獅騎象, 侍女皆裸體獻花, 不一而足. 田公汝成錐碎其一; 余少年讀書岣嶁, 亦碎其一. 聞楊髡當日住德藏寺, 專發古塚, 喜與僵屍淫媾. 知寺後有來提擧夫人與陸左丞化女, 皆以色夭, 用水銀灌殮. 楊命發其塚. 有僧真諦者, 性呆戇, 爲寺中樵汲, 聞之大怒, 嗥呼詬誶. 主僧懼禍, 鎖禁之. 及五鼓, 楊髡起, 趣眾發掘, 真諦逾垣而出, 抽韋馱木杵, 奮擊楊髡, 裂其腦蓋. 從人救護, 無不被傷. 但見真諦於眾中跳躍, 每逾尋丈, 若隼撇虎騰, 飛捷非人力可到. 一時燈炬皆滅, 耰鋤畚插都被毀壞. 楊髡大懼, 謂是韋馱顯聖, 不敢往發, 率眾遽去, 亦不敢問. 此僧也, 洵爲山靈吐氣.

으로 天王大殿彌勒菩薩의 뒤에 안치하여 석가모니 불상을 마주 보고 있다.

부록작품 1

원굉도, <비래봉에 관한 짧은 글>

서호의 여러 봉우리 중에서 당연히 비래봉이 제일이다. 비래봉의 바위는 수십 장 너머 우뚝 솟아있고 창창한 옥빛이다. 갈증 난 호랑이가 달려든다거나 사자가 뛰어오르는 것 같다 해도, 그 분노한 형상을 표현하기는 부족하다. 신령이 부르고 귀신이 서 있는 것 같다 해도, 그 기괴함을 표현하기 부족하다. 가을 물과 저녁 안개 같다고 해도 그 빛깔을 표현하기에 부족하다. 전서(顚書)와 오화(吳畫)도 그 변화무쌍함을 표현하기에 부족하다.[30] 바위 위에는 기이한 나무들이 많은데, 흙이 없어도 뿌리가 바위 밖으로 자라고 있다. 앞뒤에 크고 작은 동굴 네다섯 개가 있는데 아담하고 환하며, 물방울이 떨어져 꽃 모양을 만들어 마치 조각한 듯하다. 벽 사이의 불상은 모두 양곤이 만든 것인데, 마치 미인 얼굴에 난 흉터처럼 괴이하고 흉측하기 짝이 없다. 나는 비래봉을 다섯 번이나 올랐다. 처음에는 황도원(黃道元), 방자공(方子公)과 함께 올랐는데 짧은 옷을 입고 연화봉 정상까지 곧장 올라갔다. 가다가 돌 하나라도 만나면 미친 듯이 소리를 질렀다. 그다음으로 왕문계(王聞溪)와 함께 올랐고, 또 그다음에는 도석궤(陶石簣), 주해녕(周海寧)과 함께 올랐다. 그다음에는 왕정허(王靜虛), 도석궤 형제, 그다음에는 노휴녕(魯休寧)와 함께였다. 매번 비래봉에 오를 때마다 문득 시를 짓고 싶다는 생각이 들었지만 끝내 짓지 못하였다.

---

[30] 顚書는 당나라의 서예가 張旭(675-?)이 그린 그림이다. 장욱의 자는 伯高이고 吳郡 사람이다. 서법에 정통했는데 특히 草書를 잘 쓰기로 유명하였다. 그는 술에 취하면 머리털에 먹을 묻혀 미친 듯이 글씨를 썼는데, 그리하여 사람들이 張顚이라고 불렀다. 吳畫는 吳道玄(680?-759)의 그림이란 뜻이다. 당나라의 유명한 화가인 오도현의 字는 道子이고, 陽翟 사람이다. 산수화와 불상에 뛰어났다.

袁宏道, <飛來峰小記>

　　湖上諸峰, 當以飛來爲第一. 峰石逾數十丈,而蒼翠玉立: 渴虎奔猊, 不足爲其怒也; 神呼鬼立, 不足爲其怪也; 秋水暮煙, 不足爲其色也; 顛書吳畫, 不足爲其變幻詰曲也. 石上多異木, 不假土壤, 根生石外. 前後大小洞四五, 窈窕通明, 溜乳作花, 若刻若鏤. 壁間佛像, 皆楊禿所爲, 如美人面上瘢痕, 奇醜可厭. 余前後登飛來者五: 初次與黃道元、方子公同登, 單衫短後, 直窮蓮花峰頂. 每遇一石, 無不發狂大叫. 次與王聞溪同登; 次爲陶石簣、周海寧; 次爲王靜虛、陶石簣兄弟; 次爲魯休寧. 每遊一次, 輒思作一詩, 卒不可得.

부록작품 2

원굉도, <비래봉에 대해 쓴 글>

비래봉이여, 날아오기 전에 어디에 있었나?

인간 세상 먼지 많은데,

무엇 때문에 날아가지 않는가?

고상하고 고풍스러우며 아름다우나,

양웅(楊雄)과 반고(班固)도 묘사할 수 없네.

백옥 정상에 모아두니,

푸른 연꽃이 그 색을 빌렸구나.

오직 허공의 마음만 있어,

한 점의 묘사도 할 수 없구나.

평생 매도인(梅道人)이었지만,

단청(丹靑)에 대해서는 모르는 듯하구나.

袁宏道, <戲題飛來峰>
試問飛來峰, 未飛在何處.
人世多少塵, 何事飛不去.
高古而鮮妍, 楊、班不能賦.

白玉簇其顛, 青蓮借其色.
惟有虛空心, 一片描不得.
平生梅道人, 丹青如不識.

부록작품 3

장대, <비래봉>

바위에는 원래 이런 이치가 없었는데,

변화무쌍하게 저절로 형상을 이루었다.

하늘의 솜씨인가 새긴 게 의심스럽고,

신묘한 솜씨는 형태에 얽매이지 않는다.

허공을 뻥 뚫었거나 물을 갈랐을 터이니,

개척에는 반드시 천둥 번개가 있다.

훌쩍 날아와 후회할 일은,

이유없이 거대한 신령과 만난 것.

바위는 아직도 움직이고 싶어,

껑충 뛰려는 자세로 버티는 듯하다.

귀신 같은 솜씨로 구불구불 뚫고,

아이들 장난처럼 아로새겼나 보다.

깊이 들어가면 동굴이 세 개,
거칠게 열어 다섯 골짜기 내었구나.
날아오든 날아가든,
가벼운 몸 조심하라.

張岱, <飛來峰>
石原無此理, 變幻自成形.
天巧疑經鑿, 神功不受型.
搜空或洚水, 開辟必雷霆.
應悔輕飛至, 無端遭巨靈.

石意猶思動, 蹲跊勢若撑.
鬼工穿曲折, 兒戲斫瓏玲.
深入營三窟, 蠻開倩五丁.
飛來或飛去, 防爾爲身輕.

4

냉천정(冷泉亭)

    냉천정(冷泉亭)은 영은사(靈隱寺) 입구 왼편에 있다. 붉은 담장과 녹색 나무가 뒤덮여 그늘을 드리워 음산하다. 정자는 가파른 절벽과 마주하고, 시원한 물소리가 청량하게 들린다. 냉천정 뒤에는 열 그루가 넘는 밤나무가 있는데, 크기가 양팔로 껴안을 정도이다. 그 차갑고 어두운 그늘에 있으면 온 몸이 서늘해졌다. 초가을 밤이 익으면 큰 것은 앵두만하고, 껍질을 까서 먹으면 호박과 같은 빛깔에 연방 같은 향기가 난다.
    천계(天啟) 갑자(甲子, 1624), 내가 구루산방(岣嶁山房)[31]에서 책을 읽고 있었는데, 스님이 밤을 가져와 공양하셨다. 내가 가시연밥도 실제로는 그 밤처럼 바삭하지 않고 신선한 호두도 그 밤처럼 감미롭고 향기롭지 못하다고 하였다. 여름날 더위를 식히기 위해, 베개와 대자리를 정자 안으로 옮겨 누워 달을 보는데, 시냇물은 졸졸 흐르고 악기가 함께 연주된다. 장공량(張公

---

[31] 岣嶁山房: 구루산방은 장대가 天啟 甲子, 즉 1624년에 글공부를 하던 곳이었다. ≪서호몽심≫과 ≪도암몽억≫에 각각 <岣嶁山房>이라는 동일한 제목의 작품이 수록되어 있는데, 대체로 내용이 비슷하다.

亮)³²은 이 물소리를 듣고 임단산(林丹山)³³의 시(詩)를 읊조리며, "서호로 흐르는 물소리에 노래와 춤을 싣고 가고, 돌아보니 산에 있을 때 같지 않구나."라고 하였다. 이 물소리가 금속과 돌처럼 울려 퍼져 이미 노래와 춤이 되었으니, 서호로 들어가지 않고 어디로 가겠는가! 나는 일찍이 이렇게 말했다. 서호에 사는 사람은 누구나 노래와 춤이 있다. 산도 노래와 춤이 있고 물도 노래와 춤이 있으며, 연지와 분을 바르고 비단옷을 입은 사람뿐만 아니라 시골 아낙네나 산중 스님도 예외가 아니다. 이로 인해 미공(眉公)³⁴이 한 말이 생각났다.

> "서호에는 명산(名山)이 있어도 은사(隱士)는 없다. 고찰(古刹)은 있어도 고승(高僧)은 없다. 화장한 얼굴은 있어도 가인(佳人)은 없고, 꽃다운 아침은 있어도 달 밝은 밤은 없다."

조아설(曹娥雪)³⁵도 이렇게 풍자한 시(詩)가 있다.

---

32 張公亮: 앞의 張明弼 주석 참조.

33 林丹山: 宋代 詩人 林積(?-?)이다. 號는 丹山이고 長洲(지금의 江蘇省 蘇州) 사람이다. <冷泉亭>이란 詩를 지었다. "한 줄기 맑은 물은 시심에 스며들고 차고 따스함은 때가 옴에 절로 알 뿐, 서호로 흘러 나와 노래와 춤을 떠받치니 돌아보면 산에 있었을 때 같지 않구나.(一泓清可沁詩脾,冷暖年來只自知;流向西湖載歌舞, 回頭不似在山時.)"

34 眉公: 明末의 문인 陳繼儒(1558-1639)로, 字는 仲醇이고, 號가 眉公이다. 詩文에 뛰어났고 그림에도 능하였다. 여러 차례 조정에 부름을 받았지만 모두 병으로 거절하였다. 82살로 생애를 마칠 때까지 풍류와 자유로운 문필 생활로 일생을 보냈다. 저서로는 ≪寶顔堂秘笈≫과 ≪眉公全集≫이 있다.

35 曹娥雪: 萬曆 연간의 文人 曹勛(?-1655)으로, 字는 允大이고, 號가 아설이며, 浙江 嘉興府 사람이다. 崇禎 元年(1628)에 진사에 급제하여 翰林院 庶吉士가 되었다. 淸朝가 들어서자 다시는 관직에 나가지 않았다.

구운 거위와 양고기, 석회탕을 가지고,

먼저 호심정에 도착한 뒤 악왕묘로 간다.

해질녘 햇살은 아직 따뜻하고 나그네는 아직 취하지 않았는데,

모두들 달구경을 포기하고 전당강으로 들어간다."

내가 서호에 있을 때, 주로 호숫배를 집 삼아 지내며 밤마다 호수에 뜬 달을 보았다. 그런데 지금은 영은사의 시끄러움을 피해 밤마다 냉천정에 앉아, 또 밤마다 산속에 뜬 달을 마주하게 되었으니, 어찌 이런 복을 누리는 걸까? 이러한 까닭에 내 이르길, "서호의 그윽함을 감상하는 자는 소동파(蘇東坡)를 넘어선 자가 없지만, 그 역시 밤이 되면 도성에 들어가게 된다."고 한 것이다. 그러나 깊은 산의 맑고 고요함, 밝은 달빛, 돌배게와 흐르는 물, 꽃 그림자 속에서 깨어나는 것들은 임화정(林和靖)과 이구루(李岣嶁)[36] 외에는 거의 보지 못하였다. 혜리(慧理)와 빈왕(賓王)[37]이라 할지라도, 이들과 같은 잠자리에 들 수는 없었다.

冷泉亭在靈隱寺山門之左. 丹垣綠樹, 翳映陰森. 亭對峭壁, 一泓泠然, 淒清入耳. 亭後西栗十餘株, 大皆合抱, 冷飀暗樾, 遍體清涼. 秋初栗熟, 大若櫻桃, 破苞食之, 色如蜜珀, 香若蓮房.

天啟甲子, 余讀書岣嶁山房, 寺僧取作清供. 余謂雞頭實無其松脆、鮮胡桃遜其甘芳也. 夏月乘涼, 移枕簟就亭中臥月, 澗流淙淙, 絲竹並作. 張公亮聽此水聲, 吟林丹山詩"流向西湖載歌舞, 回頭不似在山時."言此水聲帶金石, 已先作歌舞矣, 不入西湖安入乎! 余嘗謂住西湖之人, 無人不帶歌舞,

---

[36] 李岣嶁: 이구루는 李茇(?-?)로, 字는 用晦이다. 대략 明 隆慶・萬曆 연간의 인물로 추정되며, 徐渭와 도광암 산 아래에서 벗하며 여러 채의 산방을 짓고 岣嶁라 이름지었다.

[37] 賓王: 唐代의 시인 駱賓王(638?-684?)이다. 王勃, 楊炯, 盧照鄰과 함께 初唐四傑로 불린다.

無山不帶歌舞, 無水不帶歌舞, 脂粉紈綺, 即村婦山僧, 亦所不免. 因憶眉公之言曰: "西湖有名山, 無處士; 有古刹, 無高僧; 有紅粉, 無佳人; 有花朝, 無月夕." 曹娥雪亦有詩嘲之曰: "燒鵝羊肉石灰湯, 先到湖心次嶽王. 斜日未曛客未醉, 齊拋明月進錢塘."

余在西湖, 多在湖船作寓, 夜夜見湖上之月, 而今又避囂靈隱, 夜坐冷泉亭, 又夜夜對山間之月, 何福消受. 余故謂西湖幽賞, 無過東坡, 亦未免遇夜入城. 而深山淸寂, 皓月空明, 枕石漱流, 臥醒花影, 除林和靖、李岣嶁之外, 亦不見有多人矣. 即慧理、賓王, 亦不許其同在臥次.

부록작품 1

원굉도, <냉천정에 관한 짧은 글>

영은사는 북고봉(北高峰) 아래에 있다. 사찰 중에도 가장 경치가 뛰어난데, 특히 절 입구의 경치가 멋지다. 비래봉에서 냉천정까지 이르는 일대는 시냇물이 구슬처럼 맑고 그림 같은 벽에도 푸른 잎들이 흘러내리니, 산의 절경 중에서도 가장 뛰어난 경치이다. 정자는 산문 밖에 있는데 일찍이 백락천의 글[38]에 이렇게 적혀있다.

"정자는 산 아래 물속에 있고, 절의 남서쪽 구석에 있다. 높이는 몇 자 되지 않고 너비도 몇 장 되지 않는다. 그러나 기이한 것을 취하고 아름다운 것을 구하여 만물의 형체를 숨기지 못한다. 봄날에는 풀이 향기롭고 나무가 싱그러워 화합과 정수를 이끌 수 있다. 여름날에는 바람이 시원하고 샘물이 맑아 번뇌를 없애고 정신을 맑게 할

---

[38] 이 글은 백거이가 唐 穆宗 长庆 3년(823)에 쓴 <冷泉亭記>이다. 당시 백거이는 杭州刺史로, 항주에 머물렀다.

수 있다. 산과 나무를 지붕 삼고 바위를 병풍 삼으니, 구름이 기둥에서 피어나고 물이 계단을 따라 흐른다. 앉아서 놀다 보면 침상 아래에서 발을 씻을 수 있고, 누워서 가까이 다가가면 베개 위에서 낚시질을 할 수 있다. 시냇물 잔잔히 흐르고 맑으며, 달고 순수하며 부드럽다. 눈의 번잡함, 마음과 혀의 더러움은 씻지 않아도 보자마자 제거된다."

이 기록을 보면 정자는 마땅히 물속에 있어야 한다. 그러나 지금은 시냇가에 세워져 있다. 시냇물의 폭은 한 장(丈) 남짓이라 정자를 세울 만한 곳이 없다. 그러므로 냉천정의 경치는 이전에 비해 십 분의 칠은 줄은 것이다.

袁宏道, <冷泉亭小記>
靈隱寺在北高峰下, 寺最奇勝, 門景尤好. 由飛來峰至冷泉亭一帶, 澗水溜玉, 畫壁流靑, 是山之極勝處. 亭在山門外, 嘗讀樂天≪記≫有云: "亭在山下水中, 寺西南隅, 高不倍尋, 廣不累丈, 撮奇搜勝, 物無遁形. 春之日, 草薰木欣, 可以導和納粹; 夏之日, 風泠泉淳, 可以蠲煩析酲. 山樹爲蓋, 岩谷爲屛, 雲從棟出, 水與階平. 坐而玩之, 可濯足於床下; 臥而狎之, 可垂釣於枕上. 潺湲潔澈, 甘粹柔滑, 眼目之囂, 心舌之垢, 不待盥滌, 見輒除去. 觀此記, 亭當在水中, 今依澗而立. 澗闊不丈餘, 無可置亭者. 然則冷泉之景, 比舊蓋減十分之七矣.

영은사(靈隱寺)

명나라 말기, 소경사(昭慶寺)에 불이 났는데 얼마 후 영은사(靈隱寺)에서도 불이 났다. 또 얼마 후 상천축사(上天竺寺)에도 불이 나서, 3대 사찰이 연이은 화재로 파괴되었다. 그때 영은사의 주지였던 구덕(具德)[39] 스님이 불과 몇 년 만에 영은사 보수를 완성하였다. 무릇 영은사는 진(晉)나라 함화(咸和) 원년(元年, 326)에 혜리(慧理) 스님이 세웠고, 절의 대문에 '경치가 멋진 깨달음의 장소[景勝覺場]'라는 현판이 걸려 있었는데, 전해지기로는 갈홍(葛洪)[40]이 직접 쓴 것이라 한다. 절에는 네 개의 석탑이 있는데, 전무숙왕(錢武肅王)이 만든 것이다. 송나라 경덕(景德) 4년(1007)에 '경덕영은선사(景德靈隱禪寺)'로 이름을 바꾸었고, 원나라 지정(至正) 3년(1341)에 훼손되었다. 명나라 홍무(洪武) 초기에 재건되면서 영은사로 개명되었다. 선덕(宣德) 7년(1432)에 승

---

39 具德: 구덕(1600-1667)은 장대의 사촌동생 張弘禮로, 字가 具德이다. 어려서부터 가난하여 대장간에서 일하다 ≪首楞嚴經≫을 읽고 불교에 귀의하였다.

40 葛洪: 갈홍(284-364)은 東晉의 사상가로 江蘇省 丹陽 출신이다. 字는 雅川이고, 號는 抱樸子다. 순수한 강남 귀족 출신으로, 젊었을 때 가난했지만 학문을 좋아해 많은 책을 두루 읽었고 특히 神仙導養의 술법을 좋아하였다.

려 담찬(曇贊)이 산문을 만들었고, 승려 양개(良玠)가 대전을 지었다. 대전에
배석(拜石)[41]이 있는데, 길이가 대략 한 장(丈) 남짓으로, 화초와 물고기 문양
이 그림처럼 정교했다. 정통(正統) 11년(1446)에 현리(玹理)가 직지당(直指堂)을
세웠고, 직지당의 현판을 장즉지(張即之)[42]가 적었는데, 융경(隆慶) 3년(1569)에
망가졌다. 만력(萬曆) 12년(1584)에 승려 여통(如通)[43]이 다시 지었고 28년에
사례감(司禮監) 손륭(孫隆)[44]이 보수했으나 숭정(崇禎) 13년(1640)에 다시 망가
졌다. 구덕 스님은 여통의 옛 장부를 조사하여, 당시 사용한 경비가 8만(萬)
이었음을 확인하였고, 그로부터 당시의 공임을 두 배로 추산하였다. 구덕
스님은 심혈을 기울여 경영하여 곧바로 완성하였다. 그 인연의 거대함은
아마도 연지(蓮池) 스님[45]과 금속거사(金粟居士)[46]도 미치지 못할 것이다. 구덕
스님은 내 친척 동생이다. 정유년(丁酉年, 1657)에 내가 그를 찾아갔을 때는
대전과 방장실(方丈室)은 아직 공사가 시작되지 않았지만 동편 일대에는 건
물 9채와 손님방과 승방 백여 칸, 나무 책상과 등나무 침상, 그리고 진열된
도구들이 모두 제자리에 잘 갖춰져 있었다. 주방에는 새로 주조한 세 개의
큰 구리 솥이 있었는데, 그 솥에 쌀 세 지게를 넣어 밥을 하면 천 명을 먹일

---

41 拜石: 절하는 자리에 깔아놓은 돌이다.
42 張即之: 장즉지(1186-1266)는 南宋의 서법가로, 字는 溫夫이며 安徽省 출신이다. 參知政事 張孝伯의 아들로 명문 집안의 자제로 성장하였다. 書風은 米芾과 褚遂良에게서 영향을 받았지만, 독창적인 필법이 두드러질 뿐만 아니라 大字에 특히 뛰어났다. 명나라의 董其昌은 그의 호쾌하고 힘찬 필법을 일컬어 "하늘을 가리고 땅을 뒤덮는 듯하다."고 격찬하였다.
43 如通: 明代 萬曆 연간에 영은사의 주지로 있었던 승려이다.
44 司禮監 孫隆: 앞의 주 참조.
45 蓮池大師: 연지대사는 明代의 學僧 袾宏(1535-1615)으로 雲棲大師로도 불린다. 俗姓은 沈씨이고, 仁和 사람이다. 법호가 蓮池이고, 자는 佛慧다. 隆慶 5년(1571) 杭州 雲棲寺에 머물러 雲棲大師 또는 운서주굉이라고도 하였다. 紫柏, 憨山, 蕅益과 함께 명나라 4대 高僧으로 불린다.
46 金粟居士: 維摩詰居士로 초기 불교의 유명한 승려이다. 전생이 金粟如來라고 전해진다.

수 있었다. 구덕 스님은 그 솥을 가리키며 내게 말하길, "이 솥은 제가 지난 십 년 넘게 모은 돈으로 만든 것입니다."라고 하였다. 반승(飯僧)[47]이 많은 것 역시 다른 사찰에는 없는 바이다. 오후가 되어 나를 데리고 밥을 먹으러 갔는데 한 사미(沙彌)[48]가 글이 적힌 종이를 가져와 보여주었다. 무슨 일인지 모르겠으나 구덕 스님이 사미에게 "창고를 열라고 하거라."라고 분부하였다. 사미승은 가버렸고 내가 밥을 다 먹고 사찰 밖을 나가보니, 천여 명의 사람들이 벌떼처럼 몰려와 어깨에 맨 쌀가마니를 순식간에 내린 뒤 아무 말 없이 쌀 무게를 재고는 서둘러 떠났다. 내가 구덕 스님에게 묻자 그가 답하길, "이는 단양(丹陽)[49]에 사는 어느 분께서 시주한 것인데, 해마다 쌀 오백 담(擔)을 보내십니다. 수로 운송비와 모든 비용을 스스로 부담하시고 짐꾼이 와서 물 한 모금도 얻어 마시지 못하게 하시니, 7년째 이렇게 하고 있습니다."라고 하여, 내가 감탄하였다. 이어서 대전은 언제 완성될지를 묻자, 구덕 스님이 대답하길, "내년 6월에 제 나이가 60입니다. 불자가 만 명인데 사람마다 10금(金)을 보시하면 가히 10만(萬)을 얻을 수 있으니, 제 일은 곧 완성될 것입니다."라 하였다. 3년이 지나서 대전과 방장실이 모두 완성되었다. 내가 그 성대한 상황을 기념하기 위하여 시를 지었다.

明季昭慶寺火, 未幾而靈隱寺火, 未幾而上天竺又火, 三大寺相繼而毀. 是時唯具德和尚爲靈隱住持, 不數年而靈隱早成. 蓋靈隱自晉咸和元年, 僧慧理建, 山門匾曰"景勝覺場", 相傳葛洪所書. 寺有石塔四, 錢武肅王所建. 宋景德四年, 改景德靈隱禪寺, 元至正三年毀. 明洪武初再建, 改靈隱寺. 宣

---

47 飯僧: 밥을 짓거나 하면서 심부름하는 어린 승려를 말한다.
48 沙彌: 막 출가한 견습승을 말한다.
49 丹陽: 丹陽湖를 비롯 지금의 江蘇省과 浙江省 일대를 말한다.

德七年, 僧曇贊建山門, 良玠建大殿. 殿中有拜石, 長丈余, 有花卉鱗甲之文, 工巧如畫. 正統十一年, 玹理建直指堂, 堂文額爲張即之所書, 隆慶三年毀. 萬曆十二年, 僧如通重建; 二十八年司禮監孫隆重修, 至崇禎十三年又毀. 具和尚查如通舊籍, 所費八萬, 今計工料當倍之. 具和尚慘淡經營, 咄嗟立辦. 其因緣之大, 恐蓮池金粟所不能逮也. 具和尚爲余族弟, 丁酉歲, 余往候之, 則大殿、方丈尚未起工, 然東邊一帶, 朗閣精藍凡九進, 客房僧舍百什余間, 棐幾藤床, 鋪陳器皿, 皆不移而具. 香積廚中, 初鑄三大銅鍋, 鍋中煮米三擔, 可食千人. 具和尚指鍋示余曰: "此弟十余年來所掙家計也." 飯僧之眾, 亦諸剎所無. 午間方陪余齋, 見有沙彌持赫蹄送看, 不知何事, 第對沙彌曰: "命庫頭開倉."沙彌去. 及余飯後出寺門, 見有千余人蜂擁而來, 肩上擔米, 頃刻上槀, 鬥斛無聲, 忽然競去. 余問和尚, 和尚曰: "此丹陽施主某, 歲致米五百擔, 水腳挑錢, 纖悉自備, 不許飲常住勺水, 七年於此矣." 余爲嗟歎. 因問大殿何時可成, 和尚對以: "明年六月, 爲弟六十, 法子萬人, 人饋十金, 可得十萬, 則吾事濟矣." 逾三年而大殿、方丈俱落成焉. 余作詩以記其盛.

부록작품 1

장대, <구덕 스님의 장수를 기원하고 대전의 완공을 축하하다>

비래봉에 흰 원숭이 서 있는데,

바위가 원숭이를 부르자 응답한다.

구덕 스님 외출에서 돌아오시자,

산 귀신들 찍찍거리며 절 앞에서 울부짖는다.

생공께서 바위를 꾸짖는 건 양을 꾸짖는 듯,

모래가 날리고 바위가 구르며 산도 도망간다.

모든 생령을 몰아 쫓아내고,

화룡이 그를 위해 혼돈의 문을 열어준다.
정덕(正德) 초년 장부를 살펴보니,
8만(萬) 냥, 지금은 마땅히 두 배로 늘었다.
이야기하고 웃는 사이 일이 이미 이루어졌으니
스님의 공덕 가히 놀랍다.
황금 같은 대지가 인색과 탐욕을 깨트리고,
쌀이 모여 언덕을 이루고 곡식이 산처럼 쌓였구나.
만인의 무리가 벌레와 개미 같건만,
스님은 지팡이 짚고 마음은 절로 한가하다.
내가 보니 독촉비가 몇 냥에 불과하였고,
현관이 매질하여 더욱 단련되었다.
백미 한 섬에도 스님이 노하시며 소리치시니,
둑이나 도랑에 반도 채우지 못하였다.
옛날 스승 찾아 법당에 앉았을 때,
붉은 말굽 몇 치나 되는 말이 단양(丹陽)에서 왔구나.
스님 말씀과 표정은 전혀 변하지 않으셨고,
단지 시중드는 이에게 창고를 열라고 명하셨네.
떠나지 않았는데도 계단이 어지럽고,
흰 찰벼 오백 섬이나 실어 왔다.
창고에 쌀 올리는 소리 없이 고요하고,
수천 명 일꾼 순식간에 흩어지네.
쌀을 부르지 않고 사람도 매이지 않아,
법단 앞까지 와서도 여전히 숨을 죽인다.
공후(公侯)의 복덕과 장군의 재능,

나한의 신통력과 보살의 지혜구나.
이러한 대공사는 장난이 아니라,
스님에게 찬사를 보냈지만 허락하지 않으신다.
다만 부처께서 스스로 인연이 있다시니,
늙은 스님 인과가 어긋날까 두려울 뿐.
내가 그 말씀을 듣고 기록을 청하니,
아난(阿難)은 본래 부처의 제자였다고 하셨다.
스승과 함께 오백 년을 살다가,
비래봉을 껴안고 다시 날아갔다고 하네.

張岱, <壽具和尙並賀大殿落成>
飛來石上白猿立, 石自呼猿猿応石.
具德和尙行腳來, 山鬼啾啾寺前泣.
生公叱石同叱羊, 沙飛石走山奔忙.
驅使萬靈皆辟易, 火龍爲之開洪荒.
正德初年有薄對, 八萬今當增一倍.
談笑之間事已成, 和尙功德可思議.
黃金大地破慳貪, 聚米成丘粟若山.
萬人團族如蜂蟻, 和尙植杖意自閑.
余見催科只數貫, 縣官敲撲加鍛煉.
白糧升合尙怒呼, 如坻如京不盈半.
憶昔訪師坐法堂, 赫蹄數寸來丹陽.
和尙聲色不易動, 第令侍者開倉場.
去不移時階屺亂, 白粲馱來五百擔.
上倉鬥斛寂無聲, 千百人夫頃刻散.

米不追呼人不系, 送到座前猶屏氣.
公侯福德將相才, 羅漢神通菩薩慧.
如此工程非戲謔, 向師頌之師不諾.
但言佛自有因緣, 老僧只怕因果錯.
余自聞言請受記, 阿難本是如來弟.
與師同住五百年, 挾取飛來復飛去.

부록작품 2

장호,[50] <영은사>

산봉우리 손바닥 편 듯 펼쳐져 있고,
붉은 난간 여러 겹으로 이어져 있다.
불지(佛地)는 꽃으로 나뉘고,
승방의 대나무 샘물 끌어 온다.
오경(五更)에 누각 아래 달이 뜨고,
십 리 밖 성안에 연기 피어오른다.
뒤쪽 탑 정자 뒤로 우뚝 솟아있고,
앞산 누각이 산 앞을 가로지른다.
시내가 모래에 고인 물 고요하고,
동굴 바위에 이끼는 푸르다.

---

50 張祜: 장호(792-854)는 唐代 시인이다. 字는 承吉이고, 清河(지금의 河北省) 사람이다. 장호는 청하 지역의 명문 집안에서 태어났다. 長慶 3年(823)에 杭州에 가 白居易를 방문하였고 會昌 5年(845)에는 池州로 杜牧을 만나러 갔다. 여러 지역을 유람하며 시인들과 교류하였으나 고고한 성품으로 사람들과 잘 어울리지 못하였다. 말년에는 曲阿(지금의 江蘇省 丹陽) 풍물에 흥미를 느껴 이곳에서 생을 마감하였다.

좋구나, 늙은 원숭이 부르는 소리,

서쪽 바위 골에 메아리로 이어진다.

張祜, <靈隱寺>
峰巒開一掌, 朱檻幾環延. 佛地花分界, 僧房竹引泉.
五更樓下月, 十里郭中煙. 後塔聳亭後, 前山橫閣前.
溪沙涵水靜, 洞石點苔鮮. 好是呼猿父, 西岩深響連.

부록작품 3

가도,[51] <영은사>

산봉우리 앞뒤로 사찰에 새 가을이 왔는데,

꼭대기 높은 창에 옥주산(沃洲山)이 보인다.

사람은 삼매(三昧)에 잠겨 귀뚜라미 소리 듣고

학 서식하는 곳에 원숭이가 매달렸다.

산의 종소리 한밤중 텅 빈 강물을 가르고

물가의 찬 달빛 돌로 된 오래된 누각에 비친다.

마음은 배 띄워 떠나고 싶지만 몸이 아직 편치 않은데,

이곳은 옛날 사공(謝公)이 놀던 곳이구나.

---

[51] 賈島: 가도(779-843)는 唐代 시인으로, 字는 浪仙이고, 範陽(지금의 北京) 사람이다. 가난한 집에서 태어나 일찍 승려가 되었으며, 법명은 無本이다. 韓愈의 권유로 환속하여 이후 한유와 맹교 등과 교류하며 시를 썼다. 시를 지을 때 한 글자 한 글자를 고심하여 推敲詩人이라 불린다.

賈島, <靈隱寺>
峰前峰後寺新秋, 絕頂高窓見沃洲.
人在定中聞蟋蟀, 鶴於棲處掛獼猴.
山鍾夜度空江水, 汀月寒生古石樓.
心欲懸帆身未逸, 謝公此地昔曾遊.

부록작품 4

주시, <영은사>

영은사는 몇 년 된 절인가,

청산이 이곳을 향해 열렸구나.

계곡물은 원래부터 끊임없이 흘렀고,

봉우리와 바위도 저절로 날아왔다.

나무가 공왕원(空王苑)을 덮고,

꽃은 대사대(大士臺)에 숨었다.

깊은 곳을 탐함함에는 궁극의 경지가 있으니,

저녁 노을에 재촉받지 마라.

周詩, <靈隱寺>
靈隱何年寺, 青山向此開.
澗流原不斷, 峰石自飛來.
樹覆空王苑, 花藏大士臺.
探冥有玄度, 莫遣夕陽催.

6

북고봉(北高峰)

　　북고봉(北高峰)은 영은사(靈隱寺) 뒤에 있는데, 돌계단이 수백 개나 있고 36굽이를 꼬불꼬불 돌아간다. 산 정상의 광화묘(光華廟)[52]라는 절에서 오성(五聖)[53]의 제사를 지낸다. 산 중턱의 마명왕묘(馬明王廟)[54]에서는 봄날 양잠하는 사람들이 모두 그곳에 가 기원한다. 산 정상에 있던 7층 불탑은 당나라 천보(天寶) 연간에 만들어졌다가 회창(會昌) 연간에 훼손되었다. 전무숙왕(錢武肅王)이 수리하였으나, 송나라 함순(咸淳) 7년(1271)에 다시 훼손되었다. 이곳은 여러 산으로 둘러싸여 있고 호수가 거울처럼 펼쳐져 있다. 위에서 아래를 내려다보면 노래하는 배와 고기 잡는 배가 마치 갈매기와 오리가 연기와 물결 사이를 드나드는 것 같아, 멀리서는 그 그림자만 겨우 그려진다. 서쪽으로 나찰강(羅刹江)[55]을 바라보면 꼭 새로 빨아 놓은 베 같고, 멀리 푸

52　光華廟: 光華廟는 靈順寺의 별칭이다. 326년에 세워져 항주에서 가장 오래된 사찰이다.
53　五聖: 고대 중국의 다섯 명의 성현, 黃帝, 堯王, 舜王, 禹王, 湯王을 말한다.
54　馬明王廟: 馬明王은 민간에서 모시던 蠶神이다.
55　羅刹江: 錢塘江이다. 羅刹은 원래 고대 인도의 신으로, 불교에서는 악귀의 총칭이다. 전당강의 거센 물살 때문에 붙여진 별칭이다.

른 바다색과 만나 아득하여 끝이 보이지 않는다. 장공량(張公亮)의 시구에, "강의 기운이 흰 바다 기운과 어우러지고, 오산(吳山)의 푸르름이 월산(越山)에서 이어온다."라는 구절이 있는데, 시 속에 그림이 있는 것 같다. 군성(郡城)은 강과 호수 사이에 있어, 구불구불 오르내리며, 좌우로 강을 끼고 있다. 집들이 즐비하고 대나무가 구름처럼 울창하여 마치 봉황이 춤을 추고 용이 빙빙 도는 것 같아, 실로 제왕의 기운이 느껴졌다. 북고봉의 산기슭에는 무착선사(無著禪師)[56]의 탑이 있다. 선사의 이름은 문희(文喜)이며 당나라 숙종(肅宗) 때 사람인데, 이곳에 유골이 묻혔다. 한탁주(韓侂胄)[57]가 이곳을 자신의 무덤으로 취하기 위해 그 탑을 열었더니 안에 도자기로 만든 감실이 있었다. 선사의 얼굴빛은 생전 그대로였고, 머리카락도 어깨까지 늘어져 있었으며, 손톱이 구부러져 전신을 감싸고 있었다. 사리도 수백 개가 나와 사흘 동안 두어도 썩지 않자, 결국 화장하였다.

> 北高峰在靈隱寺後, 石磴數百級, 曲折三十六灣. 上有華光廟, 以祀五聖. 山半有馬明王廟, 春日祈蠶者咸往焉. 峰頂浮屠七級, 唐天寶中建, 會昌中毀; 錢武肅王修復之, 宋咸淳七年復毀. 此地群山屏繞, 湖水鏡涵, 由上視下, 歌舫漁舟, 若鷗鳬出沒煙波, 遠而盆微, 僅規其影. 西望羅剎江, 若匹練新濯, 遙接海色, 茫茫無際. 張公亮有句: "江氣白分海氣合, 吳山青盡越山來." 詩中有畫. 郡城正值江湖之間, 委蛇曲折, 左右映帶, 屋宇鱗次, 竹木雲蓊, 鬱鬱蔥蔥, 鳳舞龍盤, 真有王氣蓬勃. 山麓有無著禪師塔. 師名文喜, 唐

[56] 無著禪師塔: 무착선사(821-900)는 唐 肅宗 때의 승려 朱文喜이다. 7살 때 출가하여 계율과 교학을 공부하였다. 靈隱山 無著院에서 살았다.

[57] 韓侂胄: 한탁주(1152-1207)는 南宋의 權臣으로, 字는 節夫이며 河南省 安陽 출신이다. 寧宗(1168-1224) 옹립에 공을 세우고 외척으로 정계에 등장하였다.

肅宗時人也, 瘞骨於此. 韓侂胄取爲葬地, 啟其塔, 有陶龕焉. 容色如生, 髮垂至肩, 指爪盤屈繞身, 舍利數百粒, 三日不壞, 竟荼毗之.

부록작품 1

소식, <영은고봉탑을 여행하다>

고봉탑(高峰塔)을 유람하려고,
자리에서 밥을 먹고 나갈 복장을 하였다.
가을의 붉은 구름 아직 옅게 남아 있어,
이곳의 이른 아침 공기는 서늘하다.
안개 낀 바위 골짜기는 어두운데,
해 뜨자 풀과 나무에서 향기 풍기네.
나와 함께 온 이들 기쁘게 여기노니,
또한 구름과 물의 고향이로구나.
서로 조금씩 발걸음을 재촉하니,
앞길이 높고도 멀구나.
오래된 소나무 용과 뱀이 오르는 모양이고,
기이한 돌 소와 양이 앉아 있는 모양이다.
점점 종소리가 멀리 들려오자,
날아가는 새들 모두 내려앉았다.
문에 들어서니 텅 비었고,
구름과 바다만 아득하다.
보이는 건 오직 귀먹은 도인,
늙고 병들어 때로 곡기도 끊었구나.

나이를 물으니 웃기만 하고 대답하지 않고,
다만 석굴과 돌무더기만 가리킨다.
마음속으로 다시 오지 못할 것을 알기에,
돌아가려다 또 방황한다.
작별의 선물로 베 한 필 남기니,
올해는 서리가 일찍 내렸구나.

蘇軾, <游靈隱高峰塔>
言遊高峰塔, 蓐食始野裝.
火雲秋未衰, 及此初旦涼.
霧霏岩穀暗, 日出草木香.
嘉我同來人, 又便雲水鄉.
相勸小擧足, 前路高且長.
古松攀龍蛇, 怪石坐牛羊.
漸聞鍾磬音, 飛鳥皆下翔.
入門空無有, 雲海浩茫茫.
惟見聾道人, 老病時絕糧.
問年笑不答, 但指穴梨床.
心知不復來, 欲歸更彷徨.
贈別留匹布, 今歲天早霜.

7

도광암(韜光庵)

　도광암(韜光庵)은 영은사(靈隱寺) 우측 산 중턱에 있고, 도광(韜光) 스님이 지었다. 도광 스님은 촉(蜀)[58] 지역 사람으로, 당나라 태종(太宗)[59] 때 스승에게 이별을 고하고 길을 떠났는데, 스승이 당부하길, "하늘을 만나면 머무르고 둥지를 만나면 즉시 멈추거라."라고 하였다. 도광 스님이 영은사 계곡과 구릉을 두루 다니다가, 마침 백락천이 태수를 맡고 있음을 알게 되었다. 깨달음을 얻어 말하길, "우리 스승께서 명하신 곳이구나." 하고는 그곳에 정착하였다. 백거이가 이를 듣고 도광 스님과 벗이 되어 그의 법당에 '법안(法安)'이란 이름을 지어주었다. 절 안에는 금련지(金蓮池)와 팽명정(烹茗井)이 있고 벽에 조열도(趙閱道)[60]와 소자첨(蘇子瞻)[61]의 글씨가 있었다. 도광암

58　蜀: 지금의 四川省 일대이다.
59　唐太宗: 唐나라의 2대 皇帝 李世民(599-649)으로, 唐 高祖 李淵과 竇皇後의 차남이다. 貞觀이란 연호를 사용하였다.
60　趙閱道: 北宋 시기 浙江省 衢州 출신의 관리 趙抃(1008-1084)이다.
61　蘇子瞻: 北宋 시기의 文人 蘇東坡(1037-1101)로 字는 子瞻이다.

오른쪽에는 여순양전(呂純陽殿)[62]이 있는데, 만력(萬曆) 12년(1584)에 지어졌고 참정(參政)[63] 곽자장(郭子章)[64]이 기문을 썼다. 낙빈왕(駱賓王)이 도망가 승려가 된 뒤 이 절에 숨었다.[65]

그 후 송지문(宋之問)[66]이 유배에서 돌아와 강남(江南)으로 오는 길에 우연히 이 절에 묵게 되었다. 한밤중 달이 가장 밝을 때 송지문은 긴 행랑에서 시를 지으려고 하다가 읊조리길, '취령(鷲嶺) 높고 울창한데 용궁(龍宮)은 굳게 닫혀 적막하구나.(鷲嶺鬱岧嶢, 龍宮鎖寂寥.)'[67]라고 하였으나 뒷구절이 맞지 않아 고심하고 있었다. 그때 한 노승이 장명등을 밝히고 나타나 묻기를, "젊은이가 밤새 잠 못 이루고 시구 읊기를 괴로워하니, 어찌된 일이오?"하자 송지문이 대답하길, "제가 이 절을 위해 시를 지으려 하는데, 상구는 지었으나 하구가 떠오르지 않아서입니다."라 하였다. 노승이 상구를 읊어 보라 하자 송지문이 읊어 주었다. 노승이 말하길, "어찌 '누각에서 푸른 바다 해 바라보고, 대문에서 절강(浙江)의 파도와 마주하네.(樓觀滄海日, 門對浙江潮.)'로 짓지 않소?"라 하자 송지문은 깜짝 놀라며, 그 아름다움에 반하여 뒷구

---

62 呂純陽: 여순양의 이름은 呂巖이고, 字는 洞賓이다. 別號로 純陽子라 하였다. 道教 신선의 한 명으로, 八仙의 우두머리라 전해진다.

63 參政: 元代에 만들어진 관직으로 參知政事를 말한다. 副宰相에 상응하는 자리다.

64 郭子章: 곽자장(1542-1618)은 明代 江西省 泰和 출신으로, 字는 相奎, 號는 青螺 또는 蠙衣生이라 하였다. 隆慶 5년(1571)에 進士가 되었고, 貴州巡撫까지 올랐다. 萬曆 27년(1599) 李化龍 등과 함께 播州 楊應龍을 평정하고 그 공으로 太子少保와 兵部尚書에 올랐다.

65 駱賓王의 죽음에 대해서는 정확하게 밝혀진 바가 없는데, 피살되었다는 설, 망명하였다는 설, 승려가 되었다는 설이 있다.

66 宋之問: 송지문(656-712)은 唐代의 詩人이다. 字는 延清이며 山西省 汾陽 출신이다. 唐 中宗 李顯(656-710)이 즉위한 뒤 則天武後(624-705)가 아꼈던 신하 張易之(?-705)에게 아첨하였다는 이유로 강등되어 남방으로 추방되었다.

67 이 詩는 송지문의 <靈隱寺>로, 鷲嶺은 부처가 설법한 인도의 靈鷲山을 뜻하며 龍宮은 용왕이 부처의 설법을 들은 곳이라 하여 영은사를 뜻한다.

절을 이어 시를 완성하였다. 다음날 날이 밝자 노승을 찾아갔으나 다시 만날 수 없었다. 안다고 하는 이가 말해주기를 그 노승이 바로 낙빈왕이었다고 한다.

韜光庵在靈隱寺右之半山, 韜光禪師建. 師, 蜀人, 唐太宗時, 辭其師出遊, 師囑之曰, "遇天可留, 逢巢即止." 師遊靈隱山巢溝塢, 值白樂天守郡, 悟曰: "吾師命之矣." 遂卓錫焉. 樂天聞之, 遂與爲友, 題其堂曰"法安". 內有金蓮池、烹茗井, 壁間有趙閱道、蘇子瞻題名. 庵之右爲呂純陽殿, 萬曆十二年建, 參政郭子章爲之記. 駱賓王亡命爲僧, 匿跡寺中.

宋之問自謫所還至江南, 偶宿於此. 夜月極明, 之問在長廊索句, 吟曰, "鷲嶺鬱岧嶢, 龍宮鎖寂寥", 後句未屬, 思索良苦. 有老僧點長明燈, 問曰: "少年夜不寐, 而吟諷甚苦, 何耶?" 之問曰: "適欲題此寺, 得上聯而下句不屬." 僧請吟上句, 宋誦之. 老僧曰: "何不云'樓觀滄海日, 門對浙江潮'?" 之問愕然, 訝其遒麗, 遂續終篇. 遲明訪之, 老僧不復見矣. 有知者曰: 此駱賓王也.

부록작품 1

원굉도, <도광암에 관한 짧은 글>

도광암(韜光庵)은 산 중턱에 있다. 영은사에서 나와 1, 2리 떨어진 곳인데, 그 길이 무척 사랑스럽다. 오래된 나무가 바람에 흔들리고, 풀향기에 물 냄새가 스며들어있으며, 졸졸졸 물 흐르는 소리가 사방으로 흘러 산채까지 이른다. 도광암 안에서 전당강을 바라보면 파도가 일렁이는 문양을 셀 수 있을 정도였다. 내가 처음 영은사에 들어갔을 때, 송지문의 시가 경치와 닮지 않았다고 의심하였다. 옛사람도 경치를 묘사하는 건 어쩌면 지금 시인처럼 경치를 모아 짜 맞추는 게 아닐까 하는 생각이 들었다. 그러나 도광암에 오르고 나서야 비로소 '창해(滄海)', '절강(浙江)', '문라(捫蘿)', '고목(刳木)', 이런 구절 하나하나가 그림과 같음을 알게 되었으며, 옛사람의 경지는 진실로 미칠 수 없다는 것을 깨달았다. 도광암에서 하룻밤 묵고 다음 날 나는 도석궤와 자공과 함께 북고봉을 등반하여 정상까지 갔다가 내려왔다.

袁宏道, <韜光庵小記>
韜光在山之腰, 出靈隱後一二里, 路徑甚可愛. 古木婆娑, 草香泉漬, 淙淙之聲, 四分五絡, 達於山廚. 庵內望錢塘江, 浪紋可數. 余始入靈隱, 疑宋之問詩不似, 意古人取景, 或亦如近代詞客捃拾幫湊. 及登韜光, 始知"滄海"、"浙江"、"捫蘿"、"刳木"數語, 字字入畫, 古人真不可及已. 宿韜光之次日, 余與石簣、子公同登北高峰, 絕頂而下.

부록작품 2

장경원, <도광암에 관한 짧은 글>

도광암은 영은사 뒤에 있는데, 길이 새와 뱀이 다니는 길처럼 구불구불하여 한걸음 한걸음 걸을 때마다 숨이 찼다. 암자에 도착해 작은 방에 앉아 보니, 가파른 절벽이 마치 깎아지른 듯 솟아 있고, 바위틈에서 샘물이 나와 그 물이 모여 작은 연못을 이루었다. 연못에는 금붕어 몇 마리를 기르고 있었다. 낮은 창과 굽은 난간을 마주하고 차를 마시니, 진실로 무릉도원의 세계에 온 듯하다.

張京元, <韜光庵小記>

韜光庵在靈鷲後, 鳥道蛇盤, 一步一喘. 至庵, 入坐一小室, 峭壁如削, 泉出石罅, 彙爲池, 蓄金魚數頭. 低窓曲檻, 相向啜茗, 眞有武陵世外之想.

부록작품 3

소사위,[68] <도광암에 관한 짧은 글>

초하루 다음날, 비를 맞으며 도광암에 올랐다. 안개 속 나무들이 서로 닿아 있고 바람에 젖은 연기가 피어올랐다. 나무 끝이 흩날리고 강과 바다가 하늘에 걸려있다. 지치면 돌에 앉았고 대나무에 기대어 쉬었다. 대체로 산의 자태는 나무를 얻어서 아름답고, 산의 골격은 돌을 얻어서 푸르며, 산의 생기는 물을 얻어서 살아난다. 오직 도광암으로 가는 길에서만 이러한 것을 모두 볼 수 있다. 처음 영은사에 왔을 때 '누각에서 푸른 바다 해 바라보고, 대문에서 절강(浙江)의 파도와 마주하네.(樓觀滄海日, 門對浙江潮.)'라는 시구를 찾았으나 결국 아무것도 없었다. 그러나 도광암에 오르니 그 시구가 내 눈앞에 선명하게 보였다. 백거이가 쓴 비문(碑文)도 읽을 수 있고 빗소리와 어울리는 물소리도 들을 수 있었다. 다만 스님들의 말수가 적은 게 안타까울 뿐이다. 베개 곁에서 물결 솟구치는 소리가 밤새도록 그치지 않으나, 눈과 귀가 고요하고 적막한 가운데 소음이 극에 달하니 오히려 고요해진다. 이로써 소리에는 슬픔과 기쁨이 없음을 더욱 믿게 되었다.

---

[68] 蕭士瑋(1585-1651)는 명말의 문인으로, 字는 伯玉이고, 號는 三莪이며, 江西 泰和縣 사람이다. 관직이 南京吏部郎中에 이르렀고 저서로 ≪春浮園集≫ 十卷과 ≪起信論解≫ 一卷이 있다.

蕭士瑋, <韜光庵小記>
初二, 雨中上韜光庵. 霧樹相引, 風煙披薄, 木末飛流, 江懸海掛. 倦時踞石而坐, 倚竹而息. 大都山之姿態, 得樹而妍; 山之骨格, 得石而蒼; 山之營衛, 得水而活; 惟韜光道中能全有之. 初至靈隱, 求所謂"樓觀滄海日, 門對浙江潮", 竟無所有. 至韜光, 了了在吾目中矣. 白太傅碑可讀, 雨中泉可聽, 恨僧少可語耳. 枕上沸波, 竟夜不息, 視聽幽獨, 喧極反寂. 益信聲無哀樂也.

부록작품 4

수조화,[69] <도광암에서 북고봉에 오르다>
높은 봉우리 천 길 옥 깎은 듯 날카롭고,
돌계단을 오르며 푸른 그늘 가른다.
길 전체에 소나무 바람 길게 비를 몰고 오며,
중천에 떠 있던 푸른 기운 절로 구름된다.
위에는 층층이 쌓인 누각 보이고
아래 세상에는 멀고 가까이서 생황과 노랫소리 들린다.
누가 당시의 소동파와 같을까?
올랐던 곳곳에 글을 남겼구나.

受肇和, <自韜光登北高峰>
高峰千仞玉嶙峋, 石磴攀躋翠藹分.
一路松風長帶雨, 半空嵐氣自成雲.
上方樓閣參差見, 下界笙歌遠近聞.
誰似當年蘇內翰, 登臨處處有遺文.

---

69 受肇和: 자세한 생애를 알 수 없다.

부록작품 5

백거이, <도광선사를 초대하다>

흰 집에서 밥 짓는데,

고기 냄새는 집에 들이지 않는다.

샘물을 걸러서 칡가루 만들고,

손을 씻고 덩굴 꽃을 딴다.

푸른 채소에서 누런 잎 떼고,

붉은 생강에 자줏빛 싹 돋았다.

스님 모시고 함께 먹고,

공양 마치고 차 한 대접 마신다.

白居易, <招韜光禪師>

白屋炊香飯, 葷膻不入家.

濾泉澄葛粉, 洗手摘藤花.

青菜除黃葉, 紅薑帶紫芽.

命師相伴食, 齋罷一甌茶.

부록작품 6

도광선사, <백태수에게 답하다>

산사의 스님 야성으로 숲과 샘을 아끼고,

매번 바위 절벽에 기대어 돌 베고 잠이 든다.

소나무를 심고 말 키우는 일은 모르지만,

물길 내어 푸른 연꽃 심는 일을 할 수 있다.

흰 구름 푸른 산등성이에 잠시 머물 수 있지만,

밝은 달은 푸른 하늘에서 내려오지 못한다.

도성에 석장 날아가 닿을 수 없고,

푸른 누각 앞 지저귀는 꾀꼬리 방해할까 걱정이다.

韜光禪師, <答白太守>
山僧野性愛林泉, 每向岩阿倚石眠.
不解栽松陪玉勒, 惟能引水種青蓮.
白雲乍可來青嶂, 明月難教下碧天.
城市不能飛錫至, 恐妨鶯囀翠樓前.

부록작품 7

양반,[70] <도광암>

적막한 계단 앞의 풀,

봄이 깊어지니 사슴이 스스로 밭갈이하네.

늙은 스님 백발 드리우고,

---

[70] 楊蟠: 양반(1017?-1106)은 北宋의 관리이자 문인으로, 字는 公濟이고, 別號는 浩然居士이며, 章安(지금의 浙江省 台州) 사람이다. 宋 仁宗 慶曆 6년(1046)에 진사에 급제하여 처음 和州와 密州의 推官을 지냈으며, 이후 光祿丞, 太子中允, 永興路轉運判官 등을 역임하였다. 哲宗 元祐 4년(1089)에 蘇軾이 杭州太守로 임명되었을 때 양반은 通判으로서 동료이자 詩友였다. 두 사람은 공무 외에도 시를 주고받으며 많은 시간을 보냈다. 당시 절서 지역은 봄에는 홍수가 나고 여름에는 가뭄이 들었으며, 서호는 장기간 관리되지 않아 풀과 흙으로 인해 호수의 절반이 매립된 상태였다. 소식과 양반은 상평미를 사용하여 굶주린 사람들을 모집하여 서호를 준설하고, 파낸 흙과 풀로 호수의 중앙에 긴 제방을 쌓았는데, 이것이 오늘날의 유명한 소제이다. ≪章安集≫ 20권이 있었으나 지금은 후대에 편집된 ≪章安集≫ 1권과 ≪錢塘百詠≫, ≪西湖百詠≫이 전할 뿐으로 이는 원래의 1%에 불과하다.

산 아래에서 이름조차 알 수 없네.

楊蟠, <韜光庵>
寂寂階前草, 春深鹿自耕.
老僧垂白髮, 山下不知名.

부록작품 8

왕사임, <도광암>

구름이 오래도록 하늘 끝에 몇 기둥을 맺고,

파도 소리만 골짜기에 울려 퍼져 모두 소나무 소리가 된다.

새가 와서 불좌에 꽃을 바치고 가고,

샘물이 스님들의 부엌으로 들어가 채소를 씻는다.

한 번 눌러 산을 끊어 바다의 기운을 흐르게 하고,

반쯤 남은 탑이 호수에 밝게 꽂혀 있다.

영봉은 항주의 절경을 차지하였고,

도광암이 은거하는 명성을 얻었도다.

王思任, <韜光庵>
雲老天窮結數楹, 濤呼萬壑盡松聲.
鳥來佛座施花去, 泉入僧廚漉菜行.
一捺斷山流海氣, 半株殘塔插湖明.
靈峰占絕杭州妙, 輸與韜光得隱名.

부록작품 9

왕사임, <도광계곡길>

영은사 외딴 봉우리로 들어가고,

암자마다 겹겹이 푸른 숲으로 싸여 있다.

스님의 샘은 대나무 길목과 만나고,

신선의 집 구름 뚫고 나타난다.

푸른 하늘이나 어두운 하늘 모두 귀한데,

깊은 한기에 달빛도 짙지 않다.

계곡 다리 가을을 기다리던 곳에

갑자기 산 종소리 울린다.

王思任, <韜光澗道>
靈隱入孤峰, 庵庵疊翠重.
僧泉交竹驛, 仙屋破雲封.
綠暗天俱貴, 幽寒月不濃.
澗橋秋倚處, 忽一響山鍾.

8

구루산방(岣嶁山房)

이발(李芳)⁷¹의 호(號)는 구루(岣嶁)로, 무림(武林) 사람이며 영은사(靈隱寺)와 도광암(韜光庵) 산 아래에서 살았다. 산방을 지어 몇 개의 기둥을 세웠는데 모두 휘몰아치는 계곡과 깊은 협곡 위에 있었다. 졸졸졸 시냇물 소리가 누각 아래로 들리고, 높은 절벽이 하늘을 찌르며, 고목이 우거져 있어, 매우 그윽하고 정취가 있었다. 이발이 여기에 머물렀을 때 혈혈단신이었다. 시를 잘 지었고 천지(天池) 서위(徐渭)⁷²와 친하게 지냈다. 손님이 오면 어린 하인을 불러 작은 배를 끌고 서령(西泠)과 단교 사이를 노 저어 다니며 웃고 떠들며 하루 종일 보냈다. 산에 있는 돌을 쌓아서 스스로 무덤을 만들었고 죽은 뒤에는 그곳에 묻혔다. 저술한 책으로는 ≪구루산인시집(岣嶁山人詩集)≫ 4권이 있다. 천계(天啟) 갑자(甲子, 1624)에 나는 조개신(趙介臣),⁷³ 진장후

---

71 李芳: 李岣嶁 주석 참조.
72 徐渭: 앞의 주 참조.
73 趙介臣: 장대의 친구 趙繼抃으로 字가 介臣이다. 청초에 명나라를 위해 활동하다 잡혀 죽을 때까지 굽히지 않았다. ≪陶庵夢憶·禊泉≫에서도 보인다.

(陳章侯),⁷⁴ 안서백(顏敘伯),⁷⁵ 탁가월(卓珂月),⁷⁶ 내 아우 평자(平子)⁷⁷와 함께 그곳에서 책을 읽었다. 주지 스님 자초(自超)와 텃밭에서 채소를 기르며 소박하게 지냈다. 그러나 명예와 이익을 탐하는 마음을 깨끗이 하지 못하여 산의 영기를 어지럽힌 것이 한스러웠는데 그게 지금까지도 부끄럽다.

> 李芨號岣嶁, 武林人, 住靈隱韜光山下. 造山房數楹, 盡駕回溪絶壑之上. 溪聲淙淙出閣下, 高厓揷天, 古木翁蔚, 大有幽致. 山人居此, 子然一身. 好詩, 與天池徐渭友善. 客至, 則呼僮駕小舫, 蕩槳於西泠, 斷橋之間, 笑詠竟日. 以山石自礧生壙, 死卽埋之. 所著有《岣嶁山人詩集》四卷. 天啓甲子, 余與趙介臣, 陳章侯, 顏敘伯, 卓珂月, 余弟平子讀書其中. 主僧自超, 園蔬山蔌, 淡薄淒淸. 但恨名利之心未淨, 未免唐突山靈, 至今猶有愧色.

부록작품 1

장대, <구루산방에 관한 짧은 글>

구루산방은 산과 가깝고, 시내와도 가까우며, 도광로와도 가까워, 길목마다 다리가 있고 집집마다 누각이 있다. 문밖에는 푸른 소나무가 높이 솟아 있고 잡목이 우거져 있어서 차고 푸른빛이 만 이랑이라 사람의 얼굴도 다 사

---

74 陳章侯: 장대의 친구 陳洪綬(1598-1652)로, 字는 章侯이다. 명나라가 망하자 청나라의 포로가 되었지만 불복하였고 紹興 雲門寺의 승려가 되었다. 산수화를 잘 그렸는데 《九歌》와 《西廂記》에 그린 삽화가 유명하고, 문장에도 재주가 있어 《寶綸堂集》을 남겼다.
75 顏敘伯: 명나라의 유민으로 청나라 정부가 들어서자 은거하였다.
76 卓珂月: 晚明 시기 杭州 출신의 문인 卓人月(1606-1636)이다. 字는 珂月이고, 號는 蕊淵으로, 《寤歌詞》, 《蕊淵集》 같은 작품을 남겼다.
77 平子: 장대의 동생 張嶧인데, 字가 平子이다.

라졌다. 돌다리 난간은 낮아 열 명도 앉을 수 있었다. 절의 스님이 대나무를 쪼개 물길을 터서 다리 아래로 물소리가 났는데, 모두 대나무 마디때문이었다. 천계(天啓) 갑자(甲子)에 나는 그곳에서 일곱 달 동안 머물렀다. 귀로는 시냇물 소리를 실컷 들었고, 눈으로는 맑은 나무 그늘을 실컷 보았다. 산의 위아래로 밤과 죽순이 많아 달콤하고 향긋하기가 이루 말할 수 없었다. 이웃사람들은 산방을 시장 삼아 과일과 고기를 날마다 가지고 왔지만, 유독 물고기만은 없었다. 그래서 시냇물을 막아 웅덩이를 만들고 거기에 큰 물고기 수십 마리를 묶어 놓았다. 손님이 오면 곧바로 물고기를 잡아 신선한 것을 대접하였다. 해가 지면 냉천정, 포원(包園), 비래봉을 거닐었다. 어느 날, 시내를 따라 걷다가 불상을 보고는 양곤(楊髡)에 대한 욕을 퍼부었다. 한 서역 사람이 용상 위에 앉아 있고 만녀(蠻女) 네댓 명이 꽃과 과일을 바치고 있는데, 모두 나체였다. 돌에 그것을 새겨 놓았는데 양련진가의 모습이었다. 나는 그 목을 찍어 베어버리고 그 옆의 여인상들을 모두 부수어 넘어뜨리고 똥통에 빠트려 복수하였다. 절의 승려들은 나를 불상을 베는 사람으로, 이상한 짓을 하는 사람이라고 여겼다. 그러다 양곤임을 알고는 모두 기뻐하며 칭찬하였다.

張岱, <岣嶁山房小記>

岣嶁山房, 逼山、逼溪、逼韜光路, 故無徑不梁, 無屋不閣. 門外蒼松傲睨, 翁以雜木, 冷綠萬頃, 人面俱失. 石橋低磴, 可坐十人. 寺僧剞竹引泉, 橋下交交牙牙, 皆爲竹節. 天啟甲子, 余鍵戶其中者七閱月, 耳飽溪聲, 目飽清樾. 山上下多西栗、鞭筍, 甘芳無比. 鄰人以山房爲市, 蓏果、羽族日致之, 而獨無魚. 乃瀦溪爲壑, 系巨魚數十頭. 有客至, 輒取魚給鮮. 日晡必出步冷泉亭、包園、飛來峰. 一日, 緣溪走看佛像, 口口罵楊髡. 見一波斯坐龍象, 蠻女四五獻花果, 皆裸形, 勒石志之, 乃眞伽像也. 余椎落其首, 並碎諸蠻女, 置溺溲處以報之. 寺僧以余爲椎佛也, 咄咄怪事, 及知爲楊髡, 皆歡喜贊歎.

부록작품 2

서위, <이구루산인을 방문하다>

구루의 시인 전진(全眞)을 배워,

반나절 깊은 산 속에서 귀신과 이야기하네.

계곡물 소리가 들리지 않는 곳까지 전송하고,

돌아오니 앞내에 밝은 달 한 가득 비추네.

일곱 해 동안 불난 집 세 명의 손님,

십 리 연꽃 두 노꾼이었네.

양쪽 강둑 갈매기와 오리 여전히 어제와 같으니,

그 사이에 분명 옛 친구 있겠지.

徐渭, <訪李岣嶁山人>

岣嶁詩客學全眞, 半日深山說鬼神.

送到澗聲無響處, 歸來明月滿前津.

七年火宅三車客, 十里荷花兩槳人.

兩岸鷗鳧仍似昨, 就中應有舊相親.

부록작품 3

왕사임, <구루승려의 방>

흐트러진 이끼 쌓여 오래된 그늘,

짙은 녹색이 새싹을 가렸네.
새들의 노래 모두 남다르고,
샘물 속이 바로 부처의 선정이로세.
산을 사려면 분명 적지 않은 값일 터이나,
달빛을 빌리려면 돈을 아끼지 말아야지.
이런 서늘하고 상쾌한 경지는 얼마나 되랴,
은둔한 스님 대나무를 껴안고 잠들었네.

王思任, <岣嶁僧舍>
亂苔膏古蔭, 慘綠蔽新芊.
鳥語皆番異, 泉心卽佛禪.
買山應較尺, 賖月敢辭錢.
多少淸涼界, 幽僧抱竹眠.

9

청련산방(青蓮山房)

　　청련산방(青蓮山房)은 함소포(涵所包)[78] 선생의 별장이었다. 청련산방에는 높이 뻗은 대나무와 오래된 매화나무가 많았다. 연화봉(蓮花峰)[79]을 끼고 구불구불한 계곡을 가로지르고, 깊이 박힌 바위와 가파른 절벽이 숲과 산자락 사이에 가려져 있었다. 선생은 샘과 돌에 기벽할 정도로 빠져 날마다 그 정취를 만끽하셨다. 별장의 아름다움은 당대의 으뜸이었다. 청련산방의 외부는 깨진 돌을 겹쳐서 쌓아 올렸고 섶 뿌리를 엮어 문을 만들어, 화려하면서도 소박한 자연 그대로의 분위기가 드러났다. 마치 소이(小李) 장군의 단청계화(丹青界畫)[80]와 같이 누대를 세밀하게 그려, 비록 대나무 울타리와 초

78　涵所包: 明 萬曆 연간에 進士를 지낸 包應登(1559-?)으로 장대 할아버지 張汝霖의 친구다. 字는 稺升이고, 號가 涵所이다. 浙江省 杭州府 錢塘縣 사람이다. 영은사 근처 包莊이라는 별장을 가지고 있었는데, 西湖南路 <包衙莊>이라는 글에서 확인해 볼 수 있다. 이 글은 ≪도암몽억≫에 수록된 <包涵所>와 같은 내용이다.

79　蓮花峰: 飛來峰과 연결된 봉우리로, 그 모양이 연꽃처럼 벌어져서 붙여진 이름이다.

80　小李: 唐나라의 화가 李昭道(675-758)이다. 字는 希俊이고, 甘肅省 天水 출신이다. 彭國公 李思訓의 아들로 당나라 왕족의 친척이다. 산수화에 뛰어났는데 글 솜씨는 아버지에 미치지 못하였다. 세간에서는 小李장군이라 불렀고, 부자를 두고 세간에는 大小李장군이라 불렀다. 丹青界畫는 건물, 배 등 건조물을 채색해 그린 회화를 말한다.

가집일지라도 금과 옥으로 화려하게 장식된 것처럼 휘황찬란하였다. 내실과 밀실에는 모두 미인을 모아두어, 그곳을 지나면 지금까지도 그 향기가 나는 것 같다. 당시 방마다 진주와 비취가 가득하였고 비단도 켜켜이 쌓여 있었다. 한번 내실 안에 들어가면 굽이굽이 꼬여있고 빙 둘러싸여 바로 빠져나올 수 없었다. 주인은 이곳을 정교하게 구상하여 미루(迷樓)[81]와 무척 비슷하였다. 후세 사람들은 포선생이 가기(歌妓)들을 앞에 가득 세운 것처럼 즐기려 하였으나, 절강 일대의 높은 관리라 해도 절대 할 수 없었다. 지금은 비록 주인이 여러 차례 바뀌었지만, 그 문을 지나가는 사람은 반드시 '포씨(包氏)의 북쪽 산장'이라고 말한다.

> 青蓮山房, 爲涵所包公之別墅也. 山房多修竹古梅, 倚蓮花峰, 跨曲澗, 深岩峭壁, 掩映林巒間. 公有泉石之癖, 日涉成趣. 臺榭之美, 冠絶一時. 外以石屑砌壇, 柴根編戶, 富貴之中, 又著草野. 正如小李將軍作丹青界畫, 樓臺細畫, 雖竹籬茅舍, 無非金碧輝煌也. 曲房密室, 皆儲侍美人, 行其中者, 至今猶有香豔. 當時皆珠翠團簇, 錦繡堆成. 一室之中, 宛轉曲折, 環繞盤旋, 不能即出. 主人於此精思巧構, 大類迷樓. 而後人欲如包公之聲伎滿前, 則亦兩浙薦紳先生所絶無者也. 今雖數易其主, 而過其門者必曰"包氏北莊".

---

[81] 迷樓: 隋 煬帝가 揚州에 지은 궁전으로, 수만 명의 인부를 동원해 수년간 만들었다고 한다. 사방의 벽이 금빛으로 화려했으며 잘못 들어가면 온종일 빠져나오지 못하였고, 양제가 완성된 궁전을 보고 기뻐하며 신선이 와도 빠질만하다 하여 이름을 迷樓라 지었다고 한다.

부록작품 1

진계유, <청련산방>

정원 가꾸기는 화려함의 극치이나,

오히려 마을의 별장을 배우고자 하였다.

대문에는 나무 잎사귀가 남아 있고,

섬돌에는 서리가 얼었다.

매화나무 뿌리 길을 막고,

시냇물이 집안으로 곧장 들어온다.

주인 찾아 들어갈 길 없어,

되돌아 나와 굽은 행랑을 걷는다.

주인은 속된 모습이 없고

정원 가꾸며 문인의 심성 드러낸다.

대나무 숲 어두워 비 내리는 것 같고,

소나무 소리 스스로 거문고 켠 듯하다.

불평은 기녀에게 실어 보내고,

살림살이는 산림에 저축한다.

오래전부터 주인은 없지만,

'포씨의 별장'이라는 이름 아직도 남아 있다.

陳繼儒, <青蓮山房>
造園華麗極, 反欲學村莊.
編戶留柴葉, 磊壇帶石霜.
梅根常塞路, 溪水直穿房.
覓主無從入, 裝回走曲廊.

主人無俗態, 築圃見文心.
竹暗常疑雨, 松梵自帶琴.
牢騷寄聲伎, 經濟儲山林.
久已無常主, 包莊說到今.

10

호원동(呼猿洞)

　　호원동(呼猿洞)[82]은 무림산(武林山)[83]에 있다. 진(晉)나라 혜리(慧理) 스님은 검은 원숭이와 흰 원숭이를 길렀다. 매번 달이 밝게 뜬 영은사에 긴 휘파람 소리가 들리면 두 원숭이가 산봉우리를 사이에 두고 응답을 하였는데, 그 소리가 맑고 청아했다. 그 후 육조(六朝) 시대 송나라 때 승려 지일(智一)이 이 옛일을 따라 산에 여러 마리 원숭이를 길렀다. 계곡에 앞에서 길게 휘파람을 불면, 원숭이 무리들이 모두 모여들었다. 그래서 사람들은 승려 지일을 '원숭이의 아버지'라고 불렀다. 선행을 베푸는 사람들이 음식을 공양하여 반원당(飯猿堂)을 짓게 되었다. 지금도 검은 원숭이와 흰 원숭이는 여전히 살아있다. 고승이 주지로 있으면 가끔 검은 원숭이나 흰 원숭이를 볼 수 있다. 구덕(具德) 스님이 산에 도착하면 검은 원숭이와 흰 원숭이가 모두 나타났다. 나는 방장(方丈)[84]에게 주련 한 쌍을 적어 보냈다.

82　呼猿洞: 飛來峰의 서쪽에 위치한 동굴이다.
83　武林山: 靈隱山을 말한다.
84　方丈: 절의 주지가 거처하는 방인데, 나중에 주지를 지칭하는 말이 되었다.

"생공(生公)[85]께서 설법하시자, 천화(天花)[86] 비 오듯 떨어져 이리저리 사방으로 흩날렸고, 굳센 돌도 고개를 끄덕인다. 혜리 선사가 참선에 들 때 밝은 달밤에 길게 휘파람이 불면, 검은지 하얀지 가릴 것 없이 야생 원숭이들이 모두 화답하네."

구덕 스님은 영은사에 있을 때 명성이 크게 드러났다. 그러나 나중에는 경산(徑山)[87]이란 불교의 성지에서 역대 조사(祖師)[88]들이 많이 배출된 곳이라 하여, 경산으로 옮겼다. 그러나 여러 가지 일이 잘 안 되어 얼마 지나지 않아 열반에 이르셨다. 이제야 비로소 명성이 높으면 오래 있기 어려움을 알게 되었다. 비록 고승이라 해도 또 너무 많은 것을 취해서는 안 된다.

呼猿洞在武林山. 晉慧理禪師常畜黑白二猿, 每於靈隱寺月明長嘯, 二猿隔岫應之, 其聲清皦. 後六朝宋時, 有僧智一仿舊跡而畜數猿於山, 臨澗長嘯, 則群猿畢集, 謂之猿父. 好事者施食以齋之, 因建飯猿堂. 今黑白二猿尚在. 有高僧住持, 則或見黑猿, 或見白猿. 具德和尚到山, 則黑白皆見. 余於方丈作一對送之: "生公說法, 雨墮天花, 莫論飛去飛來, 頑皮石也會點頭; 慧理參禪, 月明長嘯, 不問是黑是白, 野心猿都能答應." 具和尚在靈隱, 聲名大著. 後以徑山佛地謂歷代祖師多出於此, 徒往徑山. 事多格迕, 爲時無幾, 遂致涅槃. 方知盛名難居, 雖在緇流, 亦不可多取.

85 生公: 생공은 晉 말기의 高僧 竺道生(335-434)이다. 전해지는 바에 따르면 축도생은 蘇州 虎丘寺에서 《涅盤經》을 강의했는데 사람들이 믿지 않자 돌을 모아놓고 설법하였다고 한다. 축도생의 강의를 들은 돌들이 모두 고개를 끄덕였다고 한다.
86 天花: 天上의 妙花로, 高僧이 경전을 강학할 때 천화가 떨어졌다는 이야기가 있다.
87 徑山: 杭州 서북쪽에 위치한 산으로, 天目山을 경유하여 경산이라 불렀다. 이곳은 역대 고승들이 많이 배출된 곳으로 유명하다.
88 祖師: 종파의 창시자를 말한다.

부록작품 1

진홍수, <호원동>
혜리(慧理)는 같은 고향 출신으로,
흰 원숭이를 시종으로 삼았다.
그리하여 혜리 뒤에 온 사람은,
열 번 불러도 열 번 모두 응답하지 않았다.

밝은 달 빈 산에 걸리면,
긴 휘파람 소리 무슨 뜻일까?
산을 부르면 산이 절로 오지만,
원숭이를 부르면 원숭이는 가지 않는다.

양련진가를 만난 일 원망스러워,
도끼로 괴석을 부숴버렸다.
산 또한 날아온 것을 후회하고,
원숭이와 마주 보고 우는 구나.

동굴은 어둡고 깊어,
거대하고 영험한 힘이 없음이 한스럽다.
내가 부수고자 하니,
흰 원숭이 스스로 나타날 것이다.

陈洪绶, <呼猿洞>
慧理是同鄉, 白猿供使令.

以此後來人, 十呼十不應.

明月在空山, 長嘯是何意.
呼山山自來, 麾猿猿不去.

痛恨遇真伽, 斧斤殘怪石.
山亦悔飛來, 與猿相對泣.

洞黑復幽深, 恨無巨靈力.
欲錘碎之, 白猿當自出.

부록작품 2

장대, <호원동>

동굴 속 흰 원숭이 불러도 나오지 않고,

절벽 앞 깨진 돌 날아온 것을 후회한다.

張岱, <呼猿洞>

洞里白猿呼不出; 崖前殘石悔飛來.

11

삼생석(三生石)

삼생석(三生石)[89]은 하천축사(下天竺寺) 뒤에 있다. 소동파(蘇東坡)는 <원택전(圓澤傳)>에서 이렇게 말하였다.[90] 낙양(洛陽)의 혜림사(惠林寺)는 과거 광록경(光祿卿)[91] 이징(李憕)[92]이 살았던 곳이다. 안록산(安祿山)[93]이 동도(東都)[94]를 함락시켰을 때 이징은 동도를 지키다 순직하였다. 그의 아들 이원(李源)은 귀

---

[89] 三生石: 三生은 원래 불교의 인과윤회에서 출발하는데 '인연은 정해져있다.'는 뜻으로 사용되었다. 삼생의 구체적인 의미는 前生·今生·來生이며 삼생석은 杭州 三天竺寺에 있다.

[90] 圓澤傳: 소동파가 쓴 <僧圓澤傳>인데, 이후 삼생석의 典故가 되었다. 본 문장의 첫 구절을 제외하고 전부 소동파의 원문이 그대로 수록되어 있다. ≪蘇東坡全集≫ 卷三十九 참조.

[91] 光祿卿: 황실의 시종과 호위병을 관리하는 관직으로, 唐나라 때는 황실의 음식을 전문적으로 맡았다.

[92] 李憕: 이징(?-755)은 並州 文水(지금의 山西省) 출신으로 唐代의 관리다. 唐 玄宗 天寶 초년에 清河太守를 맡았고 光祿卿과 東都留守를 거쳐 禮部尚書가 되었다. 안록산의 장안성 공격 때 사망하였다.

[93] 安祿山: 안록산(703-757)은 唐나라 營州 柳城 사람으로, 돌궐계의 雜胡 출신이다. 본래 성은 康씨고, 초명은 軋犖山 또는 阿犖山이다. 전쟁에서 공을 세워 玄宗과 楊貴妃의 총애를 받아 平盧와 範陽, 河東의 세 節度使를 겸하였다. 재상 楊國忠과 반목하여 天寶 14년(755) 겨울 범양에서 반란을 일으켜 이후 洛陽과 長安을 함락하였다. 다음 해 나라 이름을 大燕이라 하고 자칭 雄武皇帝라 부르면서 聖武란 연호를 썼다. 아들 安慶緒에게 50세 때 피살되었다.

[94] 東都: 洛陽을 말한다.

족 자제로 태어나 어려서부터 놀기를 좋아하여, 방탕하게 사치를 즐기고 노래를 잘하기로 당시 유명하였다. 그러나 아버지가 죽자, 비통하고 분하여 스스로 맹세하기를, 벼슬을 하지 않고 결혼도 하지 않으며 고기도 먹지 않겠다고 하였다. 그러고 절에서 50년을 넘게 살았다. 절에는 원택(圓澤)이라는 승려가 있었는데, 사람이 넉넉하고 음악에 조예가 깊었다. 이원은 그와 함께 어울리며 매우 친하게 지냈다. 날마다 무릎을 맞대고 하루 종일 이야기를 나누었는데, 아무도 그 내용을 알지 못하였다. 어느 날 두 사람은 사천의 청성산(青城山)과 아미산(峨嵋山)을 유람하기로 약속을 하였다. 이원은 형주(荊州)[95]에서 삼협(三峽)을 거슬러 올라가고 싶었고, 원택은 장안(長安)을 지나 사곡(斜穀)[96]으로 가고 싶었다. 이원이 싫다며 말하길, "내 이미 세상 일과 연을 끊었는데 어찌 다시 도성으로 갈 수 있겠습니까!"라 하였다. 원택이 한참 동안 침묵하다가 말하길, "가고 머무는 것은 진실로 사람의 힘으로 되는 것이 아니구나."라고 하였다. 그리고는 형주로 가는 길을 택하였다. 배가 남포(南浦)[97]에 정박했을 때, 두 사람은 비단치마를 입은 한 부인이 항아리를 이고 물을 길어 나르는 것을 보았다. 원택이 바라보며 탄식하였다. "내가 이 길로 가고 싶지 않은 이유가 바로 이것 때문이었습니다." 이원이 놀라서 묻자, 원택이 대답하였다.

"저 부인의 성(姓)은 왕씨(王氏)인데, 제가 그의 아들로 태어날 것입니다. 아기를 가진 지 삼 년이 지났지만 제가 오지 않아 낳지 못하고 있었지요. 이제 이렇게 만났으니 도망갈 곳은 없습니다. 그대가

---

95 荊州: 지금의 湖北省 襄陽市다.
96 斜穀: 陝西省 終南山에 있는 산골짜기로, 옛날 蜀으로 가는 길이었다.
97 南浦: 지금의 四川省 萬縣 부근에 위치한 옛 縣이다.

부적과 주문을 써서 제가 빨리 환생하도록 도와주십시오. 사흘 뒤 아기를 씻길 때 그대가 제게 와주면 미소로써 믿게 해드리겠습니다. 13년 후 중추절 밤, 항주의 天竺寺 밖에서 그대와 제가 만날 것입니다."

이원은 슬퍼하고 후회하며 목욕을 하고 옷을 갈아입었다. 저녁 무렵 원택이 입적하자 부인은 아기를 낳았다. 사흘 후 가서 보았더니 아기가 정말로 이원을 보고 웃었다. 이 일을 왕씨 부인에게 알리고 집을 팔아 원택을 산 아래에 묻어주었다. 이원은 여정을 마치지 못하였다. 혜림사로 돌아와 제자들에게 물어보니 이미 원택이 남긴 유언이 있었다. 13년 후, 낙양에서 오(吳) 지역으로 와 약속한 곳으로 갔다. 약속 장소에 도착했을 때 갈홍천(洪川)[98] 부근에서 한 목동이 소뿔을 두드리며 노래를 불렀다.

"삼생석 위에 서린 옛 혼백이여,
달을 감상하며 풍월을 읊던 일은 논하지 마시오.
부끄럽지만 먼 곳에서 정인(情人)이 왔으니,
이 몸 비록 달라졌어도 본성만은 여전하구나."

큰 소리로 묻기를, "원택 스님, 안녕하신지오?"라고 하자 대답하였다. "이원 선생은 정말로 믿을만한 선비요. 그러나 속세의 인연이 다하지 않았으니, 삼가시고 가까이 오지 마십시오. 오직 열심히 수행하여 타락하지 않

---

[98] 葛洪川: 葛洪(284-364)은 東晉 시기의 도학자로, 字는 稚川이고 스스로 抱朴子라 불렀다. 갈홍은 항주에 머물며 煉丹을 만들었기에 서호에는 갈홍과 연관된 유적이 있다. 갈홍천도 그 중 하나이다.

는다면 다시 만나게 될 것이외다." 그러더니 또 노래를 불렀다.

생전과 사후의 일 아득한데,
인연을 말하려니 애간장이 녹는구나.
오월(吳越)의 산천 두루 찾아다녔지만,
결국 안개 낀 강 배 돌려 구당(瞿唐)[99]으로 돌아간다.

노래를 마치고는 사라져 간 곳을 알 수 없었다. 그로부터 2년 뒤 당시 재상이었던 이덕유(李德裕)[100]가 이원이 충신의 아들로 효성이 깊다고 상주하여 간의대부(諫議大夫)[101]라는 벼슬을 받게 하였다. 그러나 이원은 나가지 않았고 절에서 살다가 세상을 떠났으니, 향년 81세였다.

三生石在下天竺寺後. 東坡≪圓澤傳≫曰: "洛師惠林寺, 故光祿卿李憕居第. 祿山陷東都, 憕以居守死之. 子源, 少時以貴遊子豪侈善歌聞於時. 及憕死, 悲憤自誓, 不仕·不娶·不食肉, 居寺中五十餘年. 寺有僧圓澤, 富而知音. 源與之遊甚密, 促膝交語竟日, 人莫能測. 一日相約遊蜀青城峨嵋山, 源欲自荊州溯峽, 澤欲取長安斜穀路. 源不可, 曰: '吾以絕世事, 豈可復到京師哉!' 澤默然久之, 曰: '行止固不由人.' 遂自荊州去. 舟次南浦, 見婦人錦襠負罌而汲者, 澤望而歎曰: '吾不欲由此者, 爲是也.' 源驚問之. 澤曰: '婦人姓王氏, 吾當爲之子. 孕三歲矣, 吾不來, 故不得乳. 今既見, 無可逃之. 公當以符咒助吾速生. 三日浴兒時, 願公臨我, 以笑爲信. 後十三年中

---

99 瞿唐: 양자강 상류 강 가운데 있는 三峽의 하나다.
100 李德裕: 이덕유(787-849)는 唐代의 문인이자 관리로 字는 文饒이다. 憲宗·穆宗·敬宗·文宗·武宗과 같이 여러 왕을 거치며 관리를 지냈다.
101 諫議大夫: 秦代에 만들어진 관직으로 議論을 담당하였다.

秋月夜, 杭州天竺寺外, 當與公相見.' 源悲悔, 而爲具沐浴易服. 至暮, 澤亡而婦乳. 三日, 往觀之, 兒見源果笑. 具以語王氏, 出家財葬澤山下. 源遂不果行. 返寺中, 問其徒, 則既有治命矣. 後十三年, 自洛還吳, 赴其約. 至所約, 聞葛洪川畔有牧童扣角而歌之曰, '三生石上舊精魂, 賞月吟風不要論. 慚愧情人遠相訪, 此身雖異性長存.' 呼問, '澤公健否?' 答曰: '李公真信士, 然俗緣未盡, 愼弗相近, 惟勤修不墮, 乃復相見.' 又歌曰: '身前身後事茫茫, 欲話因緣恐斷腸. 吳越山川尋已遍, 卻回煙棹上瞿唐.' 遂去不知所之. 後二年, 李德裕奏源忠臣子, 篤孝, 拜諫議大夫. 不就, 竟死寺中, 年八十一."

부록작품 1

왕원장,[102] <중축으로 돌아가는 스님을 전송하다>

천향각(天香閣) 위로 바람이 물결치고,

천세암(千歲岩) 앞 구름은 이끼처럼 깔렸네.

밝은 달 기약 없이 나무 사이로 비치고

노인은 이곳에서 원숭이 소리 들었지.

5년간 만나지 못하고 편지 한 통 없었지만,

삼생의 꿈이 돌아온 것을 기억하네.

고향의 노랫가락에 옛 친구 안부를 물으니,

고산(孤山)의 매화나무 몇 번이나 피었을까?

---

[102] 王元章: 왕원장은 원나라의 화가이자 시인인 王冕(1287-1359)이다. 字는 元章이고, 號는 竹齋 또는 食中翁 등 여러 가지가 있다. 諸暨 楓橋(지금의 浙江省 紹興) 사람이다. 가난한 농가에서 태어나 젊었을 때 과거 시험에 여러 번 낙방한 후 강호를 떠돌며 명산을 여행하였다. 수도에서 관직을 제안받았으나 사양하고 고향에 은거하였다. 왕면은 묵매로 유명하며 그의 매화 그림은 후세에 큰 영향을 미쳤다. 저서로는 ≪梅譜≫와 ≪竹齋詩集≫이 있으며, 대표작으로는 ≪墨梅圖≫와 ≪南枝春早圖≫가 있다.

王元章, <送僧歸中竺>
天香閣上風如水, 千歲岩前雲似苔.
明月不期穿樹出, 老夫曾此聽猿來.
相逢五載無書寄, 卻憶三生有夢回.
鄉曲故人憑問訊, 孤山梅樹幾番開.

부록작품 2

소식, <하천축 혜정 스님에게 보내다>

  나는 16년 전에 항주를 떠났다가 다시 돌아왔고, 2년을 머물렀다가 떠났다. 내 평생을 돌아보면, 벼슬에 나가고 물러나는 일과 늙고 약해지는 것이 대체로 백락천과 비슷한 것 같다. 비록 재능과 명성은 그에 미치지 못하지만 분수를 알고 욕심을 부리지 않는 점은 비슷하지 않을까? 3월 6일, 남북산의 여러 도인들과 작별하러 왔는데, 하천축사의 혜정(惠淨) 스님께서 못생긴 돌을 선물하여 다음과 같은 절구 세 수를 지었다.

    그해 옷깃과 머리카락은 모두 젊었지,
    억지로 다시 와서 이별의 정을 달래네.
    시든 머리카락은 지금 희게 할 수 없으니,
    그래서 마땅히 서로 마주 보고 내생을 말해야겠구나.

    벼슬에 나가고 물러남은 그럭저럭 백락천과 유사해도,
    어찌 감히 쇠잔해진 나를 선현들과 비교할까.
    낙양에서 관직을 그만두고 떠나니,
    아직도 한가로이 지낸 지 스무 해구나.

군에 있을 때와 같이 600일을 지내니,
산속에서 몇 번이나 왔는지 기억나지 않는다.
돌아갈 땐 천축의 봉우리 하나 가져가
구름의 뿌리 여기저기에 심고 싶구나.

蘇軾, <贈下天竺惠淨師>
予去杭十六年而復來, 留二年而去. 平生自覺出處老少, 粗似樂天, 雖才名相遠, 而安分寡求亦庶幾焉. 三月六日, 來別南北山諸道人, 而下天竺惠淨師以醜石贈, 作三絶句:

當年衫鬢兩靑靑, 强說重來慰別情.
衰鬢只今無可白, 故應相對說來生.
出處依稀似樂天, 敢將衰朽較前賢.
便從洛社休官去, 猶有閑居二十年.
在郡依前六百日, 山中不記幾回來.
還將天竺一峰去, 欲把雲根到處栽.

12

상천축(上天竺)

상천축(上天竺)¹⁰³은 진(晉) 천복(天福) 연간에 승려 도익(道翊)¹⁰⁴이 초막을 지어 살았던 곳이다. 어느 날 밤, 도익이 앞 계곡에서 실오라기 같은 가는 빛을 발견하고는 밤에 가서 보았더니, 기이한 나무가 있어 그것으로 관음대사상(觀音大士像)을 조각하였다. 후한(後漢) 건우(乾祐) 연간에 승려 종훈(從勳)이 낙양에서 고불사리(古佛舍利)를 가지고 와 관음대사상 위에 올려 두었는데, 그 모습이 장엄하고 단정하며 대낮에도 환한 빛을 발하여, 백성들이 신봉하였다. 후에 전무숙왕(錢武肅王)이 흰 옷을 입은 자가 거처를 수리해 달라고 청하는 꿈을 자주 꾸었는데, 깨고 난 뒤 깨달은 바가 있어 천축관음간경원(天竺觀音看經院)을 지었다. 송(宋) 함평(咸平) 연간 절서(浙西) 일대에 오랫동안 가뭄이 들자 군수(郡守) 장거화(張去華)¹⁰⁵가 관원들을 데리고 번당(幡

---

103 上天竺: 杭州 靈隱寺 남쪽 산 白雲峰 아래에 위치한 절이다. 상천축은 法喜寺 혹은 法西寺 라고도 한다.

104 道翊: 도익(?-?)은 晉代의 승려로, 白雲峰 아래에서 청빈하게 생활하며 세속과 단절하며 살았다고 한다.

105 張去華: 장거화(938-1006)의 字는 信臣이고 開封 襄邑 출신이다. 宋 太祖 建隆 2년에 進士가 되었고 후에 여러 관직을 맡다가 항주의 군수로 부임하였다.

幢)106과 화개(華蓋)107를 갖추어 관음상의 하산을 맞이하니, 단비가 내려 밭을 적셨다. 그 후로 기도를 하면 바로 응답하여 비가 내렸고, 내릴 때마다 쏟아져 그치지 않았으니, 세상에 전해지기로는 난도용왕(爛稻龍王)이라 하였다. 남도(南渡) 시기108 진귀한 보물이 시주되었는데, 일월주(日月珠), 귀곡주(鬼穀珠), 묘정(貓睛) 같은 것들로, 황궁에서도 보기 힘든 것이었다. 가우(嘉佑)연간109에 심문통(沈文通)110이 군(郡)을 다스릴 때 이르길, 관음이 성문의 가르침으로 부처의 힘을 펴는 것이지 선나(禪那)111에 머무는 게 아니라고 하였다. 그리하여 '선(禪)'을 '교(敎)'로 바꾸고, 변재(辨才)라는 호(號)를 쓰는 승려 원정(元淨)112을 불러 주지를 맡겼다. 산을 깎아 방을 지었는데, 거의 만 개의 기둥을 세웠다. 치평(治平)연간113에 군수(郡守) 채양(蔡襄)114이 황제에게 주청하여 '영감관음(靈感觀音)'이라 적힌 편액을 하사받았다. 변재는 앞산을 더 깎

106 幡幢: 불교에서 부처와 보살의 덕을 나타내고 道場을 공양하기 위해 사용하는 깃발이다.
107 華蓋: 꽃으로 만든 우산 모양의 장식물이다.
108 宋나라 高宗 趙構는 徽宗의 아홉째 아들로, 宣和 3년(112년)에 康王으로 봉해졌다. 靖康 2년(1127)에 휘종과 欽宗이 금나라에 포로로 잡히자, 조구는 南京 應天府(지금의 河南省 商丘)에서 즉위하고, 建炎으로 개원하여 南宋이 되었다. 南渡는 남쪽 강을 건넌다는 뜻이며, 남도 시기는 바로 조구가 남하하여 남송을 세운 시기를 말한다.
109 嘉佑: 宋 仁宗 趙禎(1010-1063)의 연호로, 1056년부터 1063년까지 사용되었다.
110 沈文通: 심문통은 沉遘(1028-1067)로, 字가 文通이다. 지금의 항주 일대인 錢塘 출신이다. 仁宗 皇佑 元年(1049)에 進士가 되었고 이후 항주로 부임하였다.
111 禪那: 禪定으로, 불교의 수행 방법 가운데 하나이다. 즉 般若의 지혜를 얻고 성불하기 위해 마음을 닦는 수행으로, 산란한 마음을 멈추고 고요하게 만들어 입정삼매에 들어가는 것을 의미한다.
112 元淨: 앞의 辨才 주 참조.
113 治平: 宋 英宗 趙曙(1032-1067)의 연호로 1064년부터 1067년까지 사용되었다.
114 蔡襄: 채양(1012-1067)은 北宋의 문인으로, 字는 君謨이며 福建 출신이다. 서법에 능하였고 차를 전문적으로 연구했으며 杭州府事를 맡았다.

아 땅을 개간하여 25심(尋)[115]으로 넓히고 대전에 겹처마를 올렸다. 건함(建炎) 4년[116]에 올술(兀術)[117]이 임안(臨安)을 공격해 들어오자 고종(高宗)은 배를 타고 바다로 도망갔다. 올술은 천축사에 이르러 관음상을 보고 좋아하며 뒤따르던 수레에 싣고 ≪대장경(大藏經)≫과 같이 북쪽으로 옮겼다. 당시 비구(比丘)[118] 지완(知完)이 제자들을 이끌고 따라갔다. 연(燕)에 이르러 도성의 남서쪽 5리에 숙소를 정하고, 옥하향(玉河鄉)이라 하며 사찰을 세워 관음상을 모셨다. 천축사의 승려들이 다른 나무로 이전과 같은 불상을 조각하여, "우물 속에 숨겨두었다가 지금 나타난 것입니다."라고 거짓말을 하였으나, 사실은 전과 같은 형상이 아니었다. 건도(乾道) 3년(1167)에 천축사에 16관당(觀堂)을 지었고, 7년에 '원(院)'은 '사(寺)'로 바뀌었으며, 문의 편액은 모두 황제가 썼다. 경원(慶元) 3년(1197)에 천태교사(天台教寺)로 바뀌었다.[119] 원(元) 지원(至元) 3년(1266)에 훼손되었다. 5년에 승려 경사(慶思)가 다시 지으면서 천축교사(天竺教寺)로 이름이 바뀌었다. 원나라 말년에 다시 훼손되었다. 명(明) 홍무(洪武) 초기에 재건하였다가 만력 27년(1599)에 보수하였다. 숭정(崇禎) 말년에 또 훼손되었다가 청나라 초기에 다시 지었다. 당시 보타산(普陀山)으로 가는 길이 끊겨 천하의 향배객들이 모두 가까이에 있는 천축사로 모여들었다. 향불의 성대함은 동남에서 으뜸이었다. 2월 19일,[120] 남녀가

---

115 尋: 古代의 길이 단위로, 1尋은 약 2.6미터이다.
116 建咸 4년: 宋 高宗 建炎 4년으로 1130년이며, 咸은 炎을 잘못 적은 것이다.
117 兀術: 金나라의 太祖 完顏阿骨打의 넷째 아들 完顏宗弼(?-1148)이다. 女真族으로 금나라의 개국공신이다.
118 比丘: 남자로서 출가하여 걸식으로 생활하는 승려를 말한다.
119 天台宗: 천태종은 불교의 한 종파이다. 창시자 智顗가 浙江省 태주의 천태산에 살았다 하여 붙여진 이름이다. 교리가 ≪妙法蓮華經≫을 바탕으로 했기에 法華宗이라고도 한다.
120 음력 2월 19일은 관음보살 탄생일로, 향배객들이 많이 몰리는 花朝節과 맞물리는 때다.

산에 묵는 이들이 많아 사원의 안팎으로 발 디딜 틈이 없었으니, 남해(南海) 조음사(潮音寺)[121]와 같았다.

上天竺, 晉天福間, 僧道翊結茅庵於此. 一夕, 見毫光發於前澗, 晚視之, 得一奇木, 刻畫觀音大士像. 後漢乾祐間, 有僧從勳自洛陽持古佛舍利來, 置頂上, 妙相莊嚴, 端正殊好, 晝放白光, 士民崇信. 錢武肅王常夢白衣人求葺其居, 寤而有感, 遂建天竺觀音看經院. 宋咸平中, 浙西久旱, 郡守張去華率僚屬具幡幢華蓋迎請下山, 而澍雨沾足. 自是有禱輒應, 而雨每滂薄不休, 世傳爛稻龍王焉. 南渡時, 施舍珍寶, 有日月珠、鬼穀珠、貓睛等, 雖大內亦所罕見. 嘉祐中, 沈文通治郡, 謂觀音以聲聞宣佛力, 非禪那所居, 乃以教易禪, 令僧元淨號辨才者主之. 鑿山築室, 幾至萬礎. 治平中, 郡守蔡襄奏賜"靈感觀音"殿額. 辨才乃益鑿前山, 辟地二十有五尋, 殿加重簷. 建咸四年, 兀術入臨安, 高宗航海. 兀術至天竺, 見觀音像喜之, 乃載後車, 與≪大藏經≫並徙而北. 時有比丘知完者, 率其徒以從. 至燕, 舍於都城之西南五里, 曰玉河鄉, 建寺奉之. 天竺僧乃重以他木刻肖前像, 詭曰: "藏之井中, 今方出現", 其實並非前像也. 乾道三年, 建十六觀堂, 七年, 改院爲寺, 門匾皆御書. 慶元三年, 改天台教寺. 元至元三年毀. 五年, 僧慶思重建, 仍改天竺教寺. 元末毀. 明洪武初重建, 萬曆二十七年重修. 崇禎末年又毀, 清初又建. 時普陀路絕, 天下進香者皆近就天竺, 香火之盛, 當甲東南. 二月十九日, 男女宿山之多, 殿內外無下足處, 與南海潮音寺正等.

[121] 南海 潮音寺: 남해 조음사에 대해서는 알려진 바가 없다.

부록작품 1

장경원, <상천축에 관한 짧은 글>

천축의 두 산은 서로 끼어있어 마치 미로처럼 돌고 돌다 만난다. 산의 바위는 모두 뼈대처럼 곧게 서 있고, 바위 사이로 소나무와 대나무가 얽혀있다. 하천축을 지나니 여러 스님들이 종을 울려 손님들을 숙연하게 만들었고, 절은 폐허가 되어 들어갈 수 없었다. 중축도 마찬가지였다. 상천축에 가서 보니 산으로 둘러싸여 있고 바람의 기운도 세서 바라보면 또 그윽한 느낌이 들었다.

張京元, <上天竺小記>

天竺兩山相夾, 回合若迷. 山石俱骨立, 石間更繞松篁. 過下竺, 諸僧鳴鍾肅客, 寺荒落不堪入. 中竺如之. 至上竺, 山巒環抱, 風氣甚固, 望之亦幽致.

부록작품 2

소사위, <상천축에 관한 짧은 글>

상천축(上天竺)은 겹겹이 쌓인 산들이 사방을 에워싸고 있는데 가운데는 평평하다. 두루 살펴보다가 멀리 바라보면 돌아갈 길이 없어 놀란다. 내가 들어왔음을 알지만 어디로 들어왔는지는 모른다. 천축에서부터 용정(龍井)에 이르기까지, 구불구불한 계곡과 울창한 숲이 가는 곳곳마다 있다. 일편운(一片雲)과 신운석(神運石)은 기운이 유유자적하고 신명스러움이 새겨져 있다. 이런 돌을 얻는 것 또한 좋은 아내를 얻는 것처럼 어려운 일이다. 샘물의 색깔은 짙은 녹빛이고, 샘물의 맛은 담백하면서도 깊으니, 다른 샘물과는 확연히 다르다.

蕭士瑋, <上天竺小記>

上天竺, 疊嶂四周, 中忽平曠, 巡覽迎眺, 驚無歸路. 余知身之入而不知其所由入也. 從天竺抵龍井, 曲澗茂林, 處處有之. 一片雲、神運石、風氣遒逸、神明刻露. 選石得此, 亦娶妻得薑矣. 泉色紺碧, 味淡遠, 與他泉迥矣.

부록작품 3

소식, <천축시 서문에 대한 글>

내가 열두 살 때 아버지가 건주(虔州)에서 돌아오셔서 말씀하셨다.

> "도성 가까운 산 중 천축사에는 백거이가 친필로 쓴 시가 있는데
> 그 내용은 다음과 같다.
> '한 산문(山門)이 두 산문이 되었으니,
> 두 절은 원래 한 절에서 나뉜 것이다.
> 동쪽 골짜기 물 서쪽 골짜기로 흐르고,
> 남산에 구름이 일어 북산에 구름이 일었다.
> 앞 누대의 꽃 피면 뒷 누대에서 보이고,
> 상계의 종소리 울리면 하계에서 들린다.
> 멀리서 생각해 보면 내 스승께서 수행하신 곳,
> 하늘 향기 품은 계수나무 열매가 어지러이 떨어진다.'
> 붓놀림이 기이하고 뛰어나며 먹 자국이 마치 새것 같았다."

47년이 지난 지금 내가 와서 찾아보니, 시는 이미 없어졌고 오직 비석만 남아 있었다. 감격의 눈물이 그치지 않아 이 시를 지었다.

蘇軾, <記天竺詩引>

軾年十二, 先君自虔州歸, 謂予言: "近城山中天竺寺有樂天親書詩云: '一山門作兩山門, 兩寺原從一寺分. 東澗水流西澗水, 南山雲起北山云. 前臺花發後臺見, 上界鍾鳴下界聞. 遙想吾師行道處, 天香桂子落紛紛.' 筆勢奇逸, 墨跡如新." 今四十七年, 予來訪之, 則詩已亡, 有刻石在耳. 感涕不已, 而作是詩.

부록작품 4

소식, <상천축 변재선사에게 보내다>

남북으로 산문 하나,

상하로 천축 두 개.

그 사이에 노승 계시니,

황새처럼 마르고 키가 크시다.

무슨 수행을 하는지 알 수 없지만,

푸른 눈동자에 산골짜기를 비친다.

보고 있으니 저절로 청량하여,

번뇌와 독이 전부 씻긴다.

앉아서 한 마을을 다스리시니,

방장도 맨발로 예를 갖춘다.

나에게는 길고 둥근 머리가 있고,

뿔처럼 솟은 뺨 마치 상아 같다.

네 살에도 걸을 줄 몰라,

안고 업느라 등과 배가 고달팠다.

스님이 와서 머리를 어루만지니,

일어나 달려서 사슴을 뒤쫓았다.
그제야 알았으니 계율 속에서도,
신묘한 쓰임 깨닫고 속박을 벗어나네.
어찌 꼭 법화경을 말해야만 하고,
미친 척 생선만 먹어야겠는가?

蘇軾, <贈上天竺辨才禪師>
南北一山門, 上下兩天竺.
中有老法師, 瘦長如鸛鵠.
不知修何行, 碧眼照山穀.
見之自清涼, 洗盡煩惱毒.
坐令一都會, 方丈禮白足.
我有長頭兒, 角頰峙犀玉.
四歲不知行, 抱負煩背腹.
師來爲摩頂, 起走趁奔鹿.
乃知戒律中, 妙用謝羈束.
何必言法華, 佯狂啖魚肉.

부록작품 5

장대, <천축사 기둥의 대련>
부처 또한 임안(臨安)을 사랑하여,
불상이 북조(北朝) 때부터 남았구나.
산도 영취(靈鷲)를 배웠으니,

낙가산(洛伽山)도 남해로부터 날아왔다.

張岱, <天竺柱對>
佛亦愛臨安, 法像自北朝留住;
山皆學靈鷲, 洛伽從南海飞来.

— 卷3 —

西湖中路

서호 중로

1

진루(秦樓)

진루(秦樓)의 원래 이름은 수명루(水明樓)이다. 소동파(蘇東坡)가 지었으며, 종종 조운(朝雲)[1]을 데리고 이곳으로 놀러 왔다. 진루 벽에는 세 수의 시가 있는데, 소동파 선생의 친필이다. 진루에서 몇백 보를 지나면 경호루(鏡湖樓)가 나오는데, 이는 백락천이 지었다. 송나라 때 항주 관리들이 봄철 순찰을 할 때는 유주정(柳洲亭)으로 모였고, 뱃놀이를 할 때는 옥련정(玉蓮亭)으로 모였다. 높은 곳에 오를 때는 천연도화각(天然圖畵閣)으로 모였고, 눈을 감상할 때는 고산사(孤山寺)로 모였으며,[2] 평소 손님과 연회를 베풀 곳을 찾을 때는 경호루로 모였다. 병란 이후 진루는 폐허가 되어 민가로 변해버렸다.

---

[1] 朝雲: 조운은 소동파의 첩 王朝雲(1062-1096)이다. 왕조운의 字는 子霞이고 浙江省 錢塘 사람이다. 처음에는 소동파의 시녀였으나 훗날 첩이자 정신적인 교우를 나누는 知己가 되었다. 34세의 나이에 전염병으로 사망하였다. 소동파의 <朝雲詩引>과 <悼朝雲詩引>이 왕조운에 대한 시이다.

[2] 원문의 行春, 競渡, 登高, 看雪는 각각 봄, 여름, 가을, 겨울에 이루어지는 주요 행사이다. '높은 곳에 오를 때는'의 원문은 登高인데, 이는 높은 곳에 음력 9월 9일 重陽節을 뜻하기도 한다. 중양절에는 높은 곳에 오르는 풍습이 있다.

秦樓初名水明樓, 東坡建, 常攜朝雲至此遊覽. 壁上有三詩, 爲坡公手跡. 過樓數百武, 爲鏡湖樓, 白樂天建. 宋時宦杭者, 行春則集柳洲亭, 競渡則集玉蓮亭, 登高則集天然圖畫閣, 看雪則集孤山寺, 尋常宴客則集鏡湖樓. 兵燹之後, 其樓已廢, 變爲民居.

부록작품 1

소식, <수명루>

검은 구름 먹물 쏟은 듯 산을 가리지 못하고,

하얀 비 구슬 튀듯 배에 쏟아진다.

대지를 휩쓸 듯 광풍 불어 갑자기 흩어지자,

망호루(望湖樓) 아래 호숫물 하늘과 이어졌네.

방생한 물고기와 새들이 사람을 따라오고,

임자 없는 연꽃 여기저기 피어난다.

물결은 산을 출렁이게 하고,

바람에 펄럭이는 돛은 달과 함께 돌아가는 듯하다.

큰 은둔은 이루지 못했지만 중간은 이뤘으니,

기나긴 한가로움을 이길 짧은 여유를 얻었다.

내 본래 집이 없는데 또 어디로 가나?

고향에는 이렇게 아름다운 호수와 산이 없는걸.

蘇軾, <水明樓>
黑雲翻墨未遮山, 白雨跳珠亂入船.
卷地風來忽吹散, 望湖樓下水連天.

放生魚鳥逐人來, 無主荷花到處開.
水浪能令山俯仰, 風帆似與月裝回.
未成大隱成中隱, 可得長閑勝暫閑.
我本無家更焉往, 故鄉無此好湖山.

2

편석거(片石居)

　소경사(昭慶寺)에서 호수를 따라 서쪽으로 가면 찬향각(餐香閣)이 있는데, 지금은 편석거(片石居)라고 한다. 이곳의 누각과 정사는 모두 문인들의 별장이었다. 호수를 내려다보는 일대에는 주점과 찻집이 있는데, 탁 트인 곳에서 호수와 마주하니, 가슴이 시원해질 뿐만 아니라 해와 달의 맑고 밝음도 느낄 수 있다. 장위(張謂)가 "낮에 호수 위의 산을 걷는 것에 싫증 나지 않고, 밤에는 호수 위의 달을 앉아서 바라보는 데 싫증 나지 않는다."[3]고 한 말이 바로 그것을 다 표현한 것이다. 조금 더 가면 도화항(桃花港)이 있고, 그 위에 석함교(石函橋)가 있다. 이 다리는 당나라 자사(刺史) 이업후(李鄴侯)[4]가 지은 것이다. 다리 아래 수문이 있는데 호수에서 새는 물을 고탕(古蕩)으로 흘려보낸다. 그 물은 동서(東西) 마승(馬塍)과 양각경(羊角埂)을 따라 귀금교(歸錦橋)에 이르는데, 모두 네 갈래 길이다. 백락천의 기록에는 "북쪽에는

3　張謂(?-779)는 中唐 시기의 시인으로, 字는 正言이고 怀州 河内(지금의 河南省 沁阳) 사람이다. 天寶 3년(743)에 진사에 급제하였고 관직이 禮部侍郞에까지 올랐다. 본문에서 인용된 시구는 <湖上對酒行>의 도입부분이다. ≪全唐詩≫ 卷197 참조.

4　앞의 주 참조.

석함이 있고, 남쪽에는 수로가 있다. 호수의 물을 한 치만 흘려보내도 50경이 넘는 논에 물을 대기에 충분하다."[5]라고 하였다. 수문 아래에는 거친 돌이 많아 내려오는 물의 속도가 매우 빠르다.

> 由昭慶緣湖而西, 爲餐香閣, 今名片石居. 閣閣精廬, 皆韻人別墅. 其臨湖一帶, 則酒樓茶館, 軒爽面湖, 非惟心胸開滌, 亦覺日月淸朗. 張謂 "晝行不厭湖上山, 夜坐不厭湖上月." 則盡之矣. 再去 則桃花港, 其上爲石函橋, 唐刺史李鄴侯所建, 有水閘泄湖水以入古蕩. 沿東西馬塍、羊角埂, 至歸錦橋, 凡四派焉. 白樂天記云: "北有石函, 南有筧, 決湖水一寸, 可漑田五十餘頃." 閘下皆石骨磷磷, 出水甚急.

부록작품 1

서위, <8월 16일 편석거에서 밤에 배를 타다>

달이 오늘 밤에 두 배로 밝구나. 버드나무와 연꽃의 밤 색깔이 빛바래네. 갈매기와 물새는 대낮인 듯 잠들지 못하여 배가 지나가자 놀라 앞으로 나가며 부들 놀라게 하네. 술병 들고 희귀한 연꽃 찾고 당서(塘棲)[6]의 <백저가(白苧歌)> 끝까지 부른다. 하늘은 붉게 화장하고 다시 거울을 펼치는 듯, 숫돌처럼 빛나네. 점점 더 짙은 화장 비추니 어찌 바랠까?

---

5 백거이가 쓴 <錢塘湖石記>의 도입부의 내용으로, 원문은 다음과 같다. "錢唐湖一名上湖, 周廻三十里, 北有石函, 南有筧. 凡放水漑田, 每減一寸, 可漑十五餘頃." ≪白氏長慶集≫ 卷 59 참조.

6 塘棲: 지금의 浙江省 杭州市 臨平區이다.

徐渭, <八月十六片石居夜泛>
月倍此宵多. 楊柳芙蓉夜色蹉. 鷗鷺不眠如畫里, 舟過. 向前驚換幾汀莎. 筒酒覓稀荷. 唱盡塘棲≪白苧歌≫. 天爲紅妝重, 展鏡如磨. 漸照胭脂奈褪何.

3

십금당(十錦塘)

　십금당(十錦塘)은 일명 손제(孫堤)라고도 하며, 단교(斷橋) 아래에 있다. 사례태감(司禮太監) 손륭(孫隆)이 만력 17년(1589)에 지었다. 다리 너비는 2장(丈)이고 복사꽃과 버드나무가 두루 심겨 있어 꼭 소제(蘇堤) 같다. 세월이 흘러 나무들이 양손으로 끌어안을 정도로 자랐다. 그 아래를 지나가면 나뭇가지와 잎이 무성하여, 달빛이 새어들면 마치 잔설처럼 부서진다. 이것이 바로 일전에 말한 '단교잔설('斷橋殘雪)' 아니면 달 그림자인 것 같다. 소제는 성에서 멀리 떨어져 있고 청파문(淸波門)을 통과하는 중요한 길문이라 여행객들이 매우 드물다. 그러나 손제는 곧장 서령(西泠)까지 이어져 있기에, 수레와 말, 여행객들이 베 짜는 북처럼 자주 왕래하였다. 더욱이 서호의 아름다운 풍광과 십리 길 연꽃 향기가 어우러져 마치 산음도(山陰道)에 들어온 듯 하여 사람들이 바쁘게 왕래하였다.[7] 호숫배가 작으면 이호(里湖)까지 들어갈 수 있고, 호숫배가 크면 제방을 따라 왕래하며 금대교(錦帶橋)로부

---

[7] 山陰道는 晉나라 王徽之(338-386)가 친구를 찾아 會稽의 산음 지역을 다니며 절경을 표현한 데서 비롯되었다. "산음 길을 따라가다 보면 산천이 서로 경치가 저절로 어우러져 사람들이 구경하느라 겨를이 없게 한다.(從山陰道上行, 山川自相映發, 使人應接不暇)", ≪世說新語 · 言語≫

터 망호정(望湖亭)에 이른다. 망호정은 십금당의 끝에 있다. 고산(孤山)에 점점 가까워지자 호수의 면적이 넓어졌다. 손동영(孫東瀛)이 화려하게 수리하였고 누대도 증축하여, 바람도 쐬고 달도 볼 수 있으며 아울러 술자리도 만들 수 있었다. 생황 연주와 노래, 희극 공연이 하루도 이루어지지 않은 날이 없었다. 지금은 용왕당(龍王堂)으로 바뀌었고 그 옆에 몇 개의 기둥을 덧대어 탁 트인 경치가 가려지고 나뉘어 이전 풍경을 완전히 잃었다. 조금 더 가면 손태감의 사당이 있는데, 산을 등지고 호수를 마주하여 대단히 웅장하고 아름답다. 최근 이곳은 노태감(盧太監)이 불전으로 삼아 이름을 노사암(盧舍庵)으로 바꾸었다. 그리고 불단 뒤에 손동영의 초상을 모셨다. 손태감은 수십만 금으로 서호를 꾸몄으니 그 공이 소동파 선생에 못지 않다. 그러나 그의 남겨진 초상은 호수와 산의 아름다운 경치도 한 번 구경하지 못하고 갇혀서 벽을 마주하고 있다. 보기만 해도 목이 메어 답답하다.

十錦塘, 一名孫堤, 在斷橋下. 司禮太監孫隆於萬曆十七年修築. 堤闊二丈, 遍植桃柳, 一如蘇堤. 歲月既多, 樹皆合抱. 行其下者, 枝葉扶蘇, 漏下月光, 碎如殘雪. 意向言"斷橋殘雪", 或言月影也. 蘇堤離城遠, 爲清波孔道, 行旅甚稀; 孫堤直達西泠, 車馬遊人, 往來如織, 兼以西湖光豔, 十里荷香, 如入山陰道上, 使人應接不暇. 湖船小者, 可入里湖, 大者緣堤倚徙, 由錦帶橋循至望湖亭, 亭在十錦塘之盡, 漸近孤山, 湖面寬廠. 孫東瀛修葺華麗, 增築露臺, 可風可月, 兼可肆筵設席. 笙歌劇戲, 無日無之. 今改作龍王堂, 旁綴數楹, 咽塞離披, 舊景盡失. 再去, 則孫太監生祠, 背山面湖, 頗極壯麗. 近爲盧太監舍以供佛, 改名盧舍庵, 而以孫東瀛像置之佛龕之後. 孫太監以數十萬金錢裝塑西湖, 其功不在蘇學士之下, 乃使其遺像不得一見湖光山色, 幽囚面壁, 見之大爲鯁悶.

부록작품 1

원굉도, <단교 망호정에 관한 짧은 글>[8]

호수 위 단교(斷橋)에서 소제(蘇堤) 일대까지 푸른 연기와 붉은 안개가 20리 넘게 퍼져 있다. 노랫소리와 악기 소리가 바람이 되고 분이 섞인 땀이 비 오듯 하다. 비단 휘장의 화려함이 호숫가의 버드나무보다 많을 정도로 화려함이 극에 달하였다. 그러나 항주 사람의 서호 유람은 오직 오후, 저녁, 초저녁에 이루어진다. 사실 호수 푸른빛의 공교로움과 산안개가 펼쳐놓은 색깔의 오묘함은 해가 막 떠오르기 시작하는 아침과 저녁 해가 지기 전에야 비로소 볼 수 있다. 달빛 경치는 더 말할 것도 없고 꽃의 자태와 버드나무의 정취, 그리고 산의 형상과 물의 기운은 각각 또 다른 묘미를 준다. 이러한 즐거움은 산에 사는 승려와 여행객을 위한 것이지, 어찌 속세의 선비들이 즐기는 도란 말인가! 망호정(望湖亭)은 단교 일대에 있는데, 다리가 대단히 정교하여 소제보다 훨씬 아름답다. 길 양쪽에 복숭아나무, 버드나무, 연꽃, 동백 등 20여 종의 나무를 심어놓았다. 강둑에 깔린 하얀 돌은 옥 같고, 땅에 깔아놓은 부드러운 모래는 깔개 같다. 항주 사람들은 "이것은 내사(內使) 손공(孫公)이 수리하고 꾸민 것이다."라고 말하였다. 이 손공은 서호에 큰 공을 세운 사람이다. 소경사(昭慶寺), 정자사(淨慈寺), 용정사(龍井寺)에서부터 산중 여러 암자에 이르기까지. 그가 시주한 금액이 수십만 냥이 넘는다. 나는 백거이와 소식, 이 두 분이 서호의 개산고불(開山古佛)이라면, 손공은 훗날의 가람(伽藍)이라고 생각한다. "썩은 유생들아, 너희가 공의 업적을 다 망하게 하였구나! 역겹다! 역겨워!"

---

[8] 이 작품은 원굉도의 <西湖>의 두 편을 합친 것이다. ≪袁中郞集≫ 참조.

袁宏道, <斷橋望湖亭小記>

湖上由斷橋至蘇公堤一帶, 綠煙紅霧, 彌漫二十餘里. 歌吹爲風, 粉汗爲雨, 羅綺之盛, 多於堤畔之柳, 豔冶極矣. 然杭人遊湖, 止午、未、申三時, 其實湖光染翠之工, 山嵐設色之妙, 全在朝日始出、夕舂未下, 始極其濃媚. 月景尤不可言, 花態柳情, 山容水意, 別是一種趣味. 此樂留與山僧遊客受用, 安可爲俗士道哉!

望湖亭即斷橋一帶, 堤甚工致, 比蘇公堤猶美. 夾道種緋桃、垂柳、芙蓉、山茶之屬二十余種. 堤邊白石砌如玉, 布地皆軟沙如茵. 杭人曰: "此內使孫公所修飾也." 此公大是西湖功德主. 自昭慶、天竺、淨慈、龍井及山中庵院之屬, 所施不下數十萬. 余謂白、蘇二公, 西湖開山古佛, 此公異日伽藍也. "腐儒, 幾敗乃公事!" 可厭! 可厭!

부록작품 2

장경원, <단교에 관한 짧은 글>

서호의 뛰어남은 가까운 것에 있고, 서호가 쉽게 질리는 것 또한 가까운 것에 있다. 아침에는 수레를 타고 저녁에는 배에 올라 천천히 발걸음을 옮기면 누구나 놀 수 있고 언제든 유람할 수 있다. 그러나 술이 물보다 많고, 고기가 산보다 높으며, 봄에는 어깨가 부딪히고 발이 엉키며, 남녀가 뒤섞여 밀리고 밀치는 것을 즐거움으로 삼는다. 생각이 산수에 있지 않음은 물론이거니와, 복사꽃 같은 얼굴과 버드나무 같은 눈이 저절로 봄바람과 어우러지니, 여행객들이 어찌 눈길 한번 돌리겠는가?

張京元, <斷橋小記>

西湖之勝, 在近; 湖之易窮, 亦在近. 朝車暮舫, 徒行緩步, 人人可遊, 時時可遊. 而酒多於水, 肉高於山, 春時肩摩趾錯, 男女雜遝, 以挨簇爲樂. 無論意不在山水,即桃容柳眼, 自與東風相倚, 遊者何曾一著眸子也.

부록작품 3

이유방, <단교춘망도에 쓴 사(詞)>

예전에 서호에 왔을 때 단교에서 한번 둘러보니 혼비백산하여 죽을 것 같았다. 돌아와 생각해보니, 호수의 잔잔히 출렁이는 물결과 은은한 빛이 마치 나무에 쏟아지는 새벽빛이나 집안으로 들어오는 밝은 달빛 같았다. 무릇 산수에 빛이 발하여 이루어진 아름다움은, 다른 곳에도 맑은 파도와 큰 호수가 있지만, 서호에 미치지 못한다. 임자(壬子) 정월(正月)에 옛 친구를 만나러 다시 서호에 갔다. 갑자기 홀로 단교에 가서 하루 종일 배회하였다. 다음날 양참서(楊讖西)에게 준 부채에 이렇게 적었다.

"십 리 서호의 정취가 모두 단교로 모였구나. 겨울에 핀 매화는 봉오리가 작고 봄에는 버드나무 가지가 싱그럽다. 처음 볼 때는 꿈인가 싶었고 다시 올 때는 부르기를 기다리지 않았다. 옛 친구가 날 알아줄까? 시 읊으며 바라보니 쓸쓸하구나."

또 그 다음 날 이 그림을 그렸다. 소춘(小春) 4월에 맹양(孟暘), 맹자여(孟子與)와 함께 한밤중의 대화하며 이 글을 쓴다.

李流芳, <斷橋春望圖題詞>
往時至湖上, 從斷橋一望, 便魂消欲死. 還謂所知, 湖之瀲灩熹微, 大約如晨光之著樹, 明月之入廬. 蓋山水映發, 他處即有澄波巨浸, 不及也. 壬子正月, 以訪舊重至湖上, 輒獨往斷橋, 裵回終日. 翌日爲楊讚西題扇云: "十里西湖意, 都來到斷橋. 寒生梅蕚小, 春入柳絲嬌. 乍見應疑夢, 重來不待招. 故人知我否, 吟望正蕭條." 又明日作此圖. 小春四月, 同孟暘、子與夜話, 題此.

부록작품 4

담원춘,[9] <호상초서>

나는 기미년(己未年) 9월 5일에 서호에 갔다. 누각에 머물지 않았고 사찰에서 묵지도 않았다. 거문고와 술, 책을 가지고 작은 배 한 척에 의지하였다. 배에서 머무르는 묘미는 다섯 가지 좋은 점이 있다. 뱃사공이 말을 하지 않는 것이 첫 번째 좋은 점이다. 아침저녁으로 그 기후가 어긋남이 없다는 것이 두 번째 좋은 점이다. 방문객을 만나고 산에 오르며 마음대로 할 수 있는 것이 세 번째 좋은 점이다. 단교(斷橋)로 들어가 서령(西泠)으로 나오는데, 낮에는 낮잠을 자고 저녁에는 일어날 수 있는 것이 네 번째 좋은 점이다. 남은 손님들을 피할 수 있고 때때로 배를 옮길 수 있다는 것이 다섯 번째 좋은 점이다. 이 다섯 가지 좋은 점으로 나는 호수에 오래 머문다. 스님은 배 위로 오르고 오리는 물 아래로 내려간다. 술잔은 멈추고 차를 마시며 바람 따라 노를 젓고 어부들의 불빛이 모여든다. 아침에는 산으로, 저녁에는 호수로 가고, 시내를 바라보고 소나무와 마주한다. 언덕에서 버드나무와 연꽃을 감상하고 몸을 숨겨 벗을 맞이한다. 아침이면 고산으로 쫓아내고 저녁에는 보석산에 의지하노니, 이로써 내 삶은 충분하고, 내 일도 충분히 잘 이루었다.

---

[9] 譚元春: 담원춘(1586-1637)은 명대의 문인으로, 竟陵派의 창시자이다. 字는 友夏이고, 號는 鵠灣이며, 別號는 蓑翁이다. 湖廣 竟陵(지금의 湖北 天門) 사람이다. 그는 문장에서 性靈을 중시하였고 고문을 모방하는 것을 반대하였다. 저서로 ≪譚友夏合集≫이 있다.

譚元春, <湖霜草序>

予以己未九月五日至西湖, 不寓樓閣, 不舍庵刹, 而以琴尊書劄, 托一小舟. 而舟居之妙, 在五善焉: 舟人無酬答, 一善也; 昏曉不爽其候, 二善也; 訪客登山, 恣意所如, 三善也; 入斷橋, 出西泠, 午眠夕興, 四善也; 殘客可避, 時時移棹, 五善也. 挾此五善, 以長於湖. 僧上梟下, 觸止茗生, 篙楫因風, 漁笯聚火. 蓋以朝山夕水, 臨澗對松, 岸柳池蓮, 藏身接友, 早放孤山, 晚依寶石, 足了吾生, 足濟吾事矣.

부록작품 5

왕숙고,[10] <십금당>

잔잔한 호수 가로질러 십 리 하늘을 막고,

금교(錦橋)의 봄빛 육교(六橋)의 안개와 이어졌네.

향기로운 숲에 꽃 피어 천 그루 나무에 노을 비치고,

끊어진 언덕에 달빛이 두 줄기 호수로 가르네.

다리 바깥 경치에 몇 번이나 술잔이 날아가고,

한 번의 노젓기에 거울 속 배가 나아간다.

기이한 경관의 장식은 누구의 노력인지 알겠으니,

분명 노랫소리와 악기 소리가 있을 것이네.

---

[10] 王叔杲: 왕숙고(1517-1600)는 字는 陽德이고, 號는 暘穀이며, 永嘉場 二都(지금의 浙江省 溫州) 사람이다. 嘉靖 41년에 진사에 합격하여 常州府靖江縣令, 常熟知縣, 右參政 등의 관직을 역임했다. 관직에 15년간 재직하며 탁월한 업적을 남겼고, 60세에 퇴임하여 부임지를 떠나자 현지 주민들이 그의 生祠를 세워 기념하였다. ≪三吳水利≫, ≪玉介園存稿≫가 있다.

王叔杲, <十錦塘>
橫截平湖十里天, 錦橋春接六橋煙.
芳林花發霞千樹, 斷岸光分月兩川.
幾度觸飛堤外景, 一清棹發鏡中船.
奇觀妝點知誰力, 應有歌聲被管弦.

부록작품 6

백거이, <망호루>
하루 종일 호심정에 누워있으니,
마음은 한가롭고 할 일도 별로 없네.
술기운 덜 깬 채로 일어나,
저녁 바람 시원해지기를 기다리며 앉아 있네.
소나무에 내린 비 소제에 휘날리고,
강바람이 갈옷을 통과한다.
버드나무 둑을 걷노라면 싫증 나지 않고,
부드러운 모래가 솜털처럼 흩날린다.

白居易, <望湖樓>
盡日湖亭臥, 心閑事亦稀.
起因殘醉醒, 坐待晩涼歸.
松雨飄蘇帽, 江風透葛衣.
柳堤行不厭, 沙軟絮霏霏.

부록작품 7

서위, <망호정>

정자에서 호수를 바라보니,

맑은 빛이 흐르지 않고 연하다.

넓은 거울에 만 가지 모습이 비치고,

옥구슬 하나 빠졌다 떠오른다.

추위가 모래밭 갈대를 꺾고,

안개가 생기니 물오리 물에 들어간다.

호수에서 바라본다면,

다시금 이 정자의 고요함이 부러울 것이다.

徐渭, <望湖亭>

亭上望湖水, 晶光淡不流.

鏡寬萬影落, 玉湛一磯浮.

寒入沙蘆斷, 煙生野鶩投.

若從湖上望, 翻羨此亭幽.

부록작품 8

장대, <서호칠월반>

　　서호의 7월 15일은 볼 만한 게 하나도 없지만 7월 15일을 구경나온 사람은 볼만하다. 7월 15일을 구경하러 온 사람은 다섯 부류로 구분하여 본다. 하나, 누선(樓船)을 타고 악기를 연주하며 고관들이 성대한 연회를 연다. 등불을 밝히고 배우가 노래하여 소리와 빛이 어지럽게 섞여 있다. 이들은 명목

상 달구경을 한다지만 실제로 달구경을 하는 건 아닌 자들로, 이들을 구경한다. 둘, 또 망루가 있는 배에 명문가의 귀부인이 아름다운 동자를 데리고 있다. 웃음과 울음이 뒤섞여있고 누대에 둘러앉아 이리저리 바라본다. 몸은 달 아래에 있지만 실제로는 달을 보지 않는 자들로, 이들을 구경한다. 셋, 또 배가 있고 또 노랫소리가 들리니, 유명한 기생과 한가로운 스님들이 가볍게 술을 마시고 나지막하게 노래를 부른다. 부드러운 관악기와 가냘픈 현악기 소리가 들리고 피리와 사람의 목소리가 서로 어우러진다. 이들 또한 달 아래에 있고 또 달을 구경하지만, 남이 달구경 하는 자신들을 보아주기 바라는, 이들을 구경한다. 넷, 배도 없고 수레도 없으며, 웃옷도, 두건도 걸치지 않은 채 술에 취하고 배불리 먹은 자들이 삼삼오오 모여있다. 인파를 헤집고 소경사(昭慶寺)와 단교(斷橋)[11] 사이를 다니며 고래고래 소리 지르고 일부러 취한 척을 하며 곡조 없는 노래를 부른다. 이들은 달도 구경하고, 달구경 하는 사람도 구경하며, 달구경 하지 않는 사람도 구경하나, 실제로는 아무것도 구경하지 않는 자들로, 이들을 구경한다. 다섯, 작은 배에 가벼운 휘장을 치고 깨끗한 탁자에 따뜻한 화로를 두었다. 차를 달이는 탕관을 끓여 흰 자기에 담아 가만히 건넨다. 좋은 벗과 가인(佳人)이 함께 앉아 달을 맞이하는데, 나무 그늘에 몸을 숨기는 이도 있고 이호(里湖)로 소란을 피해 도망간 이도 있다. 이들은 달구경을 하는데 다른 사람은 이들이 달구경 하는 모습을 보지 못한다. 일부러 달구경 하는 척하지 않는 자들로, 이들을 구경한다. 항주(杭州) 사

---

[11] 昭慶寺는 서호 근처에 있는 절이고 斷橋는 서호 동쪽 끝에 위치한 白堤를 말한다. 백제는 唐代 詩人 白居易(772-846)가 杭州刺史를 지냈을 때 지었다고 전해진다. 완만한 아치형이라 겨울에 눈이 내리면 다리에 쌓인 눈이 일부만 녹아 멀리서 봤을 때 마치 다리 한가운데가 끊어진 것처럼 보인다고 하여 단교라고도 불린다.

람들이 호수를 구경할 때는 사시(巳時)에 나가 유시(酉時)[12]에 돌아오는데, 마치 달을 원수처럼 여기고 피한다. 이날 저녁은 좋은 구실이 생겼으니 무리를 지어 앞다투어 나간다. 성문을 지키는 문지기에게 술값을 두둑이 주고 가마꾼들이 횃불을 높이 들고 호숫가에서 나란히 기다린다. 배 한 척이 들어오자마자 뱃사공에게 빨리 단교로 가라고 재촉하며 인기 있는 장소로 향한다. 이 때문에 이고(二鼓)[13]가 되기 전까지 사람 소리와 악기 소리가 마치 끓는 물처럼 진동하여, 악몽을 꾸는 듯, 잠꼬대하는 듯, 귀머거리가 된 듯, 벙어리가 된 듯하다. 크고 작은 배들이 일제히 해안가로 모여들어 아무것도 보이지 않는다. 오직 상앗대가 서로 부딪치고, 배들이 부딪치며, 어깨들이 부딪히고, 얼굴끼리 비집고 있는 모습만 보일 뿐이다. 잠시 후 흥이 다하고 관부의 연회도 끝나자 하인들이 길을 비키라고 소리를 지른다. 가마꾼들은 배에 탄 사람들을 불러 성문이 곧 닫힌다고 으른다. 등불과 횃불이 별무리처럼 빛나고 사람들이 우르르 몰려나간다. 언덕 위 사람들도 무리를 지어 성문으로 향해 가는데, 점점 작아지다가 순식간에 다 흩어져버렸다. 우리 일행은 그제야 호숫가에 배를 댄다. 단교의 돌계단이 차가워지기 시작하면 그 위에 주안을 마련하여 손님을 불러 마음껏 술을 마신다. 이때 달은 새로 간 거울 같고 산은 다시 단장한 모습 같으며 호수는 새로 씻은 얼굴 같다. 아까 가볍게 술 마시고 나지막하게 노래 부르던 사람들이 나오고, 나무 그늘에 숨었던 사람들도 나왔다. 우리 일행은 인사를 나누고 서로 끌어당겨 앉았다. 시를 짓는 벗이 오고 아름다운 기녀도 왔다. 술잔과 젓가락을 놓고 피리 소리와 노랫소리가 시작되었다. 달빛이 서늘해지고 동녘이 밝아오자 비로소 손님들이 흩어졌다. 우

---

12 巳時는 오전 9시에서 11시 사이이고 酉時는 오후 5시에서 7시 사이이다.
13 二鼓: 二更, 즉 밤 9시에서 11시 사이를 말한다.

리 일행은 배를 타고 나아가 십 리 연꽃 속에서 한숨 달게 잤다. 꽃향기가 풍겨와 맑은 꿈을 꾸니 흡족했다.

張岱, <西湖七月半記>

西湖七月半, 一無可看, 止可看看七月半之人. 看七月半之人, 以五類看之. 其一, 樓船簫鼓, 峨冠盛筵, 燈火優傒, 聲光相亂, 名爲看月而實不見月者, 看之. 其一, 亦船亦樓, 名娃閨秀, 攜及童孌, 笑啼雜之, 環坐露臺, 左右盼望, 身在月下而實不看月者, 看之. 其一, 亦船亦聲歌, 名妓閑僧, 淺酌低唱, 弱管輕絲, 竹肉相發, 亦在月下, 亦看月, 而欲人看其看月者, 看之. 其一, 不舟不車, 不衫不幘, 酒醉飯飽, 呼群三五, 擠入人叢, 昭慶, 斷橋, 嘄呼嘈雜, 裝假醉, 唱無腔曲, 月亦看, 看月者亦看, 不看月者亦看, 而實無一看者, 看之. 其一, 小船輕幌, 淨幾暖爐, 茶鐺旋煮, 素瓷靜遞, 好友佳人, 邀月同坐, 或匿影樹下, 或逃囂里湖, 看月而人不見其看月之態, 亦不作意看月者, 看之. 杭人遊湖, 巳出酉歸, 避月如仇, 是夕好名, 逐隊爭出, 多犒門軍酒錢, 轎夫擎燎, 列俟岸上. 一入舟, 速舟子急放斷橋, 趕入勝會. 以故二鼓以前, 人聲鼓吹, 如沸如撼, 如魘如囈, 如聾如啞, 大船小船一齊湊岸, 一無所見, 止見篙擊篙, 舟觸舟, 肩摩肩, 面看面而已. 少刻興盡, 官府席散, 皂隸喝道去, 轎夫叫船上人, 怖以關門, 燈籠火把如列星, 一一簇擁而去. 岸上人亦逐隊趕門, 漸稀漸薄, 頃刻散盡矣. 吾輩始艤舟近岸, 斷橋石磴始涼, 席其上, 呼客縱飲. 此時, 月如鏡新磨, 山復整妝, 湖復頮面. 向之淺斟低唱者出, 匿影樹下者亦出, 吾輩往通聲氣, 拉與同坐. 韻友來, 妙妓至, 杯箸安, 竹肉發. 月色蒼涼, 東方將白, 客方散去. 吾輩縱舟, 酣睡於十里荷花之中, 香氣拍人, 清夢甚愜.

4

고산(孤山)

≪수경주(水經注)≫에 "물이 탁하면 '노(盧)'라 하고, 흐르지 않으면 '노(奴)'라 하며, 산들이 연결되지 않으면 '고(孤)'라 한다."라고 하였다.[14] 매화서(梅花嶼)는 두 호수 사이에 위치하며, 사방이 바위라 아름다운 게 하나도 없기에 '고(孤)'라 불렀다. 이곳의 물을 보면 맑아서 환히 비치고, 정자를 보면 수놓은 듯 아름답고 높아 두 호수의 경치가 되니, 마치 세 개의 산이 물속에 거꾸로 비친 듯 하다. 산기슭에는 매화가 많은데, 임화정(林和靖)[15]이 학을 풀어놓았던 곳이다. 임포[林逋, 임화정]는 고산에 은거하였는데, 송나라 진종(眞宗)이 불러도 나가지 않았고, 화정처사(和靖處士)라는 호를 하사받았다. 그는 두 마리 학을 길렀는데, 우리 안에 가두고 키웠다. 임포가 매번 작은 배를 타고 호숫가에 있는 여러 절을 돌아다니다가, 손님이 찾아오면 어린 하

---

14 ≪水經注·滱水≫에 나온 글로, 원문은 다음과 같다. "이 성의 동쪽에 홀로 우뚝 솟은 산이 있는데 세상 사람들은 산이 이어지지 않다고 하여 고산이라고 부른다. '孤'와 '都'는 소리가 비슷하여 아마 '都山'으로도 불렀던 것 같다.(此城之東, 有山孤峙, 世以山不連陵, 名之曰孤山, 孤、都聲相近, 疑即所謂都山也.)"

15 앞의 주 참조.

인이 우리를 열고 학을 풀어주었다. 그러면 학이 구름 속으로 날아올라 오랫동안 빙빙 돌았고 그것을 본 임포는 배를 타고 재빨리 돌아왔다. 아마 학이 날면 손님이 왔다는 징조로 여겼기 때문인 것 같다. 임포는 임종을 앞두고 다음과 같은 절구 시를 남겼다.

>호수 너머 푸른 산 마주하는 곳에 초막집 짓고,
>무덤 앞 긴 대나무 드문드문하네.
>다른 날 무릉(茂陵) 유고 구하러 오거든
>봉선서(封禪書) 안 지은 게 오히려 기쁘네.[16]

소흥(紹興) 16년(1146)에 사성연상관(四聖延祥觀)을 세우면서 모든 사찰과 선비, 백성들의 무덤을 옮겼다. 그러나 오직 임포의 무덤만은 남기라 명하여 옮기지 않았다. 원나라 때 양련진가(楊連真伽)가 그의 무덤을 파헤쳤는데, 오직 벼루 하나와 옥비녀 하나만 나왔다. 명나라 성화(成化) 10년(1474)에 군수(郡守) 이서(李瑞)가 수리하였다. 천계(天啟) 연간에 왕도사(王道士)라는 자가 이곳에 천 그루의 매화나무를 심으려 하였다. 이에 운간(雲間)[17] 장동초(張侗初)[18] 태사(太史)가 ≪고산종매서(孤山種梅序)≫를 지었다.

---

16 茂陵은 한무제를 장사 지낸 곳으로, 한무제를 뜻한다. 원래 봉선은 천자가 행한 제사이며, 봉선서는 司馬遷이 지은 ≪史記≫의 편명으로, 天子가 천지와 자연에 제사를 올린 일은 기록한 것이다. 본문에서는 '제왕의 공덕을 칭송하는 글'이란 뜻으로 사용되었다.

17 雲間: 江蘇省 松江縣의 옛 명칭이다.

18 張侗初: 장동초는 張鼐(1572-1630)로, 字가 世調이고 號가 侗初이며, 南直隸 松江府 華亭縣 사람이다. 萬曆 32년(1604) 甲辰科 진사로 합격하였다. 이후 庶吉士로 임명되었고, 檢討 직책을 맡았다가 司業으로 승진하였다. 이후 南京禮部右侍郎, 禮部尚書 등 고관을 거쳤다. 저서로는 ≪吳淞甲乙倭變志≫, ≪寶日堂集≫ 등이 있다.

≪水經注≫曰: 水黑曰盧, 不流曰奴; 山不連陵曰孤. 梅花嶼介於兩湖之間, 四面巖巒, 一無所麗, 故曰孤也. 是地水望澄明, 皦焉沖照, 亭觀繡峙, 兩湖反景, 若三山之倒水下. 山麓多梅, 為林和靖放鶴之地. 林逋隱居孤山, 宋真宗征之不就, 賜號和靖處士. 常畜雙鶴, 縶之樊中. 逋每泛小艇, 遊湖中諸寺, 有客來, 童子開樊放鶴, 縱入雲霄, 盤旋良久, 逋必棹艇遄歸, 蓋以鶴起為客至之驗也. 臨終留絕句曰: "湖外青山對結廬, 墳前修竹亦蕭疏. 茂陵他日求遺稿, 猶喜曾無封禪書." 紹興十六年建四聖延祥觀, 盡徙諸院剎及士民之墓, 獨逋墓詔留之, 弗徙. 至元, 楊連真伽發其墓, 唯端硯一、玉簪一. 明成化十年, 郡守李瑞修復之. 天啟間, 有王道士欲於此地種梅千樹. 雲間張侗初太史補≪孤山種梅序≫.

부록작품 1

원굉도, <고산소기>

고산(孤山)의 처사(處士) 임포는 매화를 아내 삼고 학을 자식 삼아 살았으니, 이 세상에서 제일 편한 삶을 산 사람이다. 우리 같은 사람들은 아내를 얻어 여러 가지 잡다한 일에 시달리게 된다. 버릴 수도 없는데 곁에 두기도 싫어, 마치 해진 옷을 입고 가시밭길을 걷듯이, 걸음마다 얽매이는 것이다. 최근에 뇌봉(雷峰) 아래에 우승유(虞僧儒)라는 사람이 살았는데, 그 역시 아내가 없었다. 아마도 고산 임포의 환생일 것이다. 그가 지은 시(詩) <계상락화(溪上落花)>는 비록 임포와 어떻게 비교될지 모르겠으나, 하룻밤에 150수를 지었다니, 신속하고 민첩하기가 극에 달한다. 게다가 담백하게 식사를 하고 참선에 정진하였으니, 이는 임포보다 한 단계 위라고 할 수 있다. 어떤 시대건 기이한 사람이 없겠는가!

袁宏道, <孤山小記>

孤山處士, 妻梅子鶴, 是世間第一種便宜人. 我輩只爲有了妻子, 便惹許多閑事, 撇之不得, 傍之可厭, 如衣敗絮行荊棘中, 步步牽掛. 近日雷峰下有虞僧儒, 亦無妻室, 殆是孤山後身. 所著≪溪上落花詩≫, 雖不知於和靖如何, 然一夜得百五十首, 可謂迅捷之極. 至於食淡參禪, 則又加孤山一等矣, 何代無奇人哉!

부록작품 2

장경원, <고산소기>

고산(孤山) 동쪽 기슭에는 날개처럼 펼쳐진 정자가 있다. 이곳은 화정(和靖)의 옛 집터였지만, 지금은 모두 울타리를 세우고 가시덤불을 꽂아 막아 놓았다. 여러 큰 부자들이 뽕나무를 심고 물고기를 길러 이익을 차지하고 있지만, 또한 정자와 누각을 조금씩 수리하여 산의 경치를 꾸미는 것도 그들 덕분이다. 초나라 사람의 활이 관청의 것인지 백성의 것인지를 어찌 따지겠는가![19]

張京元, <孤山小記>

孤山東麓, 有亭翼然. 和靖故址, 今悉編籬插棘. 諸巨家規種桑養魚之利, 然亦賴其稍葺亭榭, 點綴山容. 楚人之弓, 何問官與民也.

---

19 ≪說苑≫ <至公>에 보면, "楚나라 共王이 사냥을 나갔다가 자신의 활을 잃어버렸다. 좌우에서 찾아오겠다고 하자 공왕은 '그만두어라, 초나라 사람이 활을 잃어버렸으니 초나라 사람이 얻게 될 텐데 또 뭣 하러 찾겠는가?'(楚共王出獵而遺其弓, 左右請求之, 共王曰: "止, 楚人遺弓, 楚人得之, 又何求焉?")"라고 하였다. 본문에서 이 이야기를 인용하여 고산을 가꾸는 일에 비유한 것이다.

부록작품 3

장경원, <소조화벽>

서호(西湖)의 양당(涼堂)은 소흥(紹興) 연간에 지어졌다. 고종(高宗)이 그곳을 친히 보러 오실 예정이었다. 그곳에는 흰 벽으로 사방을 막았는데, 높이가 2장(丈)이었다. 중신들이 소흥의 화가인 소조(蕭照)를 불러 그곳에 산수화를 그리게 하였다. 소조는 명을 받고 즉시 관청에 술 네 동이를 청하였다. 한밤중 고산으로 나가 매번 북소리에 맞춰 한 동이씩 마셨다. 한 동이를 다 마시면 한 면의 벽이 완성되었는데, 소조 또한 잔뜩 취했다. 고종이 도착하여 그림을 보고 탄복하였고, 금과 비단을 내렸다.

張京元, <蕭照畫壁>

西湖涼堂, 紹興間所構. 高宗將臨觀之. 有素壁四堵, 高二丈, 中貴人促蕭照往繪山水. 照受命, 即乞尚方酒四鬥, 夜出孤山, 每一鼓即飲一鬥, 盡一鬥則一堵已成, 而照亦沉醉. 上至, 覽之歎賞, 宣賜金帛.

부록작품 4

심수정,[20] <고산종매소>

서호의 상류에는 푸른 풀과 나무가 가득하여 친근하게 느껴지지만 또 시원하고 청량함은 금세 다한다. 오직 고산(孤山)만은 두 호수 사이에 우뚝 솟

---

[20] 沈守正(1572-1623)은 명대 문인으로, 字는 無回이고, 錢塘 출신이다. 黃巖敎諭를 맡아 지역을 일으켰고, 간사한 관리들의 學田을 정리해 가난한 학자들에게 도움을 주었다. 都察院司務로 발탁되었지만 부임 42일 만에 사망했다. 주요 저술로는 ≪四書叢說≫, ≪雪堂集≫, ≪浚河仿倭議≫ 등이 있다.

아있어 물과 돌, 풀과 나무가 모두 그윽한 색을 띠고 있다. 당나라 때 누각이 많고 시가(詩歌)로 장식하여 두 호수를 꾸며주고 있다. "비가 오지 않아도 산은 항상 푸르고 구름 없어도 물이 절로 그늘진다."라는 구절을 읽노라면 당시의 모습을 짐작할 수 있다. 고산으로 가는 길은 서령(西泠)을 거치지 말고 반드시 호수를 따라가야 한다. 지금처럼 호수를 바라보며 저잣거리를 돌아 들어가는 것과는 다르다. 이곳에는 아직도 고목 매화가 있는데 화정의 옛집이라고 한다.

沈守正, <孤山種梅疏>
西湖之上, 蔥蒨親人, 亦爽朗易盡. 獨孤山盤鬱重湖之間, 水石草木皆有幽色. 唐時樓閣參差, 詩歌點綴, 冠於兩湖. 讀 "不雨山常潤, 無雲水自陰" 之句, 猶可想見當時. 道孤山者, 不徑西泠, 必沿湖水, 不似今從望湖折闤闠而入也. 此地尚有古梅偃蹇, 云是和靖故居.

부록작품 5

이유방, <고산야월도에 쓰다>

예전에 엄인지(嚴印持)의 여러 형제들과 술에 취해 작은 배를 타고 고산에서 돌아온 적이 있다. 그때는 달이 막 새 제방 위로 떠 오르고 버드나무 가지가 모두 드리워 호수에 비쳤다. 달에 비친 물이 맑고 부드럽게 흔들려 마치 거울 속에 있는 것 같았고 그림 속에 있는 것 같기도 하였다. 오랫동안 그 광경을 가슴에 품고 있었는데, 임자년에 작은 별장에 있을 때 갑자기 맹양(孟暘)에게 그려주니, 정말 그림 속에 있는 것 같았다.

李流芳, <題孤山夜月圖>

曾與印持諸兄弟醉後泛小艇, 從孤山而歸. 時月初上新堤, 柳枝皆倒影湖中, 空明摩蕩, 如鏡中, 復如畫中. 久懷此胸臆, 壬子在小築, 忽爲孟暘寫出, 真畫中矣.

부록작품 6

소식, <임포 시 뒤에 쓰다>

오(吳) 지역 사람들 호수와 산 깊은 곳에서 자랐으니,
호수 물빛 마시고 산속 맑은 물 마셨다.
세상 밖의 은자나 군자를 구분하지 않고,
아이보는 하녀나 장사꾼 아낙네도 모두 얼음같고 옥같다.
선생은 세속과 인연을 끊은 분이시니,
정신이 맑고 뼛속까지 차가워 속되지 않으시다.
나는 그를 알지 못하지만 꿈에서 보았는데,
눈동자가 환하여 등불처럼 빛났다.
선생이 남긴 뛰어난 글 곳곳에 있어,
서호를 두루 다녀도 다 보지 못하네.
선생의 시는 맹교(孟郊)를 닮았지만 한기가 없고,
서법은 이유대(李留臺)를 닮았지만 담백하다.
평생 고결한 절개 이미 이어지기 어려우나,
죽음을 앞두고 남긴 말은 기록할 만하다.
스스로 봉선서(封禪書)를 짓지 않겠노라 하며,
차라리 백두(白頭)의 곡조 슬프게 불렀다.
나는 오나라 사람들이 일을 못한다고 비웃었지만,

그들은 사당 옆에 대나무 심기는 잘한다.
그렇지 않으면 수선왕(水仙王)에게 제사 지내고,
한 잔의 찬물을 가을 국화에 기릴 것이다.

蘇軾, <書林逋詩後>
吳儂生長湖山曲, 呼吸湖光飮山淥.
不論世外隱君子, 傭兒販婦皆冰玉.
先生可是絶俗人, 神淸骨冷無由俗.
我不識見曾夢見, 瞳子瞭然光可燭.
遺篇妙字處處有, 步繞西湖看不足.
詩如東野不言寒, 書似西臺差少肉.
平生高節已難繼, 將死微言猶可錄.
自言不作封禪書, 更肯悲吟白頭曲.
我笑吳人不好事, 好作祠堂傍修竹.
不然配食水仙王, 一盞寒泉薦秋菊.

부록작품 7

장호, <고산>
누각은 푸른 봉우리 향해 솟아있고,
한 갈래 길 호수 한가운데로 들어간다.
비가 오지 않아도 산은 늘 젖어 있고,
구름이 없어도 물은 스스로 그늘진다.
단교(斷橋)에 이끼 더부룩하고,

빈 절간에는 떨어진 꽃 가득하다.
서쪽 창에 뜬 달 아직 기억나는데,
북쪽 숲에서 종소리 울려 퍼진다.

張祜, <孤山>
樓臺聳碧岑, 一徑入湖心.
不雨山常潤, 無雲水自陰.
斷橋荒蘚合, 空院落花深.
猶憶西窗月, 鍾聲出北林.

부록작품 8

서위, <고산에서 달을 감상하다>
호수의 물 가을 하늘처럼 맑고,
녹색 경치가 고요한 아침에 선명하다.
배에 기대어 물살을 타니,
은은한게 내 성품에 맞는다.
술잔 들다 문득 달을 보니,
달빛과 물결이 서로 비친다.
서시가 옅은 화장을 걷어내고,
먼 안개에 외로운 거울 건다.
자리에 앉은 손님들은 본래 옥 같은 자태로,
몇 번이나 술자리를 빛내었나.
한가할 때 고귀한 심정 토로하니,

사방에서 전부 귀를 기울인다.

다만 말하기를 처사는 드물어,

매화꽃 껴안고 시를 짓기만 할 뿐.

마치 한 치의 물고기가,

조금만 움직이면 헤엄치는 것과 같다.

오랫동안 이야기하니 흥취 더욱 깊어지고,

배를 돌려 제방을 지나쳐 나간다.

스스로 보건대 비록 청담이라도,

어찌 먼지 자락 휘두르는 일을 꺼려하랴?

徐渭, <孤山玩月>
湖水淡秋空, 練色澄初靜.
倚棹激中流, 幽然適吾性.
擧酒忽見月, 光與波相映.
西子拂淡妝, 遙嵐掛孤鏡.
座客本玉姿, 照耀幾筵瑩.
暇時吐高懷, 四座盡傾聽.
卻言處士疏, 徒抱梅花詠.
如以徑寸魚, 蹄涔即成泳.
論久興彌洽, 返棹堤逾迥.
自顧縱清談, 何嫌麈塵柄.

부록작품 9

탁경,[21] <고산에 매화를 심다>

동쪽 누각에서 풍류를 즐기며 시 짓는 손님,

맑고 깨끗한 서호 처사의 집.

눈 차고 강도 깊어 꿈에서도 올 수 없어,

스스로 밝은 달 김매어 매화를 심었네.

卓敬, <孤山種梅>

風流東閣題詩客, 瀟灑西湖處士家.

雪冷江深無夢到, 自鋤明月種梅花.

부록작품 10

왕치등,[22] <임순경에게 고산에서 살 곳을 점쳐서 주다>

책이 보관된 서호의 방 세 칸,

창가에 소나무 비치고 문에는 대나무 비친다.

학을 끌고 다리 건너 눈구경 가고,

---

[21] 卓敬: 탁경(?-1402)은 明代의 관리로, 字는 惟恭이고, 卓鄴(浙江省 溫州) 사람이다. 建文帝에 대한 충성심을 지키기 위해 明 成祖에게 귀순하기를 거부하여 처형되었다. 훗날 神宗이 그의 죄를 사하여 南明에서 그에게 忠毅라는 시호를 내렸다. 林增志가 편찬한 문집 ≪忠貞錄≫ 三卷과 부록 1권이 전해진다.

[22] 王稚登: 왕치등(1535-1614)은 明末의 문인으로, 字는 百穀이고, 號는 半偈長者이며, 直隷 長洲(지금의 江蘇省 蘇州) 사람이다. 10세 때 이미 시를 짓기 시작하였고, 성장한 후에는 馬湘蘭과 薛素素와 같은 名妓를 비롯하여 여러 계층의 인물들과 교류하였다. 萬曆 14년(1586)에 屠隆, 汪道昆, 王世貞과 함께 '南屛社'를 결성하였다. 저서로 ≪吳郡丹青志≫, ≪處實堂集≫ 등이 전해진다.

스님 절로 돌려보내니 구름 따라온다.

가벼운 붉은 여자(荔子) 집에서 천 리 밖에 있고,

굽이 흐르는 강물에 매화 그림자 성글다.

임화정(林和靖)의 고풍스러움은 이제 멀어졌지만,

후인들은 여전히 고산(孤山)에 머문다.

王稚登, <贈林純卿蔔居孤山>
藏書湖上屋三間, 松映軒窗竹映關.
引鶴過橋看雪去, 送僧歸寺帶雲還.
輕紅荔子家千里, 疏影梅花水一灣.
和靖高風今已遠, 後人猶得住孤山.

부록작품 11

진학,[23] <고산 임은군 사당에 쓰다>

고산의 봄은 절반이 지났는데,

여전히 매화를 볼 수 있네.

왕손의 풀 웃으며 밟다가,

한가롭게 처사의 집 찾아간다.

속세의 마음 물에 비친 거울처럼 맑고,

---

[23] 陳鶴: 진학(?-1560)은 明代의 시인으로, 字는 鳴野이고, 號는 海樵이며 浙江省 山陰 사람이다. 徐渭와 같은 고향 출신으로 '越中十子'로 함께 꼽혔다. 조정의 정사가 날로 그릇됨을 보고, 관직을 버리고 飛來山 기슭에 집을 짓고 문을 닫은 채 독서에 전념했다. 傳奇 ≪孝泉記≫를 저술했으나 지금은 유실되었다. 저서로 ≪海樵先生集≫ 등이 있다.

거친 옷에 산 노을 비친다.
바위와 계곡 이렇게 긴데,
영광과 명성 어찌 자랑할까?

陳鶴, <題孤山林隱君祠>
孤山春欲半, 猶及見梅花.
笑踏王孫草, 閑尋處士家.
塵心瑩水鏡, 野服映山霞.
岩壑長如此, 榮名豈足誇.

부록작품 12

왕사임, <고산>
맑은 물, 짙은 산, 그림 속에 펼쳐지고,
배가 없고, 집도 없지만, 좋은 누대는 있구나.
봄이 되면 꽃과 달 앞 사람은 마치 연극을 하는 듯 하고,
연기는 호수에 스며들고 등불 소리 요란하게 재촉한다.
만사가 현명하든 어리석든 모두 함께 취하니,
백년이 길든 짧든 슬퍼할 필요가 없구나.
임포 늙어 홀로된 학만 가련할 뿐,
쓸쓸하고 차가운 담장에 매화만 몇 그루만 있구나.

王思任, <孤山>
淡水濃山畫里開, 無船不署好樓臺.

春當花月人如戲, 煙入湖燈聲亂催.
萬事賢愚同一醉, 百年修短未須哀.
只憐逋老棲孤鶴, 寂寞寒籬幾樹梅.

부록작품 13

장대, <고산종매서에 덧붙이다>

들기로는 이곳에 고매한 분이 계셨는데 그 품격이 산천과 더불어 훌륭했다고 한다. 정자가 남아 있는 옛터에는 매화가 그 이름처럼 향기로웠다. 명성 있는 사람들은 비록 시대에 따라 바뀌지만 훌륭한 경관은 모름지기 사람이 보완해주어야 한다. 옛날 서령(西泠)에 은둔한 노인이 있었다. 고결한 풍모가 가을 물 같았고 고고한 절개는 찬 매화와 비견되었다. 성근 그림자가 비스듬히 비추면 멀리 서호의 맑은 물에까지 비쳤다. 은은한 향기가 흘러, 달이 뜬 밤과 황혼까지 오랫동안 풍겼다. 이제 그 노인은 떠났고 산은 텅 비었지만, 여전히 물은 흐르고 꽃은 핀다. 아름다운 꽃 같은 눈이 내려 무덤 위 이끼에 어지럽게 흩날린다. 아름다운 나무는 안개에 휩싸여 숲속에 떨어진 학의 깃털같다. 이제 시 짓는 벗 와서 옛 현인의 발자취 따라 천 그루의 매화를 심고 고산을 수리하려 한다. 찬 겨울 견딘 세 친구는 일찌감치 아홉 리 뻗은 솔숲과 대나무 숲을 잇고, 겨울을 깨고 돋아난 가지 하나 멀리 육교의 복숭아나무와 버드나무를 마다한다. 물가의 나무 절반에 얼음꽃 장식할 생각에 눈이 내린 후 옆으로 뻗은 가지 위아래로 줄기가 단단해지기 기다린다. 미인은 숲 아래에서 왔고 훌륭한 선비는 산중에 누워있다. 흰 바위와 푸른 절벽에 풀을 엮어 정자를 짓고, 풀어놓은 학을 부른다. 깊은 산과 맑은 물, 밝은 달빛 매어 매화를 심을 것이다. 뜻이 있으면 반드시 이루고 약속을 하면 반드시 지

킨다. 나부산(羅浮山)과 아름다움을 다투고 유영(庾嶺) 고개와 향기 나눌 것을
기약한다. 이는 실제로 임처사(林處士)의 공신이자, 소장공(蘇長公)의 훌륭한
친구이다. 우리들은 종종 꿈에서 오랜 인연과 만나기를 꿈꾼다. 아, 곡강(曲
江)의 시(곡강(曲江) 장구령(張九齡)의 시 <정매음(庭梅吟)>)를 읽노라니, 외로운 향기
와 풍운을 바로 볼 수 있구나. 광평부(廣平賦)를 읽으니 강철과 돌 같은 굳센
포부 생각난다. 함께 파수(灞水)의 나귀를 타고 단교의 눈을 밟으러 간다. 멀
리 보면 칠원(漆園)의 나비 무리 지어 임포 묘에서 매화를 찾는구나. 좋은 시기
놓치지 말고 훌륭한 자취 따르라.

張岱, <補孤山種梅敍>

蓋聞地有高人, 品格與山川並重; 亭遺古跡, 梅花與姓氏俱香. 名流雖以代遷, 勝事自須人補. 在昔西泠逸老, 高潔韻同秋水, 孤清操比寒梅. 疏影橫斜, 遠映西湖淸淺; 暗香浮動, 長陪夜月黃昏. 今乃人去山空, 依然水流花放. 瑤葩灑雪, 亂飄塚上苔痕; 玉樹迷煙, 恍墮林間鶴羽. 茲來韻友, 欲步先賢, 補種千梅, 重修孤嶼. 凌寒三友, 早連九里松篁; 破臘一枝, 遠謝六橋桃柳. 佇想水邊半樹, 點綴冰花; 待將雪後橫枝, 低昻鐵幹. 美人來自林下, 高士臥於山中. 白石蒼崖, 擬築草亭招放鶴; 濃山淡水, 閑鋤明月種梅花. 有志竟成, 無約不踐. 將與羅浮爭豔, 還期庾嶺分香. 實爲林處士之功臣, 亦是蘇長公之勝友. 吾輩常勞夢想, 應有宿緣. 哦曲江詩(曲江張九齡有≪庭梅吟≫), 便見孤芳風韻; 讀廣平賦, 尙思鐵石心腸. 共策灞水之驢, 且向斷橋踏雪; 遙瞻漆園之蝶, 群來林墓尋梅. 莫負佳期, 用追芳躅.

부록작품 14

장대, <임화정묘비에 새기다>

구름 무심히 나오는데,

누가 숲속에 한 쌍의 학을 풀어놓았을까?

밝은 달 뜻이 있으니,

무덤 위 외로운 매화 생각한다.

張岱, <林和靖墓柱銘>

雲出無心, 誰放林間雙鶴.

月明有意, 即思塚上孤梅.

관왕묘(關王廟)

북산(北山)에는 두 관왕묘(關王廟)가 있다. 악분(嶽墳) 근처에 있는 것은 만력 15년(1587)에 항주 백성 시여충(施如忠)이 세운 것이다. 시여충은 연경(燕京) 여행길에서 노하(潞河)[24]를 건너다 태풍이 일어 배가 뒤집힐 뻔 했는데, 관왕이 여러 하천의 신을 이끌고 나타나 구해주어 목숨을 건졌다. 시여충은 돌아와 곧바로 사당을 지어 제사를 올리고 하천의 신들도 함께 모셨다. 이 일은 총재(塚宰) 장한(張瀚)[25]이 기록하였다. 다른 하나는 고산(孤山) 근처에 있는 것으로, 오래된 사당이라 낮고 협소했다. 만력 42년(1614) 김중승(金中丞)[26]이 주도하여 새로 지은 것이다. 태사(太史) 동기창(董其昌) 비석에 이를 직

---

[24] 潞河: 通州에서 天津까지 이르는 운하로, 지금 북경에 있는 潮白河이다.

[25] 塚宰는 고대 周나라의 관직명으로, 천자를 보좌하고 백관을 통솔하였다. 후에 吏部尚書가 이 직위에 해당된다. 張瀚(1510-1593)의 字는 子文이고 號는 元洲이다. 浙江 仁和(지금의 浙江省 杭州) 사람이다. 嘉靖 14년(1535)에 진사가 되어 南京工部主事에 제수되었다. 兵部右侍郎, 工部尚書, 吏部尚書를 역임하였고 萬曆 5년(1577), 張居正에 의해 탄핵되어 고향으로 돌아와 저술을 하다 사망하였다. 시문에 능하여 白雲樓社를 조직하였고 ≪松窗夢語≫, ≪張翰詩文集≫ 등의 저술을 남겼다.

[26] 金中丞: 김중승은 金忠士(1556-1618)이다. 字는 元卿이고, 號는 麗陽이며 宿松縣(지금의 安徽省) 사람이다. 萬曆 20년(1592)에 진사가 되어, 西樂平縣知縣으로 임명되었고, 監察御史

접 기록하였는데, 그 내용은 다음과 같다.

"서호에 여러 사찰은 서로 바라볼 정도로 많지만, 불교 사원 외에 제법에 맞는 곳은 악악왕(嶽鄂王)과 우소보(於少保), 관신(關神), 이 셋뿐이다. 갑인년(甲寅年, 1614) 가을, 신종(神宗) 황제는 꿈에서 성모(聖母)를 만나 한밤중에 조서를 받았다. 관우를 복마제군(伏魔帝君)으로 봉하고, 투구와 갑옷을 벗고 곤룡포를 입게 하고 큰 기를 바꾸어 아홉 개의 기를 달았다. 오제(五帝)와 같이 존경받으면 만물의 직책을 받았다. 조조(曹操), 사마의(司馬懿), 왕망(王莽), 환온(桓溫)[27]의 간악함을 보면, 생전에는 도적 신하라 불리고, 죽어서는 하급 귀신이 되었으니, 그 차이가 하늘과 땅처럼 크다. 옛 사당은 낮고 협소하여 황제의 명령을 알리기에 적합하지 않았다. 김중승(金中丞) 부자가 새로 짓는 것을 논의하여 당시의 주도자가 되었다. 고산사 옛터를 얻어 재목을 준비하고 흙을 쌓아 벽을 세우고 불상을 모셨는데, 3년 후에 마침내 완성하였다. 김중승은 실제로는 내가 제안하였다고 하여 나에게 이 일을 기록하도록 하였다.

내가 고산사를 조사해보니 또 이름이 영복사(永福寺)였다. 당나라 장경(長慶) 4년(824)에 어떤 승려가 석벽에 《법화경(法華經)》을 새겼다. 원미지(元微之)[28]가 월주(越州)를 지키다가 항주를 지났는데, 항

로 선발되었다. 만력 30년(1602)에 廣西道監察御史로 승진하였고, 명을 받아 貴州, 浙江, 河南 세 성을 순찰하였는데, 이때 관왕묘를 재건하였다. 그 후 여러 관직을 거치다 만력 46년(1618년)에 사망하였다.

[27] 曹操, 司馬懿, 王莽, 桓溫: 이 네 사람은 천자를 끼고 제후들을 호령하며 황위와 정권을 찬탈하여 후세 사람들에게 비난을 받은 인물들이다.

[28] 元微之: 원미지는 당대 시인 元稹(779-831)으로, 그의 字가 微之이다. 원진은 河南府 河南縣(지금의 河南省 洛阳市) 사람이다. 15세에 진사로 급제하여 監察御史가 되었으며, 백거이와 함께 新樂府運動 주도했다. 현실을 그대로 전달하는 문학을 추구하여 그의 시체를 元和體라

주 태수 백락천이 그 일을 기록하였다. 아홉 제후들이 돈을 모아 공사를 도왔을 정도로, 그 규모가 성대했다. 완성되고 훼손된 것이 여러 차례고 금석은 닳아 없어졌지만, 수백 년 동안 관우를 모신 사당은 이어졌다. 불교 경전의 말로 풀자면, 옛 사당은 천대장군(天大將軍)의 현신이 아니고, 지금의 사당이 제석천(帝釋天)의 현신이 아닌가? 사람은 그 생명을 버리고도 살아있고, 그 몸을 죽여도 몸이 남아 있다. 공자는 이를 '인을 이루었다.'고 하였고 맹자는 '의를 취했다.'고 하였으니, 그것이 《법화경》의 큰 뜻과 무엇이 다르겠는가? 충신과 의인은 좌선과 수행을 통해 생사를 벗어난다고 말하는 것은 망령된 말이다. 그러나 석벽은 우뚝 서 있고, 돌에 새긴 경전은 처음부터 닳지 않았다. 얼마 전 사천에서 반란을 진압할 때, 신이 도와 임금에게 알렸으니, 이는 기괴한 말이 아니다. 오직 요서(遼西)[29]의 교활한 오랑캐들이 아직 천벌을 피하고 있으니, 제군이 조조에게 보복할 수 있으면서 신종에게는 보복하지 않겠는가? 왼쪽에는 악왕(鄂王)을 끼고, 오른쪽에는 소보(少保)를 끼며, 천둥 부대를 몰고, 불 구슬을 던진다. 소릉(昭陵)의 철마는 바람을 가르고 장군묘의 흙 병사가 이슬에 젖으니, 아마도 마귀를 쫓아내는 것이 모두 촉나라의 길과 같을 것이다. 일전에 김중승이 복건을 다스릴 때, 신령의 계시를 받아 왜구를 여러 번 격파하였고 그 공이 조정에 보고되었다. 그리하여 사당을 지을 때의 비용이 다른 사당에 비해 많이 들었는데, 이는 아마도 오랜 뜻이 있었을 것이다."

절의 규모와 형태는 정교하고 아름다우며, 사당의 모양은 장엄하다. 더

고 한다. 대표 저서로 《元氏長慶集》, 《鶯鶯傳》이 있다.
29 遼西: 东北 지방 남부 평원을 흐르는 遼河의 서쪽 일대를 통틀어 이르는 말이다.

불어 비석은 맑고 화려하고, 기둥에 주련도 정교하고 단단하니, 모두 문리(文理)를 바탕으로 만들어졌다. 시여충이 세운 사당에 비해 그 우아함과 저속함은 하늘과 땅 차이이다.

  北山兩關王廟. 其近嶽墳者, 萬曆十五年爲杭民施如忠所建. 如忠客燕, 涉潞河, 颶風作, 舟將覆, 恍惚見王率諸河神拯救獲免, 歸卽造廟祝之, 並祀諸河神. 塚宰張瀚記之. 其近孤山者, 舊祠卑隘. 萬曆四十二年, 金中丞爲導首鼎新之. 太史董其昌手書碑石記之.
  其詞曰: "西湖列刹相望, 梵宮之外, 其合於祭法者, 嶽鄂王、于少保與關神而三爾. 甲寅秋, 神宗皇帝夢感聖母中夜傳詔, 封神爲伏魔帝君, 易兜鍪而袞冕, 易大纛而九斿. 五帝同尊, 萬靈受職. 視操、懿、莽、溫偶奸大物, 生稱賊臣, 死墮下鬼, 何啻天淵. 顧舊祠湫隘, 不稱詔書播告之意. 金中丞父子爰議鼎新, 時維導首, 得孤山寺舊址, 度材壘土, 勒牆墉, 莊像設, 先後三載而落成. 中丞以余實倡議, 屬余記之.
  余考孤山寺, 且名永福寺. 唐長慶四年, 有僧刻≪法華≫於石壁. 會元微之以守越州, 道出杭, 而杭守白樂天爲作記. 有九議侯率錢助工, 其盛如此. 成毁有數, 金石可磨, 越數百年而祠帝君. 以釋典言之, 則舊寺非所謂現天大將軍身, 而今祠非所謂現帝釋身者耶? 至人捨其生而生在, 殺其身而身存, 孔曰成仁, 孟曰取義, 與≪法華≫一大事之旨何異也. 彼謂忠臣義士猶待坐蒲團、修觀行而後了生死者, 妄矣. 然則石壁巋然, 而石經初未泐也. 頃者四川殲叛, 神爲助力, 事達宸聰, 非同語怪. 惟遼西黠鹵尚緩天誅, 帝君能報曹而有不報神宗者乎? 左挾鄂王, 右挾少保, 驅雷部, 擲火鈴, 昭陵之鐵馬嘶風, 蔣廟之塑兵濡露, 諒蕩魔皆如蜀道矣. 先是金中丞撫閩, 藉神之告, 屢殲倭夷, 上功盟府, 故建祠之費, 視衆差巨, 蓋有夙意云."
  寺中規制精雅, 廟貌莊嚴, 兼之碑碣淸華, 柱聯工確, 一以文理爲之, 較之施廟, 其雅俗眞隔霄壤.

부록작품 1

동기창, <고산관왕묘 기둥에 새기다>

충심은 주인을 가릴 수 있어,

한(漢)나라 왕실의 군신이 솥발처럼 나뉘었다.

덕은 반드시 이웃이 있으니,

악씨(嶽氏) 집안의 부자 팔을 잡고 부른다.

董其昌, <孤山關王廟柱銘>
忠能擇主, 鼎足分漢室君臣;
德必有鄰, 把臂呼嶽家父子.

부록작품 2

송조약, <관제묘주련>

진정한 영웅으로 출발하여 집안을 일으키고,

곧바로 성현의 자리에 오르네.

대장군으로써 법도를 얻어,

다시금 제왕의 몸으로 나타나네.

宋兆禴, <關帝廟柱聯>
從真英雄起家, 直參聖賢之位;
以大將軍得度, 再現帝王之身.

부록작품 3

장대, <관제묘주대>

통치권을 한쪽으로 편안히 내어주니,

당대 천왕 한(漢)나라 왕실로 돌아왔다.

춘추에서 대의를 밝혔으니,

후세의 공자는 관우에게 속한다.

張岱, <關帝廟柱對>

統系讓偏安, 當代天王歸漢室;

春秋明大義, 後來夫子屬關公.

6

소소소묘(蘇小小墓)

　소소소(蘇小小)는 남제(南齊) 시대 전당(錢塘) 지역의 유명한 기녀였다. 그녀의 미모는 청루에서 제일이었고 재주는 선비들과 어깨를 나란히 할 정도여서, 당시 사람들은 모두 그녀를 부러워하며 칭찬하였다. 그러나 젊은 나이에 요절하여 서령(西泠)의 언덕에 묻혔다. 그녀의 아름다운 혼백은 사라지지 않아 종종 꽃 사이에 나타났다. 송나라 때 사마유(司馬槱)[30]란 자가 있었는데, 자(字)가 재중(才仲)이었다. 그가 낙양에 있을 때 꿈을 꾸었는데, 꿈에 한 아름다운 여인이 휘장을 걷어 올리고 노래를 불렀다. 그 이름을 묻자 대답하길, "서릉(西陵)의 소소소(蘇小小)입니다."라고 하였다. 곡명을 물으니, "<황금루(黃金縷)>입니다."라고 답하였다. 5년이 지난 뒤, 재중은 소동파의 추천으로 진소장(秦少章)[31] 막하의 관료가 되었다. 그는 이 일을 진소장에

---

[30] 司馬槱: 사마유의 字는 才仲이고, 陝州 夏縣 사람이다. 元佑 연간에 蘇軾의 추천으로 賢良方正能直言極諫科에 응시하여 5등으로 합격하여 관리가 되었다. 河中府司理參軍과 같은 여러 관직을 맡았고 杭州 知府로 재임 중 사망하였다.

[31] 秦少章: 진소장은 北宋의 시인 秦覯이며 字가 少章이다. 지금의 江蘇省 高郵市 사람이며 북송 婉約詞派 秦觀의 셋째 아우이다. 元祐 6년(1091)에 진사가 되었고 臨安主簿를 맡았다. 소식에게 배워 시문에 뛰어난 재능을 보였다.

게 이야기하였다. 진소장은 이상하게 여겨, "소소소의 무덤이 지금 서령(西泠)에 있는데 어찌 가서 술을 부어 추모하지 않느냐?"라고 하였다. 재중이 바로 무덤을 찾아가 절을 하였다. 그날 밤, 재중은 꿈속에서 소소소와 함께 잠을 자게 되었다. 소소소는 "제가 보답하길 청하옵니다."라고 하였다. 그 후 소소소와 3년을 지냈고 재중도 항주에서 죽어 소소소의 무덤 옆에 묻혔다.

> 蘇小小者, 南齊時錢塘名妓也. 貌絶靑樓, 才空士類, 當時莫不豔稱. 以年少早卒, 葬於西泠之塢. 芳魂不歿, 往往花間出現. 宋時有司馬槱者, 字才仲, 在洛下夢一美人搴帷而歌, 問其名, 曰: "西陵蘇小小也." 問歌何曲? 曰: "＜黃金縷＞." 後五年, 才仲以東坡薦擧, 爲秦少章幕下官, 因道其事. 少章異之, 曰: "蘇小之墓, 今在西泠, 何不酹酒吊之." 才仲往尋其墓拜之. 是夜, 夢與同寢, 曰: "妾願酬矣!" 自是幽昏三載, 才仲亦卒於杭, 葬小小墓側.

부록작품 1

서릉 소소소의 시

소첩 유벽거(油壁車)[32] 타고

낭군은 청총마(靑驄馬)[33] 타셨네.

어디서 한마음 되었나?

서릉 소나무와 잣나무 밑이었지.

---

32 油壁車: 고관부인들이 타는 화려한 수레이다. 벽에 기름칠을 하여 유벽거라고 불렀다.
33 靑驄馬: 푸르고 흰 털이 섞인 말이다. 後漢 때 侍御史 桓典은 엄격하게 법을 집행하고 거침없이 환관들을 탄핵하였는데, 그가 늘 청총마를 타고 다녔다. 그로부터 청총마는 강직한 御史를 뜻하는데 쓰인다.

西陵蘇小小詩

妾乘油壁車, 郎跨青驄馬.

何處結同心, 西陵松柏下.

부록작품 2

서릉 소소소의 사

나는 본래 전당강(錢塘江) 기슭에 살았는데,

꽃은 지고 피고, 세월 흘러도 상관없네

제비 봄빛 물고 떠나니,

사창 너머 몇 차례의 황매우(黃梅雨)[34] 내렸었나.

옥 빗 비스듬히 꽂고

단판(檀板)[35] 가벼이 두드리며 <황금루(青驄馬)>를 끝까지 부른다.

꿈 깨니 무지갯빛 구름 찾을 수 없고,

서늘한 밤 밝은 달이 남포에 떠 오른다.

又詞

妾本錢塘江上住, 花落花開, 不管流年度.

燕於銜將春色去, 紗窓幾陣黃梅雨.

斜插玉梳雲半吐, 檀板輕敲, 唱徹<黃金縷>.

夢斷彩雲無覓處, 夜涼明月生南浦.

---

[34] 黃梅雨: 매화나무 열매가 노랗게 익을 무렵에 내리는 비를 말한다.

[35] 檀板: 박자 맞추는 데 사용하는 악기이다.

부록작품 3

이하,[36] <소소소>

그윽한 난초의 이슬은 흐르는 눈물 같고,

함께 마음 맺을 만한 것 없으나, 봄꽃 차마 꺾을 수 없구나.

풀은 깔개 같고, 소나무는 덮개 같다.

바람을 치마 삼고, 물을 패옥 삼는다.

유벽거를 오래 기다렸지만,

도깨비불만 부질없이 빛난다.

서릉(西陵) 아래에서 바람 불어 비 내린다.

李賀, <蘇小小>

幽蘭露, 如啼眼.

無物結同心, 煙花不堪剪.

草如茵, 松如蓋.

風爲裳, 水爲珮.

油壁車, 久相待.

冷翠燭, 勞光彩.

西陵下, 風吹雨.

---

[36] 李賀: 이하(790-816)는 唐代의 문인으로, 字는 長吉이고, 河南府 福昌縣(지금의 河南省 宜陽) 사람이다. 시를 잘 지어 이미 15세에 이름이 알려졌고 詩鬼라 불렸다. 그러나 27세의 나이에 요절하였다. 몽환적이고 염세주의적인 시풍이 특징이며 현재 약 240여 수가 남아 전해진다.

부록작품 4

심원리, <소소소의 노래>

노랫소리에 물결 되돌아오고,

춤추는 옷자락에 가을 그림자 흩어진다.

꿈에서 깨어 청루를 떠나니,

천년의 향기 뼛속까지 차갑다.

청동 거울 속 한 쌍의 난새 날아오르고,

굶주린 까마귀 달을 조문하며 난간에서 운다.

바람 불어도 들불 꺼지지 않고,

산 귀신 여우굴에 웃으며 들어가네

서릉 무덤 아래 전당 물결치니,

밀려 왔다 밀려 가는데 저녁에서 다시 아침이라.

무덤 앞 버드나무 차마 꺾지 못하여,

봄바람이 저절로 한 마음 맺어준다.

沈原理, <蘇小小歌>
歌聲引回波, 舞衣散秋影.
夢斷別青樓, 千秋香骨冷.
青銅鏡里雙飛鸞, 饑烏吊月啼勾欄.
風吹野火火不滅, 山妖笑入狐狸穴.
西陵墓下錢塘潮, 潮來潮去夕復朝.
墓前楊柳不堪折, 春風自綰同心結.

부록작품 5

원유산,[37] <소소 초상에 쓰다>
홰나무 그늘 드리운 정원은 한낮과 어울려,
주렴 걷으니 향기로운 바람 스며든다.
아름다운 여인의 그림은 누가 남겼는가?
모두 선화(宣和) 시대의 명필로 집안의 소장품이다.
꾀꼬리와 제비 헤어져 날아간 뒤,
연분홍 배꽃이 말라버렸다.
오직 소소만이 풍류를 잃지 않아,
비스듬히 머리에 원추리 봉황 비녀 꽂는다.

元遺山, <題蘇小像>
槐蔭庭院宜淸晝, 簾卷香風透.
美人圖畵阿誰留, 宣和名筆、內家收.
鶯鶯燕燕分飛後, 粉淺梨花瘦.
只除蘇小不風流, 斜揷一枝萱草、鳳釵頭.

---

37 元遺山: 원유산은 金나라 말기의 문인 元好問(1190-1257)이다. 원호문의 字는 裕之, 號는 遺山으로, 太原 秀容(지금의 山西省 忻州) 출신이다. 어린 시절부터 신동으로 불렸으며, 진사에 급제하고 여러 관직을 역임했다. 금나라 멸망 후에는 고향으로 돌아와 은거하며 저술에 전념했는데, 詩詞 창작에 뛰어났다. 저서로는 ≪元遺山先生全集≫과 사집 ≪遺山樂府≫가 있으며, ≪中州集≫을 편집하여 많은 금나라 시대 문학 작품을 보존하였다.

부록작품 6

서위, <소소소묘>

이 한 줌의 흙이 정말로 소소소(蘇小小)일까?

수놓은 입술, 꽃 같은 뺨, 화사한 춤사위 의복.

예로부터 가인(佳人)은 다시 얻기 어려우니,

이제는 둘이서 날개를 맞대고 날아가는 건 그만두어야지.

염교 옆 눈물 흔적 얕게 맺혀있고,

소나무 아래 맺은 한마음도 느슨해졌다.

원적(阮籍)처럼 미치지 못함이 한스러우니,

한 곡조 부족해 병영의 규방을 통곡케 하지 못하네.

徐渭, <蘇小小墓>

一抔蘇小是耶非, 繡口花腮爛舞衣.

自古佳人難再得, 從今比翼罷雙飛.

薤邊露眼啼痕淺, 松下同心結帶稀.

恨不顚狂如大阮, 欠將一曲慟兵閨.

7

육선공사(陸宣公祠)

고산(孤山)에 어째서 육선공(陸宣公)[38]을 모신 사당이 있을까? 그것은 아마도 세종(世宗)의 유모의 아들 소보(少保) 육병(陸炳)[39]이 권세를 쥐고 총애를 받아, 스스로 육선공의 후손이라며 사당을 짓고 제사를 올렸기 때문일 것이다. 사당의 규모는 웅장하여 호수와 산을 압도한다. 누대와 누각의 화려함은 호수에 비할 바가 아니었다. 육병은 권세를 이용하여 누가 좋은 재산이라도 가지고 있으면 곧바로 빼앗을 생각을 하였다. 옆에 작고한 금의위

---

[38] 陸宣公: 육선공은 唐代 정치인이자 문인이었던 陸贄(754-805)로, 字는 敬輿, 嘉興 사람이다. 시호가 宣이며 사람들은 그를 육선공이라고 불렀다. 문장에 재주가 뛰어났는데, 특히 排偶를 잘 활용하였다. 정치적으로도 성공하였으나 간신의 모함으로 쫓겨났다. ≪陸氏集驗方≫, ≪詩文別集≫ 같은 책을 저술했다고 하나, 전해지지는 않는다.

[39] 陸炳(1510-1560)의 字는 文字이고, 號는 東湖로, 浙江省 嘉興 출신이다. 명나라 錦衣衛의 수장이자 都督同知 陸松의 아들이다. 그의 어머니는 明 世宗 朱厚熜의 유모였기에 어려서부터 어머니를 따라 궁궐을 드나들었다. 嘉靖 11년(1532)에 무과에 급제하여 錦衣衛 副千戶에 임명되었고, 7년 뒤에는 황제를 구한 공로로 都指揮同知로 승진되었으며, 가정 24년에 금의위를 지휘하게 되었다. 가정 39년에 사망하였으며 시호로 武惠를 하사받고 忠誠伯에 추증되었다.

(錦衣衛) 왕좌(王佐)[40]의 별장이 있었는데, 장엄하고 화려했다. 그러자 그 아들이 불효하다는 이유로 죄를 물어 억지로 재산을 바치게 하였다. 그 어머니까지 잡아왔는데, 작고한 왕좌의 첩이었다. 법정에서 아들은 억울함을 강하게 항변하였다. 그러나 그의 어머니가 무릎을 꿇고 앞에 나아가 아들의 죄를 자세히 말하였다. 그러자 아들이 울면서 어머니가 자신을 죽음에 몰아넣는다고 하였다. 그러자 어머니도 그를 질타하며, "죽으면 죽는 거지 무슨 말이 더 필요한 것이냐!"라고 하였다. 그리고 육병이 앉은 자리를 돌아보며 이렇게 말하였다.

"네 부친이 여기에 앉아 계신 지 이미 하루 이틀이 아니고. 이런 일 또한 하루 이틀 일이 아니다. 그러나 너같이 변변치 못한 아들을 낳으셨으니, 이는 하늘의 뜻이로구나. 넌 지금 죽어도 이르지 않다."

육병은 얼굴이 붉어져 그들을 급히 내보냈다. 결국 재산을 몰수하지도 못하였다. 육병의 인물됨이 이러했던 까닭에 사찰은 관에 넘어갔지만 명현(名賢)으로 인정되어 철폐되지는 않았다. 그 후 융경(隆慶) 연간에 어사(御史) 사정걸(謝廷傑)[41]이 양절(兩浙)의 명현들을 추가하여 배양했는데, 엄광(嚴光), 임포(林逋), 조변(趙抃), 왕십붕(王十朋), 여조겸(呂祖謙), 장구성(張九成), 양간

---

[40] 王佐: 왕좌(1126-1191)는 남송의 관리로, 字는 宣子이고, 號는 敬齋이며, 지금의 浙江省 紹興 사람이다. 紹興 18년(1148)에 진사에 급제하여 承事郎, 秘書省校書郎, 尚書吏部員外郎 등을 거쳤고, 揚州, 平江府, 臨安府의 지사를 지냈으며, 工部尚書로 승진하고 侍講을 겸했다. 紹熙 2년(1191)에 풍질에 걸려 사망하였다.

[41] 謝廷傑: 사정걸(1529-?)의 字는 宗聖이고, 號는 虬峰이며, 江西 南昌府 사람이다. 嘉靖 38년(1559)에 진사로 급제하여 歙縣知縣을 맡았고 礼部主事로 발탁되었다. 사정걸은 隆慶 元年(1567)에 浙江道監察御史가 되었다.

(楊簡), 송렴(宋濂), 왕기(王琦), 장무(章懋), 진선(陳選)⁴²이 추가되었다. 회계(會稽) 의 진사(進士) 도윤의(陶允宜)⁴³은 그의 아버지 도대림(陶大臨)이 직접 만든 위 패를 사람을 시켜 가슴에 감추게 하고 명현들 옆에 가져다 놓았다. 당시 사

42 嚴光(?-?)은 東漢 시기의 은사이다. 그의 또다른 이름은 嚴遵이며, 字는 子陵이고 會稽郡 餘姚縣(지금의 浙江省 寧波) 사람이다. 원래는 莊씨였으나, 明帝 劉莊의 이름을 피휘하여 성을 엄씨로 바꾸었다. 林逋(967-1028)는 北宋의 詩人 林和靖이다. 趙抃(1008-1084)은 北宋의 名臣이다. 조변의 字는 閱道이고, 自號는 知非子로, 衢州 西安(지금의 浙江省 衢州) 사람이다. 王十朋(1127-1171)은 南宋의 문신으로, 字는 龜齡이고, 號는 梅溪이며, 溫州 樂淸縣(지금의 浙江省 樂淸市) 사람이다. 高宗이 총애하던 신하였고 孝宗 시기에는 饒州, 夔州 등 여러 곳을 맡아 선정을 펼쳤다. 呂祖謙(1137-1181)은 남송의 문인으로, 字는 伯恭이며, 號는 東萊이며, 婺州(지금의 浙江省 金華) 사람이다. 원적은 壽州(지금의 安徽省 鳳台)이며 1163년에 진사가 되어 太學博士兼國史院編修官, 實錄院檢討官 등의 관직을 역임하였다. 朱子와 함께 北宋 도학자의 語錄 모아 ≪近思錄≫을 편찬하였고 ≪東萊集≫, ≪東萊左氏博議≫ 등을 남겼다. 張九成(1092-1159)은 북송의 관리로, 字는 子韶이고, 號는 無垢이며, 錢塘 사람이다. 高宗 2년(1132)에 진사에 급제하여 鎭東軍簽判에 임명되었다. 이후 著作佐郎이 되어 ≪神宗實錄≫ 편찬에 참여하였고 著作郎으로 승진하였다. 秦檜와 의견이 충돌하여 邵州의 지주로 좌천되었다가 진회가 죽은 뒤 秘閣修撰으로 복직하여 溫州의 지주로 임명되었다. 紹興 29년(1159)에 사망하였다. 저서로 ≪橫浦集≫, ≪中庸說≫이 전해진다. 楊簡(1141-1226)은 南宋의 理學家이다. 字는 敬仲이고, 세간에서 慈湖先生이라 불렀다. 明州 慈谿(지금의 浙江省 寧波) 사람이다. 孝宗 5년에 진사에 급제하여 富陽主簿에 임명되었으며, 이후 國子博士, 寶謨閣學士를 역임하였다. 陸九淵에게 심학을 배워 만물이 모두 자기에게 속해 있다는 唯我論으로 발전시켰다. 宋濂(1310-1381)은 明代 문인이자 관료로, 字는 景濂이고, 號는 潛溪이며, 金華 浦江(지금의 浙江省 浦江縣) 사람이다. 朱元璋에게 초빙되어 太子 朱標에게 경전을 가르쳤다. 洪武 2년(1369)에 ≪元史≫ 편찬을 주관했다. 관직이 翰林學士承旨, 知制誥에 이르렀으며, 당시 조정의 예법이 대부분 그에 의해 제정되었다. 홍무 10년(1377)에 늙어 관직에서 물러나 고향으로 돌아가 72세의 나이로 사망하였다. 명 武宗 때 추증되어 '文憲'이라는 시호를 받아 '宋文憲'으로 불렸다. 章懋(1437-1522)은 明代의 관리이다. 字는 德懋이고, 號는 闇然翁이며 제자들은 楓山선생이라고 불렀다. 浙江 金華府 사람이다. 成化 연간에 진사에 급제하여 관직이 南京禮部侍郎에까지 올랐다. 陳選(1429-1486)은 명대의 관리로, 字는 士賢이고, 號는 克菴이며, 浙江 臨海縣 사람이다. 天順 4년(1460)에 진사에 급제하여 監察御史에 임명되었다. 河南按察使, 廣東布政使를 거치며 공적을 쌓았고 ≪小學句讀≫을 지어 학생들을 가르쳤다.

43 陶允宜: 도윤의(?-?)의 字는 懋中로 浙江 紹興府 會稽縣 사람이다. 隆慶 4년(1570)에 향시에 급제하였고 萬曆 2년(1574)에 會試에 붙어 진사가 되었다. 刑部主事로 임명되었으며 通州同知, 常州府同知, 黃州府同知 등을 역임하였다.

람들은 그의 어리석은 효심을 비웃었다.

> 孤山何以祠陸宣公也? 蓋自陸少保炳為世宗乳母之子, 攬權怙寵, 自謂系出宣公, 創祠祀之. 規制宏廠, 吞吐湖山. 臺榭之盛, 概湖無比. 炳以勢焰, 孰有美產, 即思攫奪. 旁有故錦衣王佐別墅壯麗, 其孽子不肖, 炳乃羅織其罪, 勒以獻產. 捕及其母, 故佐妾也. 對簿時, 子強辯. 母膝行前, 道其子罪甚詳. 子泣, 謂母忍陷其死也. 母叱之曰: "死即死, 尚何說!" 指炳座顧曰: "而父坐此非一日, 作此等事亦非一日, 而生汝不肖子, 天道也, 汝死猶晚!" 炳煩發赤, 趣遣之出, 弗終奪. 炳物故, 祠沒入官, 以名賢得不廢. 隆慶間, 御史謝廷傑以其祠後增祀兩浙名賢, 益以嚴光、林逋、趙忭、王十朋、呂祖謙、張九成、楊簡、宋濂、王琦、章懋、陳選. 會稽進士陶允宜以其父陶大臨自製牌版, 令人匿之懷中, 竊置其旁. 時人笑其癡孝.

부록작품 1

기표가,[44] <육선공사>

소동파는 육선공의 글을 보고 감탄하여,

서령(西泠)의 제기에서 향기가 풍긴다.

샘과 바위는 쓸쓸하지만 기개가 남아 있고,

산천이 깨끗하니 문장이 드러난다.

화공의 경계에 금빛과 푸른빛이 더해지고,

---

[44] 祁彪佳: 기표가(1602-1645)는 明代의 문인으로, 字는 虎子이고 號는 世培이다. 山陰(지금의 浙江省 紹興) 사람이며 天啟 연간에 進士가 되었고, 崇禎 4년에 御史를 맡았다. 저서로 ≪遠山堂曲品≫, ≪遠山堂劇品≫, ≪越中亭園記≫, ≪祁彪佳集≫ 등을 남겼다. 기표가는 장대의 저서에 서문을 써 주고 문학적 교류를 하였던 친구이다.

사당의 웅장한 모습에서 위엄이 드러나네.

육병(陸炳)이 호숫가에서 권세를 자랑하지만,

숭도(崇韜)가 감히 분양(汾陽)을 인정하는 것이다.

祁彪佳, <陸宣公祠>
東坡佩服宣公疏, 俎豆西冷蘋藻香.
泉石蒼涼存意氣, 山川開滌見文章.
畫工界畫增金碧, 廟貌巍峨見喬皇.
陸炳湖頭誇勢焰, 崇韜乃敢認汾陽.

육일천(六一泉)

　　육일천(六一泉)은 고산(孤山)의 남쪽에 있으며, 죽각(竹閣)이라고도 하고 근공강당(勤公講堂)이라고도 한다. 송나라 원우(元祐) 6년에 소동파 선생과 혜근(惠勤)[45] 스님이 함께 구양공(歐陽公)을 애도하던 곳이다. 혜근 스님이 강당을 처음 지을 때 땅을 파다가 샘을 발견하여 소동파가 샘에 대한 비문을 지었다. 두 사람은 모두 구양공의 문하에 있었는데, 이 샘이 막 나왔을 때 마침 구양공의 부음이 들려 통곡하였다. 그리하여 샘 이름을 육일(六一)로 하고, 마치 육일공을 보는 듯 하였다. 그 제자들은 샘을 가릴 돌집을 만들어 덮고 그 위에 비문을 새겼다. 남쪽으로 내려온 고종(高宗)이 강왕(康王)이었을 때,[46] 항상 금나라 사신을 보내 밤에 다녔는데, 네 거인이 몽둥이를 들

---

[45] 惠勤: 혜근은 宋代의 승려로 余杭(지금의 浙江省 杭州市) 사람이다. 30년 넘게 歐陽修를 따라다녔으며 시를 잘 썼다.

[46] 원문에서 남쪽으로 건너왔다는 '남도(南渡)'는 남쪽 강을 건넜다는 뜻이다. 南宋 高宗 趙構는 徽宗의 아홉째 아들로, 宣和 3년(1112년)에 康王으로 봉해졌다. 靖康 2년(1127년) 금나라에 휘종과 欽宗이 포로로 잡히자, 조구는 南京 應天府(지금의 河南省 商丘)에서 즉위하여 建炎 연호를 사용하며 남송을 열었다. 남도 이후 조구가 왕위에 오르면서 남송이 공식적으로 시작되었던 것이다.

고 앞서가는 모습을 보았다. 왕위에 오른 후, 도사에게 물어봤더니, 자미궁(紫薇宮)에 네 명의 장수가 있다고 하면서, 천봉(天蓬), 천유(天猷), 익성(翊聖), 진무(真武)[47]라 하였다. 황제가 그들에게 보답하고자 마침내 죽각을 폐하고 연상관(延祥觀)으로 바꾼 뒤, 네 명의 거인을 제사지냈다. 원나라 초기에 세조(世祖)가 다시 관을 폐하고 황제의 스승을 제사 지내는 곳으로 삼았다. 육일천은 두 사람의 집에 2백 년이 넘게 묻혀있었다. 원나라 말기 전란으로 인해 샘물이 다시 보이긴 했지만, 돌집은 무너졌고 비문 또한 이웃의 승려가 훔쳐 가버렸다. 홍무(洪武) 초기, 행승(行升)이라는 승려가 있었는데, 잡초를 베고 먼지를 씻어내어 예전 모습을 되찾으려고 하였다. 그리하여 다시 돌집을 세우고 비문도 구하여 예전 자리에 되돌려 놓았다. 그리고 사당을 세워 소동파와 혜근 스님을 모시려 하였다. 참요(參寥)의 이야기를 이어가고자 하였으나[48] 역부족이었다. 교수(敎授) 서일기(徐一夔)은 다음과 같은 상소를 올렸다.

이 아름다운 곳은 참으로 명성이 있는 고장에 있습니다. 혜근 스님은 이곳에서 은거하셨고, 소장공(蘇長公)도 이로 인해 여러 번 찾

---

[47] 天蓬, 天猷, 翊聖, 真武: 이들은 도교에서 추앙하는 신으로, 北極四聖이라 한다. 北宋 도교서인 《太上九天延祥滌厄四聖妙經》에 따르면, "북쪽에는 본래 天蓬, 天猷, 翊聖, 真武가 있어, 하늘의 병사들을 통솔하고 장교들을 파견하며, 위급한 난이 생겼을 때 주의를 기울이면 스스로 神威를 내려, 부르면 즉시 응한다. 神光이 찬란하고 살기가 우뚝하며, 마귀가 숨어 모습을 감추고 사악한 정령이 복종하며, 모든 재앙과 화근이 모두 사라진다.(北方自有天蓬、天猷、翊聖、真武, 統領天兵, 驅遣將吏, 如有急難, 可以注念, 自降神威, 隨念而至, 靈光赫赫, 殺氣巍巍, 魔鬼潛形, 精邪伏匿, 一切災殃, 盡皆消滅)"라고 하였다.

[48] 參寥의 이야기는 參寥子와 샘물에 대한 고사이다. 참요자는 於潛의 승려 道潛으로 호가 참요자이다. 그는 吳 지역 출신인데 止戈寺에 터를 잡고 돌 틈에서 샘물을 발굴하였다. 그 후 崇禎 연간에 폐허가 된 지과사를 보수하고 절 뒤편에서 샘을 발견하였는데 그것을 參寥泉이라고 이름 붙였다. 《西湖夢尋》 권1 <智果寺> 참조.

아왔습니다. 그들의 발자취는 속세 사람과 승려로 나뉘었지만, 함께 구양수의 문하에 올랐습니다. 삶과 죽음을 중히 여겨 고산 아래에서 함께 통곡하였습니다. 오직 정성이 감응하는 이치가 있기에 산과 강이 나와 맞이하는 샘물이 생겼습니다. 샘의 이름에서 어진 이에 대한 그리움이 드러나고 충심은 국화를 추천하는 데서 드러났습니다. 비록 고적이 남아있지만 반드시 새로운 사당을 세워야 합니다. 이 일을 행함은 복을 얻기 위함이 아니고, 실로 함께 큰 일을 이루고자 함입니다. 유생과 승려들은 너그러운 도량으로 서로를 완성해주기를 바랍니다. 산의 색과 호수의 빛은 높은 산봉우리와 함께 멀리까지 펼쳐집니다. 기쁘게 도움을 주시기 바라며, 부디 쓸데없다 꾸짖지 마소서.

六一泉在孤山之南, 一名竹閣, 一名勤公講堂. 宋元祐六年, 東坡先生與惠勤上人同哭歐陽公處也. 勤上人講堂初構, 掘地得泉, 東坡為作泉銘. 以兩人皆列歐公門下, 此泉方出, 適哭公訃, 名以"六一", 猶見公也. 其徒作石屋覆泉, 且刻銘其上. 南渡高宗為康王時, 常使金, 夜行, 見四巨人執殳前驅. 登位後, 問方士, 乃言紫薇垣有四大將, 曰: 天蓬、天猷、翊聖、真武. 帝思報之, 遂廢竹閣, 改延祥觀, 以祀四巨人. 至元初, 世祖又廢觀為帝師祠. 泉沒於二氏之居二百余年. 元季兵火, 泉眼復見, 但石屋已圮, 而泉銘亦為鄰僧舁去. 洪武初, 有僧名行升者, 鋤荒滌垢, 圖復舊觀. 仍樹石屋, 且求泉銘, 復於故處. 乃欲建祠堂, 以奉祀東坡、勤上人, 以參寥故事, 力有未逮. 教授徐一夔為作疏曰: "睠茲勝地, 實在名邦. 勤上人於此幽棲, 蘇長公因之數至. 跡分緇素, 同登歐子之門; 誼重死生, 會哭孤山之下. 惟精誠有感通之理, 故山嶽出迎勞之泉. 名聿表於懷賢, 忱式昭於薦菊. 雖存古跡, 必肇新祠. 此舉非為福田, 實欲共成勝事. 儒冠僧衲, 請恢雅量以相成; 山色湖光, 行與高峰而共遠. 願言樂助, 毋誚濫竽."

부록작품 1

소식, <육일천 명문(銘文)>

구양문충(歐陽文忠)선생이 나이가 들자 스스로를 육일거사(六一居士)라고 부르셨다. 내가 예전에 전당(錢塘)의 통수(通守)로 있을때, 여음(汝陰) 남쪽에서 선생과 작별하였다. 선생께서 말씀하시기를, "서호의 승려 혜근(惠勤)은 문장이 뛰어나고 시도 잘 짓는다. 내가 일전에 <산중락(山中樂)> 3편을 지어 그에게 주었다. 네가 백성들의 일을 보는 틈에 자연 속에서 어울릴 만한 이를 찾을 수 없으면, 혜근에게 가서 어울리면 어떨까?"라고 하셨다. 내가 부임한 지 사흘 만에 고산 아래에 있는 혜근 스님을 방문하였다. 손뼉을 치며 인물을 논함에, "육일 선생은 하늘이 내린 분입니다. 사람들은 그 분이 인간 세상에 잠시 머무르셨음을 보았을 뿐, 구름을 타고 바람을 몰아 오악(五嶽)을 두루 거치시며 창해를 넘나드셨음은 알지 못합니다. 이 지역 사람들은 선생이 한 번도 오지 않으셨음을 한탄합니다. 그러나 선생께서는 사방팔방을 종횡무진 하시어 가지 않으신 곳이 없지요. 비록 강산의 뛰어난 경치라도 주인 노릇 할 만한 것은 없으나, 기이하고 아름다우며 빼어난 운치는 언제나 문장에 쓰입니다. 그래서 나는 서호가 단지 선생의 책상 한구석 물건에 불과하다고 생각합니다."라고 하였다. 혜근의 말은 비록 괴이하지만 그 이치에는 실제로 그러한 점이 있다. 다음 해에 선생께서 돌아가시자, 나는 혜근의 암자에서 통곡하였다. 다시 18년이 지나 내가 전당을 지키게 되었을 때 혜근도 입적한 지 오래였다. 그의 옛 거처를 방문했더니 제자 이중(二仲)이 있었다. 이중은 선생과 혜근의 초상을 그려 생전 그대로 모셨다. 절 아래에 과거에는 없던 샘이 내가 부임한 지 몇 달 되지 않아 강당 뒤에서 솟아 나왔다. 고산의 기슭에서 하얀 물이 넘쳐 흘렀으며 매우 맑고 달았다. 나는 곧바로 그곳에 바위를 파고돌을 얹어 방을 만들었다. 이중이 "스승님께서 선생이 오신다는 소식을 듣고 샘물을 내셔서 환대하신 것입니다. 선생께서 무어라 말씀하시지 않겠습니까?"라고 하였다. 나는 혜근이 옛날에 했던 말을 취하여 그 뜻을 깊이 생각해보고, 샘의 이름을 '육일천(六一泉)'으로 지었다. 그리고 그 샘에 다음과 같은 명문을 지었다.

이 샘물이 나온 곳은 선생과 수천 리 떨어진 곳에 있고, 선생이 돌아가신 지 이미 18년이 지났는데 이름하여 '육일(六一)'이라고 하니, 허망한 소리에 가깝지 않을까? 이르노니, 군자의 은택은 다섯 대에 그치는 것이 아니라, 무릇 적절한 사람을 만나면 백 대까지도 이어질 수 있다. 언제나 그대와 함께 고산에 올라 오월 땅을 바라보고, 산속의 즐거움을 노래하며 이 샘물을 마시면, 선생께서 남긴 풍모와 기운 또한 이 샘에서 볼 수 있을 것이다.

蘇軾, <六一泉銘>

歐陽文忠公將老, 自謂六一居士. 予昔通守錢塘, 別公於汝陰而南. 公曰: "西湖僧惠勤甚文而長於詩. 吾昔爲≪山中樂≫三章以贈之. 子閒於民事, 求人於湖山間而不可得, 則往從勤乎?" 予到官三日, 訪勤於孤山之下, 抵掌而論人物, 曰: "六一公, 天人也. 人見其暫寓人間, 而不知其乘雲馭風·歷五嶽而跨滄海也. 此邦之人, 以公不一來爲恨. 公麾斥八極, 何所不至. 雖江山之勝, 莫適爲主, 而奇麗秀絶之氣, 常爲能文者用. 故吾以爲西湖蓋公幾案間一物耳." 勤語雖怪幻, 而理有實然者. 明年公薨, 予哭於勤舍. 又十八年, 予爲錢塘守, 則勤亦化去久矣. 訪其舊居, 則弟子二仲在焉. 畫公與勤像, 事之如生. 舍下舊無泉, 予未至數月, 泉出講堂之後·孤山之趾, 汪然溢流, 甚白而甘. 即其地鑿巖架石爲室. 二仲謂: "師聞公來, 出泉以相勞苦, 公可無言乎?" 乃取勤舊語, 推本其意, 名之曰"六一泉". 且銘之曰: "泉之出也,去公數千里, 後公之沒十八年, 而名之曰'六一', 不幾於誕乎? 曰: 君子之澤, 豈獨五世而已, 蓋得其人, 則可至於百傳. 常試與子登孤山而望吳越, 歌山中之樂而飮此水, 則公之遺風余烈, 亦或見於此泉也."

부록작품 2

백거이, <죽각>
저녁에 소나무 처마 아래 앉고,
밤에는 대나무 누각 사이에서 잔다.
맑고 텅 빈 것은 약이 되어,
고요하고 외롭게 산으로 돌아간다.
아름다움은 어리석음을 이길 수 없고,
바쁨은 한가로움에 미치지 못한다.
수고로이 수행하지 마라,
오직 이것이 깨달음의 문이다.

白居易, <竹閣>
晩坐松簷下, 宵眠竹閣間.
淸虛當服藥, 幽獨抵歸山.
巧未能勝拙, 忙應不及閒.
無勞事修煉, 只此是玄關.

9

갈령(葛嶺)

갈령(葛嶺)은 치천(稚川) 갈선옹(葛仙翁)[49]이 수련하던 곳이다. 갈선옹(葛仙翁)의 이름은 홍(洪)이고, 호(號)는 포박자(抱樸子)로, 구용(句容) 사람이다. 갈홍의 증조부 갈현(葛玄)은 도술을 배워 신선술을 얻었고 그 제자 정은(鄭隱)에게 전수하였다. 갈홍은 정은에게 배워 그 비법을 모두 얻었다. 상당(上黨) 포현(鮑玄)의 딸[50]을 아내로 삼았다. 함화(咸和) 연간 초에, 사도(司徒) 도보(導補)가 주부(主簿)로 부르고 간보(幹寶)가 대저작(大著作)으로 천거했으나, 모두 사양하였다. 교지(交趾)에서 단사(丹砂)가 나온다는 소문을 듣고 홀로 구루

49　稚川 葛仙翁은 晉나라의 仙人 葛洪(283-343)을 말한다. 갈홍의 字는 稚川이고 號는 抱樸子이며, 세간에서 葛仙翁이라고 불렸다. 句容(지금의 江苏省 镇江市) 사람으로, 신선 도양술과 연단술을 좋아하였다. 咸和 연간에 처음으로 大著作(文史담당관)으로 추천되었지만 맡지 않았다. 交趾에서 단사가 나온다는 말을 듣고 勾漏令이 되어 지내다가 羅浮山에서 사망하였다.

50　上黨은 山西省 동남부에 있던 고대 지명이다. 鲍玄은 鲍靚(?-?)으로 南北朝 시대 晉나라의 문신이다. 字가 太玄이며, 출신 지역에 대한 설이 분분하여 일설에는 東海(지금의 江蘇省 常熟縣) 사람이라고 하고, 陳留(지금의 河南省 開封市) 사람, 또 일설에서는 上黨 사람이라고 한다. 南海太守를 지내며 낮에는 공무를 돌보고 밤에는 羅浮山의 갈홍에게 날아가 함께 신선술을 연구하였으며, 뜸을 잘 뜨는 딸 鮑姑를 갈홍에게 시집보냈다.

령(勾漏令)을 청하였다.⁵¹ 광주(廣州)에 이르러 자사(刺史) 정악(鄭嶽)이 그를 머물게 하여 나부산(羅浮山)에서 연단(煉丹)하였다. 이렇게 수년이 흘렀다. 어느 날 정악에게 유서를 남기길, "경사로 먼 여행을 해야 해서 기한에 맞추어 출발하겠소."라고 하였다. 정악이 유서를 받고 급히 작별하러 갔다. 가보니 갈홍은 정오가 될 때까지 가만히 앉아서 멍하니 잠든 듯이 있다가, 향년 81세로 숨을 거두었다. 시신을 들어 관에 넣는데 허물 벗은 매미처럼 가벼워 세상 사람들은 시체를 벗고 신선이 되어 떠났다고 여겼다. 지과사(智果寺)의 서남쪽에 초양대(初陽臺)가 있는데, 금오(錦塢) 위에 있으며, 갈홍이 이곳에서 수련하였다. 초양대 아래는 투단정(投丹井)이 있는데, 지금은 마씨(馬氏)의 정원에 있다. 선덕(宣德) 연간에 큰 가뭄이 들어 마씨가 우물을 만들다가 돌 상자 하나와 돌 병 네 개를 발견하였다. 돌 상자는 단단해서 열 수 없었다. 병 안에는 환약이 있었는데, 마치 가시연밥 같았다. 사람들이 먹어보니, 아무런 맛도 나지 않아 버렸다. 그런데 한 어부가 그 환약 한 알을 먹었는데, 106세까지 살았다. 우물을 만든 뒤 물이 탁해져서 마실 수 없게 되었는데, 돌 상자를 넣으니 물이 전처럼 맑아졌다.

> 葛嶺者, 葛仙翁稚川修仙地也. 仙翁名洪, 號抱樸子, 句容人也. 從祖葛玄, 學道得仙術, 傳其弟子鄭隱. 洪從隱學, 盡得其秘. 上黨鮑玄妻以女. 咸和初, 司徒導招補主簿, 幹寶薦為大著作, 皆同辭. 聞交趾出丹砂, 獨求為勾漏令. 行至廣州, 刺史鄭嶽留之, 乃煉丹於羅浮山中. 如是者積年. 一日, 遺書嶽曰: "當遠遊京師, 剋期便發." 嶽得書, 狼狽往別, 而洪坐至日中, 兀然

51 交趾는 고대 중국의 옛 지명으로 交阯라고도 한다. 지금의 베트남 북부 지역이다. 丹砂는 먹으면 신선이 된다는 붉은 빛의 흙이다. 도사들이 단사로 불로장생하는 약을 만들었는데, 이를 鍊丹, 鍊金이라고 한다. 勾漏는 지금의 廣西省 北流 지역으로 勾漏令은 그 지역 담당관을 말한다.

若睡, 卒年八十一. 舉屍入棺, 輕如蟬蛻, 世以為屍解仙去. 智果寺西南為初陽臺, 在錦塢上, 仙翁修煉於此. 台下有投丹井, 今在馬氏園. 宣德間大旱, 馬氏鑿井得石匣一, 石瓶四. 匣固不可啟. 瓶中有丸藥若茨實者, 啖之, 絕無氣味, 乃棄之. 施漁翁獨啖一枚, 後年百有六歲. 浚井後, 水遂淤惡不可食, 以石匣投之, 清洌如故.

부록작품 1

기치가,[52] <갈령>

포박자가 신선계로 떠나간 지 오랜 세월이 지났는데,

어찌 그의 이름은 지금까지 전해질까?

조대(釣臺)에 천고의 세월에도 높이 바람불고,

한대(漢代)의 솥 비록 옮겨졌어도 여전히 엄씨(嚴氏)의 성이다.

구루(勾漏)의 영사(靈砂) 세상에서 희귀한 것인데,

가져와 끓이고 단련하여 도규(刀圭) 만드네.

어부가 백 살에 되지 않았다면

단약이 우물을 진흙으로 만들 뻔했네.

평장(平章)의 저택 호숫가에 절반이고

날마다 생황 노랫소리 화선(畫船)에 들어간다.

---

[52] 祁豸佳: 기치가(1594-1670)는 명말의 문인으로, 字는 止祥이고 號는 雪瓢이며, 山陰(지금의 浙江省 紹興) 사람이다. 書法과 繪畫, 戲曲 등 다양한 분야에 취미가 있었는데, 장대는 이를 癖이라 정의하고 ≪도암몽억≫에 <祁止祥癖>이란 글에 담았다. 장대와는 '曲學知己'라며 두터운 친분을 가지고 있었고 서로 글을 주고받는 등의 문학적 교류를 나누었다.

순주(循州) 떠나자 마치 연기처럼 사라졌지만,
갈령(葛嶺)에는 여전히 치천(稚川)이 돌아왔다.

갈령은 외로운 산 구릉 하나를 사이에 두었고,
옛날 이 산 머리에서 학을 날려 보냈다.
높이 날아도 서산(西山)의 구멍에 빠지지 말고,
능 밖에는 사람이 없으니 오래 머물지 마라.

祁豸佳, <葛嶺>
抱樸遊仙去有年, 如何姓氏至今傳.
釣臺千古高風在, 漢鼎雖遷尚姓嚴.

勾漏靈砂世所稀, 攜來烹煉作刀圭.
若非漁子年登百, 幾使還丹變井泥.

平章甲第半湖邊, 日日笙歌入畫船.
循州一去如煙散, 葛嶺依然還稚川.

葛嶺孤山隔一丘, 昔年放鶴此山頭.
高飛莫出西山缺, 嶺外無人勿久留.

10

소공제(蘇公堤)

항주에 서호가 있고 영상(穎上)⁵³에도 서호가 있는데, 모두 명승지이다. 소동파가 두 고을을 연이어 다스렸다. 소동파가 처음 영상에 도착했을 때, 사람들은 "내한(內翰)께서 오직 호수에서 유람만 하셔도 공무를 마칠 수 있습니다."라고 하였다. 이에 진태허(秦太虛)⁵⁴가 다음과 같은 시를 지었다.

십 리 연꽃이 막 필 때,
우리 공께서 이르신 곳에 서호가 있구나.
서호에서 공무를 마치려 하시니,
관리는 한가롭고 일도 없다고 한다.

그 후 소동파가 영상에 도착하자 <사집정계(謝執政啓)>에, "한림원과 궁

---

53 穎上: 옛 穎州로, 지금의 安徽省 阜阳이다. 소동파는 宋 元祐 6년(1091)에 영주의 知州를 맡았다.

54 秦太虛: 北宋 시기의 문인 秦觀(1049-1100)이다. 진관의 字는 少遊 또는 太虛이고 號는 淮海居士이다. 高郵(지금의 江蘇省 高郵) 사람이며, 소식의 문인으로 黃庭堅, 晁補之, 張耒와 더불어 蘇門四學士로 알려졌다. 저술로 ≪淮海集≫이 전해진다.

궐에 입참하다가 매번 학사원의 영예에 흠집을 내었습니다. 외직으로 나와 두 고을을 맡아 이어서 서호의 수령이 되었습니다."라고 하였다. 그래서 소동파는 항주에 있을 때 서호 준설을 청하고 진흙을 모아 긴 제방을 쌓았다. 남쪽에서 북쪽으로 호수를 가로질러 쌓았는데, 그리하여 '소공제(蘇公堤)'라고 이름 붙였다. 제방 사이에 복숭아와 버드나무를 심고, 그 중간에 여섯 개의 다리를 놓았다. 남송 이후 악기 소리와 누선이 많아지자 매우 화려했다. 하지만 호수 물이 범람하여 제방이 점점 무너졌다. 명나라에 들어와 성화(成化) 연간 이전에는 이호(里湖)가 전부 민가의 터전이 되었고, 육교의 물길이 실처럼 가늘어졌다. 정덕(正德) 3년(1508), 군수 양맹영(楊孟瑛)[55]이 이를 개간하여, 서쪽은 북신제(北新堤)를 경계로 삼고 소제를 보수하여 늘렸다. 높이는 2장, 너비는 5장 3척으로 하였고, 이호에 여섯 개의 다리를 새로 지었으며, 만 그루의 버드나무를 심어 순식간에 옛 모습을 되찾았다. 그러나 오랜 시간이 흐르자 버드나무는 시들었고 제방도 무너져 내렸다. 가정(嘉靖) 12년(1533), 현령(縣令) 왕익(王釴)[56]은 가벼운 죄를 지은 자들은 복숭아나무와 버드나무를 심는 것으로 죄를 사하여 준다는 명을 내렸다. 그 결과 붉은색과 자주색이 화려하게 피어 마치 비단처럼 아름답게 어우러졌다. 그러나 그 후 전쟁으로 인해 나무가 거의 벌채되어 사라졌다. 만력 2년(1574)에 염운사(鹽運使) 주병여(朱炳如)[57]가 다시 버드나무를 심어 찬란했던

---

55 楊孟瑛: 앞의 주 참조.
56 王釴: 왕익(1499-1558)의 字는 公儀이고, 號는 龍江이며, 福建 福州 사람이다. 嘉靖 11년(1532)에 진사로 급제하여 錢塘知縣을 맡았다.
57 鹽運使의 원래 명칭은 都轉鹽運使司鹽運使다. 원대에 처음 설치되어 명청대까지 이어졌다. 절강과 복건 등 주요 소금 생산지에만 설치되었으며, 염운사는 소금 관련 업무를 총괄하였다. 朱炳如(1513-?)의 字는 稚文이고, 別號는 白野로, 湖廣省 衡陽縣 출신이다. 嘉靖 38년(1559)에 진사가 되어 兩浙鹽運使, 浙江按察使 등의 관직을 맡았다. 주병여는 당시 권력을

모습이 되살아났다. 숭정(崇禎) 초년에 이르러 제방 위 나무들의 크기가 두 팔로 껴안을 수 있을 만큼 자랐다. 태수(太守) 유몽겸(劉夢謙)[58]과 사부(士夫) 진생보(陳生甫)의 무리가 이때 서호에 왔다. 2월에 소제(蘇堤)에서 성대한 연회가 열렸다. 성 안에서 양각등(羊角燈)과 사등(紗燈) 수만 개를 복숭아나무와 버드나무에 두루 걸려 있었다. 아래에는 붉은 천을 깔고 예쁜 아이들과 유명한 기녀를 불러 마음껏 술을 마시며 소리 높여 노래를 불렀다. 밤이 되자, 만 개의 초가 일제히 타오르니 대낮같이 밝았다. 호수 가운데서 먼 곳을 바라보니 제방 위 만 개의 등불이 호수의 그림자로 두 배가 되었다. 피리와 대관, 생황과 노랫소리가 깊은 밤까지 이어졌다. 이 소식이 수도에 전해지자 태수는 강등되었다. 이 일로 소동파가 항주에서 관직을 하던 시절을 생각해 보았다. 봄철 휴가 때마다 소동파는 반드시 호수에서 손님과 약속을 잡아 산수가 아름다운 곳에서 아침을 먹었다. 식사를 마치면 모든 손님께 배를 한 척씩 내어주고, 한 명의 대장을 두어 각자 몇 명의 기생을 거느리고 원하는 곳으로 가도록 하였다. 저녁이 되면 북을 울려 모아놓고 다시 망호정(望湖亭)이나 죽각(竹閣)에 모여 극도로 흥을 즐기다가 그만두었다. 저녁 1, 2고(鼓)[59]가 되어도 야시장은 아직 끝나지 않았기에 촛불을 줄지어 켜고 돌아갔다. 성안의 사대부들과 부녀자들이 길가에 구름처럼 모여 구경하였다. 이는 참으로 전례 없는 풍류이며 태평성세의 즐거운 일이니, 다시 찾을 수 없을 것이다.

장악하던 張居正에 반하여 섬서부정사 직에서 해임되었다. 문장에 재능이 뛰어나 시와 산문을 모은 ≪白野詩文集≫이 전해진다.
58 劉夢謙: 앞의 주 참조.
59 鼓는 更과 같이 시간을 나타내는 단위이다. 1鼓는 저녁 19시부터 21까지, 2鼓는 21시부터 23시까지를 말한다.

杭州有西湖, 穎上亦有西湖, 皆為名勝, 而東坡連守二郡. 其初得穎, 穎人曰: "內翰只消遊湖中, 便可以了公事." 秦太虛因作一絕云: "十里荷花菡萏初, 我公身至有西湖. 欲將公事湖中了, 見說官閒事亦無." 後東坡到穎, 有謝執政啟云: "入參兩禁, 每玷北扉之榮; 出典二藩, 迭為西湖之長." 故其在杭, 請浚西湖, 聚葑泥, 築長堤, 自南之北, 橫截湖中, 遂名蘇公堤. 夾植桃柳, 中為六橋. 南渡之後, 鼓吹樓船, 頗極華麗. 後以湖水漱齧, 堤漸淩夷. 入明, 成化以前, 里湖盡為民業, 六橋水流如線. 正德三年, 郡守楊孟瑛辟之, 西抵北新堤為界, 增益蘇堤, 高二丈, 闊五丈三尺, 增建里湖六橋, 列種萬柳, 頓復舊觀. 久之, 柳敗而稀, 堤亦就圮. 嘉靖十二年, 縣令王釴令犯罪輕者種桃柳為贖, 紅紫燦爛, 錯雜如錦. 後以兵火, 砍伐殆盡. 萬曆二年, 鹽運使朱炳如復植楊柳, 又復燦然. 迨至崇禎初年, 堤上樹皆合抱. 太守劉夢謙與士夫陳生甫輩時至. 二月, 作勝會於蘇堤. 城中括羊角燈、紗燈幾萬盞, 遍掛桃柳樹上, 下以紅氈鋪地, 冶童名妓, 縱飲高歌. 夜來萬蠟齊燒, 光明如晝. 湖中遙望堤上萬蠟, 湖影倍之. 蕭管笙歌, 沉沉昧旦. 傳之京師, 太守鐫級. 因想東坡守杭之日, 春時每遇休暇, 必約客湖上, 早食於山水佳處. 飯畢, 每客一舟, 令隊長一人, 各領數妓, 任其所之. 晡後鳴鑼集之, 復會望湖亭或竹閣, 極歡而罷. 至一、二鼓, 夜市猶未散, 列燭以歸. 城中士女夾道雲集而觀之. 此真曠古風流, 熙世樂事, 不可復追也已.

부록작품 1

장경원, <소제에 관한 짧은 글>

소제(蘇堤)의 여섯 다리를 건너면 제방 양쪽에 가득 심어놓은 복숭아나무와 버드나무가 쓸쓸히 떨어진다. 2, 3월을 생각하면 버드나무 잎과 복숭아꽃 만발하여 여행객들로 북적거리지만, 이때만큼 깨끗하고 아름답지 못하다.

張京元, <蘇堤小記>

蘇堤度六橋, 堤兩旁盡種桃柳, 蕭蕭搖落. 想二三月, 柳葉桃花, 遊人闐塞, 不若此時之為清勝.

부록작품 2

이유방, <양봉파무도에 쓰다>

삼교(三橋) 용왕당(龍王堂)에서 서호의 여러 산을 바라보니, 그 아름다움이 다 드러난다. 연기 숲과 안개 장막이 호수에 겹겹이 비치고, 옅은 그림과 짙은 칠로 순간순간 백 가지 모습을 드러낸다. 동원(董源)과 거연(巨然)의 뛰어난 붓놀림이[60] 아니면 그 기운과 운치를 제대로 표현할 수 없을 것이다. 내가 작은 집에 있을 때, 작은 배를 불러 제방에 올라 자유롭게 걸어서 산을 구경했는데 가장 많이 경치를 음미할 수 있었다. 그러나 붓을 잡아 그리려고 하면 그리 잘되지 않았으니, 그 기운과 운치를 말로 표현하기 어려웠던 것이다. 내 친구 정맹양(程孟暘)의 시 <호상제화(湖上題畫)>에 다음과 같은 구절이 있다.

> 바람 부는 제방에 이슬 맺힌 탑 뚜렷해지려 하고,
> 누각에 내리는 비에 그늘이 두 갈래로 드리웠네.
> 내 부채에 그대를 그려 보려 하니,
> 배 창문에 먹을 머금고 바람을 타고 날아가네.

---

[60] 董源은 南唐 산수화의 대가이다. 동원의 字는 叔達이고, 洪州 鍾陵(지금의 江西省 南昌) 사람이다. 南唐北苑副使를 맡아 세간에서는 董北苑라고 불렀다. 巨然은 北宋 초의 화가이자 승려이다. 동원과 동향이자 스승과 제자 사이로 강남 산수화에 뛰어났다.

이런 풍경과 이런 시, 그리고 이 사람과 이 그림이 모두 상상할 만한 것이었다. 계축(癸丑) 8월, 청휘각(淸暉閣)에서 적었다.

李流芳, <題兩峰罷霧圖>

三橋龍王堂, 望西湖諸山, 頗盡其勝. 煙林霧障, 映帶層疊; 淡描濃抹, 頃刻百態. 非董, 巨妙筆, 不足以發其氣韻. 余在小築時, 呼小舟槳至堤上, 縱步看山, 領略最多. 然動筆便不似甚矣, 氣韻之難言也. 予友程孟暘≪湖上題畫≫詩云: "風堤露塔欲分明, 閣雨縈陰兩未成. 我試畫君團扇上, 船窗含墨信風行." 此景此詩, 此人此畫, 俱屬可想. 癸丑八月淸暉閣題.

부록작품 3

소식, <축제>
여섯 개의 다리 은하수 위에 가로 지르고,
북산부터 시작하여 남쪽 병풍같은 산으로 통하네.
문득 25만장(丈) 높이에 놀라니,
오랜 갈대 푸른 연기 속에 하늘을 뒤덮는다.
옛날 구슬 누각에 푸른 비녀 꽂은 여인들 가득하고,
여인의 담장에는 아직도 풀이 무성하다.
동풍 부는 여섯 번째 다리 옆 버드나무에서는,
노란 꾀꼬리 대신 두견새가 보인다.

蘇軾, <築堤>
六橋橫截天漢上, 北山始與南屛通.

忽驚二十五萬丈, 老封席捲蒼煙空.
昔日珠樓擁翠鈿, 女牆猶在草芊芊.
東風第六橋邊柳, 不見黃鸝見杜鵑.

부록작품 4

소식, <또 다른 시(詩)>[61]

혜근(惠勤)과 혜사(惠思) 모두 고산(孤山)에 살았는데 소식이 항주에서 관리로 있을 때, 납일(臘日)[62]에 그들을 방문하고 다음과 같은 시를 지었다.

하늘에서 눈이 내리려 할 때 구름이 호수를 가득 채우고,

누대도 숨었다 나타났다 하며 산도 있었다 없었다 한다.

물은 맑아 돌이 보이고 물고기도 몇 마리인지 셀 수 있으며,

숲은 깊고 사람은 없어 새들만 서로 부르짖네.

납일인데 집에 돌아가 아내와 아이들 마주하지 않고,

도인 찾는다 핑계 삼지만 실은 혼자 즐기는 것이로다.

도인이 사는 곳은 어디인가?

보운산(寶雲山) 앞길이 구불구불하다.

고산은 외롭고 쓸쓸하여 누가 머물려고 하겠냐만,

도인 도가 있어 산속도 외롭지 않다.

종이 창 대나무 집 따뜻하니,

---

61 이 시의 제목은 <腊日游孤山访惠勤惠思二僧>이다. ≪蘇東坡全集≫ 卷三 참조.
62 臘日: 동지가 지난 뒤 셋째 未日로, 민간에서는 여러 신에게 臘享을 올리는 날이다.

누더기 끌어안고 앉아 돗자리 기대어 잠이 든다.
날씨가 춥고 길이 멀다며 마부는 걱정하고,
정비하여 돌아가는 길 재촉하여 저물기 전에 돌아왔다.
산을 나와 돌아보니 구름과 물이 합쳐졌고,
오직 들꿩만 절을 맴돌고 있다.
이번 여행은 담백한 즐거움이 남아 있지만,
집에 돌아오니 황홀하여 마치 꿈처럼 아른아른하다.
급히 시를 써서 잊어버린 것들을 되새기니,
맑은 경치는 한번 놓치면 다시 그리기 어렵구나.

蘇軾, <又詩>
惠勤、惠思皆居孤山. 蘇子倅郡, 以臘日訪之, 作詩云:
天欲雪時雲滿湖, 樓臺明滅山有無.
水淸石出魚可數, 林深無人鳥相呼.
臘月不歸對妻孥, 名尋道人實自娛.
道人之居在何許, 寶雲山前路盤紆.
孤山孤絶誰肯廬, 道人有道山不孤.
紙窓竹屋深自暖, 擁褐坐睡依團蒲.
天寒路遠愁僕夫, 整駕催歸及未晡.
出山回望雲水合, 但見野鶴盤浮屠.
茲遊淡泊歡有餘, 到家怳如夢蘧蘧.
作詩火急追亡逋, 淸景一失後難摹.

부록작품 5

왕세정, <호수를 떠다니며 육교(六橋)를 건너다>

장막 흔들자 꾀꼬리 울고 곡식알 나오고,

긴 제방 구불구불하게 뻗어 푸른 하늘을 가로지르네.

육교(六橋) 하늘 넓어 무지개 그림자와 다투고,

다섯 마리 말 질주하며 먼지 날리네.

푸른 물결 갑자기 출렁이니 곁눈질하는 것 같고,

푸른 산 갓 목욕한 듯 활짝 피어난다.

버드나무 무정하다 생각하지 마라,

누가 풍류를 즐기는 백거이겠는가?

王世貞, <泛湖度六橋堤>

拂幰鶯啼出穀頻, 長堤夭矯跨蒼旻.

六橋天闊爭虹影, 五馬飆開散曲塵.

碧水乍搖如轉盼, 靑山初沐競舒顰.

莫輕楊柳無情思, 誰是風流白舍人?

부록작품 6

이감룡,[63] <서호>

꽃과 버드나무가 육교(六橋)를 그늘지게 한다 들었는데,

요즘에는 유람선이 매우 한산하다.

---

[63] 李鑒龍: 이감룡에 대한 생애는 알려진 바가 없다.

망가진 화각(畫閣) 제방 가에서 자취를 감추고,
산빛 거꾸로 비쳐 물결 위에 흔들리네.
가을 호수 가운데에 한 점의 눈동자 같고,
밤 연못에 탑 그림자 쌍꼭지로 그려지네.
난정(蘭亭)의 감회가 지금 이곳에 옮겨 왔으니,
멍하니 뇌봉(雷峰)에게 고요한 이야기하네.

李鑒龍, <西湖>
花柳曾聞暗六橋, 近來遊舫甚蕭條.
折殘畫閣堤邊失, 倒入山光波上搖.
秋水湖心眸一點, 夜潭塔影黛雙描.
蘭亭感慨今移此, 癡對雷峰話寂寥.

11

호심정(湖心亭)

　호심정(湖心亭)은 옛날에는 호심사(湖心寺)였다. 호수 가운데 세 개의 탑이 있었는데, 이것이 그중 하나였다. 명(明) 홍치(弘治) 연간에 안찰사첨사(按察司僉事) 음자숙(陰子淑)은[64] 법령을 매우 엄하게 집행하였다. 사찰의 수도승들이 태감만 믿고 문을 닫고 관리들을 받아들이지 않았다. 음자숙은 수도승들이 벌이는 간사한 일들을 탄핵하여 사찰을 파괴하고 아울러 그 탑도 없애버렸다. 가정(嘉靖) 31년(1552), 태수(太守) 손맹(孫孟)이[65] 지금 호심정의 유적을 찾아 그 위에 정자를 세웠다. 노대(露臺)가 1무(畝)정도 되고 돌난간으로 둘러싸여 호수와 산의 아름다운 풍광을 빠짐없이 볼 수 있다. 그러나

---

[64] 按察司僉事는 明代 正五品에 해당하는 관직이다. 명나라 건국 이전에 주원장이 만들었고 명나라가 들어선 뒤에도 유지되었다. 按察副使와 같은 일을 담당하였다. 陰子淑(1437-1535)은 명나라 관리로, 四川省 內江 사람이다. 成化 8년(1472) 進士가 되었다. 金州에서 관리를 지낼 때 당시 혼인과 장례가 사치스러워 승려들을 경쟁적으로 초빙하는 풍습이 있었다. 음자숙이 이를 바로잡고 승려의 활동을 금지시킨 것이다.

[65] 孫孟: 손맹(1504-?)의 字는 端甫이고, 直隸 滁州(지금의 江南省) 사람이다. 嘉靖 17년(1538)에 진사에 급제하였고 가정 29년(1550)에 浙江杭州府 知府로 부임하였다.

몇 년 후 정자는 허물어졌다. 만력(萬曆) 4년(1576), 첨사(僉事) 서정관(徐廷祼)[66]이 중건하였다. 28년(1600) 사례태감(司禮太監) 손동영(孫東瀛)이 정자의 이름을 청희각(清喜閣)으로 바꾸고 금빛과 푸른빛으로 꾸며 화려하고 장대한 규모로 다시 지었다. 구경하는 사람들이 마치 바다 위에 뜬 신기루 보듯 하였다. 연기와 구름이 휘몰아치면 등왕각(滕王閣)과 악양루(嶽陽樓)도 그보다 위대한 장관이 아니다. 봄이 되면 산 풍경, 장난감, 그림과 글씨, 골동품 등이 섬돌을 가득 채운다. 인파가 북적여 시끌벅적한 소리에 목소리와 숨소리도 분간할 수 없다. 그러나 밤이 되어 달빛 아래 이곳에 오르면, 적적하고 쓸쓸해 마치 바닷속에 숨겨진 용궁에 들어온 것 같다. 달빛이 반짝이고 물기운이 자욱하며 인적이 드물고 외진 곳이라 오래 머물 수 없었다.

> 湖心亭舊為湖心寺, 湖中三塔, 此其一也. 明弘治間, 按察司僉事陰子淑秉憲甚厲. 寺僧怙鎮守中官, 杜門不納官長. 陰廉其奸事, 毁之, 並去其塔. 嘉靖三十一年, 太守孫孟尋遺跡, 建亭其上. 露臺畝許, 周以石欄, 湖山勝概, 一覽無遺. 數年尋圮. 萬曆四年, 僉事徐廷祼重建. 二十八年, 司禮監孫東瀛改為清喜閣, 金碧輝煌, 規模壯麗, 遊人望之如海市蜃樓. 煙雲吞吐, 恐滕王閣、嶽陽樓俱無甚偉觀也. 春時, 山景、睌羅、書畫、古董, 盈砌盈階, 喧闐擾嚷, 聲息不辨. 夜月登此, 闃寂淒涼, 如入鮫宮海藏. 月光晶沁, 水氣滃之, 人稀地僻, 不可久留.

---

66 徐廷祼: 명나라의 관리이다. 서정관의 字는 士敏이고, 號는 少浦로, 江蘇 太倉 사람이다. 嘉靖 38년(1559)에 진사가 되어 議曹, 浙江布政司參議 등을 역임하였다. 정치적으로 좋은 명성을 얻었고 만년에는 가족들과 長洲로 이주하여 살았다.

부록작품 1

장경원, <호심정에 관한 짧은 글>

호심정은 웅장하고 아름다우며 확 트였다. 해가 저물어 산에 비치면 물결에 거꾸로 비친다. 새로 뜬 달은 동쪽에 걸려 있는데 가득 차지 않은 반달이 황금 쟁반같고 옥으로 만든 전병 같다. 석양의 화려한 빛이 겹겹이 둘러싼 구름과 어울리면 저절로 환호성을 지르고 싶다. 그러나 호심정에 걸린 네 글자 편액과 두 구절의 대련이 문지방과 마루를 가득 채운 것이 안타깝다. 어찌해야 함양의 횃불 하나 빌려 이 번거로움을 해소할까?

張京元, <湖心亭小記>
湖心亭雄麗空闊. 時晚照在山, 倒射水面, 新月掛東, 所不滿者半規, 金盤玉餠, 與夕陽彩翠重輪交網, 不覺狂叫欲絕. 恨亭中四字匾、隔句對聯, 塡楣盈棟, 安得借咸陽一炬, 了此業障.

부록작품 2

장대, <호심정에 관한 짧은 글>

숭정(崇禎) 5년 12월, 나는 서호에 머물렀다. 사흘간 큰 눈이 내려 호수에는 사람과 새 소리가 모두 끊겼다. 이날 저녁에 나는 작은 배를 타고 솜옷을 두르고 화로를 끌어안고 홀로 호심정으로 눈 구경을 갔다. 안개가 가득하여 하늘과 구름, 산과 물이 위아래로 전부 하얗게 합쳐졌다. 호수 위의 그림자라고는 오직 긴 다리 한 줄기, 호심정 한 점, 그리고 내가 탄 배 한 척과 배 안의 있는 두세 사람 뿐이었다. 호심정에 도착하니 두 사람이 자리를 깔고 앉아 있었고 한 아이가 술을 데우고 있었는데, 화로가 마침 끓어오르고 있었다. 그들은 나를 보고 크게 기뻐하며 "호수에 어찌 또 이런 사람이 있는가!"라고 하고는, 나를 끌어 함께 술을 마시게 하였다. 나는 억지로 큰 술잔으로 석 잔을 마시고 헤어졌다. 그들의 성씨를 물었더니, 금릉 사람으로 이곳에 여행하러 왔다고 하였다. 배에서 내리자 뱃사공이 중얼거렸다. "나으리만 미쳤다고 할 수 없군요. 나으리보다 더 미친 사람이 있으니 말이지요."

張岱, <湖心亭小記>
崇禎五年十二月, 余住西湖. 大雪三日, 湖中人鳥聲俱絕. 是日更定矣, 余拏一小舟, 擁毳衣爐火, 獨往湖心亭看雪. 霧淞沆碭, 天與雲、與山、與水, 上下一白. 湖上影子, 惟長堤一痕, 湖心亭一點, 與余舟一芥, 舟中人兩三粒而已. 到亭上, 有兩人鋪氈對坐, 一童子燒酒, 爐正沸. 見余大驚喜, 曰: "湖中焉得更有此人!" 拉余同飲. 余強飲三大白而別. 問其姓氏, 是金陵人, 客此. 及下船, 舟子喃喃曰: "莫說相公癡, 更有癡似相公者."

부록작품 3

호래조,[67] <호심정 기둥에 새기다>

사계절 생황 불며 노래하나,

아직도 가난한 백성 밤 달 보며 슬퍼한다.

---

[67] 胡來朝: 호래조(1561-1621)는 명말의 문인으로, 字는 梓丹이고, 號는 光六이며, 贊皇(지금의 河北省) 사람이다. 萬曆 26년(1598)에 進士로 급제하여 延安府推官으로 임명되었고, 조부상을 당하여 귀향하였다가 다시 杭州府로 임명되었다. 항주에서 5년간 근무한 뒤 특별 승진하여 禮部主事로 임명되었고, 이어서 吏部考功司主事로 변경되었다. 만력 46년에 太常寺少卿으로 승진하여 四夷館을 감독하였다. 이후 다시 大同巡撫로 승진하였으나 泰昌 元年(1620)에 지병으로 사망하였다.

육교(六橋)에 핀 꽃과 버드나무,

깊이 틈 없는 땅에 뽕나무와 삼 심는다.

胡來朝, <湖心亭柱銘>

四季笙歌, 尙有窮民悲夜月;

六橋花柳, 深無隙地種桑麻.

부록작품 4

정엽,[68] <호심정 기둥에 새기다>

호수 가운데 정자가 서 있으니,

서시(西施)가 작은 배에 탄 듯하고,

비가 와도 날이 맑아도 아름답구나.

물 위에 자리를 펼쳐놓으니,

소동파가 적벽을 유람하는 듯하고,

환한 달과 맑은 바람 다 좋구나.

鄭燁, <湖心亭柱銘>

亭立湖心, 儼西子載扁舟, 雅稱雨奇晴好;

席開水面, 恍東坡遊赤壁, 偏宜月白風淸.

---

[68] 鄭燁: 정엽(?-?)의 字는 文光이고 錢塘 사람이다. 嘉靖 31년(1598)에 擧人이 되었고 安慶部丞을 지냈다. 모친이 연로하다는 이유로 관직을 그만두고 귀향하였다.

부록작품 5

장대, <청희각 대련>

하늘에 달이 떠 있으면,

가끔 가벼운 구름이 은하수를 흩뿌린 듯하다.

사람 눈에는,

가을 물이 눈빛을 맑게 만드는 것이리라.

張岱, <清喜閣柱對>

如月當空, 偶似微雲點河漢;

在人爲目, 且將秋水剪瞳神.

12

방생지(放生池)

송나라 때 방생비(放生碑)가 있었는데, 보석산(寶石山) 아래에 있었다. 대략 천희(天禧) 4년(1020)에 왕흠약(王欽若)[69]이 청하여 서호를 방생지로 삼고 민간의 포획을 금지하였으며, 군수 왕수(王隨)[70]가 이를 위한 비석을 세웠다. 지금의 방생지는 호심정 남쪽에 있다. 외곽에는 두꺼운 제방이 있고 붉은 난간이 구불구불하게 있다. 다리는 무지개처럼 걸쳐 있고 풀과 나무가 무성하여 한층 더 고요하다. 옛날부터 삼단인월(三潭印月)[71]이라 불리는 곳

---

[69] 王欽若: 北宋의 宰相이다. 왕흠약(962-1025)의 字는 定國이고 臨江軍 新喩(지금의 江西省 新餘) 사람이다. 宋 真宗, 仁宗 시기의 재상을 지냈다. 淳化 3년(992)에 진사로 급제하여 亳州의 防禦推官으로 임명되었다. 그 후 翰林學士, 參知政事, 知樞密院事 등을 거쳐 天禧 元年에 재상에 올랐다. 천희 3년에 관직에서 물러나 항주에 유배되었고 인종이 즉위한 후 다시 재상이 되었다.

[70] 王隨: 北宋의 宰相이다. 왕수(975?-1039)의 字는 子正이고 河南(지금의 河南省 洛阳) 사람이다. 宋 真宗 때 진사에 급제하였고 同州通判, 河东转运使, 刑部员外郎 등의 관직을 역임하였다. 扬州, 杭州, 通州 등의 지역을 다스리기도 하였다.

[71] 三潭印月: 호수 남쪽에 세 개의 돌탑이 있는데 구형체로 다섯 개의 구멍이 있다. 달이 밝게 뜨면 구멍 입구에 얇은 종이를 붙이고 탑 안에 불을 밝히면 구멍 모양이 호수 수면에 비쳐서 여러 개의 달이 나타난다. 그리하여 '삼단인월'이라고 하였다.

이 바로 그곳이다. 봄이면 유람선들이 오리 떼처럼 많지만, 그곳까지 도착하는 사람은 백 명 중 한 명도 없다. 그 안에 있는 사찰은 매우 정갈하고 여러 층의 누각이 있어 어두운 날에는 새들도 길을 잃는다. 엄숙하고 깨끗하며, 기물이나 밥그릇 소리조차 들리지 않는다. 그러나 안타깝게도 물고기를 우리에 가두었는데 물이 고여 흐르지 않아, 비늘이 벗겨지고 배가 훵하다. 물고기가 말을 할 수 있다면, 그 고통은 수만 가지라 할 것이다. 이치를 따져보면 어떤 것이 골짜기에 방생하고 우리를 열어 자유롭게 헤엄치게 하는 것보다 나으랴. 그러면 만물의 본성이 그대로 이루어질 텐데, 속된 중들과 이러한 이치를 이해하기 어려움에 깊이 한탄할 뿐이다. 옛날에 내가 운서(雲棲)에 갔을 때 보니, 닭, 오리, 돼지, 양들이 한 우리에 갇혀 굶주리고 있었는데, 날마다 밤낮으로 서로 부대끼다가 물에 빠져 죽은 것들이 셀 수 없이 많았다. 내가 연지(蓮池) 스님에게 여러 번 자세히 말했지만, 스님은 '세속의 풍습을 벗어나지 못하겠다.'라고 말하고 대수롭지 않게 여겼다. 그 뒤로도 토끼와 사슴, 원숭이도 갇혀 있는 것을 보고 내가 "닭과 오리, 돼지, 양들은 모두 사람에게 먹이를 의존하지만, 토끼와 사슴, 원숭이는 산림이 풀어놓으면 먹이를 구할 수 있습니다. 어찌 굳이 가두어 두고 굶겨 죽게 만드십니까?"라고 하였다. 연지 스님은 크게 웃으며, 모든 동물을 풀어주었다. 동물들이 자유롭게 다니는 모습을 본 사람들이 모두 크게 기뻐하였다.

宋時有放生碑, 在寶石山下. 蓋天禧四年, 王欽若請以西湖為放生池, 禁民網捕, 郡守王隨為之立碑也. 今之放生池, 在湖心亭之南. 外有重堤, 朱欄屈曲, 橋跨如虹, 草樹蓊翳, 尤更岑寂. 古云 "三潭印月", 即其地也. 春時遊舫如鶩, 至其地者, 百不得一. 其中佛捨甚精, 復閣重樓, 迷禽暗日, 威儀肅潔, 器缽無聲. 但恨魚牢幽閉, 漲膩不流, 劇鬐缺鱗, 頭大尾瘠, 魚若能言,其苦萬狀. 以理揆之, 孰若縱壑開樊, 聽其遊泳, 則物性自遂, 深恨俗僧難與解釋耳. 昔年余到雲棲, 見雞鵝豚彘共牢飢餓, 日夕挨擠, 墮水死者不計其數. 余向蓮池師再四疏說, 亦謂未能免俗, 聊復爾爾. 後見兔鹿猢猻亦受禁錮, 余曰: "雞鳧豚彘, 皆藉食於人, 若兔鹿猢猻, 放之山林, 皆能自食, 何苦錮禁, 待以脣糜." 蓮師大笑, 悉為撤禁, 聽其所之, 見者大快.

부록작품 1

도망령,[72] <방생지>

개로(介盧)는 소의 울음소리를 잘 알았고

야장(冶長)은 참새의 지저귀는 소리 잘 알았다.

나는 하늘의 귀를 통하여,

이 소리들의 종류를 듣고 싶다.

물고기 무리 처자식을 위해 울고,

닭과 오리는 형제자매 부른다.

죽음만이 슬픈 게 아니라,

살아서 헤어짐 또한 슬픈 일이다.

복건 사람 이미 앵앵거리며 말하는데,

---

[72] 陶望齡: 도망령(1562-1609)은 明代의 문인으로, 字는 周望이고, 號는 歇菴이며, 또 다른 호는 石簣이다. 浙江 會稽(지금의 浙江省 紹興) 출신이다. 萬曆 17년(1589)에 會元으로 급제하였고, 전시에서 一甲 3등 探花로 급제하여 한림원 편수로 임명되었다. 관리로서 國子監 祭酒에 이르렀다. 만력 37년(1609) 모친의 상을 당해 애도하다가 세상을 떠났다. 시호는 文簡이다. 그는 글을 쓸 때 개인의 진정한 감정을 표출해야 한다고 주장하며 당시 公安派의 주요 인물인 袁宏道의 문학 이론을 지지하였다. 만년에 불교 연구에 심취하였고 동생 陶奭齡과 함께 강학으로 명성을 얻었다. 저서로 ≪歇庵集≫ 20卷, ≪天水閣集≫ 13卷, ≪解莊≫ 12卷 등이 있다.

오나라 사람은 이해하기 어렵다.
차라리 복건 사람 고기 먹는 소리를 듣지,
오나라 사람 날고기 먹는 건 참을 수 없네.
육지에 오른 물고기 가련하게,
입 벌려 사람들에게 원망을 토한다.
사람은 물고기의 입이 막혔다고 말하고,
물고기는 사람의 귀가 멀었다고 말한다.
언제쯤 그물을 깨뜨려,
두려움 없이 해방시켜 줄까?
옛날에 두 용감한 사람이,
칼을 들고 서로 술을 마셨다.
한 사람이 당신이 내 고기이니,
어찌 더 먹을 것을 구하랴?
서로 베고 서로 먹었는데,
그가 다 먹으면 나 또한 잡아먹으리.
그를 먹은 건 나를 먹은 것과 마찬가지,
온 세상이 그 어리석음을 비웃는다.
다시 피를 먹는 사람에게 말하노니,
이와 다른 점이 있는가?

오월왕(吳越王) 전류(錢鏐)는 서호의 어업에 세금을 부과하였는데, 그것을 "사택어(使宅漁)"라고 불렀다. 어느 날 나은(羅隱)이 알현하러 들어와 벽에 걸린 <반계수조도(磻溪垂釣圖)>를 보았다. 왕이 제문을 지어달라 명하여 다음과 같이 지었다.

"여망(呂望)은 당시 정사에 대한 야망을 펼쳐 곧바로 나라를 낚았다면 어떠했겠나? 만일 내가 서호에 머문다면 또 사택어를 바쳐야 할 것이다."

왕은 바로 어업에 대한 과세를 폐지하였다.
방생지의 대련은 다음과 같다.

  천지가 하나의 그물망이나,
  중생을 구하고자 해탈하는 이는 누구인가?
  날고 잠수하는 모든 것은 생명이니,
  오직 이러한 생각을 보존하는 것이 바로 보제(菩提)이다.

陶望齡, <放生池>
介盧曉牛鳴, 冶長識雀嘰.
吾願天耳通, 達此音聲類.
群魚泣妻妾, 雞鶩呼弟妹.
不獨死可哀, 生離亦可慨.
閩語既嘤咿, 吳聽了難會.
寧聞閩人肉, 忍作吳人膾.
可憐登陸魚, 唸喁向人誶.
人曰魚口喑, 魚言人耳背.
何當破網羅, 施之以無畏.
昔有二勇者, 操刀相與酤.
曰子我肉也, 奚更求食乎.
互割還互啖, 彼盡我亦屠.

食彼同自食, 舉世嗤其愚.
還語血食人, 有以異此無?

吳越王錢鏐於西湖上稅漁, 名"使宅漁". 一日, 羅隱入謁, 壁有磻溪垂釣圖, 王命題之. 題云:"呂望當年展廟謨, 直鉤釣國又何如. 假令身住西湖上, 也是應供使宅魚." 王即罷漁稅.
放生池柱對:

天地一網罟, 欲度眾生誰解脫;
飛潛皆性命, 但存此念即菩提.

13

취백루(醉白樓)

　　항주(杭州) 자사(刺史) 백락천이 호수와 산을 누비며 노닐 때, 은둔한 선비 조우(趙羽)란 자가 호숫가 누각에서 가장 트인 곳에 살았다. 백락천은 자주 그 집에 가서 하루종일 술을 마시며, 관리와 백성이라는 신분의 구별을 두지 않고 지냈다. 조우는 백락천과 왕래하는 사이가 되어 누각의 제문을 써 달라고 청하였다. 백락천은 바로 그 자리에서 '취백(醉白)'이라고 지어 주었다. 취백은 모가부(茅家埠)에 있었는데 지금은 오장(吳莊)으로 바뀌었다. 한 그루의 푸른 소나무는 하늘로 날아오르는 뱀 같은 형상이다. 고풍스러운 멋이 있어 실로 수백 년이나 된 것 같았다. 그날 백락천은 분명 그 아래에서 걸터앉아 이름을 생각해냈을 것이다.

> 杭州刺史白樂天嘯傲湖山時, 有野客趙羽者, 湖樓最暢, 樂天常過其家, 痛飲竟日, 絕不分官民體. 羽得與樂天通往來, 索其題樓. 樂天即顏之曰 "醉白". 在茅家埠, 今改吳莊. 一鬆蒼翠, 飛帶如虯, 大有古色, 真數百年物. 當日白公, 想定盤礴其下.

부록작품 1

예원로, <취백루>

금빛 모래 깊은 곳에 백제(白堤) 있고,

태수 봄 행차 말발굽 따라간다.

화려한 복숭아꽃 공손히 화답하고,

희미한 연기 속 버들가지에 이끌린다.

한가할 때는 풍월이 주인이고,

어디서나 갈매기와 오리는 노복이라.

시골 늙은이 우연히 함께 취했으니

산속 누각에 어찌 글을 남길 필요 있을까?

倪元璐, <醉白樓>

金沙深處白公堤, 太守行春信馬蹄.

冶艷桃花供祗應, 迷離煙柳藉提攜.

閒時風月為常主, 到處鷗鳧是小傒.

野老偶然同一醉, 山樓何必更留題.

14

소청불사(小青佛舍)

　　소청(小青)은 광릉(廣陵)[73] 사람이다. 열 살 때 노승을 만나 ≪심경(心經)≫을 말로 전해 들었는데, 한 번 듣고 외웠다. 노승은 "이 아이는 어린데도 지혜가 있으나 복이 없으니, 내 제자로 삼게 해 주시오."라 하였으나, 어머니가 허락하지 않았다. 소청은 자라서 책 읽기를 좋아하고, 음악을 이해하였으며, 바둑도 잘 두었다. 그러다 항주의 부자에게 시집을 가서 첩이 되었다. 본처는 질투가 심하여 온갖 방법으로 소청을 능멸하고 핍박하였다. 하루는 본처가 소청을 데리고 천축사(天竺寺)에 가서 말하길, "서방에 부처님은 무량하신데 세상 사람들은 오직 대사를 공경하니, 그 까닭이 무엇이냐?"라고 물었다. 소청은 "자비로우신 까닭입니다."라고 하였다. 본처가 웃으며 "나도 자비롭지."라고 하고, 소청을 고산(孤山)의 절에 숨겨두고 한 중에게 함께 있으라 하였다. 소청은 할 일 없이 연못가에서 자신의 모습을 물에 비추어 보았다. 그리고 자신의 그림자와 말을 주고받곤 하였는데, 마치 서로에게 질문하고 답하는 것처럼 하였다. 그러다 누군가 보면 바로 말

73　廣陵: 지금의 江蘇省 楊州이다.

을 멈추었다. 그러므로 그의 시에 다음과 같은 구절이 있는 것이다.

"파리한 그림자 스스로 봄물에 비추니, 그대는 나를 불쌍히 여기
소서, 나도 그대가 가엾노라."

이후 소청은 병으로 쓰러져 음식을 먹지 못하게 되었다. 날마다 배즙만 조금씩 마시니 숨이 곧 끊어져 마지막을 기다리는 것 같았다. 이에 화공을 불러 자신의 모습을 그리게 하였는데 두세 번 고쳐도 마음에 들지 않았다. 나중에 화공은 오랫동안 소청을 바라보다 붓을 들어 요염하고 가냘프게 그려내었다. 그러자 "이 그림이오."라고 하고는 배 술을 침대 앞에 놓고 "소청아! 소청아!"라고 연달아 불렀다. 한 번 통곡하고 숨이 끊어졌으니, 그녀의 나이 겨우 열여덟이었다. 한 권의 시집을 남겼다. 본처는 소청이 죽었다는 소식을 듣고 즉시 절로 달려갔다. 그리고 소청의 초상과 시집을 찾아 불태우고 서둘러 떠났다.

小青, 廣陵人. 十歲時遇老尼, 口授≪心經≫, 一過成誦. 尼曰: "是兒早慧福薄, 乞付我作弟子." 母不許. 長好讀書, 解音律, 善奕棋. 誤落武林富人, 為其小婦. 大婦奇妒, 淩逼萬狀. 一日攜小青往天竺, 大婦曰: "西方佛無量, 乃世獨禮大士, 何耶?" 小青曰: "以慈悲故耳." 大婦笑曰: "我亦慈悲若." 乃匿之孤山佛捨, 令一尼與俱. 小青無事, 輒臨池自照, 好與影語, 絮絮如問答, 人見輒止. 故其詩有"瘦影自臨春水照, 卿須憐我我憐卿"之句. 後病瘵絕粒, 日飲梨汁少許, 奄奄待盡. 乃呼畫師寫照, 更換再三, 都不謂似. 後畫師注視良久, 匠意妖纖. 乃曰: "是矣." 以梨酒供之榻前, 連呼: "小青! 小青!" 一慟而絕, 年僅十八. 遺詩一帙. 大婦聞其死, 立至佛捨, 索其圖並詩焚之, 遽去.

부록작품 1

소청, <자운각을 참배하다>

자운대사 앞에 절을 올리니,

서방이건 천국이건 태어나지 말게 하소서.

원컨대 한 방울의 양지수(楊枝水),[74]

인간 세상의 연꽃으로 뿌려지길 빕니다.

小青, <拜慈雲閣>

稽首慈雲大士前, 莫生西土莫生天.

願將一滴楊枝水, 灑作人間並蒂蓮.

부록작품 2

소청, <소소소묘를 참배하다>

서령(西泠)의 꽃과 풀은 아름답게 피어나고,

안에서 전해오는 소식은 봄 산책하자고 부른다.

술 한 잔 따라 소소의 무덤에 부으면,

내가 당신의 마음속 사람임을 알 수 있겠지.

小青, <拜蘇小小墓>

西泠芳草綺粼粼, 內信傳來喚踏青.

杯酒自澆蘇小墓, 可知妾是意中人.

---

[74] 楊枝水: 양지는 불교의 승려가 이를 닦는데 사용한 버들가지이고, 양지수는 불교에서 만들을 소생시킬 수 있다는 신비한 물이다.

卷4

西湖南路

서호 남로

1

유주정(柳洲亭)

　유주정(柳洲亭)은 송나라 초기에는 풍락루(豊樂樓)였다. 고종(高宗)이 개봉의 백성들을 항주, 가흥, 호주 등 여러 군으로 옮겼다. 그때 해마다 풍년이 들어 이 누각을 지어 백성들과 함께 즐기게 하였으므로, 그리하여 이름을 풍악루라고 한 것이다. 문 왼쪽에는 손동영(孫東瀛)이 문수정(問水亭)을 세웠다. 높은 버드나무와 긴 다리가 있고 누선(樓船)과 화방(畫舫)이 정자 앞에 모여들어, 마치 기러기 떼가 줄지어 있는 것 같았다. 아침에는 닻을 풀고 저녁에는 닻을 감았다. 수레와 말이 요란하고 호위병들이 떠들썩했으며, 온통 사람들의 소리가 들려 끊임없이 시끄러웠다. 다리 동쪽 끝에는 삼의묘(三義廟)가 있다. 작은 다리를 건너 북쪽으로 가면 우리 할아버지의 기원(寄園)과 전부(銓部) 대비군(戴斐君)[1]의 별장이 있다. 남쪽으로 돌면 각학(閣學) 전린무(錢麟武), 총재(塚宰) 상등헌(商等軒), 주사(柱史) 기세배(祁世培), 전찬(殿撰)

1　銓部는 吏部의 별칭이다. 戴斐君은 戴澳로, 자가 斐君이며 또 다른 자로 有斐가 있다. 奉天(지금의 沈陽) 사람이다. 萬曆 21년(1613)에 진사를 지내 관직이 順天府承에 올랐다. 저술로 ≪杜曲集≫이 있다.

여무정(余武貞), 장과(掌科) 진양범(陳襄範)² 등 각 집안의 정원과 누각이 여기에 겹겹이 모여 있었다. 여기를 지나면 효렴(孝廉) 황원진(黃元辰)³의 지상헌(池上軒), 부춘(富春) 주중한(周中翰)⁴의 부용원(芙蓉園)이 있으니 크고 작은 정원이 모두 여기에 있었다. 그러나 지금은 전쟁의 참화를 당한 뒤라 절반의 서까래도 남지 않았고, 깨진 기와가 어깨까지 쌓여 쑥대밭이 되었다. 이문숙(李文叔)⁵이 지은 ≪낙양명원기(洛陽名園記)≫에서, 이름난 정원의 흥망성쇠로 낙양의 흥망성쇠를 점치고, 낙양의 흥망성쇠로 천하의 평정과 반란을

2 閣學은 명청 시기 內閣學士에 대한 호칭이다. 錢麟武는 명나라의 東閣大學士 錢象坤(1569-1640)이다. 전상곤의 字는 弘載이고 號가 麟武이며, 浙江 會稽(지금의 浙江省 紹興) 사람이다. 萬曆 29년(1601)에 進士가 되었고 崇禎 元年에 禮部尙書가 되었으며, 그다음 해에 동각대학사가 되었다. 塚宰는 고대 周나라의 관직명으로, 천자를 보좌하고 백관을 통솔하였다. 후에 吏部尙書가 이 직위에 해당된다. 商等軒의 이름은 周詐이고, 字가 等軒이며 浙江 會稽(지금의 浙江省 紹興) 사람이다. 萬曆연간에 進士가 되어 知縣, 給事中, 兵部侍郎, 吏部尙書 등을 역임하였다. 장대의 친구 祁彪佳의 장인이다. 柱史는 柱下史의 약칭으로, 周秦 시대부터 이어진 관직명이다. 漢나라 이후로는 御史에 해당한다. 주사는 항상 궁궐의 기둥 아래에서 시중을 들었다 하여 붙여진 명칭이다. 祁世培는 장대의 친구 祁彪佳(1602-1645)이다. 앞의 주 참조. 殿撰은 송나라 때 集賢殿 修撰 등의 관직을 줄여서 부른 명칭이다. 명청 시대 진사 시험에서 1등으로 합격한 자는 한림원 수찬으로 임명되었고 狀元을 전찬이라고 불렀다. 餘武貞의 이름은 煌으로 字는 武貞이고 浙江 會稽(지금의 浙江省 紹興) 사람이다. 天啟 연간에 진사에 급제하여 修撰이 되었다. 掌科는 명나라 때 六科의 掌印官으로, 給事中 가운데 나이가 많은 사람에게 맡긴 관직이다. 陳襄範은 陳熙昌(?-1628)으로, 자는 當時이고 호는 果庵이다. 만력 44년(1616)에 진사를 지냈고 平湖知縣을 맡았다. 나중에 吏部給事中에 발탁되었고 天啓 4년(1624)에 위충현에 관한 상소를 올려 파직당하였다.

3 孝廉은 漢 武帝 때 만들어진 察舉制 시험으로, 관리를 임용하는 시험 과목의 하나였다. 효렴은 부모와 어른에게 효도하고, 청렴하여 능력 있고 올바르다는 의미로, 효렴시험 합격자를 의미한다. 이후 명청 시대 급제자를 지칭하는 雅稱으로 사용되었다. 黃元辰의 생애에 관한 기록은 찾아볼 수 없다.

4 富春은 지금의 절강성 항주에 위치한 富春山이다. 周中翰의 생애에 관한 기록은 찾아볼 수 없다.

5 李文叔: 이문숙은 北宋의 문인이자 관료인 李格非(?-?)로, 여류 사 작가 李清照의 부친이다. 문숙은 그의 자이며 齊州 章丘(지금의 山東省 濟南) 출신이다. ≪洛陽名園記≫는 이격비가 五代 전란이 있기 전 번화했던 낙양의 정원들을 기록한 글이다.

점친다고 하였다. 참으로 옳은 말이다! 내가 갑오년에 우연히 이곳에 왔을 때, 옛 궁궐에는 황폐함에 감개하고 비통하여 거의 상저옹(桑苧翁)이 초계(苕溪)⁶를 여행하면서 밤마다 통곡하고 돌아왔던 것 같은 심정이었다.

> 柳洲亭, 宋初為豐樂樓. 高宗移汴民居杭地嘉、湖諸郡, 時歲豐稔, 建此樓以與民同樂, 故名. 門以左, 孫東瀛建問水亭. 高柳長堤, 樓船畫舫會合亭前, 雁次相綴. 朝則解維, 暮則收纜. 車馬喧闐, 騶從嘈雜, 一派人聲, 擾嚷不已. 堤之東盡為三義廟. 過小橋折而北, 則吾大父之寄園、銓部戴斐君之別墅. 折而南, 則錢麟武閣學、商等軒塚宰、祁世培柱史、余武貞殿撰、陳襄範掌科各家園亭, 鱗集於此. 過此, 則孝廉黃元辰之池上軒、富春周中翰之芙蓉園, 比閭皆是. 今當兵燹之後, 半椽不剩, 瓦礫齊肩, 蓬蒿滿目. 李文叔作<洛陽名園記>, 謂以名園之興廢, 蔔洛陽之盛衰; 以洛陽之盛衰, 蔔天下之治亂. 誠哉言也! 余於甲午年偶涉於此, 故宮離黍, 荊棘銅駝, 感慨悲傷, 幾效桑苧翁之遊苕溪, 夜必慟哭而返.

부록작품 1

장걸,⁷ <유주정>

누가 홍몽(鴻濛)을 위하여 이 연못을 팠을까?

---

6 桑苧翁: 唐나라의 문인 陸羽(733-804)이다. 육우의 이름은 疾, 字는 鴻漸이고, 復州 竟陵(지금의 湖北省 天門) 사람이다. 육우는 다도에 정통하여 上元 初年(760)에 苕溪(지금의 浙江省 湖州에 있는 시내)에 은거하며 ≪茶經≫ 3권을 저술하였다.

7 張傑: 장걸(?-?)은 明代의 문인으로, 字는 子興이고, 號는 平洲生이며 仁和(지금의 浙江省 杭州) 출신이다. 正德 5년(1510)에 지방의 인재로 중앙에 천거되었다. 어려서부터 총명하고 재능이 있었으며 강직하여 평생 남에게 아첨하는 일이 없었다. 그리하여 고위 관직에 이르지는 못하였고 敎諭에 그쳤다.

용금문(湧金門) 밖이 곧 요지(瑤池)이다.

평평한 모래밭과 물에 비친 달이 삼천 경(頃),

화방(畫舫)에서 들리는 생황 노랫소리 열두 시.

예나 지금이나 절창하기 어려운 시 있으나,

천하 어디에도 이와 대적할 만한 곳 없네.

질펀히 흐르는 물로 해마다 푸르니,

황금 다 써도 알지 못한다.

張傑, <柳洲亭>
誰爲鴻濛鑿此陂, 湧金門外即瑤池.
平沙水月三千頃, 畫舫笙歌十二時.
今古有詩難絕唱, 乾坤無地可爭奇.
溶溶漾漾年年綠, 銷盡黃金總不知.

부록작품 2

왕사임, <문수정>

내가 와서 맑은 걸음 일보 내딛었지만,

아직도 차가운 안개 모으지 못하였다.

등불 밖 또 별 밖,

모래사장은 물론 난간까지도.

고산(孤山)에 밝은 달 뜨고,

높이 나는 기러기 하늘에서 운다.

서호의 물 수고로이 흐르지만,

사람들은 아직도 깊은 잠에 빠져 있다.

王思任, <問水亭>
我來一清步, 猶未拾寒煙. 燈外兼星外, 沙邊更檻邊.
孤山供好月, 高雁語空天. 辛苦西湖水, 人還即熟眠.

부록작품 3

조여우,[8] <풍악루의 푸른 버드나무 가지>

물에 뜬 달빛에, 안개와 노을 그림자 속에 누각이 우뚝 솟아있다. 공중에서 들려오는 생황과 피리 소리, 구름 속에서 퍼져 나오는 웃음과 말 소리, 사람은 봉래(蓬萊)에 있구나. 하늘의 향기 바람 따라 은은하게 돌아오고, 바로 10리 앞 연꽃이 만개했다. 작은 배 하나 사서, 산 남쪽을 두루 유람하고, 산 북쪽으로 돌아오리.

趙汝愚, <豐樂樓柳梢青>
水月光中, 煙霞影里, 湧出樓臺. 空外笙簫, 雲間笑語, 人在蓬萊. 天香暗逐風回, 正十里荷花盛開. 買個小舟, 山南遊遍, 山北歸來.

---

8 趙汝愚: 조여우(1140-1196)는 南宋 시기의 재상으로, 宋 太宗 趙光義의 팔세손이다. 乾道 2년(1166)에 진사로 급제하고 여러 관직을 거쳤다. 淳熙 8년(1181)에 羌族의 소란을 진압하여 孝宗의 칭찬을 받았다. 紹熙 2년(1191)에 吏部尚書를 지냈고 이어 知樞密院事로 승진하여 황권의 교체를 이루었다. 그러나 韓侂胄의 음모로 인해 좌천되고 유배되었으며, 慶元 2년(1196) 衡州에서 병으로 급사하였다. 저서로는 ≪國朝諸臣奏議≫와 ≪忠定集≫이 있다.

2

영지사(靈芝寺)

　　영지사(靈芝寺)는 전무숙왕(錢武肅王)의 옛 정원이었다. 그 땅에서 영지가 많이 나왔는데 그것을 내버려 두고 사원을 지었다. 송대에 이르러 규모가 점점 커져 고종(高宗)과 효종(孝宗) 임금이 네 차례나 임행하였다. 절 안에 부벽헌(浮碧軒)과 의광당(依光堂)이 있는데, 새로 진사(進士)가 된 이들이 이름을 올리는 곳이었다. 원나라 말기에 훼손되었다가 명(明) 영락(永樂) 초기에 승려 축원(竺源)이 다시 지었고 만력(萬曆) 22년(1594)에 수리하였다. 내가 어렸을 때 그 절에 가서 모란꽃을 본 적이 있는데, 줄기가 한 장(丈)을 넘었다. 꽃잎이 선명하고 수천 송이가 피어 호수 가운데 장관이라며 칭찬이 자자하였다. 절 옆에는 현응관(顯應觀)이 있었는데, 고종이 최부군(崔府君)을 기리기 위해 지은 것이다. 최부군의 이름은 자옥(子玉)으로 당나라 정관(貞觀) 연간에 자주부양령(磁州滏陽令)이었다. 훌륭한 정사를 행하여 백성들이 그를 기렸으니, 그는 죽은 뒤에 신이 되었다. 고종은 강왕(康王) 시절에 금나라 병사를 피하여 거록(鉅鹿)[9]으로 달아났다. 그런데 갑자기 말이 쓰러져 비를

9　鉅鹿: 지금의 河北省 平鄕縣이다.

맞으면 혼자 걸어갔다. 세 갈래 길에 이르러 어디로 가야 할지 몰랐는데, 그때 갑자기 길가에 하얀 말이 나타나 고종이 올라탔다. 최부군의 사당에 이르자 갑자기 말이 사라져버렸다. 그런데 살펴보니 사당 안에서 말이 비오듯 땀을 흘리고 있었다. 이에 고종은 몸을 피하여 사당에서 하룻밤을 머물렀다. 그날 밤 고종이 꿈을 꾸었는데 신령이 나타나 지팡이로 땅을 치며 떠나라고 재촉하였다. 문밖에 나가보니 말이 다시 문 앞에 서 있었다. 고종은 그 말을 타고 비탈길에 이르러 마중 나온 경중남(耿仲南)과 만났다. 말을 채찍질하여 개천을 지나는데 말이 물을 보자 곧 사라져버렸다. 자세히 보니 그 말은 최부군 사당 안에 있는 진흙으로 만든 말이었다. 그리하여 고종은 즉위한 뒤 사당을 세워 은덕을 갚았다. 이후로 여러 왕조에서 특별히 예우하였다. 6월 6일은 최부군의 생일이라 유람객들로 가득하다.

靈芝寺, 錢武肅王之故苑也. 地產靈芝, 捨以為寺. 至宋而規制浸宏, 高、孝兩朝四臨幸焉. 內有浮碧軒、依光堂, 為新進士題名之所. 元末毀, 明永樂初僧竺源再造, 萬曆二十二年重修. 余幼時至其中看牡丹, 幹高丈余, 而花蕊爛熳, 開至數千余朵, 湖中誇為盛事. 寺畔有顯應觀, 高宗以祀崔府君也. 崔名子玉, 唐貞觀間為磁州鏖陽令, 有異政, 民生祠之, 既卒, 為神. 高宗為康王時, 避金兵, 走鉅鹿, 馬斃, 冒雨獨行, 路值三岐, 莫知所往. 忽有白馬在道, 鞍馭乘之, 馳至崔祠, 馬忽不見. 但見祠馬頳汗如雨, 遂避宿祠中. 夢神以杖擊地, 促其行. 趨出門, 馬復在戶, 乘至斜橋, 會耿仲南來迎, 策馬過澗, 見水即化. 視之, 乃崔府君祠中泥馬也. 及即位, 立祠報德, 累朝崇奉異常. 六月六日是其生辰, 遊人闐塞.

부록작품 1

장대, <영지사>
항우는 오추마가 떠나지 않아 슬퍼했으나,
살아있는 말도 진흙으로 빚은 것 같았다.
어찌 진흙 말이 나는 듯 달려,
쉽게 황하를 건널 수 있을까?

용의 뼈가 산 앞에 쌓여 있고,
멀리 광활한 망탕(芒碭)은 구름 길에 묻혔네.
외로운 한 사람이 도망쳐 달아나,
백인(柏人) 틈에 섞여 그냥 지나갔구나.
건염(建炎)은 작은 조정이었지만,
온갖 영혼이 다시 보호해준다.

張岱, <靈芝寺>
項羽曾悲騅不逝, 活馬猶然如泥塑.
焉有泥馬去如飛, 等閒直至黃河渡.
一堆龍骨蛻崖前, 迢遞芒碭迷雲路.
煢煢一介走亡人, 身陷柏人脫然過.
建炎尚是小朝廷, 百靈亦復加呵護.

3

전왕사(錢王祠)

　전류(錢鏐)는 임안(臨安) 석감향(石鑒鄕) 사람으로, 날래고 용맹하며 지략이 뛰어났다. 청년시절, 가난하여 소금을 팔아 생계를 유지하였다. 당나라 희종(僖宗) 때 절강을 노략질한 왕선지(王仙芝)를 평정하고, 황소(黃巢)를 막았으며, 동창(董昌)을 멸하여, 쌓인 공적이 저절로 드러났다.[10] 양(梁)나라 개평(開平) 원년(元年, 907)에 전류를 오월왕(吳越王)에 봉하였다. 전류가 양왕의 명을 거부하라고 간언하는 자가 있었는데, 전류는 웃으며 "내 어찌 손중모(孫仲謀)[11]를 놓칠 수 있겠는가!"라고 하고는 그냥 받아들였다. 그는 고향을 임안현(臨安縣)으로 바꾸고 군사를 금의군(錦衣軍)이라고 하였다. 그해 조상에

---

[10] 王仙芝(?-878)는 唐末 濮州(지금의 河南省 範縣) 출신으로, 농민 반란을 일으킨 인물이다. 왕선지는 원래 소금장수로, 나라의 단속이 심해지자 무리 3천 명을 모아 난을 일으켰고 黃巢 역시 반란에 가담하여 반란을 호응하였다. 왕선지가 죽은 후 황소가 뒤를 이어 長安(지금의 西安)에 입성하여 스스로 왕의 자리에 올랐으나, 관군에 의해 패망하여 자결하였다. 董昌(?-896)은 항주에서 세력을 키워 절강성 일대를 지배하였다. 865년에 스스로 황제로 자칭하다 錢鏐에게 죽임을 당하였고 그 영토를 차지하여 전류가 오월을 세웠다.

[11] 孫仲謀: 손중모는 孫權(182-252)으로, 字가 仲謀이다. 孫堅의 차남이자 孫策의 동생이다. 東漢 말기 三國 시대 吳나라의 개국 황제로, 재위 23년 동안 통치했으며, 향년 69세로 蔣陵(지금의 南京)에 안장되었다. 시호는 大皇帝, 묘호는 太祖이다.

게 제사를 지내고 옛 어르신들을 모시고 깃발을 나부끼며 악기를 연주하여 산과 들판을 뒤흔들었다. 과거 유람하고 낚시를 했던 곳마다 비단으로 장식하였다. 간혹 나무와 돌에도 관직을 봉하였고 예전에 소금을 팔던 지게도 비단으로 덮어두었다. 한 이웃의 노파가 90세가 넘은 나이에도 물동이를 들고 길 왼편에서 전류를 맞이하자, 전류가 마차에서 내려 급히 절을 하였다. 노파는 전류의 등을 어루만지며 어린 시절의 이름을 부르며, "전파류(錢婆留),[12] 네가 이렇게 컸다니 기쁘구나."라고 하였다. 전류가 막 태어났을 때 이상한 빛이 방안에 가득해 그의 아버지가 겁이 나 전류를 요계(了溪)[13]에 빠트리려고 하였다. 그때 이 노파가 애써 만류하여 어렸을 때 이름을 그렇게 지었던 것이다. 전류는 소고기와 술을 거하게 차려 고향 사람들에게 대접하고, 따로 채색 비단으로 넓은 장막을 만들어 마을의 부녀자들을 대접하였다. 팔순이 넘은 이에게는 금잔으로, 백 세가 넘은 이에게는 옥잔으로 대접하였다. 전류가 일어나 술을 권하며 직접 환향가(還鄕歌)를 불러 손님들을 즐겁게 하였다.

"옥절(玉節)차고 고향에 돌아와 비단옷 걸쳤네, 아버지와 어르신들 멀고 가까이서 모여들었네. 두성(鬥星)과 우성(牛星)의 빛이 일어나 하늘에 닿으니 속임이 없구나. 오월(吳越)의 왕이 네 필의 말이 끄는 수레 타고 돌아왔네."

그때 궁궐을 지으려 하자 천기를 살피는 자가 "이 옛 관부를 크게 만든

---

12 錢婆留: 본문의 내용처럼 '노파가 만류하여 살아남은 전씨 아이'라는 뜻이다.
13 了溪: 지금의 浙江省 嵊州市에 있는 강이다.

다 해도 백 년을 넘기지 못하나, 서호의 절반을 메우면 천년을 얻을 수 있습니다."라고 하였다. 무숙이 웃으며 "어찌 천년이나 지나는데 그사이 진정한 주인이 나오지 않겠는가? 그러나 내 어찌 우리 백성을 힘들게 하겠는가?"라고 하고는 궁궐을 짓지 않았다. 송나라 희녕(熙寧) 연간에 소자첨[蘇子瞻, 소식]이 현령으로 부임하여 용산(龍山)의 폐사당인 묘음원(妙音院)을 표충관(表忠觀)으로 고쳐 제사를 지내기를 청하였다. 그러나 지금은 폐지되었다. 명나라 가정(嘉靖) 39년(1560) 독무(督撫) 호종헌(胡宗憲)[14]은 영지사(靈芝寺) 터에 사당을 세우고 삼세오왕(三世五王)의 초상을 만들어 봄과 가을에 제사를 지냈고, 19세손 덕홍(德洪)에게 지키게 하였다. 군수 진가(陳柯)가 <표충관비기(表忠觀碑記)>를 사당에 새겼다.

錢鏐, 臨安石鑒鄉人, 驍勇有謀略. 壯而微, 販鹽自活. 唐僖宗時, 平浙寇王仙芝, 拒黃巢, 滅董昌, 積功自顯. 梁開平元年, 封鏐為吳越王. 有諷鏐拒梁命者, 鏐笑曰: "吾豈失一孫仲謀耶!" 遂受之. 改其鄉為臨安縣, 軍為錦衣軍. 是年, 省塋壟, 延故老, 旌鉞鼓吹, 振耀山穀. 自昔遊釣之所, 盡蒙以錦繡, 或樹石至有封官爵者, 舊貿鹽擔, 亦裁錦韜之. 一鄰媼九十余, 攜壺漿迎於道左, 鏐下車亟拜. 媼撫其背, 以小字呼之曰: "錢婆留, 喜汝長成." 蓋初生時, 光怪滿室, 父懼, 將沉於了溪, 此媼苦留之, 遂字焉. 為牛酒大陳以飲鄉人, 別張蜀錦為廣幄以飲鄉婦. 年上八十者飲金爵, 百歲者飲玉爵. 鏐起勸酒, 自唱還鄉歌以娛賓, 曰: "玉節還鄉兮掛錦衣, 父老遠近來相隨. 鬥牛

14 督撫는 總督과 巡撫를 합칭하는 말이다. 총독과 순무는 명청 시기 최고의 지방관으로 군사, 정치, 형벌 등을 겸한 직책이다. 胡宗憲(1512-1565)은 명나라의 관료이자 왜구를 물리친 장수이다. 자는 汝貞, 호는 梅林으로, 南直隸 績溪縣(지금의 安徽省) 출신이다. 嘉靖 17년에 진사가 되었고 가정 33년에 浙江巡按御史로 부임하였으며 이후 總督을 맡아 연해에 자주 출몰했던 왜구를 물리쳤다. 가정 41년에 嚴嵩과 연루되어 탄핵을 당하였고 옥살이 중에 자살하였다.

> 光起天無欺, 吳越一王駟馬歸."時將築宮殿, 望氣者言: "因故府大之, 不過百年; 塡西湖之半, 可得千年."武肅笑曰: "焉有千年而其中不出眞主者乎? 奈何困吾民爲!"遂弗改造. 宋熙寧間, 蘇子瞻守郡, 請以龍山廢祠妙音院者, 改爲表忠觀以祀之. 今廢. 明嘉靖三十九年, 督撫胡宗憲建祠於靈芝寺址, 塑三世五王像, 春秋致祭, 令其十九世孫德洪者守之. 郡守陳柯重鐫<表忠觀碑記>於祠.

부록작품 1

소식, <표충관 비에 관한 글>

희녕(熙寧) 10년 10월(1077) 무자일(戊子日)에 자정전대학사우간의대부지항주군사(資政殿大學士右諫議大夫知杭州軍事)인 신하 조변(趙抃)이 아룁니다.

"옛 월국왕(越國王) 전씨(錢氏)의 무덤과 그 아버지와 할아버지, 후비와 부인, 자손의 무덤은 전당에 있는 것이 26기, 임안에 있는 것이 11기인데, 모두 폐허가 되어 관리되지 않아 마을의 노인들이 이곳을 지나다가 눈물을 흘리고 있습니다. 삼가 살펴보건대, 옛날 무숙왕(武肅王) 전류(錢鏐)는 처음에는 고향의 병사들을 이끌고 황소(黃巢)를 격파하여 명성이 강회(江淮) 지방에 알려졌습니다. 다시 팔도병을 거느리고 유한굉(劉漢宏)을 토벌하였고 월주(越州)를 병합하여 동창(董昌)을 받아들였으며, 자신은 항주에 거주하였습니다. 그러다 동창이 월주를 가지고 반란을 일으키자 동창을 주살하였고 월주를 병합하여 절강의 동서 지역을 모두 차지하였으며, 그 아들 문목왕(文穆王) 원관(元瓘)에게 전해졌습니다. 그 손자인 충헌왕(忠獻王) 인좌(仁佐)에 이르러 마침내 이경(李景)의 군대를 물리치고 복주(福州)를 차지하였습니다. 그리고 인좌의 동생 충의왕(忠懿王) 숙(俶)이 또 대군을 이끌고 이경을 공격하였고, 이로써 주세종(周世宗)의 군대를 맞이하였으며, 그 후 마침내 나라를 바치고 조정에 입조하였습니다. 삼대에 걸쳐 네 명의 왕이 오대 시대와 처음과 끝을 같이하였습니다. 천하가 크게 혼란스러워지자 호걸들이 우후죽순 일어났습니다. 이때 몇 개의 주를 가지고 황제라는 이름을 도둑질한 자들이 셀 수 없이 많았는데, 그들은 가족을 멸족시켰을 뿐만 아니라 그 화를 무고한 백성에게까지 미쳐 남은 자가 없었습니다. 그러나 오월(吳越)은 영토가 천 리이고 무장한 병사가 10만이며, 산에서 구리를 주조하고 바다에서 소금을 구웠습니다. 코끼리와 물소, 진주와 옥이 풍부함이 천하의 으뜸이었으나 끝까지 신하의 예절을 잃지 않고 공물을 바치는 행렬이 길에서 서로 바라볼 정도였습니다. 그리하여 그 백성들이 늙어서 죽을 때까지 전쟁을 알지 못하고 사시사철 즐겁게 노닐며 노래하고 춤추는 소리가 들리는 것이 오늘날까지 그치지 않습니다. 그것은 이 백성들에게 배푼 덕이 매우 두터운 것입니다. 황제께서 천명을 받드시어 사방의 난을 차례로 평정하였습니다. 서촉(西蜀)과 강남(江南)은 그들의 험준함과 먼 거리만 믿고 우리 군대가 성 아래까지 이르러 힘이 꺾이고 형세가 곤궁해진 뒤에야 비로소 항복하였습니다. 그러나 하동(河東) 유씨(劉氏)는 백 번 싸우고 목숨을 바쳐 왕의 군대와 맞서 싸웠으니, 시체가 쌓여 성벽을 이루고 흐른 피가 연못이 될 정도로, 천하의 힘을 다하고서야 겨우 정복할 수 있었습니다. 그런데 오직 오월만은 조정의 명령이 내려지지 않았음에도 관부과 창고를 봉하고, 군현을 등록하였으며 조정에 관리를 요청하여, 나라를 떠나는 것을 전하는 것처럼 여겼으니, 조정에 대한 공이 매우 컸습니다. 옛날 두융(竇融)이 하서(河西) 땅을 가지고 한나라로 귀순하자, 광무제(光武帝)는 우부풍(右扶風)에게 두융의 부친과 조상의 무덤을 수리하게 하고 태뢰(太牢)로 제사 지내도록 명하였습니다. 오늘날 전씨의 공적은 두융보다 큰데, 아직 백년이 채 되지 않았음에도 무덤이 관리되지 않아 지나가는 사람들이 안타까워

합니다. 이는 충신들을 격려하고 백성들의 마음을 위로하기 의리에 크게 어긋납니다. 신이 원하옵건데, 용산(龍山)에 폐허가 된 절인 묘음원(妙音院)을 관으로 삼아 전씨의 손자인 도사(道士) 자연(自然)을 그곳에 살게 해주십시오. 무릇 전당에 있는 묘와 사당은 자연에게 맡기고, 임안에 있는 것은 그 현의 정토사(淨土寺) 승려 도미(道微)에게 맡겨주시옵소서. 해마다 각각 한 명의 제자를 뽑아 대대로 관리하게 하는 것입니다. 그 땅에서의 수입을 기록하여 때때로 사당을 수리하고 나무를 심도록 합니다. 관리되지 않는 곳이 있으면 현령이 급히 조사하고, 심한 경우 담당자를 바꾸어야 합니다. 그래야만 영원히 훼손되지 않아 조정이 전씨를 대우하려는 뜻에 부합하게 하십시오. 신이 죽음을 무릅쓰고 아룁니다." 황제께서 "그리하라. 그 묘음원에 표충관이라는 이름을 내리노라."라고 하셨다. 명(銘)은 다음과 같다.

    천목산(天目山)에서 초수(苕水) 흘러나오고 용이 날고 봉황이 춤을 추듯 임안(臨安)에 모였네.
    비범한 인물 태어나니 무리 중에서도 뛰어나구나.
    힘차게 일어나 큰소리로 외치니 따르는 자 구름처럼 많네.
    하늘을 우러르고 강물에 맹세하니, 달과 별이 어두워졌구나.
    강한 활로 조수를 쏘아 강과 바다가 동쪽으로 흘렀네.
    유한굉(劉漢宏)을 죽이고 동창(董昌)을 베니 갑자기 오월(吳越)이 있구나.
    금권(金券)과 옥책(玉冊), 호부(虎符)과 용절(龍節), 큰 성으로 거처를 삼아 산과 강을 감싸 안았네.
    왼쪽에는 전당강, 오른쪽에는 서호가 있어 섬의 오랑캐를 견제하는구나.
    새해의 처음에 돌아와 쉬며 노인들에게 잔치를 베풀었도다.

신인(神人)처럼 빛나 옥띠 두르고 말을 타네.

41년간 조심하고 두려워하여 광주리에 조공이 이어지니 큰 패물과 남쪽의 금이라.

오호(五胡)가 혼란하여 나라를 의지할 수 없는데 세 왕이 서로 이어받았으니 덕이 있음을 믿는다.

이미 돌아갈 곳 얻었으니 더이상 꾀하거나 의논할 것이 없구나.

선왕의 뜻 내가 받들어 행하네.

하늘에 충성과 효를 다하여 대대로 작위와 봉토를 가졌다.

문무를 겸비하여 자손이 천억이라.

황제께서 수령에게 이르시길 그들의 사당과 무덤을 돌보라.

나무꾼이나 목동이 들어가지 못하게 하여 후손들이 부끄럽지 않게 하라.

용산의 양지에 이 사당이 우뚝 서 있네.

전씨에게 사사로이 하는 것이 아니라 오직 충성을 격려하기 위함이라.

충신이 없으면 임금이 없고, 효자가 없으면 부모도 없다.

무릇 백성과 모든 지위에 있는 자들이 이 새겨진 글을 보라.

蘇軾, <表忠觀碑記>

熙寧十年十月戊子, 資政殿大學士、右諫議大夫、知杭州軍事臣抃言: "故越國王錢氏墳廟, 及其父、祖、妃、夫人、子孫之墳, 在錢塘者二十有六, 在臨安者十有一, 皆蕪穢不治, 父老過之, 有流涕者. 謹按: 故武肅王鏐, 始以鄉兵破走黃巢, 名聞江淮. 復以八都兵討劉漢宏, 並越州以奉董昌, 而自居於杭. 及昌以越叛, 則誅昌而並越, 盡有浙東西之地, 傳其子文穆王元瓘. 至其孫忠獻王仁佐, 遂破李景兵而取福州. 而仁佐之弟忠懿王俶又大出兵攻景, 以迎周世宗之師, 其後, 卒以國入覲. 三世四王, 與五代相為終始. 天下大亂, 豪傑蜂起, 方是時, 以數州之地盜名字者不可勝數, 既覆其族, 延及於無辜之民, 罔有子遺. 而吳越地方千里, 帶甲十萬, 鑄山煮海, 像犀珠玉之富, 甲於天下, 然終不失臣節, 貢獻相望於道. 是以其民至於老死不識兵革, 四時嬉遊, 歌舞之聲相聞, 至於今不廢. 其有德於斯民甚厚. 皇帝受命, 四方僭亂, 以次削平. 西蜀江南, 負其險遠, 兵至城下, 力屈勢窮, 然後束手. 而河東劉氏百戰守死, 以抗王師, 積骸為城, 灑血為池, 竭天下之力, 僅乃克之. 獨吳越不待告命, 封府庫, 籍郡縣, 請吏於朝, 視去國如傳捨, 其有功於朝廷甚大. 昔竇融以河西歸漢, 光武詔右扶風修其父祖墳塋, 祀以太牢. 今錢氏功德殆過於融, 而未及百年, 墳廟不治, 行道傷嗟, 甚非所以勸獎忠臣、慰答民心之義也. 臣願以龍山廢佛寺曰妙音院者為觀, 使錢氏之孫為道士曰自然者居之. 凡墳廟之在錢塘者, 以付自然; 其在臨安者, 以付其縣之淨土寺僧曰道微. 歲各度其徒一人, 使世掌之. 籍其地之所入, 以時修其祠宇, 封植其草木. 有不治者, 縣令亟察之, 甚者, 易其人, 庶幾永終不墮, 以稱朝廷待錢氏之意. 臣抃昧死以聞."制曰: 可. 其妙音院賜改名表忠觀.

銘曰: 天目之山, 苕水出焉. 龍飛鳳舞, 萃於臨安. 篤生異人, 絕類離群. 奮挺大呼, 從者如雲. 仰天誓江, 月星晦蒙. 強弩射潮, 江海為東. 殺宏誅昌, 奄在吳越. 金券玉冊, 虎符龍節. 大城其居, 包絡山川. 左江右湖, 控引島蠻. 歲時歸休, 以燕父老. 曄如神人, 玉帶球馬. 四十一年, 寅畏小心. 厥篚相望, 大貝南金. 五胡昏亂, 罔堪托國. 三王相承, 以符有德. 既獲所歸, 弗謀弗咨. 先王之志, 我維行之. 天祚忠孝, 世有爵邑. 允文允武, 子孫千億. 帝謂守臣, 治其祠墳. 毋俾樵牧, 愧其後昆. 龍山之陽, 歸焉斯宮. 匪私於錢, 惟以勸忠. 非忠無君, 非孝無親. 凡百有位, 視此刻文.

부록작품 2

장대, <전왕사>

동남의 14주(州)를 평정했으나,

오왕은 투구를 쓰지 않았네.

영웅은 말을 타고 천자를 알현하고,
산과 강이 띠와 숫돌이 될 때까지 황실을 보호하네.
큰 나무 천 그루를 비단으로 장식하고,
전당에 만 개의 화살이 조수를 쏘았네.
오호(五胡)가 중화의 땅을 어지럽혔으나,
서호에서는 춤과 노래 거의 백 년이로다.

張岱, <錢王祠>
扼定東南十四州, 五王並不事兜鍪.
英雄球馬朝天子, 帶礪山河擁冕旒.
大樹千株被錦紱, 錢塘萬弩射潮頭.
五胡紛擾中華地, 歌舞西湖近百秋.

부록작품 3

장대, <전왕 사당 기둥에 새기다>

　힘으로 땅을 나누고 고향 병사들을 일으켜 유한굉(劉漢宏)과 동창(董昌)을 주살하였다. 14개 주를 가지고 닭과 개, 삼과 마를 길렀으니 동남의 절반을 지탱하고 있었다. 뜻은 천명을 따르는 데 있어 진정한 주인을 찾아, 주세종(周世宗)를 복위시키고 송나라에 귀순하였다. 98년 동안 단단한 바구니처럼 오월이 한 집안으로 합쳐졌다.

張岱, <錢王祠柱銘>
力能分土, 提鄉兵殺宏誅昌, 一十四州, 雞犬桑麻, 撐住東南半壁; 志在順天, 求眞主迎周歸宋, 九十八年, 像犀筐篚, 混同吳越一家.

4

정자사(淨慈寺)

　정자사(淨慈寺)는 후주(後周) 현덕(顯德) 원년(元年, 954) 전왕숙(錢王俶)[15]이 지었다. '혜일영명원(慧日永明院)'이라 하였고 구주(衢州) 도잠(道潛)[16] 스님을 모셔와 그곳에 머물게 하였다. 도잠 스님은 일찍이 왕에게 금으로 만든 18 아라한을 청하고 싶었으나 아뢰지는 않았다. 그런데 왕이 갑자기 밤에 18명의 거인이 따라다니는 꿈을 꾸었다. 다음 날 도잠이 아라한을 청하자 왕이 이상하게 여겨 허락했고, 그리하여 나한당(羅漢堂)을 짓기 시작하였다. 송나라 건륭(建隆) 초에, 승려 연수(延壽)[17]는 부처님의 대의(大義)와 경륜(經綸)의 정통함을 바탕으로 ≪종경록(宗鏡錄)≫ 백 권을 저술하였고 종경당(宗鏡堂)

---

15 錢王俶: 錢俶(929-988)의 字는 文德이고, 臨安(지금의 浙江省 杭州) 출신이다. 吳越 武肅王 錢鏐의 손자이자 文穆王 錢元瓘의 아홉째 아들이다.
16 衢州는 지금의 절강성 일대이다. 道潛은 앞의 주 참조.
17 延壽: 연수(904-975)는 唐末 五代 시기의 승려로, 속성은 王씨이고 자는 沖元이다. 浙江 餘杭 출신으로, 중국 淨土宗의 제6대 祖師이자 法眼宗의 제3조사이다. 어려서 儒學을 공부하고 관리로 일하다가 30세에 출가하여 선법을 배웠다. 961년 吳越王 錢俶의 초청으로 永明寺에 머물렀으며, 선법 사상에 시대적 변화를 더해 禪과 敎를 통합하고 禪敎一致를 제창하였다. ≪萬善同歸集≫, ≪宗鏡錄≫ 등의 저서를 남겼다.

을 지었다. 희녕(熙寧) 연간에 군수(郡守) 진양(陳襄)[18]이 종본(宗本)[19] 스님을 모셔왔다. 그해 가뭄이 들어 호수의 물이 완전히 말라버렸다. 그러나 절 서쪽 모퉁이에서 샘물이 솟아났는데, 금색 장어가 헤엄을 칠 정도였다. 그리하여 우물을 파서 승려 천여 명이 마셨는데도 다 마르지 않아, 이름하여 '원조정(圓照井)'이라고 하였다. 남송 시기 원조정이 허물어져 다시 지었는데, 승려 도용(道容)이 장인들을 불러 오 년 만에 완성하였다. 5백의 아라한을 조각하여 전자전(田字殿)에 보관하였다. 소흥(紹興) 9년(1139)에 정자사라는 이름을 고쳐 '정자보은광화사(淨慈報恩光化寺)'라는 편액이 내려졌다. 그러나 다시 훼손되었다. 효종(孝宗) 때, 한 승려가 절을 짓기 위해 시주를 모으러 다녔는데, 매일 술과 고기만 배불리 먹고 돌아왔다. 절의 승려들이 그에게 모은 돈이 얼마냐고 묻자, 그는 "배불리 먹는 데 다 썼습니다."라고 대답했다. 이후로 3년 동안 시주를 모으면서 시주받은 금액을 하나하나 분명히 기록해 놓았다. 어느 날 거리에서 큰소리로 외치길, "내가 절을 지으리라."라고 하였다. 그리고는 술과 음식을 내놓고 저잣거리에서 흠뻑 취했는데, 목을 꺾어 토해낸 것이 모두 금으로 변하였다. 그때부터 사람들이 몰

---

[18] 陳襄: 진양(1017-1080)은 北宋 시기의 理學家이자 '海濱四先生'의 수장으로, 仁宗과 神宗 시기의 관료이다. 字는 述古이며, 古靈 출신으로 古靈先生이라 불렸다. 侯官(지금의 福建省 福州) 사람이다. 진사 급제 후 여러 관직을 역임하였는데 공정하고 청렴했으며 인재를 잘 추천했다. ≪古靈集≫ 25권을 남겼다.

[19] 宗本: 종본(1020-1099)은 北宋 시기의 승려로, 속성은 管씨이고 字는 無哲이다. 常州 無錫(지금의 江蘇省 無錫) 사람이다. 元豐 5년(1082), 神宗의 명으로 相國寺慧林禪刹의 초대 조사로 임명되었다. 哲宗은 '圓照禪師'라는 칭호를 내렸다. 만년에 平江 靈光寺에 머물며 문을 닫고 선을 수행하고 정업에 힘썼다. 원부 2년(1099년)에 입적하였으며, 세수 80세였다. 화엄선을 널리 전파하여 화엄의 오묘함을 밝혔으며, 많은 제자를 두었다. 저서로는 ≪歸元直指集≫ 2권과 ≪慧辨錄≫ 1권이 있다.

려와 마침내 절이 완공되었다. 승려의 이름은 제전(濟顛)[20]이다. 제전을 아는 사람은 "그분이 바로 영명(永明)의 환생이시다."라고 하였다. 가태(嘉泰) 연간에 다시 훼손되었지만, 가정 3년(1210)에 재건되었다. 사찰은 예전처럼 웅장했고 호수와 산 가운데에서 가장 뛰어났다. 한림(翰林) 정필(程珌)[21]이 이를 기록하였다.

촉촉한 붉은색이 땅에 비치고, 날아오른 푸른빛 하늘을 침범하며, 처마에 난새 깃털 굴러다니고, 계단이 가지런하다. 별이 구슬 장막에 드리우고, 보전(寶殿)이 유리처럼 뚫려 있다. 옥으로 장식한 서까래 끝에 해가 비추고 금빛 들보는 거북이처럼 솟아있다.

당시 재상들이 건의하기를, 도성과 그 주변의 불교 사찰들을 차례로 갑과 을로 나누어, 오산(五山)을 대표로 삼아 모든 사찰의 본보기로 삼았는데, 정자사도 여기에 포함되어 있다. 그 이전에 절의 승려들은 물을 긷기가 어려웠는데, 물통을 매고 호숫가로 가야만 했다. 소정(紹定) 4년(1231)에 승려 법훈(法薰)이 석장(錫杖)으로 전각 앞의 땅을 두드리자 두 줄기의 샘이 솟아났다. 이에 우물을 두 개 파서 물을 부족하지 않게 하였다. 순우(淳祐) 10년(1250), 천불각(千佛閣)을 지었고 이종(理宗)이 '화엄법계정편지각(華嚴法界正偏知閣)'이란 여덟 글자를 하사하였다. 원나라 말엽 호수 근처의 사찰들은 모

20　濟顛: 宋代 승려 道濟의 별명이다. 도제는 台州 天台 사람으로 속성은 李씨이다. 杭州 靈隱寺에서 출가했다가 후에 정자사로 옮겼다. 그는 세상을 제도하기 위해 미친 척하며 떠돌아다녔고, 평소 술과 고기를 먹으며 계율을 지키지 않아 사람들이 그를 제전이라고 불렀다.

21　程珌: 정필(1164-1242)은 宋代 문인으로, 字는 懷古이고, 號는 洺水遺民이며, 休寧(지금의 安徽省) 사람이다. 紹熙 4년에 進士가 되어 昌化主簿에 임명되었다. 이후 建康府 敎授, 知富陽縣, 樞密院 編修 등을 역임하였다.

두 훼손되었으나 정자사만 홀로 남았다. 명(明) 홍무(洪武) 연간에 훼손되었다가 승려 법정(法淨)이 다시 지었다. 정통(正統) 연간에 다시 훼손되었는데 승려 종묘(宗妙)가 재건하였다. 만력 20년(1592)에 사례감(司禮監) 손륭(孫隆)이 중수하였는데, 철로 솥을 만들고 종루를 보수하였으며 우물에 정자를 세우고 널빤지를 걸쳐 쐐기를 박았다. 영락(永樂) 연간에 건문제(建文帝)가 이곳에 숨었기에 절에 그의 초상이 남아 있는데, 그 용모가 위엄이 있어 평범한 사람과는 확연히 달랐다.

淨慈寺, 周顯德元年錢王俶建, 號慧日永明院, 迎衢州道潛禪師居之. 潛嘗欲向王求金鑄十八阿羅漢, 未白也. 王忽夜夢十八巨人隨行. 翌日, 道潛以請, 王異而許之, 始作羅漢堂. 宋建隆初, 禪師延壽以佛祖大意, 經綸正宗, 撰《宗鏡錄》一百卷, 遂作宗鏡堂. 熙寧中, 郡守陳襄延僧宗本居之. 歲旱, 湖水盡涸. 寺西隅甘泉出, 有金色鰻魚遊焉, 因鑿井, 寺僧千餘人飮之不竭, 名曰圓照井. 南渡時, 毀而復建, 僧道容鳩工五歲始成. 塑五百阿羅漢, 以田字殿貯之. 紹興九年, 改賜"淨慈報恩光化寺"額. 復毀. 孝宗時, 一僧募緣修殿, 日鬻酒肉而返, 寺僧問其所募錢幾何, 曰:"盡飽腹中矣."募化三年, 簿上佈[22]施金錢, 一一開載明白. 一日, 大喊街頭曰:"吾造殿矣."復置酒餚, 大醉市中, 捫喉大嘔, 撒地皆成黃金, 衆緣自是畢集, 而寺遂落成. 僧名濟顚. 識者曰:"是卽永明後身也."嘉泰間 復毀, 再建於嘉定三年. 寺故閎大, 甲於湖山. 翰林程珌記之, 有"濕紅映地, 飛翠侵霄, 檐轉鸞翎, 階排雁齒. 星垂珠網, 寶殿洞乎琉璃; 日耀璿題, 金椽聳乎玳瑁"之語. 時宰官建議, 以京輔佛寺推次甲乙, 尊表五山, 爲諸刹綱領, 而淨慈與焉. 先是, 寺僧艱汲, 擔水湖濱. 紹定四年, 僧法薰以錫杖扣殿前地, 出泉二派, 鍬爲雙井, 水得無缺. 淳祐十年, 建千佛閣, 理宗書"華嚴法界正偏知閣"八字賜之. 元季, 湖寺

---

22 佈: 원문의 布를 바로잡음.

盡毀, 而茲寺獨存. 明洪武間毀, 僧法淨重建. 正統間復毀, 僧宗妙復建. 萬曆二十年, 司禮監孫隆重修, 鑄鐵鼎, 葺鐘樓, 構井亭, 架掉楔. 永樂間, 建文帝隱遁於此, 寺中有其遺像, 狀貌魁偉, 迥異常人.

부록작품 1

원굉도, <연화동에 관한 짧은 글>

연화동(蓮花洞) 앞에 거연정(居然亭)이 있다. 정자가 탁 트여서 멀리 바라볼 수 있다. 매번 올라가 바라볼 때마다 서호의 물빛이 푸르러 수염과 눈썹, 형체와 그림자가 마치 거울 속에 떨어진 듯 환히 비친다. 육교(六橋)의 버드나무가 바람을 끌고 물결을 일으키니, 쓸쓸하면서도 사랑스럽다. 맑은 날, 비 오는 날, 안개 낀 날, 달 뜬 날의 풍경에 서로 다르게 펼쳐지는데, 이것이 바로 정자사의 절경이다. 동굴의 돌은 영롱한 게 마치 살아있는 것 같고 정교하기가 조각품을 넘어선다. 나는 항상 오산(吳山)과 남병산(南屛山) 일대는 전부 뼈대가 돌이고 피부가 진흙이라 속이 빈 곳이 많아 찾으면 찾을수록 더 많이 나온다고 말하였다. 최근에 송씨(宋氏) 정원도 마찬가지로 모두 찾아낸 것들이다. 또 자양궁(紫陽宮)의 돌은 손내사(孫內使)가 찾아낸 것이 매우 많다. 아, 어떻게 하면 오정신장(五丁神將)을 얻어 전당의 강물을 끌어다 그 먼지와 진흙을 전부 씻어내어, 그 기이하고 깊은 멋을 다 드러낼 수 있을까!

袁宏道, <蓮花洞小記>

蓮花洞之前為居然亭. 亭軒豁可望, 每一登覽, 則湖光獻碧, 鬚眉形影, 如落鏡中. 六橋楊柳, 一路牽風引浪, 蕭疏可愛. 晴雨煙月, 風景互異, 淨慈之絕勝處也. 洞石玲瓏若生, 巧逾雕鏤. 余常謂吳山南屛一派皆石骨土膚, 中空四達, 愈搜愈出. 近若宋氏園亭, 皆搜得者. 又紫陽宮石, 為孫內使搜出者甚多. 噫, 安得五丁神將, 挽錢塘江水, 將塵泥洗盡, 出其奇奧, 當何如哉!

부록작품 2

왕사임, <정자사>
정자사는 언제 나타났는가?
서호의 푸른빛 길게 넘실거린다.
부처의 위엄 있는 향기 더욱 가늘고,
구름은 녹음을 가득 먹어 윤기 나고 풍성하다.
바위 위 대나무가 승려의 누각을 떠받치고,
시냇가에 핀 꽃이 나그네의 옷자락을 스친다.
술집은 연잎 위로,
갈매기와 백로 오가며 날아다닌다.

王思任, <淨慈寺>
淨寺何年出, 西湖長翠微.
佛雄香較細, 雲飽綠交肥.
巖竹支僧閣, 泉花蹴客衣.
酒家蓮葉上, 鷗鷺往來飛.

소봉래(小蓬萊)

　소봉래(小蓬萊)는 뇌봉탑(雷峰塔) 오른편에 있으며 송나라 내시(內侍) 감승(甘升)[23]의 정원이었다. 기이한 봉우리가 구름처럼 솟아있고 오래된 나무들이 우거져, 이종(理宗)이 자주 찾았다. 어애송(御愛松)이 있는데 아마도 수백 년이나 된 나무일 것이다. 옛날부터 이곳은 '소봉래'라고 불렸다. 바위에는 송나라 때 새겨진 '청운암(青雲巖)', '오봉(鰲峰)'과 같은 글자가 있다. 지금은 황정보(黃貞父)[24] 선생이 공부하는 곳이 되어 이름을 '우림(寓林)'으로 바꾸었고, 바위에 '분운(奔雲)'이라는 이름을 적었다. 나는 일전에 '분운'이란 이름은 그 정취와는 잘 어울리지만, 그 이치는 담지 못했다고 하였다.[25] 그 바위는 마치 한 송이의 전차(滇茶)[26]처럼 생겼는데, 비바람에 휩쓸려 반쯤은 흙

23　甘升: 甘昇으로, 송 효종이 총애하던 내시였다. 20년간 권력을 휘두르다 죄를 얻어 사형당하였다.
24　黃貞父: 황정보는 장대의 할아버지 張汝霖의 친구 黃汝亨(1558-1626)이다. 정보는 字이고 號가 寓庸이며, 仁和(지금의 浙江省 杭州) 출신으로 관직이 禮部郞中에까지 이르렀다. 장대는 어려서 할아버지를 따라 그에게 가르침을 받았다.
25　《도암몽억》〈奔雲石〉에서 장대는 분운석과 황정보에 대한 이야기를 썼다.
26　滇茶: 雲南省에서 나는 차의 일종이다.

속에 파묻혀 뾰족한 꽃잎이 서너 겹 접혀 있는 듯하다. 사람들이 그사이를 걸으면 마치 나비가 꽃의 심장에 들어간 것처럼, 따로 꾸밀 필요 없이 완벽했다. 바위의 색은 영석(英石)[27]처럼 거무스름하고 이끼가 덮여 있어 마치 상(商)나라의 술통과 주(周)나라의 솥이 흙 속에 천년 동안 묻혀있다 나온 듯, 푸른빛이 석골에 까지 스며들어있다. 황정보 선생은 문장의 대가로, 제자가 수백 명에 달했다. 당대의 유명한 선비들은 모두 그의 문하에서 배출되지 않은 사람이 없었다. 내가 어렸을 적에 할아버지를 따라 황정보 선생을 방문한 적이 있었다. 선생의 얼굴은 검고 수염이 많아 뺨에까지 털이 있었다. 강 같은 깊은 눈과 바다 같은 넓은 입, 각진 눈썹과 교량 같은 코를 가지셨고 입을 벌리고 웃는 모습이 많았다. 교제를 청하면 팔방으로 응답하셨다. 귀로는 손님의 말을 경청하셨고, 눈으로는 가져온 편지를 읽으셨으며, 손으로 답신을 쓰셨고, 입으로 하인에게 분부를 내리셨는데, 여러 가지 일이 눈앞에 있어도 작은 실수조차 하신 적이 없었다. 손님이 오면 귀천을 가리지 않고 고기며 밥이며 음식을 내어 먹이시고 밤이 되면 함께 주무셨다. 하루는 내 노복이 선생께 간 적이 있었는데, 그의 모습이 매우 더러웠지만, 선생께서 재우고 먹이심이 다르지 않았다. 천계(天啟) 병인(丙寅, 1626)에 내가 우림(寓林)[28]에 갔을 때 정자는 이미 기울어졌고 집에 선생의 유해가 매장되어 수많은 사람들이 선생을 그리워하였다. 지금 정서(丁酉, 1657)에 다시 이곳에 와 보니 담장은 모두 무너져서 결국 기와 조각만 쌓인 폐허가 되었다. 나는 여기에 집을 짓고 소동파 선생만을 모시는 사당을 만들고자

27　英石: 廣東 英德에서 나는 돌이다. 송나라 때는 황실의 공물로 지정될 만큼 귀했다. 蘇東坡, 楊萬里, 朱彝尊과 같은 문인들이 영석을 보물로 여기고 감상한 뒤 시를 지어 찬송하였다. 크기가 큰 영석은 정원의 조경으로 활용되었고 작은 것은 산수 분경을 만들어 소장하였다.
28　武林: 杭州의 별칭이다.

하여 땅을 팔라고 하였으나, 주인이 허락하지 않았다. 나무가 모두 없어졌고 이끼도 모두 벗겨졌다. '분운' 역시 부서지고 깨져 본래의 모습이 열에 다섯도 남지 않았다. 몇 년이 지나면 분명 잡초만 무성해지고 차가운 안개에 휩싸이게 될 것이다. 국수(菊水)와 도원(桃源)[29]은 상상에만 부쳐둘 뿐이다.

小蓬萊在雷峰塔右, 宋內侍甘升園也. 奇峰如雲, 古木蓊蔚, 理宗常臨幸. 有御愛松, 蓋數百年物也. 自古稱為小蓬萊. 石上有宋刻"青雲巖"、"鰲峰"等字. 今為黃貞父先生讀書之地, 改名"寓林", 題其石為"奔雲". 余謂"奔雲"得其情, 未得其理. 石如滇茶一朵, 風雨落之, 半入泥土, 花瓣棱棱, 三四層折. 人走其中, 如蝶入花心, 無須不綴. 色黝黑如英石, 而苔蘚之古, 如商彝周鼎入土千年, 青綠徹骨也. 貞父先生為文章宗匠, 門人數百人. 一時知名士, 無不出其門下者. 余幼時從大父訪先生. 先生面黧黑, 多髭鬚, 毛頰, 河目海口, 眉稜鼻樑, 張口多笑. 交際酬酢, 八面應之. 耳聆客言, 目睹來牘, 手答回劄, 口囑侯奴, 雜遝於前, 未嘗少錯. 客至, 無貴賤, 便肉、便飯食之, 夜與同榻. 余一書記往, 頗穢惡, 先生寢食之無異也. 天啟丙寅, 余至寓林, 亭榭傾圮, 堂中窆先生遺蛻, 不勝人琴之感. 今當丁酉, 再至其地, 牆圍俱倒, 竟成瓦礫之場. 余欲築室於此, 以為東坡先生專祠, 往鬻其地, 而主人不肯. 但林木俱無, 苔蘚盡剝. "奔雲"一石, 亦殘缺失次, 十去其五. 數年之後, 必鞠為茂草、蕩為冷煙矣. 菊水、桃源, 付之一想.

[29] 菊水는 河南省 內鄉縣 서북쪽에 흐르는 물로, 鞠水, 菊潭이라고도 한다. 이 근처에서 국화가 많이 자라고 물맛이 향기로우며, 이 물을 마시면 장수한다고 전해진다. 桃源은 東晉 陶潛의 〈桃花源記〉에 나오는 별천지인 武陵桃源이다. 무릉에 사는 한 어부가 시냇물을 따라가 복사꽃이 만발한 곳을 찾게 되어 융숭한 대접을 받고 돌아왔다는 내용이다.

부록작품 1

장대, <소봉래분운석>

전차(滇茶) 꽃이 처음 피었는데,
갑자기 비바람 맞고 떨어졌네.
꽃들이 모여 파도를 이루며,
겹겹이 윤곽 드러낸다.
나비가 꽃심에 매달리듯,
한 걸음 한 걸음 감탄을 자아낸다.
소나무와 가래나무 사이에 덩굴이 얽히고,
짙은 그늘로 가벼운 장막 덮는다.
색은 검은 옻칠처럼 고풍스럽고,
이끼가 대나무 껍질을 벗긴 듯 얼룩졌다.
흙으로 솥과 술병에 장식한 글씨에,
비취색과 붉은색이 어우러졌구나.
조각 솜씨 참으로 귀신같지만,
여전히 소박한 모습으로 돌아간다.
모름지기 십 년쯤이면,
옷을 벗고 마음대로 앉을 수 있겠지.
더구나 현명한 주인을 만난다면,
가슴속에 산수를 품을 수 있겠구나.
이 바위는 차가운 산이니,
내 말을 너는 이해할 수 있을 것이다.

張岱, <小蓬萊奔雲石>

滇茶初著花, 忽為風雨落.
簇簇起波稜, 層層界輪廓.
如蝶綴花心, 步步堪咀嚼.
薜蘿雜松楸, 陰翳罩輕幕.
色同黑漆古, 苔斑解竹籜.
土繡鼎彝文, 翡翠兼丹臒.
雕琢真鬼工, 仍然歸渾樸.
須得十年許, 解衣恣盤礴.
況遇主人賢, 胸中有丘壑.
此石是寒山, 吾語爾能諾.

뇌봉탑(雷峰塔)

　　뇌봉(雷峰)은 남병산(南屛山)의 지맥이다. 탁 트인 하늘에 둥글게 솟아 있고, 반사되어 비치기에 옛날에는 중봉(中峰) 또는 회봉(回峰)이라고 불렸다. 송나라 때 뇌취(雷就)라는 사람이 이곳에서 살았기에 뇌봉(雷峰)이라고도 하였다. 오월왕(吳越王)이 이곳에 탑을 세웠는데, 처음에는 13층을 계획하여 계산해보았더니 천자 높이였다. 그러나 나중에 재력이 부족해 7층까지만 지었다. 옛날에는 왕비탑(王妃塔)이라고 불렀다. 원나라 말기에 화재로 소실되어 탑의 중심만 남았다. 뇌봉탑에 비친 석양은 서호십경(西湖十景) 중 하나가 되었다.[30]

---

[30] 서호십경은 '서호의 열 가지 멋진 경치'를 말한다. 南宋 시대에 처음 만들어졌고, 淸代에는 네 글자로 경치의 제목을 짓는 형식이 정립되었으며, 이때 경관의 수가 많아졌다. 그러나 청나라 강희제가 제목을 확정한 10곳의 경관이 가장 유명하다. 하나, 蘇堤에서 보는 봄날 아침의 풍경(蘇堤春曉), 둘, 曲院에 핀 연꽃(曲院風荷), 셋, 平湖에서 바라보는 가을 보름달(平湖秋月), 넷, 斷橋에 채 녹지 않은 눈(斷橋殘雪), 다섯, 花港에서 감상하는 헤엄치는 물고기(花港觀魚), 여섯, 버드나무 아래서 듣는 꾀꼬리 소리(柳浪聞鶯), 일곱, 호수에 비친 세 개의 달(三潭印月), 여덟, 구름 가득한 날 南高峰과 北高峰이 사이에 낀 듯한 풍경(雙峰插雲), 아홉, 雷鋒에서 바라보는 저녁 노을(雷峰夕照), 열, 남병산에서 들려오는 저녁 종소리(南屛晩鍾). 이 열가지 경치의 아름다움은 張岱의 <西湖十景>에서도 살펴볼 수 있다.

일전에 이장형(李長蘅)[31]의 그림에 적힌 이런 글귀를 본 적이 있다.

"내 친구 문자장(聞子將)[32]이 '호수 위에 두 개의 탑이 있는데, 보숙(保俶)은 미인 같고 뇌봉은 노승 같다.'라고 하여 내가 매우 칭찬하였다. 신해년(辛亥年, 1611), 내가 작은 집에 머물고 있었는데, 친구 심방회(沈方回)와 연못가에서 연꽃을 바라보다 문득 시 한 수를 짓게 되었다. 그중에 이런 구절이 있었다. "뇌봉은 술 취한 노인처럼 하늘에 기대네.(雷峰倚天如醉翁.)" 엄인지(嚴印持)[33]가 이 시를 보고 깜짝 놀라며, "문자장의 노승은 그대의 술 취한 노인만 못하니 특히 그 풍류를 잘 표현하였소."라고 하였다. 나는 호수의 산채에 머물면서 아침저녁으로 뇌봉탑을 마주 보았는데, 해 질 무렵 산에 자색 기운이 감돌았다. 노인이 그 사이에 있어서 아마 더욱 심취했던 것 같다. 그러나 내 시의 마지막 구절은 "이 노인의 정감은 담백하기가 물안개 같구나."라 하였으니, 이는 곧 문자장의 노승의 말을 본받았을 뿐이다. 계축(癸丑, 1613) 십월(十月) 취한 뒤에 쓴다."

> 雷峰者, 南屛山之支麓也. 穹窿回映, 舊名中峰, 亦名回峰. 宋有雷就者居之, 故名雷峰. 吳越王於此建塔, 始以十三級爲準, 擬高千尺. 後財力不

---

31 李長蘅: 李流芳이다. 앞의 주 참조.

32 聞子將: 문자장은 명대의 문인 聞啓祥(1579-1637)으로, 字가 子將이며, 浙江 錢塘(지금의 浙江省 杭州) 사람이다. 萬曆 40년(1612)에 擧人이 되어 경사에 들어갔으나 자신의 뜻과 맞지 않아 고향으로 돌아왔다. 그 후 여러번 추천을 받았으나 거절하고 나가지 않았다. 저서로 ≪自誤齋稿≫가 있다.

33 嚴印持: 엄인지는 嚴調御로 字가 印持이며, 餘杭(지금의 浙江省 杭州) 사람이다. 嚴大紀의 아들이며 復社의 일원이었다. 고금지식에 해박하고 교류하던 이들이 많았다. 평생 다재다능하여 음악과 의학, 수학까지 통달하지 않은 학문이 없었다. 그러나 과거시험에서는 성공하지 못했다. 저서로 ≪作朋集≫이 있다.

敷, 止建七級. 古稱王妃塔. 元末失火, 僅存塔心. 雷峰夕照, 遂為西湖十景之一. 曾見李長蘅題畫有云:"吾友聞子將嘗言:'湖上兩浮屠, 寶俶如美人, 雷峰如老衲.'予極賞之. 辛亥在小築, 與沈方回池上看荷花, 輒作一詩, 中有句云:'雷峰倚天如醉翁'. 嚴印持見之, 躍然曰:'子將「老衲」不如子「醉翁」, 尤得其情態也.'蓋余在湖上山樓, 朝夕與雷峰相對, 而暮山紫氣, 此翁頹然其間, 尤為醉心. 然予詩落句云:'此翁情淡如煙水.'則未嘗不以子將'老衲'之言為宗耳. 癸丑十月醉後題."

부록작품 1

임포, <뇌봉>

중봉 한 길이 갈라져,

돌고 돌아 짙은 구름 사이로 오르네.

저녁 노을 앞에 숲 보이고,

가을 파도 소리가 건너편에서 들린다.

긴 소나무 오랜 푸르름 뽐내고,

가느다란 대나무 은은한 향 뿜는다.

내가 좋아하는 소동파의 소리,

어진 이의 일 그리며 무리를 따르지 않았도다.

林逋, <雷峰>

中峰一徑分, 盤折上幽雲.

夕照前林見, 秋濤隔岸聞.

長松標古翠, 疏竹動微薰.

自愛蘇門嘯, 懷賢事不群.

부록작품 2

장대, <뇌봉탑>
문자장(聞子狀)의 뇌봉탑 시에,
늙은 스님이 옷깃을 젖혔다.
날마다 서호를 보지만,
평생 보아도 부족하다.
때때로 향기로운 바람이 불어오면
서호는 술상이 된다.
취한 노인 비틀거리며 서서,
서호 강물을 한입에 들이켠다.
참담한 뇌봉탑이여,
어찌 저녁 노을 독차지하나?
안개와 노을로 전신이 뒤덮여,
수염 쓸어올리며 다시 길게 읊는다.
괴이한 바위 남병산에 모여 있고,
숲속에 그 동굴을 이루고 있구나.
어찌 미불(米芾)이겠는가?
단정하고 엄숙하게 조복 갖추어 입는다.

張岱, <雷峰塔>
聞子狀雷峰, 老僧卦偏袈.
日日看西湖, 一生看不足.
時有薰風至, 西湖是酒床.
醉翁潦倒立, 一口吸西江.

慘淡一雷峰, 如何擅夕照.
遍體是煙霞, 掀髯復長嘯.
怪石集南屏, 寓林為其窟.
豈是米襄陽, 端嚴具袍笏.

7

포아장(包衙莊)

서호에 있는 배에는 망루가 있는데, 이것은 사실 부사(副使) 포함소(包涵所)[34]가 만든 것이다. 배의 크기는 세 가지로 나뉜다. 가장 큰 배는 노래를 부를 수 있는 자리와 노래하는 소년들을 배치하였다. 두 번째 큰 배는 그림과 글씨를 보관하였다. 세 번째 배에는 아름다운 여인을 배치하였다. 포 노인은 기녀들이 시녀들만큼 대접받지 못한다고 여겨, 석계륜(石季倫)과 송자경(宋子京)[35] 집안의 방식을 본받아 모든 손님에게 보여주었다. 여인들은 항상 화장을 하고 말을 타며 맵시 있는 몸짓으로 버드나무 사이를 지나갔다

---

[34] 包涵所: 장대의 할아버지 장여림의 친구 包應登(1559-?)이다. 포응등의 字는 涵所이고 錢塘(지금의 浙江省 杭州) 사람으로 福建에서 提學副使를 지냈다. 제학은 교육행정을 담당하는데, 각 지역의 학교를 관장하고 학생들의 수업과 시험에 관한 업무를 담당한다. 清代에는 提督學政이라 하였고 이를 줄여서 提學이라 했으며, 또 속칭 學台, 學道라고도 하였다. 이 작품은 장대의 ≪陶庵夢憶≫ 卷三 <包涵所>와 동일한 내용이다.

[35] 石季倫은 石崇(249-300)으로, 字는 季倫이고 渤海 南皮(지금의 河北省 南皮) 사람이다. 西晉 시기의 문인이자 부자로 알려져 있다. 사치스럽게 생활했고 무희와 가수들을 키웠으며 화려한 별장인 金穀園을 지었다. 宋子京은 宋祁(998-1061)로, 字는 子京이고 雍丘(지금의 河南省 商丘) 사람이다. 北宋 시기의 관리로 그 역시 사치와 향락에 빠져 살았으며 집에 수많은 무희와 가수들을 키웠다고 한다.

데, 이를 웃음거리와 즐거움으로 여겼다. 밝은 난간과 장식된 창, 그 아래에서 노래하고 피리를 불며 거문고를 켰는데, 그 소리가 마치 꾀꼬리 같았다. 손님이 오면 노래하는 소년들이 연극을 하고 대열을 지어 춤을 추며 악기를 연주하였는데, 그 수준이 탁월했다. 포 노인은 마음이 내키면 배를 띄워 나가 꼭 열흘 동안 머물렀다. 구경하는 이들이 서로 쫓아다니며 그가 어디서 머무르는지 물었다. 남쪽 정원은 뇌봉탑(雷峰塔) 아래, 북쪽 정원은 비래봉(飛來峰) 아래에 있었다. 이 두 곳은 모두 바위가 많은데, 바위들이 층층이 쌓여 기이하고 험준한 경치가 일품이었다. 그러나 계곡이나 다리로 만들어 놓고 산 위로는 쌓지 않아 매우 멋진 구조를 이루었다. 대청은 아치형 천장이 들보를 받치고, 가운데 4개의 기둥을 빼서 사자무용을 펼치기에 막힘이 없었다. 북쪽 정원에는 팔괘방(八卦房)을 만들었는데, 정원의 정자가 자로 잰 듯 여덟 개로 나뉘었으니, 그 모양이 마치 부채 같았다. 그 좁은 곳에 가로로 침상 하나가 놓여 있었고 앞뒤로 휘장을 드리워 여닫게 하였다. 안쪽 휘장을 내리면 침대가 바깥으로, 바깥쪽 휘장을 내리면 침대 안쪽으로 향하게 하였다. 포함소 노인은 그 안에서 거처하며, 창문을 환하게 열고 향불을 피우며 베개에 기대었는데, 그러면 여덟 개의 침상이 모두 보였다. 사치와 욕망이 극에 달하여 서호에서 20년을 살았다. 금곡(金穀)과 미오(郿塢)처럼[36] 조금의 검소함도 없었다. 끝까지 화려함을 추구한 것 역시 항주

---

[36] 金穀: 西晉 石崇(249-300)의 별장 金穀園이다. 옛터는 지금의 洛陽 金穀 동굴 안이다. 석숭은 당시 상당한 부자로 당시 또 다른 부호인 王愷(?-?, 字 君夫)와 부를 겨루기 위해 금곡원을 지었다. 정원 안의 건물들은 금빛과 푸른빛으로 휘황찬란하고 풍경들이 대단히 아름다웠다고 한다. 郿塢은 東漢 말의 군신인 董卓(?-192)이 지은 별장이다. 동탁이 장안성으로 옮긴 뒤 서쪽으로 250리 떨어진 곳에 세웠다. 그 규모가 長安城과 비슷할 정도로 대단하여 萬歲塢라고도 불렀다. 동탁은 여기에 수많은 금은보화를 숨겨두었다고 한다. 미오의 옛터는 지금의 陝西省 眉縣에 있다.

사람들이 말하는 '좌우는 좌우[어찌되었든 그렇다.]'라는 말과 같았다. 서호의 부잣집에 무엇이 없었겠는가? 서시(西施)가 있을 때도 금성(金星)을 저축하였을 것이다.[37] 아, 실의에 빠져 허공에 글을 쓰면[38] 궁색함만 커질 뿐이다.

西湖之船有樓, 實包副使涵所創爲之. 大小三號: 頭號置歌筵, 儲歌童; 次載書畫; 再次偫美人. 涵老以聲伎非侍妾比, 仿石季倫、宋子京家法, 都令見客. 常靚妝走馬, 髮姍勃窣, 穿柳過之, 以爲笑樂. 明檻綺疏, 曼謳其下, 撇籥彈箏, 聲如鶯試. 客至, 則歌僮演劇, 隊舞鼓吹, 無不絶倫. 乘興一出, 住必浹旬, 觀者相逐, 問其所之. 南園在雷峰塔下, 北園在飛來峰下. 兩地皆石藪, 積牒磊砢, 無非奇峭. 但亦借作溪澗橋梁, 不於山上疊山, 大有文理. 大廳以拱鬥抬梁, 偸其中間四柱, 隊舞獅子甚暢. 北園作八卦房, 園亭如規, 分作八格, 形如扇面. 當其狹處, 橫亘一床, 帳前後開闔, 下里帳則床向外, 下外帳則床向內. 涵老居其中, 局上開明窗, 焚香倚枕, 則八床面面皆出. 窮奢極欲, 老於西湖者二十年. 金穀、郿塢, 著一毫寒儉不得, 索性繁華到底, 亦杭州人所謂"左右是左右"也. 西湖大家, 何所不有, 西子有時亦貯金屋. 咄咄書空, 則窮措大耳.

[37] ≪漢武故事≫에 보면 "武帝가 태자로 있을 때 長公主의 딸을 태비로 짝지어주려 하여 묻기를 '阿嬌를 얻으면 좋겠습니까?'라 하자 답하길, '만일 아교를 얻으면 금성을 저축한 것과 같지요.'라 하였다.(武帝爲太子時, 長公主欲以女配帝, 曰問: '得阿嬌好否?' 帝曰: '若得阿嬌, 當以金屋貯之.)"

[38] 원문에서는 "咄咄書空"이라 하였는데, 이는 ≪世說新語・黜免≫에서 인용하였다. 咄咄은 '뜻밖의 일에 놀라 소리를 지른다.'는 뜻이고 書空은 본래 '허공에 글을 쓴다.'는 뜻으로, '의지를 잃고 한탄하며 글을 쓴다.'는 의미이다.

부록작품 1

진함휘,[39] <남병포장>

홀로 만든 누선 물 위를 가로지르니,

하늘의 밤 기운 속 금은을 분별한다.

노랫소리에 바위 깨지자 물고기와 새 놀라고,

등불의 빛 반사되어 물풀에 스며든다.

멋지고 화려한 서원(西園)에서 기녀들이 나오고,

호화스러운 금곡(金穀)에 문인들이 모인다.

원래 고독은 모두 갑작스러우니,

포선(逋仙)[40]이라도 가난은 원망스럽구나.

陳函輝, <南屏包莊>

獨創樓船水上行, 一天夜氣識金銀.

歌喉裂石驚魚鳥, 燈火分光入藻蘋.

瀟灑西園出聲伎, 豪華金穀集文人.

自來寂寞皆唐突, 雖是逋仙亦恨貧.

---

[39] 陳函輝: 진함휘(1590-1645)는 명말의 문인으로, 원래 이름은 煒이다. 字는 木叔이고, 號는 寒椒道人, 小寒山子이며, 浙江 臨海縣 사람이다. 崇禎 7년(1634)에 진사에 합격하여 靖江 현령으로 보임된 후 가혹한 세금을 폐지하여 백성들의 부담을 덜어주었다. 이후 여러 차례 탄핵을 받아 직책을 그만두고 고향으로 돌아갔다. 淸 順治 2년(1645)에 청나라 군대가 南京을 함락시키자 監國의 魯王 朱以海를 따라 紹興으로 갔으나, 다음 해에 노왕이 도망치자 台州로 돌아가 자결하였다. 그는 하천을 정비하고 수리 사업을 통해 정강 지역의 농업 생산을 촉진시켰으며, ≪靖江縣志≫를 편찬하여 徐霞客의 기행문을 수록하고 인쇄해 보존과 전파에 기여하였다.

[40] 逋仙: 포선은 北宋의 林逋에 대한 경칭이다. 임포는 서호 고산에 은거하여 부인도 두지 않고 오직 매화를 심고 학을 기르며 살았다. 사람들은 그를 '梅妻鶴子'라고 불렀고 후세 사람들은 그런 임포에게 신선의 의미를 더하여 '포선'이라고 하였다.

8

남고봉(南高峰)

남고봉(南高峰)은 남북으로 여러 산의 경계에 있다. 양의 창자처럼 길이 구불구불하고 소나무와 대나무가 무성하여, 짚신에 흰 베로 만든 버선을 신고 지팡이를 짚지 않으면 오를 수 없다. 탑이 산꼭대기에 있는데, 진(晉)나라 천복(天福) 연간에 지어졌고, 숭녕(崇寧), 건도(乾道) 연간에 두 차례 수리되었다. 원나라 말기에 허물어졌다. 예전에는 7층이었으나 지금은 3층만 남아 있다. 탑 안에서 사방을 내다보면, 동쪽으로 평원과 황무지를 굽어볼 수 있다. 안개가 사라지고 해가 뜨면 호수의 경치가 절정에 달한다. 남쪽으로 내려다보면 큰 강이 보인다. 파도가 휘몰아치고 배를 젓는 노가 아득한 안개 사이에 희미하게 보인다. 서쪽으로는 바위 동굴이 이어져 있는데, 괴이한 모양의 바위들이 춤을 추는 듯하고 동굴이 깊다. 그 옆에는 서응상(瑞應像)이 있는데, 마치 귀신의 솜씨처럼 훌륭하다. 북쪽을 바라보면 무덤과 구릉이 보이고 비탈이 끊임없이 이어져 있다. 대나무와 상수리 나무가 가득하고 보리가 구름처럼 이어져 있다. 산초와 거대한 바위가 높은 관을 쓴 듯 우뚝 솟아있는데, 이름하여 선조단(先照壇)이라 한다. 전해지는 바로는 도가에서 마귀를 진압한 곳이라고 한다. 정상에는 발우담(鉢盂潭)과 영천천

(潁川泉)이 있어, 심한 가뭄에도 마르지 않고 비가 많이 내려도 넘치지 않는다. 연못 옆에는 백룡동(白龍洞)이 있다.

　　南高峰在南北諸山之界, 羊腸佶屈, 松篁蔥蒨, 非芒鞋布襪, 努策支筇, 不可陟也. 塔居峰頂, 晉天福間建, 崇寧ㆍ乾道兩度重修. 元季毀. 舊七級, 今存三級. 塔中四望, 則東瞰平蕪, 煙銷日出, 盡湖中之景; 南俯大江, 波濤洞泄, 舟楫隱見杳靄間. 西接巖竇, 怪石翔舞, 洞穴邃密, 其側有瑞應像, 巧若鬼工; 北矚陵阜, 陂陀蔓延, 箭櫹叢出, 麰麥連雲, 山椒巨石屹如峨冠者, 名先照壇, 相傳道者鎮魔處. 峰頂有缽盂潭, 潁川泉, 大旱不涸, 大雨不盈. 潭側有白龍洞.

부록작품 1

김보, <남고봉>

남북의 높은 봉우리 두 개의 울창한 산,
아침마다 짙은 바다 안개가 자욱이 덮였다.
정상에 구불구불한 소용돌이 형상의 구름다리,
산 중턱 두건 같은 기괴한 바위 솟아 있다.
3층 탑에 늙은 솔개 둥지 틀고,
맑고 깊은 물에 바보같은 용이 살고 있다.
만일 절경을 구경하는데 짐이 번거롭다면,
짚신과 풀신에 지팡이를 짚고 가라.

金堡, <南高峰>
南北高峰兩鬱蔥, 朝朝滃浡海煙封.

極顚螺髻飛雲棧, 半嶺峨冠怪石供.
三級浮屠巢老鶻, 一泓淸水豢癡龍.
倘思濟勝煩攜具, 布襪芒鞋策短筇.

9

연하석옥(煙霞石屋)

　　태자만(太子灣)에서 남쪽으로 돌아 올라가면 석옥령(石屋嶺)이 있다. 산을 넘으면 대인선사(大仁禪寺)가 나오고 그 왼편에 연하석옥(煙霞石屋)이 있다. 건물은 높고 넓으며 환하고, 가로질러 가면 2척 6자로, 높이 트인 정자[41] 같은 모양이라 몇 개의 자리를 펼 수 있을 만큼 넓다. 동굴 위에는 나한(羅漢) 516체(體)가 새겨져 있다. 동굴 아래는 좁고 어두워 그늘이 짙게 끼었다. 옆에 편복동(蝙蝠洞)이 있는데 박쥐의 크기가 까마귀 만하다. 박쥐들이 아래로 매달려 있고 서로 꼬리를 물고 늘어졌다. 박쥐의 배설물에는 특이한 악취가 나서 오래된 사당이나 높은 다리에 상당한 손해를 끼쳤다. 회계(會稽)의 우묘(禹廟) 또한 그랬다. 산초나무에서 오른쪽으로 돌아가면 새로운 절이 나온다. 일찍이 자(字)가 자안(子安)인 왕미(王亹)와 자(字)가 장후(章侯)인 진홍수(陳洪綬)가 여기에서 책을 읽었다.

41　'높고 트인 정자'의 원문은 軒榭이다. 軒은 높은 곳에 올라 의기양양할 수 있게 높고 활짝 트인 장소에 짓는 것으로, 창이 있는 복도나 작은 방을 말한다. 榭는 '기댄다'는 의미로 주변 풍경에 의지하여 지어진 정자이다. 누대 위에 짓기도 하고 목제로 짓기도 하며 난간을 겹으로 쌓는 등 다양한 방법으로 지었다.

내가 그곳을 방문했을 때는 돌이 마치 비래봉처럼 막 씻어 나온 것 같이, 표면이 깨끗했고 돌의 뼈대도 상한 곳 없이 훌륭하였다. 그러나 양곤(楊髡)이 '불(佛)'자를 새기는 참극에 모든 게 한꺼번에 사라졌다. 가파른 절벽과 기이한 봉우리가 갑자기 민낯을 드러내니 매우 기뻤다. 건염(建炎) 연간에 마을 사람들이 이 안으로 병란을 피하여 수천 명이 목숨을 건졌다. 산 아래는 수락동(水樂洞)이 있는데 가태(嘉泰) 연간에 양군왕(楊郡王)의 별장이었다. 돌을 첩첩이 쌓아 만든 정자는 구조가 정밀하고 아름다웠다. 그러나 세월이 흘러 관리를 하지 않아 잡초만 무성히 더러워졌고 물 흐르는 소리도 끊어졌다. 가추학(賈秋壑)[42]이 후한 값을 치르고 사게 되었는데, 절의 승려에게 물소리가 나고 안 나는 까닭을 찾아보라고 했지만 이유를 찾지 못하였다. 그러다 하루는 가추학이 이곳을 방문하여 주변을 내려다보고 조용히 귀 기울여 듣다 무언가 깨닫고 말하였다. "골짜기는 비어야 울림이 나고 물을 부딪쳐야 소리가 난다. 지금은 물이 그 안에 고여 있고 흙이 밖에서 막고 있으니 소리를 내고자 한들 어찌 되겠는가?"라고 하고, 급히 막힌 흙을 걷어 물길을 내라고 명하였다. 그러자 동굴에서 소리가 흘러나왔는데 그 울림이 자연스러웠다. 2백 년의 절경이 하루아침에 되살아났다. 그는 정자를 짓고 자신이 얻은 소동파의 진필(眞筆)을 그 위에 새겼다.

> 由太子灣南折而上為石屋嶺. 過嶺為大仁禪寺, 寺左為煙霞石屋. 屋高廠虛明, 行迤二丈六尺, 狀如軒榭, 可布幾筵. 洞上周鐫羅漢五百十六身. 其底邃窄通幽, 陰翳杳靄. 側有蝙蝠洞, 蝙蝠大者如鴉, 掛搭連牽, 互銜其尾. 糞作奇臭, 古廟高梁, 多受其累. 會稽禹廟亦然. 由山椒右旋為新庵, 王子安

---

[42] 賈秋壑: 앞의 賈似道 주석 참조.

疊、陳章侯洪綬嘗讀書其中.
　余往訪之, 見石如飛來峰, 初經洗出, 潔不去肤, 雋不傷骨, 一洗楊髡鑿佛之慘. 峭壁奇峰, 忽露生面, 為之大快. 建炎間, 里人避兵其內, 數千人皆獲免. 嶺下有水樂洞, 嘉泰間為楊郡王別圃. 疊石築亭, 結構精雅. 年久蕪穢不治, 水樂絕響. 賈秋壑以厚直得之, 命寺僧深求水樂所以興廢者, 不得其說. 一日, 秋壑往遊, 俯睨旁聽, 悠然有會, 曰:"穀虛而後能應, 水激而後能響, 今水瀦其中, 土壅其外, 欲其發響, 得乎?"亟命疏壅導瀦, 有聲從洞澗出, 節奏自然. 二百年勝概, 一日始復. 乃築亭, 以所得東坡真跡, 刻置其上.

부록작품 1

소식, <수락동에 관한 짧은 글>

　전당(錢塘) 동남쪽에 수락동(水樂洞)이 있는데, 샘물이 바위 사이에서 흘러나와 자연스러운 음률을 이룬다. 또 영은사(靈隱寺)와 하천축사(下天竺寺)에서 위로 올라가 상천축사(上天竺寺)에 이르면 계곡이 두 산 사이를 흐르고 커다란 돌들이 소와 양처럼 우뚝 솟아있다. 그 소리가 빈 동굴에 울려 진짜로 종소리와 북소리 같았다. 그러니 장자(莊子)가 말한 천뢰[天籟, 자연의 소리]가 실제로 없는 곳이 없음을 알겠다.

蘇軾, <水樂洞小記>
　錢塘東南有水樂洞, 泉流巖中, 皆自然宮商. 又自靈隱、下天竺而上, 至上天竺, 溪行兩山間, 巨石磊磊如牛羊, 其聲空礱然, 真若鐘鼓, 乃知莊生所謂天籟, 蓋無在不有也.

부록작품 2

원굉도, <연하동에 관한 짧은 글>

  연하동(煙霞洞)은 예스럽고 고요하며, 시원함이 뼛속까지 스며들고, 젖이 줄줄 흐른다. 석옥은 밝고 넓으며, 마치 일편운(一片雲)처럼 기울어진 채 서 있다. 또 누각 같기도 하여 자리도 몇 개 펼 수 있다. 나는 두 번 석옥을 지났지만, 머슴들이 차지하여 소란스럽기가 시장 같았다. 두 번 모두 마음에 들지 않아 돌아왔다.

袁宏道, <煙霞洞小記>
  煙霞洞, 亦古亦幽, 涼沁入骨, 乳汁涔涔下. 石屋虛明開朗, 如一片雲, 欹側而立, 又如軒榭, 可布幾筵. 余凡兩過石屋, 為傭奴所據, 嘈雜若市, 俱不得意而歸.

부록작품 3

장경원, <석옥에 관한 짧은 글>

  석옥사(石屋寺)는 절이 초라하여 볼만한 게 없다. 바위 아래에 돌로 만든 작은 방은 너비가 10홀(笏)[43]이라 방[屋]이라고 부른다. 방 안에는 어떤 호사가(好事家)가 돌로 만든 탁자를 놓아 앉을 수 있게 하였다. 사방에 새긴 석상은 마치 꼭두각시 같아 천박하고 거칠다. 아마도 깊고 궁벽한 곳이라 유명해진 것 같다. 석옥 서쪽으로 나가면 산 위아래 비탈과 양옆의 길가에 모두 계수나무가 우거져 있다. 가을에 꽃이 피는데 향기가 수십 리 밖까지 퍼져 계수나무꽃 세상이라고 할 만하다.

---

[43] 笏: 1笏은 약 30cm이다.

張京元, <石屋小記>

石屋寺, 寺卑下無可觀. 巖下石龕, 方廣十笏, 遂以屋稱. 屋內, 好事者置一石榻, 可坐. 四旁刻石像如傀儡, 殊不雅馴. 想以幽僻得名耳. 出石屋西, 上下山坡夾道皆叢桂, 秋時著花, 香聞數十里, 堪稱金粟世界.

부록작품 4

장경원, <연하사에 관한 짧은 글>

연하사(煙霞寺)는 산 위에 있어 더 황량하고 쓸쓸하다. 사례태감(司禮太監) 손륭(孫隆)이 창건하였는데, 매우 새롭게 단장하였다. 불전 뒤에 동굴을 열어 흙을 파내자 돌의 뼈대가 전부 드러나 깎아지른 듯한 모습이 볼만했다. 불전 오른쪽 약간 위로 두세 굽이 올라가서 상비봉(象鼻峰)을 지나 동쪽으로 수십 보를 가면 연하동(煙霞洞)이 있다. 동굴 밖에 작은 정자가 있는데 그곳에서 전당을 바라보면 마치 띠처럼 보인다.

張京元, <煙霞寺小記>

煙霞寺在山上, 亦荒落, 系中貴孫隆易創, 頗新整. 殿後開宕取土, 石骨盡出, 巉峭可觀. 由殿右稍上兩三盤, 經象鼻峰東折數十武, 為煙霞洞. 洞外小亭踞之, 望錢塘如帶.

부록작품 5

이유방, <연하춘동화에 쓰다>

연하사(煙霞寺)의 입구에서 아래를 내려다보면, 숲과 계곡이 아늑하여, 인간 세상에 다시 없을 경관이다. 오얏꽃이 필 때는 더욱 기이하여 정말 경림(瓊林), 요도(瑤島) 같다. 한맹(閒孟), 무제(無際)와 법상사(法相寺)에서 연하동(煙霞洞)에 이르러 작은 정자에 잠시 머물렀는데, 목이 말랐지만 술을 구할 길이 없었다. 행상인 둘이 술통을 끌고 오는 것을 보고, 한맹이 입에서 침을 흘리며 급히 한 모금을 청했지만, 그들은 쳐다보지도 않았다. 우리는 매우 이상하게 여겼다. 그러다 우연히 대들보 사이에 고약한 시가 적힌 판자를 발견하고 그것을 빼서 던졌다. 행상인들이 비틀거리며 달아났다. 이 일을 생각하면 웃음이 터져 계속 밥을 뿜는다.

李流芳, <題煙霞春洞畫>
從煙霞寺山門下眺, 林壑窈窕, 非復人境. 李花時尤奇, 真瓊林瑤島也. 猶記與閒孟、無際, 自法相寺至煙霞洞, 小憩亭子, 渴甚, 無從得酒. 見兩傖父攜榼至, 閒孟口流涎, 遽從乞飲, 傖父不顧. 予輩大怪. 偶見梁間惡詩書一板上, 乃抉而擲之. 傖父蹡踉而走. 念此輒噴飯不已也.

10

고려사(高麗寺)

　고려사(高麗寺)의 본래 이름은 혜인사(慧因寺)로, 후당(後唐) 천성(天成) 2년(931)에 오월(吳越)의 전무숙왕(錢武肅王)이 지었다. 송나라 원풍(元豊) 8년(1085), 고려국(高麗國)의 왕자 승통(僧統) 의천(義天)[44]이 조공을 바치러 왔는데, 그때 정원(淨源)[45] 법사에게 청하여 현수(賢首)[46] 대사의 가르침을 배웠다. 원우(元祐) 2년(1087), 금서한역본(金書漢譯本) ≪화엄경(華嚴經)≫ 3백 부(部)를 절에 가지고 와 금으로 화엄대각장탑을 세우고 거기에 모셨다. 원우 4년(1089)에 승통 의천은 정원 법사의 제사를 받든다는 명목으로 금탑 2채를 더 바쳤다. 그러나 항주 자사(刺史) 소식(蘇軾)이 상소를 올려, "외이(外夷)

---

[44] 僧統 義天: 승통은 僧官의 하나로, 摠攝 또는 攝理라고 하며 僧軍을 통솔한다. 義天(1055-1101)은 고려의 高僧으로 文宗의 넷째 아들이다. 이름은 煦이고 자는 의천이다. 의천은 宋 宣宗 2년(1085)에 송나라 상인 林寧을 따라 송나라에 들어가 3천 권이 넘는 불교 경전을 구해 고려로 돌아갔다.

[45] 淨源: 정원(1011-1088)은 宋代의 승려로, 속성은 楊씨이고, 字는 伯長, 法號가 淨源이다. 泉州 晉江縣(지금의 福建省 泉州) 사람이다. 華嚴宗의 7대 조사 또는 10대 조사로 알려졌으며, 북송에 화엄종을 부흥시켰다고 칭송받는다.

[46] 賢首: 현수(643-712)는 唐代의 승려로, 속성은 康씨이고, 선조가 康居人(고대의 나라 이름으로, 大月氏와 동족)이다. 화엄종 3대 조사이다.

가 자주 중국에 들어오면 국경의 수비가 허술해지니, 금탑은 마땅히 받지 말아야 한다."47고 하였고, 신종(神宗)이 이를 따랐다. 원나라 연우(延祐) 4년 (1277) 고려 심왕(沈王)이 조서를 받들어 이곳에 향을 올리고 경전을 바치러 왔다. 지정(至正) 말년에 훼손되었다. 홍무(洪武) 초기에 다시 수리하였다. 속칭 고려사라고 불렀다. 초석은 정교하고 윤장(輪藏)48의 바퀴가 웅장하고 화려하여 두 산 사이에 없는 것이었다. 만력(萬曆) 연간에 승려 여통(如通)49이 다시 수리하였다. 내가 어릴 적에 어머니와 함께 절에 가서 향을 올렸다. 3백 전을 내고 수레꾼에게 명하여 윤장을 돌렸는데, 바퀴가 삐걱대며 마치 처음 돌아가는 것 같았다. 나중에 매끄럽게 잘 돌아가니 윤장의 바퀴가 나는 듯하여 미는 사람도 따라잡을 수 없었다.

高麗寺本名慧因寺, 後唐天成二年, 吳越錢武肅王建也. 宋元豐八年, 高麗國王子僧統義天入貢, 因請淨源法師學賢首敎. 元祐二年, 以金書漢譯《華嚴經》三百部入寺, 施金建華嚴大閣藏塔以尊崇之. 元祐四年, 統義天以祭奠淨源爲名, 兼進金塔二座. 杭州刺史蘇軾疏言:"外夷不可使屢入中國, 以疏邊防, 金塔宜卻弗受."神宗從之. 元延祐四年, 高麗沈王奉詔進香幡經於此. 至正末毀. 洪武初重葺. 俗稱高麗寺. 礎石精工, 藏輪宏麗, 兩山所無. 萬曆間, 僧如通重修. 余少時從先宜人至寺燒香, 出錢三百, 命輿人推轉輪藏, 輪轉呀呀, 如鼓吹初作. 後旋轉熟滑, 藏輪如飛, 推者莫及.

47 본문에 인용된 글은 소동파의 <論高麗進奉狀>에 관한 내용이다. 소동파가 쓴 글자와는 다르나 대체적인 내용은 동일하다. ≪蘇東坡全集≫ 卷五十六 참조.
48 輪藏: 법당 중심에 軸을 세우고 여덟 개 面을 가진 鏡架를 만들어 불경을 넣고 돌리는 장치이다.
49 如通: 여통(1523-1595)은 明代 승려로, 字는 易庵이고, 스스로 芦江老叟라고 불렀다. 慧因寺의 주지였다.

11

법상사(法相寺)

    법상사(法相寺)는 세간에서 장이상(長耳相)이라 한다. 후당(後唐) 때 법진(法真)[50]이란 스님이 있었는데 얼굴이 독특했다. 귀가 아홉 치나 되어, 윗부분은 정수리를 넘어가고 아랫부분은 턱까지 닿았다. 그래서 장이(長耳)화상이라고 불렀다. 천성(天成) 2년(927)에 천태(天台) 국청사(國清寺) 한암(寒巖)[51]에서 유람 와서 전무숙왕(錢武肅王)이 예를 갖춰 접대하여 법상사에 머물게 하였다. 송나라 건우(乾祐) 4년(954) 정월 6일에 법진은 아무런 병도 없었는데, 방장(方丈)에 앉아 제자들을 모아놓고 목욕을 한 후 가부좌를 튼 채 입적하였다. 제자들이 그 진신(真身)에 칠을 하고 불단에 모셨다. 사람들은 그를 정광불(定光佛)[52] 후신(後身)이라고 하였다. 아이를 낳고 싶어 하는 부녀자들은

---

50 法真: 법진(?-950)의 속성은 陳씨이고 법호는 行修이며, 세간에서 長耳和尚으로 불렸다. 泉州(지금의 福建省 晉江) 사람이다. 어려서 北岩院(金陵의 瓦官寺라는 설도 있음)에서 출가하여 13세에 머리를 깎고 長樂府에서 戒壇에 올라 上品律儀를 받았다. 본문의 내용처럼 생김새가 독특하였는데, 자주 맹수를 길들이는 등 신령스러운 일을 보여주었다고 한다.

51 天台 國清寺는 浙江省 天台山 國清寺를 말한다. 이곳은 隋나라의 高僧 智越이 천태종을 창시한 곳이다. 寒巖은 당나라 고승 寒山이 살았다고 붙여진 이름이다.

52 定光佛: 정광불은 여섯 過去佛의 하나로, 燃燈古佛이라고도 한다. 燃燈이라고 한 것은 태어

하루도 빠짐없이 깃발을 걸고 공양을 올렸다. 이 때문에 법상사는 한때 유명해졌다. 절 뒤에는 석장천(錫杖泉)과 수분활석(水盆活石)이 있다. 공양간은 향기롭고 청결하며 공양도 정갈하다. 절 앞에 죽순은 그 푸르름이 마치 옥과 같았고 그 향기가 마치 난초 같았으며, 입에 넣으면 달콤하고 향긋해 세상에 그 무엇과도 비교할 수 없었다. 그러나 모름지기 초가을 8월이 되어야만 맛볼 수 있으니, 내가 갔을 때는 맛볼 수 없었다.

法相寺俗稱長耳相. 後唐時, 有僧法真, 有異相, 耳長九寸, 上過於頂, 下可結頤, 號長耳和尚. 天成二年, 自天台國清寒巖來遊, 錢武肅王待以賓禮, 居法相院. 至宋乾祐四年正月六日, 無疾, 坐方丈, 集徒眾, 沐浴, 趺跏而逝. 弟子輩漆其真身, 供佛龕, 謂是定光佛後身. 婦女祈求子嗣者, 懸幡設供無虛日. 以此法相名著一時. 寺後有錫杖泉, 水盆活石. 僧廚香潔, 齋供精良. 寺前茭白筍, 其嫩如玉, 其香如蘭, 入口甘芳, 天下無比. 然須在新秋八月, 余時不能也.

부록작품 1

원굉도, <법상사에서 장이화상의 육신을 참배하고 장난삼아 쓰다>
윤상(輪相)이 편안하니 만족하고,
옻칠 광택이 거울처럼 새롭네.
신령한 혼백 아직도 알까,
손톱과 이빨이 환영인지 진짜인지.

날 때 몸의 주변이 등불처럼 환하였기에 붙여진 이름이다. 劫世論에 따르면 연등불은 과거 莊嚴劫에 존재하며 91겁 후에 석가모니가 계승하여 부처가 될 것이라고 예언하였다.

골동에 잠시 의심하는 얼굴,

장엄함은 사람을 기다리지 않는다.

그 많은 금과 돌,

여기서 또한 먼지가 되네.

袁宏道, <法相寺拜長耳和尚肉身戲題>
輪相居然足, 漆光與鑒新.
神魂知也未, 爪齒幻耶眞.
骨董休疑容, 莊嚴不待人.
饒他金與石, 到此亦成塵

부록작품 2

서위, <법상사에서 활석을 보다>

연꽃은 물에 있지 않고,

잎이 흩어져 푸른 산을 이루네.

구불구불 길 비록 들어갈 수 있지만,

산에서 헤매니 돌아갈 수 없네.

부들로 바위 길이 가늠하고,

대나무로 시냇가에 이르는 길 묻네.

저녁 해 가리는 것 탓하지 마라,

내일 아침에도 한가롭지 않을 터이니.

徐渭, <法相寺看活石>
蓮花不在水, 分葉簇靑山.
徑折雖能入, 峰迷不待還.
取蒲量石長, 問竹到溪灣.
莫怪掩斜日, 明朝恐未閒.

부록작품 3

장경원, <법상사에 관한 짧은 글>

　법상사는 대단히 화려하지 않지만, 향불이 끊이지 않고 피어오른다. 정광(定光) 스님의 장귀 유해가 있어, 부녀자들이 찾아와 아들을 낳을 수 있다고 믿고는 앞다투어 머리와 배를 쓰다듬어 옻칠 광택이 거울처럼 보인다. 법상사 오른쪽 몇십 보를 가다가 작은 다리 건너서 위로 올라가면 석장천(錫杖泉)이 있다. 졸졸 가느다란 시내가 흐르는데 심한 가뭄이 들어도 마르지 않는다. 물이 흐르는 곳에 승려들이 사기 항아리 하나를 두고 물을 떠서 밥 짓는 데에 사용하였다. 오랜 시간이 지나자 물과 흙이 녹아 그 위에 이끼가 자랐다. 이끼가 몇 치나 두터워져 결국 항아리를 볼 수 없게 되어 '이끼독'이라 불렀다. 만일 이것을 긁어서 벼루나 다리 난로에 둔다면, 골동품을 취급하는 이들은 진한(秦漢) 시대의 물건이라고 하지 않을 수 없을 것이다.

張京元, <法相寺小記>
　法相寺不甚麗, 而香火騈集. 定光禪師長耳遺蛻, 婦人謁之, 以爲宜男, 爭摩頂腹, 漆光可鑒. 寺右數十武, 度小橋, 折而上, 爲錫杖泉. 涓涓細流, 雖大旱不竭. 經流處, 僧置一砂缸, 挹注供爨. 久之, 水土銹結, 蒲生其上, 厚幾數寸, 竟不見缸質,因名蒲缸. 倘可鏟置研池爐足, 古董家不秦漢不道矣.

부록작품 4

이유방, <법상산정화에 쓰다>

지난해 법상사에 있을 때, 친구를 전송하며 지은 시가 있다.

> 십 년을 법상사 소나무 사이의 절에 있다가,
> 오늘 그대와 함께 머물게 되었네.
> 갑자기 그대를 보내며 줄 만한 것이 없구나.
> 반 칸짜리 정자에 한 줄기 시내 구름뿐.

당시 나는 방회(方回), 맹양(孟暘)과 함께 더위를 피하려고 대나무 누각에 머물렀다. 밤까지 비바람이 몰아치고 콸콸 쏟아지는 샘물 소리가 끊이지 않았다. 또 부채 위에 다음과 같은 작은 풍경시 한편을 지었다.

> 한밤중 누각에서 듣는 시냇물 소리에,
> 비바람 멎었는지 알 수 없네.
> 일어나 보니 멀리 보이는 안개 속에,
> 유유히 가늘게 빛나는 달 보이네.

순간 마음에 들어 무슨 말을 해야 할지 몰랐다. 오늘 이것을 펼쳐보니 또 절로 생각이 났다.

임자년(1612) 10월에 대불사 의취루(倚醉樓) 등불 아래서 지었다.

李流芳, <題法相山亭畫>

　　去年在法相, 有送友人詩云:"十年法相松間寺, 此日淹留卻共君. 忽忽送君無長物, 半間亭子一溪雲." 時與方回、孟暘避暑竹閣, 連夜風雨, 泉聲轟轟不絕.

　　又有題扇頭小景一詩:"夜半溪閣響, 不知風雨歇. 起視杳靄間, 悠然見微月." 一時會心, 不知作何語. 今日展此, 亦自可思也. 壬子十月大佛寺倚醉樓燈下題.

12

우분(於墳)

우분(於墳). 우소보(於少保)[53] 공은 여러 번 공을 세웠으나 억울하게 누명을 쓰고 죽었다. 형을 당하던 날, 흐린 기운이 하늘을 가렸고 길가에 탄식하는 이들이 있었다. 부인은 산해관으로 유배를 갔는데, 공이 꿈에 나타나 이렇게 말하였다.

"내 몸은 변했지만 혼은 흐트러지지 않았소. 하지만 눈에 빛이 없어 당신의 눈빛을 빌려 황제에게 모습을 드러내겠소."

다음날, 부인은 시력을 잃었다. 그때 마침 봉천문(奉天門)의 화재가 나 영종(英宗)께서 친히 시찰을 하셨는데, 공의 모습이 화염 속에서 나타났다.

---

[53] 於少保: 於謙(1398-1457)의 字는 廷益이고 號는 節庵으로, 浙江省 杭州府 錢塘縣 출신이다. 永樂 19년(1421)에 진사가 되었고 朱高煦의 난을 평정하는 데 공을 세웠으며 宣宗의 신임을 받아 山西와 河南 등지의 巡撫가 되었다. 후에 王振에게 죄를 지어 옥에 갇혔다 석방된 후 兵部侍郞이 되었고 다시 兵部尙書가 되어 군사들을 지휘하여 전쟁에서 승리를 거두었다. 景帝 시기에는 少保, 太子太傅에 올랐다가 영종 때 옥에 갇히고 가산이 몰수되었으며 사형 당하였다.

임금께서 그의 충심을 가엾게 여겨 부인을 돌려보내라고 명하셨다. 그리고 다시 꿈에서 공은 눈빛을 돌려주었고 부인의 눈이 밝아졌다. 공의 유해는 도독(都督) 진규(陳逵)가 은밀히 묻어두었다. 뒤를 이은 아들 우면(於冕)[54]이 전당에 있는 조상의 묘에 묻어달라고 청하였고 윤허를 받아 그곳에서 장사를 지냈다. 성화(成化) 2년(1466)에 조정에서 논의가 시작되어 공의 억울함이 밝혀졌다. 황제께서 행인(行人) 마선(馬暶)[55]을 보내시어 제사를 명하셨다. 그 내용은 대략 다음과 같다. "나라가 어려운 시기에 걱정없도록 사직을 보전하기 위해 오직 바른 도리로 행동하다가 간신에게 해를 입었다. 선대 황제는 이미 그 억울함을 아셨고, 나 또한 충심을 진실로 가엾게 여긴다." 홍치(弘治) 7년(1494)에 시호를 내리시어 '숙혼(肅湣)'이라 하였고, 사당을 지어 '정공(旌功)'이라 하였다. 만력(萬曆) 18년(1590) 시호를 '충숙(忠肅)'으로 바꾸었다. 42년에는 어사(御使) 양학(楊鶴)[56]이 공을 위해 사당을 확장하여 사당의 외관이 더욱 높고 웅장해졌다. 운간(雲間) 진계유(陳繼儒)에게 비문(碑文) 짓게 하였다. 비문에는 이렇게 적혀있다.

"대개 충신은 나라를 위해서는 목숨을 아끼지 않고 명예도 아끼지 않

---

54 于冕: 우겸의 아들 우면(?-1500)의 字는 景瞻이다. 우겸이 죽은 후 우면은 山西省 龍門으로 유배되었고 그의 아내 張氏는 山海關으로 유배되었다. 成化 2년(1466) 8월에 고향으로 돌아와 아버지를 위해 상소를 올렸다. 성종이 직접 심리하여 토지와 재산을 돌려받았고 千户의 직위를 세습하여 받았다.

55 行人은 고대 관직명으로 聘問을 담당하였다. 명대에는 行人司가 설치되어 傳旨, 冊封과 같은 일을 관장하였다. 馬暶(1433-?)의 字는 德明이고, 浙江 嘉興府 平湖縣 사람이다. 景泰 4년(1453)에 癸酉科 浙江鄉試를 94등으로 합격하였고, 天順 8년(1464)에 甲申科 會試에서 211등으로 합격하였다.

56 楊鶴: 양학(1570-1635)은 명나라의 관리로, 字가 修齡이고, 號는 無山이며, 湖廣 武陵(지금의 湖南省 常德) 사람이다. 萬曆 32년(1604)에 進士가 되어 관직이 兵部右侍郎에까지 올랐다. 농민봉기를 진압하자고 주장하였는데 그로 인해 탄핵을 당했다.

는다. 목숨을 아끼지 않아야 호걸의 용기가 생기고 명예를 아끼지 않아야 성현의 번민함이 있게 된다. 황하가 산을 넘고 바다를 건너 흘러가는 것이 그 용기이고, 땅속에서 만 3천 리를 흐르다가도 다시 천 리에 한 번 굽이칠 수 있는 게 바로 그 번민함이다. 과거 토목에서의 변[57]이 있을 때 영종이 포로로 잡히자 공께서 통곡하며 상소를 올려 항거하셨고, 남쪽으로 천도하자는 의견을 막고 왕실에 충성을 다하는 군사를 불러모으셨다. 임금을 모시고 대동(大同)에 이르고, 선부(宣府)에 이르렀으며 도성 아래까지 갔으니, 매번 성 위에 올라가 고맙다며, "하늘과 땅, 종묘사직의 영령에 힘입어 나라에 임금이 있느니라."라고 하셨다. 이 말은 ≪좌전(左傳)≫에서 나오는바,[58] 초나라 사람이 군사들을 숨겨두고 송나라 임금을 잡아 송나라를 공격하였다. 공자(公子) 목이(目夷)[59]가 송나라 사람들에게 이렇게 대응하라 하였다. "종묘사직의 영령에 힘입어 나라에 이미 임금이 있다. 초나라 사람들이 송나라 임금을 사로잡았다고 송나라를 얻을 수는 없다는 걸 알고 있다." 그리하여 송나라 임금을 풀어주었다. 또 <염파전(廉頗傳)>[60]에도 비슷한 말이 있다. 진(秦)나라 왕이 조(趙)나라 왕을 협박하여 민지(澠池)에서 회맹을 맺으려 하였다. 염파(廉頗)가 조나라 왕을 국경까지 배웅하며 이렇게

---

[57] 명나라 英宗 朱祁鎭이 正統 14년(1449)에 몽골의 위구르족을 토벌하기 위해 북벌을 하다가, 土木城에서 대패하여 몽골에 포로로 잡히는 사건이다. 이 사건으로 인해 영종은 쫓겨나고, 그의 동생인 代宗 朱祁鈺이 즉위하였다. 그 후 우겸은 문무 관료들과 함께 영종의 이복동생인 주기옥을 황제로 추대하였고, 그가 바로 명 代宗이 된다.

[58] 이 이야기는 ≪左傳≫이 아닌 ≪公羊傳≫ 僖公 21년의 기록이다.

[59] 目夷: 春秋 시대의 관리로, 目夷의 字는 子魚이며, 司馬를 맡았기 때문에 司馬子魚라고도 불린다. 주나라 환공의 庶長子이자 송나라 襄公의 이복형이다. 송나라 襄公이 즉위하자 목이가 襄公을 맡아 조정의 주요한 일을 처리하였고 그로부터 송나라가 한때 안정과 평화를 누렸다.

[60] <廉頗傳>: ≪史記≫의 <廉頗藺相如列傳>이다.

말하였다.

"왕께서 가심에 여정을 헤아려 보면 회담의 예를 마치고 돌아오기까지 30일이 넘지 않습니다. 돌아오지 않으시면, 청컨대 태자를 왕으로 세워 진나라의 기대를 끊게 해주십시오."

또 <왕단전(王旦傳)>[61]에도 보인다. 계단[契丹, 거란]이 국경을 침범하자 황제께서 단주(澶州)[62]로 행차하셨다. 왕단(王旦)이 "열흘 내에 승보가 없으면 어떻게 해야 할까요?"라고 묻자, 황제가 오랫동안 침묵하다 "황태자를 세워라."라고 하였다.

이 세 가지는 공께서 책을 읽어서 얻은 힘의 근원이다. 앞의 이야기에 따르면 공은 송나라의 목이지만, 뒤의 이야기에 따르면 공은 염파나 왕단이 아니니, 어찌 그러한가? 아아! 무릉(茂陵)이 세워졌다가 폐위되었고, 폐위된 후에야 다시 왕위에 올랐음을 누가 모르겠는가? 공의 식견이 어찌 왕직(王直), 이간(李侃), 주영(朱英)보다 못하겠는가?[63] 또 어찌 종동(鍾同), 장륜(章綸)보다 못하겠는가?[64] 공은 시기를 보고 상황을 헤아려 말해서는 안 되는

---

61 <王旦傳>: ≪宋史≫의 <王旦傳>이다.
62 澶州: 단주는 北宋 시기의 지명으로, 開德府라고도 한다. 지금의 河南省 濮陽 서쪽 일대이다.
63 王直(1379-1462)의 字는 行儉이고, 別号는 抑菴이며 江西 泰和縣 사람이다. 永樂 초에 進士가 되어 20년이 넘게 翰林院에 있었고 관직이 吏部尚書까지 올랐다. 李侃(1407-1485)의 字는 希正이고, 號는 歸菴이며 順天府 東安縣 사람이다. 正統 壬戌에 進士가 되어 山西巡撫에까지 올랐다. 朱英(1417-1485)의 字는 時傑이고, 號는 澹菴이고 지금의 湖南省 汝城縣이다. 甘肅과 兩廣 등지에서 관직을 역임했으며, 관직은 太子太保 榮祿大夫에까지 올랐다. 이 세 사람은 모두 명나라 시기에 나라를 위해 헌신한 충신들이다.
64 鍾同(1424-1455)의 字는 世京이고 江西 永豐縣 사람이다. 探花 鍾復의 아들이다. 監察御史를 지냈고, 景泰 연간에 상소를 올려 직언을 하여 감옥에 갇혀 죽었다. 章綸(1413-1483)의 字

것이 있고 말할 필요가 없는 것이 있었던 것이다. 영종이 포로로 잡혀있을 때 무릉이 태자였는데, 아버지를 거절하면 위첩(衛輒)[65]처럼 되고 아버지를 맞이하면 고종처럼 되니, 싸울 수도 없고 화해할 수도 없어 어느 하나 옳은 것이 없었다. 노지(鹵地)를 다스리기 위한 것이라는 말은 해서도 안 되었다. 영종이 돌아온 뒤 현제(見濟)가 죽고 성왕(郕王)이 병들었으니,[66] 천하가 돌아갈 곳은 영종이 아니고 누구겠는가? 또 무릉이 아니고 누구겠는가? 명나라 백관들이 조정에 복위를 청하니 그저 은밀히 때를 기다릴 뿐임은 말할 필요가 없다. 그러나 서유정(徐有貞), 조길상(曹吉祥), 석형(石亨)[67]이 정변을 일으킨 것이라면 그것은 변란의 국면이지 정상적인 국면은 아니다. 강탈한

는 大經이고 號는 戇夫이며 浙江 樂淸縣 사람이다. 이 두 인물 역시 나라와 백성을 위해 헌신한 충신의 상징으로 남아 있다.

65 衛輒: 위첩은 衛出公(?-기원전456)인 姬輒이다. 春秋 시대 제후국 衛나라의 군주로, 衛靈公의 손자이자 蒯聵의 아들이다. 괴외가 위령공의 정실부인인 南子를 해치려다 실패하여 도망갔고, 위령공이 어린 아들 公子 郢에게 왕위를 물려주려 했으나, 아들이 거부하였다. 위령공이 죽은 후, 공자영과 남자는 희첩을 군주로 세웠고, 기원전 492년에 즉위하였다. 그가 出公이다. 晉나라의 趙簡子가 출공의 아버지 괴외를 위나라로 보내 왕위를 다투게 하였고, 출공은 군사를 일으켜 자신의 아버지를 공격하였다. 이를 '父子爭國'이라 한다.

66 見濟는 懷獻太子 朱見濟(1445-1453)이다. 明 景帝 朱祁鈺의 아들이다. 景泰3년(1452)에 태자가 되었으나, 그 다음 해에 병으로 사망하였다. 郕王은 明 景帝 朱祁鈺(1428-1457)로, 明 宣宗의 둘째 아들이다. 영종이 즉위한 뒤 郕王에 봉해졌다가, 영종이 포로로 잡혀가자 황제로 즉위하여 8년간 재위하였다. 영종이 복위하고 성왕을 폐하고 얼마후 병사하였다.

67 徐有貞(1409-1482)의 字는 元玉이고, 號는 天全이다. 宣德 8년(1433)에 진사가 되어 翰林編修官을 거쳐 左都御史에 이르렀다. 명나라 英宗 복위 음모에 가담하여 武功伯에 봉해지고, 華蓋殿大學士, 文淵閣事를 지냈다. 우겸과 王文 등 공신들을 모함하여 살해한 혐의로 탄핵을 받아 평민으로 강등되었다. 曹吉祥(1424-1466)의 字는 玉卿이다. 代宗 때 환관으로, 석형 등과 함께 영종 복위의 음모를 꾸몄다. 그 공으로 司禮監掌印太監으로 승진했다. 그러나 모반죄로 영종에게 처형되었다. 石亨(1413-1474)은 명나라 대종이 즉위하자 鎭朗大將軍이 되어 군사 3만을 이끌고 대동으로 진격하여 瓦剌軍의 침범을 막았다. 景泰 8년(1457)에 영종을 복위시키고 권력을 휘둘렀다. 그러나 당파를 키우고 정치에 간섭을 하다 영종에게 쫓겨나고 옥중에서 죽었다.

국면이니 지체된 국면은 아니고, 방종한 집안의 국면일 뿐 사직을 위한 대신의 국면은 아니었다. 혹자가 "어찌 떠나지 않으십니까?"라고 묻지만, 아아! 공이 어찌 떠날 수 있겠는가? 공이 있어 영종도 안전하고 무릉도 편안하였다. 만일 공이 그들과 다투고 떠났다면 남궁의 구금은 어찌 촛불 그림자와 도끼 소리가 되지 않았겠는가? 동궁이 폐위된 후 어찌 송나라의 은덕이 드러나지 않았겠는가? 공은 비록 성왕의 형제를 화해시키고자 하였으나 실은 우리 임금의 부자를 은밀히 보호한 것이다. 그리하여 돌아올 수 있었으니 공의 공로이다. 다른 날 복위한 것도 공의 공로이며, 태자로 복위한 것 또한 공의 공로이다. 사람은 눈에 보이는 건 볼 수 있지만 보이지 않는 건 볼 수 없다. 보이는 것은 호걸의 용기이고 보이지 않는 것은 성현의 번민이다. 죽음을 감수하고 폭군을 참아내었으니, 공은 진실로 고대 대신의 마음을 가졌구나!

공의 사당이 널리 알려지자 사방에서 꿈을 빌려 온 사람들이 이어졌고, 그에 화답소리가 마치 메아리치듯 하였다.

於墳. 於少保公以再造功, 受冤身死, 被刑之日, 陰霾翳天, 行路踴歎. 夫人流山海關, 夢公曰: "吾形殊而魂不亂, 獨目無光明, 借汝眼光見形於皇帝." 翌日, 夫人喪其明. 會奉天門災, 英廟臨視, 公形見火光中. 上憫然念其忠, 乃詔貸夫人歸. 又夢公還眼光, 目復明也. 公遺骸, 都督陳逵密囑瘞藏. 繼子冕請葬錢塘祖塋, 得旨奉葬於此. 成化二年, 廷議始白. 上遣行人馬曘諭祭. 其詞略曰: "當國家之多難, 保社稷以無虞; 惟公道以自持, 為權奸之所害. 先帝已知其枉, 而朕心實憐其忠." 弘治七年賜諡曰"肅湣"[68], 建祠曰"旌功". 萬曆十八年, 改諡"忠肅". 四十二年, 御使楊鶴為公增廓祠宇, 廟貌

[68] 원문의 愍을 바로 잡음.

巍煥, 屬雲間陳繼儒作碑記之.

碑曰: "大抵忠臣為國, 不惜死, 亦不惜名. 不惜死, 然後有豪傑之敢; 不惜名, 然後有聖賢之悶. 黃河之排山倒海, 是其敢也; 即能伏流地中萬三千里, 又能千里一曲, 是其悶也. 昔者土木之變, 裕陵北狩, 公痛哭抗疏, 止南遷之議, 召勤王之師. 鹵擁帝至大同, 至宣府, 至京城下, 皆登城謝曰: "賴天地宗社之靈, 國有君矣." 此一見《左傳》楚人伏兵車, 執宋公以伐宋. 公子目夷令宋人應之曰: 賴社稷之靈, 國已有君矣. 楚人知雖執宋公, 猶不得宋國, 於是釋宋公. 又一見<廉頗傳>; 秦王逼趙王會澠池. 廉頗送至境曰: "王行, 度道里會遇禮畢還, 不過三十日, 不還, 則請立太子為王, 以絕秦望." 又再見<王旦傳>; 契丹犯邊, 帝幸澶州. 旦曰: "十日之內, 未有捷報, 當何如?" 帝默然良久, 曰: "立皇太子." 三者, 公讀書得力處也. 由前言之, 公為宋之目夷; 由後言之, 公不為廉頗、旦, 何也? 嗚呼! 茂陵之立而復廢, 廢而後當立, 誰不知之? 公之識, 豈出王直、李侃、朱英下? 又豈出鐘同、章綸下? 蓋公相時度勢, 有不當言者, 有不必言者: 當裕陵在鹵, 茂陵在儲, 拒父則衛輒, 迎父則高宗, 戰不可, 和不可, 無一而可. 為制鹵地, 此不當言也; 裕陵既返, 見濟薨, 郕王病, 天人攸歸, 非裕陵而誰? 又非茂陵而誰? 明率百官, 朝請復辟, 直以遵晦待時耳, 此不必言也. 若徐有貞、曹、石奪門之舉, 乃變局, 非正局; 乃劫局, 非遲局; 乃縱橫家局, 非社稷大臣局也. 或曰: 盍去諸? 嗚呼! 公何可去也. 公在則裕陵安, 而茂陵亦安. 若公諍之, 而公去之, 則南宮之錮, 不將燭影斧聲乎? 東宮之廢後, 不將宋之德昭乎? 公雖欲調郕王之兄弟, 而實密護吾君之父子, 乃知迴鑾, 公功; 其他日得以復辟, 公功也; 復儲亦公功也. 人能見所見, 而不能見所不見. 能見者, 豪傑之敢; 不能見者, 聖賢之悶. 敢於任死, 而悶於暴君, 公真古大臣之用心也哉!"

公祠既盛, 而四方之祈夢至者接踵, 而答如響.

부록작품 1

왕사임, <충숙사에서 조문하다>

눈물로 서호 물 가르고,

우분에서 악묘를 바라보네.

고독한 연기 푸른 피 덮고,

태백산이 요망한 안개 가렸네.

사직이 내게 남겨주시니,

이 목숨 임금께 바치리.

남성(南城)은 몸과 마음을 얻었으니,

어디서 저녁 버들 소리 들을까?

생황과 노래의 땅은,

천년 간의 한식 아침이로세.

흰 구름에 마음 넓어지고

노란 잎에 눈물 젖는다.

하늘 기둥 큰 사직을 떠받치고,

인생은 녹초(鹿蕉)에 부치네.

북망산은 예나 지금이나 피하는데,

여산(麗山)의 산초는 몇 번이나 넘나들었는가?

王思任, <弔於忠肅祠>

涕割西湖水, 於墳望嶽墳. 孤煙埋碧血, 太白黯妖氛.

社稷留還我, 頭顱擲與君. 南城得意骨, 何處暮楊聞.

一派笙歌地, 千秋寒食朝. 白雲心浩浩, 黃葉淚蕭蕭.
天柱擎鴻社, 人生付鹿蕉. 北邙今古諱, 幾突麗山椒.

부록작품 2

장부,[69] <우충숙을 조문하다>

회화나무 바람이 밝은 달 꾸짖고,

지금도 두 소매가 선비를 알아보네.

푸른 산 혼백 중국과 이역을 나누고,

흰 낮에 수염과 눈썹에 태평성대를 본다.

한 번 죽었어도 전당의 물결 여전히 성내고,

외로운 무덤 악저(嶽渚)의 물과 함께 맑구나.

부드러운 미인이 흙 같다 말하지 마라,

밤마다 은하수 제경(帝京)을 바라본다.

張溥, <弔於忠肅>
栝柏風嚴辭月明, 至今兩袖識書生.
青山魂魄分夷夏, 白日鬚眉見太平.
一死錢塘潮尚怒, 孤墳嶽渚水同清.
莫言軟美人如土, 夜夜天河望帝京.

---

[69] 張溥: 장부(1602-1641)는 명대의 문인으로, 字는 乾度이고, 號는 西銘이며, 直隸 太倉(지금의 江蘇省 太倉) 사람이다. 어려서부터 독서를 좋아하여, 읽은 책은 반드시 손으로 한 번 베껴 쓰고 소리 내서 읽은 후 태웠다. 이렇게 대여섯 번을 반복해야 그쳤으며, 오른손으로 붓을 쥐는 손바닥에 굳은살이 생겼다. 같은 고향 출신인 張采와 함께 학문으로 이름을 날려, 당시 '婁東二張'이라 불렸다. 장부는 평생 방대한 저작을 남겼는데, 3천여 권을 편찬하고 저술했으며, 대표 저서로 《七錄齋集》이 있다.

부록작품 3

장대, <우소보 사당>

평생의 힘으로 위험한 강을 건너자,

백이 산하가 다시 돌아왔네.

종택(宗澤)의 죽을 결심하며 북방 원정을 도왔고,

이강(李綱)은 통곡하며 남쪽으로 이동을 멈추게 하였네.

민지(澠池)에 세운 아들 돌아올 날 없으나,

나라를 위해 임금 부르니 다른 하늘이 있구나.

남궁(南宮)을 복위시키는 게 어찌 빼앗는 것이랴,

공의 죽음으로 초선을 얻었구나.

사직의 존망은 손바닥 안에 있고,

죄목 때문에 오히려 충성심이 드러났다.

군주를 고독하게 만든 왕단(王旦)을 걱정하며,

나의 국을 태공(太公)에게 나누어 주었네.

여릉(廬陵)이 사저에 남아 있다면,

스스로 면복 입고 동궁(桐宮)으로 돌아갈 것이네.

죽음을 명하신 건 임금의 뜻이 아니었고,

우겸에게 실제로 공이 있었음을 말씀하셨네.

張岱, <於少保祠>

平生有力濟危川, 百二山河去復旋.

宗澤死心援北狩, 李綱痛哭止南遷.

澠池立子還無日, 社稷呼君別有天.

復辟南宮豈是奪, 借公一死取貂蟬.

社稷存亡股掌中, 反因罪案見精忠.
以君孤注憂王旦, 分我杯羹歸太公.
但使廬陵存外邸, 自知冤服返桐宮.
屬鏤賜死非君意, 曾道於謙實有功.

부록작품 4

양학, <우분화표 기둥에 새기다>
맨손으로 은하수 잡아당겨,
그대의 큰 이름 우주에 드리웠네
푸른 산에 백골이 묻혔으니,
나 이제 어디서 영웅 위해 울까?

楊鶴, <於墳華表柱銘>
赤手挽銀河, 君自大名垂宇宙;
青山埋白骨, 我來何處哭英雄.

부록작품 5

양학, <정사 기둥에 새기다>
천고에 전당의 슬픔 이어지니,
초나라의 외로운 신하구나.

백마 강가에서,

밤에 천층으로 쌓인 눈 성내며 쓸어버리네.

두 왕조 소보(少保)를 원망하니,

악씨(嶽氏) 집안 부자와 같구나.

석양 정자에서,

두 지역 풍파를 생각하니 가슴 아프다.

楊鶴, <正祠柱銘>
千古痛錢塘, 並楚國孤臣, 白馬江邊, 怒卷千堆夜雪;
兩朝冤少保, 同嶽家父子, 夕陽亭里, 傷心兩地風波.

부록작품 6

동기창, <우소보사 기둥에 새기다>

사직의 영령에 힘입어,

나라에 이미 임금이 있으니,

스스로 뜨거운 피 한가득 덜어냈다.

충신의 사력을 다하다,

죽음으로 이어지니,

세상에 청백(靑白)만이 홀로 남았다.

董其昌, <於少保祠柱銘>
賴社稷之靈, 國已有君, 自分一腔抛熱血;
竭股肱之力, 繼之以死, 獨留靑白在人間.

부록작품 7

장대, <우소보 기둥에 새기다>

송나라 황실은 지모가 없어,

매년 공물로 수만 냥을 바쳤다.

화의가 성립되었지만,

어찌 두 궁을 북쪽 사막으로 돌려보내겠는가?

한나라는 지혜롭게 싸워서,

다행히 내게 국 한 그릇 나누어 주었다.

억지로 요구하는 것은 계책이 아니니,

세치 혀 수고없이 신풍(新豐)으로 돌아가리라.

張岱, <於少保柱銘>

宋室無謀, 歲輸鹵數萬幣, 和議既成, 安得兩宮歸朔漠;

漢家鬥智, 幸分我一杯羹, 挾求非計, 不勞三寸返新豐.

부록작품 8

장대, <정향교에 관한 짧은 글>

갑술년(甲戌年, 1634) 10월, 초생(楚生)⁷⁰을 데리고 불계원(不系園)⁷¹에 머물며 단풍을 구경하였다. 정향교(定香橋)⁷²에 도착하자 약속하지 않은 뜻밖의 손님

70　楚生: 朱楚生으로 여자 희곡 배우이다. ≪陶庵夢憶≫ 권5에 <朱楚生>이 수록되어 있다.

71　不系園: 명나라 말기 安徽 徽州 지역의 상인이자 문인인 汪汝謙(1577-1655)이 서호를 감상하기 위해 만든 놀잇배이다.

72　定香桥: 杭州 西湖에 있는 다리 이름이다.

여덟 명이 찾아왔다. 남경(南京)의 증파신(曾波臣), 동양(東陽)의 조순경(趙純卿), 김단(金壇)의 팽천석(彭天錫), 제기(諸暨)의 진장후(陳章侯), 항주(杭州)의 양여민(楊與民)·육구(陸九)·나삼(羅三), 여자 배우 진소지(陳素芝)였다.[73] 나는 그들을 머물게 하고 함께 술을 마셨다. 진장후는 서화에 쓰는 흰 비단에 조순경을 위해 고불(古佛)을 그렸고, 증파신은 조순경을 위해 초상을 그려주었으며, 양여민은 삼현(三弦)을 타고, 나삼은 노래를 불렀으며, 육구는 퉁소를 불었다. 양여민은 다시 한 치 남짓한 자단(紫檀)으로 만든 자를 꺼내 들고, 작은 책상에 기대어 북조(北調)로 ≪금병매(金瓶梅)≫ 한 편을 이야기하니, 모두 웃느라고 쓰러졌다. 이날 밤, 팽천석은 나삼과 양여민과 본강희(本腔戲)[74]를 하였는데, 그 절묘함이 이루 말할 수 없었다. 주초생과 진소지는 조강희(調腔戲)[75]를 하였는데, 더 훌륭했다. 진장후가 시골 마을의 소가(小歌)를 부르자 내가 거문고 반주를 해주었더니, 서로 화답하는 것 같았다. 조순경이 웃으며 "안타깝게도 이 아우는 재주가 하나도 없어 술자리에서 형님들의 흥을 돋을 수가 없네요."라 하였다. 내가 이렇게 말하였다.

---

73 曾波臣은 明末 초상화로 유명한 畫家 曾鯨(1564-1647)이다. 波臣은 그의 字이고 원래 福建 莆田 출신인데 평생을 江蘇省과 浙江省 일대에서 보냈다. 이후 추종자가 많아져 波臣畫派가 형성되었다. 趙純卿의 자세한 생애는 알 수 없다. 東陽은 지금의 浙江省 中部에 속한다. 彭天錫의 자세한 생애는 알 수 없다. 다만 ≪陶庵夢憶≫ 권6 <彭天錫串戲>에 보면 그는 金壇(지금의 江蘇省 金壇) 사람으로 희곡 연기를 매우 잘했다고 한다. 또한 원래 부유한 집안의 자제였으나 희곡을 지나치게 좋아하여 수많은 돈을 썼다고 한다. 陳章侯는 명말의 유명한 畫家 陳洪綬(1599-1652)이다. ≪陶庵夢憶≫ 권3에 수록된 <陳章侯>를 참고해볼 수 있다. 杭州 楊與民·陸九·羅三·陳素芝에 대한 자세한 생애는 알 수 없다. 아마도 항주에서 거주하며 장대와 교류했던 문인, 승려, 배우들로 추측해 볼 수 있다.

74 本腔戲: 昆山腔, 즉 昆曲으로 중국 전통 희곡의 곡조이다. 元代에 江蘇省 昆山에서 발생된 민간 희곡이다. 이후 明代 魏良輔에 의해 전해졌고 淸代 중엽에 이르기까지 대단히 유행하였다.

75 調腔戲: 중국 전통 희곡의 곡조로 掉腔 또는 紹興高調라고도 한다.

"당나라 배민(裴旻)[76] 장군께서 상중에 계실 적에 오도자(吳道子)[77]에게 천궁벽을 그려 돌아가신 어머니의 명복을 빌었습니다. 오도자가 '장군께서 저를 위해 검무를 한 번 추어주시면 제가 그 맹렬한 기운을 받아 저승과 통할지도 모르겠습니다.'라 하자 배민이 상복을 벗어 묶고는 말에 올라 달리며 구름 속으로 검을 던졌지요. 검이 십수 장 높이로 올라갔는데, 마치 번개가 내리치는 것 같았습니다. 배민이 검집을 치켜들고 검을 받았는데, 검이 검집에 곧바로 들어가는 듯하여 보는 사람들이 놀라 벌벌 떨었습니다. 오도자가 옷깃을 휘날리며 그림을 그리자, 벽화가 금세 완성되었습니다. 진장후가 조순경을 위해 불상을 그리고 조순경은 검무를 추니, 이것이 바로 오늘의 흥취입니다."

조순경이 벌떡 몸을 일으켜 대나무 채찍을 가져왔다. 무게가 30근이나 나가는 무거운 채찍을 들고 몇 번 허리춤을 돌리면서 호선무(胡旋舞)[78]를 여러 번 추었다. 모두를 크게 웃게 만들고 나서야 그만두었다.

張岱, <定香橋小記>
甲戌十月, 攜楚生住不系園看紅葉. 至定香橋, 客不期而至者八人: 南京曾波臣、東陽趙純卿、金壇彭天錫、諸暨陳章侯、杭州楊與民、陸九、羅三、女伶陳素芝.

---

[76] 裴旻: 배민은 唐 玄宗 開元 연간의 장수이다. 河東 聞喜(지금의 山西省 聞喜) 출신으로 北平郡(지금의 河北省 盧龍)에 주둔하여 수비했으며 훗날 左金吾大將軍에 올랐다. 검무로 유명하여 당시 사람들은 배민을 劍聖이라 불렀다.

[77] 吳道子: 오도자(686?-760?)는 吳道玄이라고도 하며 陽翟(지금의 河南省 禹縣) 사람이다. 唐代 유명한 화가로 후세에 畫聖이라 칭송받았다.

[78] 胡旋舞: 서북 지역 민족의 전통춤으로 胡舞라고도 한다. 리듬이 빠르고 경쾌하며 동작이 다양한데 특히 빙빙 도는 게 특징이다.

余留飮. 章侯攜縑素爲純卿畫古佛, 波臣爲純卿寫照, 楊與民彈三弦子, 羅三唱曲, 陸九吹簫. 與民出寸許紫檀界尺, 據小梧, 用北調說≪金甁梅≫一劇, 使人絕倒. 是夜, 彭天錫與羅三、與民串本腔戲, 妙絕; 與楚生、素芝串調腔戲, 又復妙絕. 章侯唱村落小歌, 余取琴和之, 牙牙如語. 純卿笑曰: "恨弟無一長, 以侑兄輩酒."余曰: "唐裴將軍旻居喪, 請吳道子畫天宮壁度亡母. 道子曰: '將軍爲我舞劍一回, 庶因猛厲以通幽冥.'旻脫縗衣, 纏結, 上馬馳驟, 揮劍入雲, 高十數丈, 若電光下射, 執鞘承之, 劍透室而入, 觀者驚慄. 道子奮袂如風, 畫壁立就. 章侯爲純卿畫佛, 而純卿舞劍, 政今日事也."純卿跳身起, 取其竹節鞭, 重三十斤, 作胡旋舞數纏, 大噱而罷.

풍황령(風篁嶺)

　　풍황령(風篁嶺)은 어린 대나무가 많아 바람의 정취가 쓸쓸하다. 이곳에 이르면, 숲과 계곡이 깊고 고요하여 세속을 완전히 벗어난 듯하다. 졸졸 흐르는 물이 용정(龍井)에서부터 흘러 사시사철 끊이지 않는다. 풍황령은 이로인해 덤불이 우거지고 빽빽하다. 원풍(元豊) 연간에 승려 변재(辨才)가 정갈하게 가꾸어 '풍황령'이라고 이름 지었다. 소자첨[蘇子瞻, 蘇軾]이 변재 스님을 방문하기 위해 용정에 왔기에 다시 그를 전송하기 위해 풍황령에 이르자, 주변에서 놀라며 "원공(遠公)이 호계(虎溪)를 건넜군요.[遠公過虎溪矣.]"라고 하자 변재 스님이 웃으며 "두보(杜甫)의 시에도 '자네와 나, 두 노인이 왕래하는 것도 풍류로다.(與子成二老, 來往亦風流.)'라고 하였습니다."[79]라고 하였다. 그러고서는 풍황령 위에 정자를 짓고 '과계(過溪)', '이로(二老)'라고 이름을 지었다. 소식이 그것을 기록하며 이런 시를 남겼다.

　　해와 달은 두 바퀴를 돌지만,

---

[79] 본문에서 언급된 杜甫의 詩는 <寄贊上人>이다. ≪杜甫詩全集≫ 卷六 참조.

예부터 지금까지 같은 언덕에 있네.

오직 이 뼈만 남은 늙은이,

염연히 가을이 온 지도 모른다.

떠나고 머묾에 모두 구애받지 않으니,

사람과 땅 서로 붙잡으려 하네.

떠날 때는 용이 물속에서 튀어나오는 것 같고,

천둥과 비바람이 가을 연못에 휘몰아치는 것 같다.

돌아옴은 진주가 물로 돌아오는 것 같고,

물고기와 자라가 고개를 나란히 모여드는 것 같다.

이번 생은 잠시 기탁 할 뿐이니,

이름과 실상이 덧없을까 항상 두렵다.

내 도연명에 비하면 부끄럽고,

스님은 원공보다 뛰어나다.

나를 전송하며 호계를 지나니,

계곡물이 역류함이 마땅하다.

다만 이 산사람이,

두 노인의 유람을 영원히 기억하게 하였구나.

風篁嶺, 多蒼筤篠簜, 風韻淒淸. 至此, 林壑深沉, 迥出塵表. 流淙活活, 自龍井而下, 四時不絶. 嶺故叢薄荒密. 元豊中, 僧辨才淬治潔楚, 名曰"風篁嶺". 蘇子瞻訪辨才於龍井, 送至嶺上, 左右驚曰: "遠公過虎溪矣." 辨才笑曰: "杜子有云: 與子成二老, 來往亦風流." 遂造亭嶺上, 名曰"過溪", 亦曰"二老". 子瞻記之, 詩云: "日月轉雙轂, 古今同一丘. 惟此鶴骨老, 凜然不知秋. 去住兩無礙, 人土爭挽留. 去如龍出水, 雷雨卷潭秋. 來如珠還浦, 魚鱉爭騈頭. 此生暫寄寓, 常恐名實浮. 我比陶令愧, 師爲遠公優. 送我過虎溪, 溪水當逆流. 聊使此山人, 永記二老遊."

부록작품 1

이유방, <풍황령>

숲과 계곡 깊은 곳,

대나무만 믿다 길을 잃는다.

한 조각 구름 집 안에 숨고,

두 늙은이 구름 속에 도착한다.

학사(學士)는 용정에 남고,

원공은 호계(虎溪)를 건넌다.

돌과 바위를 하얗게 삶으니,

푸른 빛 유리처럼 비친다.

李流芳, <風篁嶺>

林壑深沉處, 全憑篠簜迷.

片雲藏屋里, 二老到雲棲.

學士留龍井, 遠公過虎溪.

烹來石巖白, 翠色映玻璃.

14

용정(龍井)

　　남산(南山)의 위아래로 두 개의 용정(龍井)이 있다. 위쪽은 노용정(老龍井)으로, 한줄기 시리도록 차가운 호수이다. 호수의 물은 맑고 보통과는 다른 시원함이 있지만, 덤불 속에 버려져 지나가다 묻는 이 하나 없다. 그곳에서 생산된 차는 두 산에서 가장 뛰어난 품질을 자랑한다. 더 위로 올라가면 천문(天門)에 이르고 삼축(三竺)으로 통한다. 남쪽으로 구계(九溪)가 흐르고 서촌(徐村)까지 길이 통하는데, 물이 강간(江幹)에서 나온다. 그 서쪽으로 가면 십팔간(十八澗)이 있는데 월륜산(月輪山)과 길이 이어지는 그 물은 육화탑(六和塔) 아래로 나간다. 용정의 본래 이름은 연은연경사(延恩衍慶寺)였다. 당나라 건우(乾祐) 2년에 주민들이 돈을 기부하여 개조하였고 보국간경원(報國看經院)이라고 하였다. 송나라 희녕(熙寧) 연간에 수성원(壽聖院)으로 개명하였고, 소동파가 편액을 썼다. 소흥(紹興) 31년(1161), 광복원(廣福院)으로 바뀌었다. 순우(淳祐) 6년(1246), 용정사(龍井寺)로 바뀌었다. 원풍(元豐) 2년(1079), 변재(辨才) 스님이 천축에서 돌아와 이곳에서 노년을 보내셨고 다시 떠나지 않으셨다. 소자첨(蘇子瞻)과 조열도(趙閱道)와 친분이 두터웠다. 나중에 사람들이 삼현각(三賢閣)을 짓고 그들을 모셨는데 세월이 흘러 절이 무너졌다.

만력(萬曆) 23년(1597), 사례태감(司禮太監) 손륭(孫隆)이 중수하였다. 정자를 올리고 다리를 놓았으며, 욕용지(浴龍池)를 만들고 임우각(霖雨閣)을 지었다. 완전히 새롭게 단장하니, 유람객들이 몰려들었다.

南山上下有兩龍井. 上為老龍井, 一泓寒碧, 清冽異常, 棄之叢薄間, 無有過而問之者. 其地產茶, 遂為兩山絕品. 再上為天門, 可通三竺. 南為九溪, 路通徐村, 水出江幹. 其西為十八澗, 路通月輪山, 水出六和塔下. 龍井本名延恩衍慶寺. 唐乾祐二年, 居民募緣改造為報國看經院. 宋熙寧中, 改壽聖院, 東坡書額. 紹興三十一年, 改廣福院. 淳祐六年, 改龍井寺. 元豐二年, 辨才師自天竺歸老於此, 不復出, 與蘇子瞻、趙閱道友善. 後人建三賢閣祀之, 歲久寺圮. 萬曆二十三年, 司禮孫公重修, 構亭軒, 築橋, 鍬浴龍池, 創霖雨閣, 煥然一新, 遊人駢集.

15

일편운(一片雲)

　신운석(神運石)은 용정사(龍井寺)에 있으며, 높이가 여섯 척이다. 그 모양이 기괴하고 특이한데, 처마 밑에 우뚝 서 있다. 주변에 목향나무 덩굴 하나가 얽혀있고 구멍과 틈을 감싸고 있는데, 마치 용이나 뱀처럼 휘감겨 있다.

　정통(正統) 13년(1448), 환관 이덕(李德)[80]이 용정(龍井)에 머물렀다. 어느 날 가뭄이 들자 역사(力士)[81]에게 땅을 파게 하였다. 처음에는 철판 24장, 옥불 1채, 금은 한 덩어리를 얻었는데, '대송원풍(大宋元豐)'이란 연호가 새겨져 있었다. 그 후에 이 바위를 얻었는데, 80명의 사람들이 힘을 합쳐 들어 올렸다. 돌 위에는 '신운(神運)'이란 두 글자가 새겨져 있었고, 그 주변에 많은 글귀가 있었지만 흐릿하여 읽을 수 없었다. 어느 시대에 새긴 것인지 모르겠지만, 아마도 용에게 기우제를 지내면서 새긴 것 같다. 풍황령(風篁嶺)에는

80　李德: 이덕은 景泰, 正統 연간에 內官監 浙江鎭守를 맡았던 환관이다.
81　力士: 宋代에 만들어진 관직으로, 明代까지 이어졌다. 역사는 건장한 군사들 가운데 차출되어 주로 군기를 담당하거나 황제의 행차에 동행하며 호위하는 일을 하였다.

"일편운[一片雲, 한 조각의 구름 같은 돌]"이 있다. 높이가 한 자쯤 되는데 푸르고 윤기가 나며 마치 조각한 것처럼 정교하다. 소나무 계단이 구불구불 이어지고 풀밭 사이에 동굴이 있으며, 돌이 쌓여 험준한 절벽을 이루고 있다. 그 바위 뒤에는 편운정(片雲亭)이 있는데, 사례(司禮) 손륭(孫隆)이 지은 것으로, 앞에 돌 바둑판을 놓았고 그 위에 '흥이 나면 물가에서 지는 달 두드리고, 담소를 마치면 바람을 읊조리며 조각구름에 기대네.[興來臨水敲殘月, 談罷吟風倚片雲.]'라는 시구를 새겼다. 유람객들이 이곳에서 쉬다 보면 차마 급히 떠나지 못한다.

> 神運石在龍井寺中, 高六尺許, 奇怪突兀, 特立簷下. 有木香一架, 穿繞窈竇, 蟠若龍蛇.
>
> 正統十三年, 中貴李德駐龍井. 天旱, 令力士淘之. 初得鐵牌二十四、玉佛一座、金銀一錠, 鑿大宋元豐年號. 後得此石, 以八十人舁起之. 上有"神運"二字, 旁多款識, 漶漫不可讀, 不知何代所鐫, 大約皆投龍以祈雨者也. 風篁嶺上有"一片雲"石, 高可丈許, 青潤玲瓏, 巧若鏤刻. 松磴盤屈, 草莽間有石洞, 堆砌工致巉巖. 石後有片雲亭, 司禮孫公所構, 設石棋枰於前, 上鐫"興來臨水敲殘月, 談罷吟風倚片雲"之句. 遊人倚徙, 不忍遽去.

부록작품 1

진관,[82] <용정제명에 관한 글>

원풍(元豐) 2년, 추석 다음 날, 나는 오흥(吳興)에서 항주로 와서 동쪽 회계

---

[82] 秦觀: 진관(1049-1100)은 북송 때의 문인으로, 字는 太虛로 하였다가 少遊로 바뀌었고, 號는 淮海居士이다. 揚州 高郵(지금의 江蘇省 高郵) 사람이다. 蘇軾의 문인으로 黃庭堅, 晁補之, 張耒와 더불어 '蘇門四學士'로 불린다. 문장에 재능이 뛰어나 古文과 詩詞에 모두 뛰어났고 저서로 ≪淮海集≫과 ≪淮海長短句≫ 등이 전해진다.

(會稽)로 돌아갔다. 용정(龍井)에 있는 변재(辨才) 스님이 편지로 나를 초대하여 산으로 들어갔다. 성 밖을 나서자 해가 이미 저물었다. 호수를 건너 보녕(普寧)에 도착하여 도인(道人) 참요(參寥)를 만났다. 용정(龍井)에서 보내온 가마를 물었더니, 그는 "시간에 맞지 않아 떠났습니다."라고 말하였다. 그날 밤, 하늘이 활짝 개고 숲 사이에 달빛이 밝아 털 한 올까지 세어 볼 수 있었다. 그리하여 배를 두고 참요와 함께 지팡이를 짚고 호수를 따라 걸었다. 뇌봉(雷峰)을 지나 남병(南屛)을 건너, 혜인간(惠因澗)에서 발을 씻고, 영석오(靈石塢)에 들어갔다. 그곳에서 샛길을 따라 풍황령(風篁嶺)에 올라가 용정정(龍井亭)에서 쉬면서 바위에 앉아서 샘물을 마셨다. 보녕에서부터 모두 15곳의 절을 지났는데, 모두 적막하여 사람 소리가 들리지 않았다. 길가의 초가집에서 희미한 불빛이 보였다. 나무와 풀이 울창하고 흐르는 물소리가 슬프게 울려 마치 인간 세상이 아닌 것 같은 경치였다. 밤 10시경까지 걸어 비로소 수성원(壽聖院)에 도착하여, 조음당(朝音堂)에서 변재 스님을 만났고, 다음날 돌아왔다.

秦觀, <龍井題名記>
元豊二年, 中秋後一日, 余自吳興來杭, 東還會稽. 龍井有辨才大師, 以書邀余入山. 比出郭, 日已夕, 航湖至普寧, 遇道人參寥, 問龍井所遣籃輿, 則曰: "以不時至, 去矣." 是夕, 天宇開霽, 林間月明, 可數毫髮. 遂棄舟, 從參寥策杖並湖而行. 出雷峰, 度南屛, 濯足於惠因澗, 入靈石塢, 得支徑上風篁嶺, 憩於龍井亭, 酌泉據石而飮之. 自普寧凡經佛寺十五, 皆寂不聞人聲. 道旁廬舍, 燈火隱顯, 草木深鬱, 流水激激悲鳴, 殆非人間之境. 行二鼓, 始至壽聖院, 謁辨才於朝音堂, 明日乃還.

부록작품 2

장경원, <용정에 관한 짧은 글>

풍황령(風篁嶺)을 지나면 용정(龍井)에 이른다. 이곳은 소단명(蘇端明), 미해악(米海嶽)이 변재(辨才)와 왕래하던 곳이다. 절은 북향이고, 문 안팎으로 가지런한 대나무 숲이 울렁인다. 절의 왼쪽에는 바위틈에서 샘이 흘러나와 작은 연못을 이루고 있으며, 그 아래로 또 네모난 연못이 있어 물길이 이어진다. 연못에는 큰 물고기들이 살고 있지만 물에서 비린내가 나지 않는다. 연못의 물은 졸졸 흘러 절 문 앞을 지나 흐른다. 잠시 앉아서 해정(偕亭)과 함께 일편운(一片雲) 바위를 감상하였다. 산의 스님이 물을 길어 차를 대접해 주었는데, 샘물의 맛과 색깔이 모두 맑았다. 그 스님의 모습 또한 초연하고 고요하여, 다른 산의 스님들과는 사뭇 달랐다.

張京元, <龍井小記>

過風篁嶺, 是為龍井, 即蘇端明、米海嶽與辨才往來處也. 寺北向, 門內外修竹琅琅. 並在殿左, 泉出石罅, 甃小園池, 下復為方池承之. 池中各有巨魚, 而水無腥氣. 池淙淙下瀉, 繞寺門而出. 小坐與偕亭, 玩一片雲石. 山僧汲水供茗, 泉味色俱清. 僧容亦枯寂, 視諸山迥異.

부록작품 3

왕치등, <용정시>

깊은 골짜기 굽이 돌아 들어가니,

영험한 샘물 굽이쳐 흐른다.

숲 사이로 먼저 비를 내리고,

절에 이르니 가을 경치 이기네.
옛 전각에 용왕 계시고,
텅 빈 숲에 사슴과 여인이 노니네.
불상 하나 지는 해 아래,
홀로 옛사람을 위해 남아 있네.

王稚登, <龍井詩>
深穀盤回入, 靈泉鬐沸流.
隔林先作雨, 到寺不勝秋.
古殿龍王在, 空林鹿女遊.
一尊斜日下, 獨為古人留.

부록작품 4

원굉도, <용정>
모두들 말하기를 지금의 용정(龍井)이,
옛날보다 더 깊고 신비하다 한다.
길은 구불구불 옛길을 잃고,
나무도 오래되어 이름을 잃었다.
갈증에 계소불(雞蘇佛) 우러러보고,
배고파 옥판(玉版) 선사에 참예한다.
터진 통에 곡수를 나누고,
잡초를 걷어내니 진비(秦碑) 나온다.
몇 번이고 우물가를 지나며,

백방으로 방책을 강구해 샘물을 끌어 온다.
벽화에 구름 족속이 있고,
붉은 난에 물 옷이 갉아 먹혔다.
길가에는 향차 잎이 길고,
밭이랑은 작아도 약초 모종이 기름지다.
드넓구나, 소자를 배우고,
변재 스님의 시비를 논함이여.

袁宏道, <龍井>
都說今龍井, 幽奇逾昔時.
路迂迷舊處, 樹古失名兒.
渴仰雞蘇佛, 亂參玉版師.
破筒分穀水, 芟草出秦碑.
數盤行井上, 百計引泉飛.
畫壁屯雲族, 紅欄蝕水衣.
路香茶葉長, 畦小藥苗肥.
宏也學蘇子, 辨才君是非.

부록작품 5

장대, <용정 기둥에 새기다>
한밤중 골짜기 샘물 모이면,
웅덩이가 되어 천 개 바위에 비가 내린다.
새벽 누각에 용이 나오면,
절벽의 바위들 모두 한 조각 구름 되리.

張岱, <龍井柱銘>
夜壑泉歸, 渥窪能致千巖雨;
曉堂龍出, 崖石皆爲一片雲.

16

구계십팔간(九溪十八澗)

　구계(九溪)는 연하령(煙霞嶺) 서쪽, 용정산(龍井山) 남쪽에 있다. 그 물줄기가 구불구불 굽이쳐 흐르다가 아홉 번 꺾여 나오기에 '구계'라고 부른다. 구계의 땅은 길이 험하고 초목이 무성하며 인가도 없어, 고요하니 마치 다른 세상 같고 인간세계가 아닌 것 같다. 구계 아래에는 18개의 계곡이 있는데, 지형이 깊어 승려와 같이 세상을 등지고 속세를 끊은 자라 할지라도 그곳에서 오래 머물 수 없다. 옛 기록에 따르면 계곡 안에 이암사(李巖寺), 송양(宋陽)과 왕매(王梅)의 정원, 매화경(梅花徑) 같은 유적이 있다고 하는데, 지금은 모두 사라지고 없다. 게다가 이곳은 멀리 떨어져 있고 강가에서도 벗어난 곳이라, 서호에 오래 있던 이들도 명승지를 두루 찾아다녔지만, 구계 18계곡에 관해 묻는다면 모두 어리둥절해 하며 대답하지 못하였다.

　九溪在煙霞嶺西、龍井山南. 其水屈曲洄環, 九折而出, 故稱九溪. 其地徑路崎嶇, 草木蔚秀, 人煙曠絕, 幽閴靜悄, 別有天地, 自非人間. 溪下為十八澗, 地故深邃, 即緇流非遺世絕俗者, 不能久居. 按志, 澗內有李巖寺、宋陽和王梅園、梅花徑等跡, 今都湮沒無存. 而地復遼遠, 僻處江幹, 老於西湖者, 各名勝地尋討無遺, 問及九溪十八澗, 皆茫然不能置對.

부록작품 1

이유방, <십팔간>

기유년(己酉年, 1609)에 처음 18계곡에 왔다. 맹양(孟暘), 무제(無際) 두 사람과 함께 서촌(徐村)의 첫 번째 다리에 도착하여 다리 위에서 밥을 먹었다. 시냇물이 졸졸 흐르고 산세가 에워싸서, 오래 앉아 있자니 떠나기 어려웠다. 내가 이런 시를 지었다.

> 구계 18개의 큰 내,
> 여기저기 흐르는 물 생기발랄하다.
> 내가 삼월에 왔을 때,
> 봄 산에 갓 비가 그쳤네.
> 번개와 흩날리는 눈송이에,
> 눈과 귀가 모두 기이하다.
> 유유자적 계곡을 향해 앉았는데,
> 하물며 험준한 산을 마주하네.
> 나는 운서(雲棲)에 참배하고 싶었는데,
> 이 안에도 해탈의 방법이 있구나.
> 좋구나, 왕자(汪子)의 말씀이여,
> 한가한 마음 물 따라 흘러간다.

무제도 내 시에 화답하였는데, 그 내용을 잊어버렸다.

李流芳, <十八澗>

己酉始至十八澗, 與孟暘、無際同到徐村第一橋, 飯於橋上. 溪流淙然, 山勢回合, 坐久不能去. 予有詩云: "溪九澗十八, 到處流活活. 我來三月中, 春山雨初歇. 奔雷與飛霰, 耳目兩奇絕. 悠然向溪坐, 況對山嵯峨. 我欲參雲棲, 此中解脫法. 善哉汪子言, 閒心隨水滅."無際亦有和余詩, 忘之矣.

卷5

西湖外景

서호 외경

1

서계(西溪)

　속산(粟山)[1]의 높이는 62장(丈)이고 둘레는 18리(里) 2백 보(步)이다. 산 아래 석인령(石人嶺)이 있는데, 가파르고 우뚝하며 그 형상이 사람 같아 두 갈래 머리가 우뚝 솟은 모양이다. 석인령을 넘으면 서계(西溪)이다. 주민 수백 가구가 모여 마을과 시장을 이룬다. 전하는 말로는 북송(北宋) 남도(南渡) 시기 고종(高宗)이 처음으로 무림(武林)에 왔을 때 땅이 기름지고 좋아 도읍으로 정하려 했다고 한다. 후에 봉황산을 발견하고 "서쪽 골짜기[西溪]는 잠시 그대로 두어라."하시어, 후인들이 이에 이름 지었다. 그 땅은 매우 한적하고 외져서 오래된 매화나무가 많았다. 매화나무는 짧고 작으며 구부러졌고 얽혀있어, 황산(黃山)의 소나무와 매우 비슷했다. 호사가들이 그 땅에 가서 아주 작은 매화를 사 화분에 심고 작은 경치를 만들었다. 그 땅에 추설암(秋雪庵)이 있다. 갈대꽃 한 무리에 달빛이 밝게 비추면, 새하얗게 마치 눈이 쌓인듯하여 굉장히 기이한 경치가 펼쳐진다. 나는 서호야말로 강남의 아름다운 땅이라고 말한 적이 있다. 그 안에 들어가면 곱고 아름다운 경

1　粟山: 영은사 서쪽의 산이다.

치가 눈에 지겨울 정도로 보이고, 생황과 노랫소리가 귀에 지겨울 정도로 들린다. 깊은 계곡에서 도원(桃源)이나 국수(菊水)[2]처럼 속세를 피할 곳을 찾고자 한다면 분명 서계가 제일이다. 내 친구 강도암(江道闇)[3]은 서계에 잘 만든 집이 있다. 나를 불러 함께 은거하자고 했다. 그러나 부질없는 세상일로 가지 못한 것이 지금에 와서 한으로 남는다.

栗山高六十二丈, 周回十八里二百步. 山下有石人嶺, 峭拔凝立, 形如人狀, 雙髻聳然. 過嶺爲西溪, 居民數百家, 聚爲村市. 相傳宋南渡時, 高宗初至武林, 以其地豐厚, 欲都之. 後得鳳凰山, 乃云: "西溪且留下." 後人遂以名. 地甚幽僻, 多古梅, 梅格短小, 屈曲槎枒, 大似黃山松. 好事者至其地, 買得極小者, 列之盆池, 以作小景. 其地有秋雪庵, 一片蘆花, 明月映之, 白如積雪, 大是奇景. 余謂西湖眞江南錦繡之地, 入其中者, 目厭綺麗, 耳厭笙歌, 欲尋深溪盤穀, 可以避世如桃源, 菊水者, 當以西溪爲最. 余友江道闇有精舍在西溪. 招余同隱, 余以鹿鹿風塵, 未能赴之, 至今猶有遺恨.

부록작품 1

왕치등, <서계에서 팽흠지에게 보내는 글>

나는 열흘 정도 항주에 머물렀지만 한 번도 서호에 가 보지 못하였다. 그러나 서계의 아름다움은 다 즐겼다. 배와 수레를 타고 18리를 갔는데, 온통

---

2 菊水: 河南 內鄕 서북쪽으로 흐르는 강의 이름이다. 鞠水, 菊潭이라고도 하며 이 강의 언덕에 국화가 많이 자랐는데, 그것이 강으로 떨어져 물맛이 몹시 달아 마시면 장수한다고 전해진다.

3 江道闇: 강도암은 江浩(1604-1649)로, 字가 道闇이며, 錢塘 사람이다. 평소 祁彪佳, 黃宗羲와 교류하였고, 명나라가 망하자 승려가 되었다.

산과 구름, 대나무와 안개 속을 지나 옷깃과 소매가 온통 초록으로 물들었다. 계수나무가 큰 것은 두 사람이 둘러싸고도 남았다. 나무 아래에는 꽃이 땅을 덮어 황금처럼 보였고, 산에 사는 사람들은 꽃을 빗자루처럼 묶어 시장에 내다 팔았다. 한 단에 고작 쌀 반 되 정도의 값이었다. 작년에 산음길을 지나면서 그 아름다움에 탄복하였지만, 이번 여정은 그보다 더 좋았다.

王稚登, <西溪寄彭欽之書>
留武林十日許, 未嘗一至湖上, 然遂窮西溪之勝. 舟車程並十八里, 皆行山雲竹靄中, 衣袂盡綠. 桂樹大者, 兩人圍之不盡. 樹下花覆地如黃金, 山中人縛帚掃花售市上, 每擔僅當脫粟之半耳. 往歲行山陰道上, 大歎其佳, 此行似勝.

부록작품 2

이유방, <서계화에 쓰다>

임자년(壬子年) 정월(正月) 그믐날, 나는 친구 중석(仲錫)과 자여(子與)와 운서(雲棲)에서 출발하여 백사령(白沙嶺)을 넘어 서계(西溪)로 갔다. 길 양 켠에 대나무가 가지런히 서 있었고, 두 산 사이를 걸어 도합 10리를 가서 영흥사(永興寺)에 도착했다. 영흥산 아래는 평야가 펼쳐져 있고 멀리에 마을이 있었다. 깊은 우물과 오래된 나무들이 하나하나 아름다운 경치를 이루었다. 영흥사에서 악묘(嶽廟)까지는 다시 10리 길로, 매화가 마을까지 흐드러지게 피어 멀리서 보면 눈이 덮인 것 같았으며, 바로 우리 집 서적산(西磧山) 속과 비슷하였다. 그날 영흥사에서 밥을 먹고 누각에 올라 시를 읊었다. 밤에는 호숫가의 작은 집으로 돌아와 맹양(孟陽), 엄인지(嚴印持), 자장(子將)과 함께 실컷 술을 마셨다. 이튿날 아침에 책자에 이 그림을 그렸다.

계축(癸丑) 10월 오진(烏鎭) 배 안에서 적는다.

李流芳, <題西溪畫>
壬子正月晦日, 同仲錫、子與自雲棲翻白沙嶺至西溪. 夾路修篁, 行兩山間, 凡十里, 至永興寺. 永興山下夷曠, 平疇遠村, 幽泉老樹, 點綴各各成致. 自永興至嶽廟又十里, 梅花綿亙村落, 彌望如雪, 一似余家西磧山中. 是日, 飯永興, 登樓嘯詠. 夜還湖上小築, 同孟暘、印持、子將痛飮. 翼日出冊子畫此. 癸丑十月烏鎭舟中題.

부록작품 3

양반, <서계>
서계를 사랑하여,
오래도록 시냇물 마를까 근심하네.
산에서 흘러내린 봄물 더 떨어져,
들판으로 흩어져 들어가네.

楊蟠, <西溪>
爲愛西溪好, 長憂溪水窮.
山源春更落, 散入野田中.

부록작품 4

왕사임, <서계>
한 산봉우리 하늘의 눈을 뚫고,

천 개의 시냇물 비의 머리를 부른다.

돌 구름 수놓은 벽을 열고,

산의 뼈대 찬 시냇물로 씻긴다.

새들 길 이끼 옷에 미끄럽고,

사람 집 대나무 말소리가 그윽하다.

이 길은 길이 아니라,

반백 년 동안 유람하네.

王思任, <西溪>

一嶺透天目, 千溪叫雨頭.

石雲開繡壁, 山骨洗寒流.

鳥道苔衣滑, 人家竹語幽.

此行不作路, 半武百年遊.

부록작품 5

장대, <추설암시>

옛날부터 서계는 천하에 이름났고,

망천시(輞川詩)는 여행의 기록이라.

암자 앞 늙은 물억새에 가을 눈 날리고,

숲 밖 기이한 봉우리 여름 구름 사이에 솟았다.

기이한 바위 층층이 뼈마디 드러내고,

오래된 매화 굽어 줄기만 남았다.

시내와 산이 걸음마다 앉지 못하게 하고,

지팡이 짚고 물소리 듣느라 해가 저물었구나.

張岱, <秋雪庵詩>
古宕西溪天下聞, 輞川詩是記遊文.
庵前老荻飛秋雪, 林外奇峰聳夏雲.
怪石棱層皆露骨, 古梅結屈止留筋.
溪山步步堪盤礴, 植杖聽泉到夕曛.

2

호포천(虎跑泉)

　호포사(虎跑寺)의 원래 이름은 정혜사(定慧寺)로, 당나라 원화(元和) 14년(819), 성공(性空) 스님이 지었다. 헌종(憲宗)께서 광복원(廣福院)이란 이름을 하사하셨다. 대중(大中) 8년(854)에 대자사(大慈寺)로 바꾸고, 희종(僖宗) 건부(乾符) 3년(876)에 '정혜(定慧)'라는 두 글자를 덧붙였다. 송나라 말에 훼손되었다가 원(元) 대덕(大德) 7년(1303)에 재건되었으나, 다시 망가졌다. 명나라 정덕(正德) 14년(1519)에 보장(寶掌) 스님이 중건하였고 가정(嘉靖) 19년(1540)에 다시 망가졌다. 24년에 산서(山西)의 승려 영과(永果)가 재건하였다. 지금 사람들은 샘 이름인 호포를 따서 사원 이름을 부른다. 과거 이와 관련된 두 가지 이야기가 있다.

　첫 번째 이야기이다. 성공 스님은 포판(蒲阪)[4] 지역 노씨(盧氏)의 아들인데, 백장해(百丈海)[5]에게 불법을 터득하였다. 이 산을 유람하다가 숲에 영기

4　蒲阪: 옛날 舜 임금의 도읍지로, 지금의 山西 永濟의 동남쪽이다.
5　百丈海: 당대 禪宗의 고승 懷海(720?-814)이다. 속성은 王氏이고 속명은 木尊으로, 福建 사람이다. 지금의 江西 奉新에 있는 百丈山에 머물렀기에 '百丈禪師'라고 불렸다. 唐 中期 구교의 계율과 선종이 충돌하자 대담하게 개혁을 단행하여 선종의 발전을 촉진시키는 데에 공

가 가득하여 그 속에서 참선을 하였으나, 물이 없어서 다른 곳으로 옮기려 하였다. 그러다 꿈에 신인(神人)이 나타나 "스님께서는 물을 걱정하지 마소서. 남쪽 산에 동자천(童子泉)이 있으니, 호랑이 두 마리에게 물을 가져오게 하면 됩니다."라고 하였다. 다음날 과연 호랑이 두 마리가 허빈 땅에서 샘이 솟았는데, 샘물이 맑고 향기로우며 달고 차가웠다. 성공 스님이 그제야 비로소 머물게 되었다.

두 번째 이야기이다. 명나라 홍무(洪武) 11년(1378), 학사(學士) 송렴(宋濂)[6]이 경사로 조회하러 가다가 이 산 아래를 지나게 되었다. 주지 스님의 초대로 샘을 구경하였는데, 절의 승려들이 법의를 걷고 동시에 범주(梵咒)[7]를 외자 샘이 콸콸 솟구치며 하늘에서 눈발이 휘날리듯 튀었다. 송렴은 이를 기이하다고 여겨 명문(銘文)을 남겼다. 성안의 호사가들이 이 샘의 물로 차를 끓여, 하루에도 수천 번씩 물동이를 메고 나갔다. 절에 조수부(調水符)[8]가 있어 이를 증명하였다.

> 虎跑寺本名定慧寺, 唐元和十四年性空師所建. 憲宗賜號曰廣福院. 大中八年改大慈寺, 僖宗乾符三年加"定慧"二字. 宋末毀. 元大德七年重建, 又毀. 明正德十四年, 寶掌禪師重建, 嘉靖十九年又毀. 二十四年, 山西僧永果再造. 今人皆以泉名其寺云.

헌한 인물이다.
6 앞의 주 참조.
7 梵咒: 불교의 만트라, 즉 부처의 가르침을 소리로 응축한 것이다. 산스크리트어로 "정신을 보호하는 것"이라는 의미로, 만트라는 암송하는 것 만으로도 불가사의한 힘이 있어 진리에 도달할 수 있다고 믿는다.
8 調水符: 조수부는 물을 길어올 때 사용한 일종의 증표이다. 소식이 玉女洞의 물을 좋아하여 물을 길어왔는데 심부름꾼이 속일까 걱정하여 대를 잘라 신표로 주고 하나는 승려가 간직하게 하여 왕래하는 증표로 삼았다고 한다.

先是性空師爲蒲阪盧氏子, 得法於百丈海, 來遊此山, 樂其靈氣鬱盤, 棲禪其中, 苦於無水, 意欲他徙, 夢神人語曰:"師母患水, 南嶽有童子泉, 當遣二虎驅來." 翌日, 果見二虎跑地出泉, 清香甘洌. 大師遂留.

明洪武十一年, 學士宋濂朝京, 道山下. 主僧邀濂觀泉, 寺僧披衣同舉梵咒, 泉觱沸而出, 空中雪舞. 濂心異之, 爲作銘以記. 城中好事者取以烹茶, 日去千擔. 寺中有調水符, 取以爲驗.

부록작품 1

소식, <호포천>

우뚝 솟은 석탑 동쪽 봉우리에 있고,

이 노인 처음 왔을 때 온갖 신이 우러러보았다.

호랑이 행각승 따라 샘구멍 옮기고,

용은 물방울 꽃 만들어 손뼉 쳐준다.

지금도 나그네들이 목욕하고 가면,

누워서 텅 빈 계단 옥 구르는 소리 들리네.

이 노인이 이 샘물과 같음을 알겠거든,

인간 세상 왕래할 생각 말아야 하리.

蘇軾, <虎跑泉>

亭亭石榻東峰上, 此老初來百神仰.

虎移泉眼趁行腳, 龍作浪花供撫掌.

至今遊人灌濯罷, 臥聽空階環玦響.

故知此老如此泉, 莫作人間去來想.

부록작품 2

원굉도, <호포천>

대나무 숲 소나무 계곡에 먼지 없이 깨끗하고,

늙은 스님도 절 또한 가난함을 안다.

굶주린 새들과 공양미 나누고,

마른 가지 도인(道人)의 땔감으로 충분하다.

비석 머리에 새겨진 글자 개산(開山)의 게(偈)임을 알고,

난로 안의 재로 법신을 보호한다.

맑은 샘물 서너 잔 퍼서,

새싹 차 우려 맛을 본다.

袁宏道, <虎跑泉>

竹林松澗淨無塵, 僧老當知寺亦貧.

饑鳥共分香積米, 枯枝常足道人薪.

碑頭字識開山偈, 爐里灰寒護法神.

汲取清泉三四盞, 芽茶烹得與嘗新.

3

봉황산(鳳凰山)

　　당나라와 송나라 이후, 항주성의 치소(治所)[9]는 모두 봉황산 기슭에 있었다. 송나라가 남하한 후 비로소 행궁(行宮)이 되었다. 소동파(蘇東坡)가 말한 "용이 날고 봉황이 춤추며 전당에 들어간다.(龍飛鳳舞入錢塘.)"[10]는 구절의 장소는 아마도 봉황산 오른편이었을 것이다. 오월(吳越)에서부터 남송에 이르기까지 모두 이곳에 도읍을 세웠으니, 아름다운 기운이 빙빙돌다 하나의 산맥에 모였기 때문이다. 원나라 때 양곤(楊髠)의 말에 현혹되어 곧바로 남송 황궁 옛터에 다섯 개의 절을 세우고 진남탑(鎭南塔)[11]을 지어 눌러버렸다. 그 결과 무성했던 산이 지금은 쓸쓸하게 변하였다. 지금 항주성의 치소는 송나라 개원(開元) 시절의 옛 궁궐로, 봉황산의 왼쪽에 위치한다. 명나라

---

[9]　治所: 지방정부 소재지의 옛 칭호이다.

[10]　이 구절은 소동파가 吳越王 錢鏐의 공적을 기록한 <表忠觀碑>의 일부이다. 원문에는 "龍飛鳳舞, 萃於臨安."이라 하였다. ≪蘇東坡全集≫ 卷八十六 참조.

[11]　鎭南塔: 宋代에 지어진 진남탑은 세간에서 白塔이라고 한다. 누각 모양으로 지어진 11층 높이의 네모난 탑이다. <宋大內>에 양곤이 사찰을 세우고 탑을 세운 일을 언급하였다.

는 이를 계승하여 관사와 포정사(布政司), 안찰사(按察司)[12]를 모두 왼쪽에 두어 동남 지역을 번성하게 했다. 이는 왕의 기운이 옮겨져 발산됨에도 때가 있음을 보여주는 게 아니겠는가? 이러한 까닭에 산천단(山川壇), 팔괘전(八卦田), 어교장(御敎場), 만송서원(萬松書院), 천진서원(天眞書院)이 모두 봉황산의 좌우에 있는 것이다.

> 唐宋以來, 州治皆在鳳凰山麓. 南渡駐蹕, 遂爲行宮. 東坡云"龍飛鳳舞入錢塘", 茲蓋其右翅也. 自吳越以逮南宋, 俱於此建都, 佳氣扶輿, 萃於一脈. 元時惑於楊髡之說, 卽故宮建立五寺, 築鎭南塔以厭之, 而茲山到今落寞. 今之州治, 卽宋之開元故宮, 乃鳳凰之左翅也. 明朝因之, 而官司藩臬皆列左方, 爲東南雄會. 豈非王氣移易, 發泄有時也. 故山川壇、八卦田、御敎場、萬松書院、天眞書院, 皆在鳳凰山之左右焉.

부록작품 1

소식, <만송령 혜명원 벽에 쓰다>

이곳을 떠난 지 17년 만에 다시 팽성(彭城) 장성도(張聖途)와 단양(丹陽) 진보지(陳輔之)와 함께 왔다. 절의 승려 범영(梵英)이 법당을 고치고 지붕을 새로 이어 전보다 더욱 정숙하고 깨끗해졌다. 차를 마시는데 향이 짙어 "이 차는 햇차입니까?"라고 묻자, 범영이 "차의 성질은 햇것과 묵은 것을 섞으면 향기와 맛이 더해집니다."라고 하였다. 내가 전에 거문고를 아는 이를 만난 적이 있는데, 거문고가 백 년이 지나지 않으면 오동나무의 생기가 다하지 않아, 빠

---

[12] 원문의 藩臬은 布政司와 按察司를 말한다. 명대에 13개 지역에 三司, 즉 포정사, 안찰사, 都指揮司를 설치하고 각각 軍事, 司法, 民政을 맡겼다.

르고 느림, 맑고 탁함이 항상 비바람과 추위와 더위에 따라 변한다고 하였다. 이 이치가 차와 유사하기에 아울러 기록한다.

蘇軾, <題萬松嶺惠明院壁>
余去此十七年, 復與彭城張聖途、丹陽陳輔之同來. 院僧梵英 葺治堂宇, 比舊加嚴潔. 茗飲芳烈, 問: "此新茶耶?" 英曰: "茶性, 新舊交則香味復." 余嘗見知琴者, 言琴不百年, 則桐之生意不盡, 緩急清濁, 常與雨暘寒暑相應. 此理與茶相近, 故並記之.

부록작품 2

서위, <팔선대>
남산(南山)의 아름다운 곳에 신선대가 있고,
신선대 옆 풍광은 속세의 먼지 하나 없다.
영녀(嬴女)는 오직 봉황을 맞이하고,
복숭아꽃은 사람을 끌어들이지 않도록 한다.
큰 약으로 닭과 개를 날게 하니,
그 가운데에서 풀을 베고 싶다.
옛 친구 찾을 수 없을 터이니,
호수 중에도 이보다 깊은 곳 없구나.

徐渭, <八仙臺>
南山佳處有仙臺, 臺畔風光絕素埃.
嬴女只教迎鳳入, 桃花莫去引人來.

能令大藥飛雞犬, 欲傍中央剪草萊.
舊伴自應尋不見, 湖中無此最深隈.

부록작품 3

원굉도, <천진서원>
백 자 허물어진 담장 남아,
삼천 년 옛이야기 들려온다.
들꽃 벽에 가루붙이고,
산새 화로에 부채질해 연기 피운다.
강물도 지(之)자를 배우고,
밭도 괘문을 그린다.
자손들 눈앞에 가득하나,
누가 거친 풀을 추천할까?

袁宏道, <天眞書院>
百尺頹牆在, 三千舊事聞.
野花粘壁粉, 山鳥煽爐溫.
江亦學之字, 田猶畫卦文.
兒孫空滿眼, 誰與薦荒芹.

4

송대내(宋大內)

≪송원습유기(宋元拾遺記)≫[13]에 이렇게 적혀있다. 송나라 고종(高宗)은 산수를 즐겨 대내[大內, 궁궐] 안에 별원을 따로 지어 소서호(小西湖)라고 불렀다. 그 후 왕위를 내려놓은 뒤 이곳에서 은거하였다. 이곳은 특이한 꽃과 기이한 식물이 가득하고 황금빛과 푸른빛이 휘황찬란하였으며, 여자 환관과 궁녀가 그 안을 가득 채웠다. 고종은 향년 81세로 사망하였다. 전무숙왕(錢武肅王)도 81세로 고종과 같은 수명을 누렸던 것으로 보아, 혹자는 고종이 전무숙왕의 환생이라고 말한다. ≪남도사(南渡史)≫[14]에 보면 또 이렇게 적혀있다. 송나라 휘종(徽宗)이 도읍인 변(汴)에 있을 때 꿈에서 전무숙왕이 그 땅을 돌려달라고 하였다. 바로 그날 고종이 태어났는데, 훗날 과연 남쪽 강을 건너 전무숙왕이 관할하던 땅을 모두 판도에 넣었다. 옛꿈이 실제로

---

13 ≪拾遺記≫는 南北朝 後秦의 王嘉가 지은 志怪書로, 총 10권이다. 삼황오제에서부터 西晉 말까지 여러 가지 숨겨진 전설을 모았다. ≪宋元拾遺記≫는 단일 저서로 출처를 찾아볼 수 없고, 다만 송대와 원대의 여러 이야기를 모은 것으로 추정된다.

14 ≪南渡史≫: 책에 관한 정확한 정보는 알 수 없으나, 남송의 역사를 기록한 내용으로 추정된다.

이루어진 것이다. 원나라가 흥하자 양련진가(楊璉真伽)가 대내를 부수고 다섯 개의 사찰을 지었다. 이름하여 보국사(報國寺), 흥원사(興元寺), 반야사(般若寺), 선림사(仙林寺), 존승사(尊勝寺)로, 이 모두가 원나라 때 지어진 것이다. 기록을 보면 보국사는 수공전(垂拱殿)이고, 흥원사는 부용전(芙蓉殿), 반야사는 화녕문(和寧門), 선림사는 연화전(延和殿), 존승사는 복녕전(福寧殿)이었다. 아직도 조각된 대들보와 그림이 그려진 마룻대가 남아 있다. 백탑의 높이는 2백 장(丈)이고 그 안에 수십만 권의 불경과 수천 개의 불상을 넣어 전체적으로 화려하게 장식하였다. 송나라 남도 시대의 여러 종사(宗師)의 유해를 모아 소나 말의 뼈와 섞어 탑 아래에 누르고, '진남(鎭南)'이라 이름하였다.[15] 얼마 후 백탑은 번개에 맞아 부서졌고 나중에 장사성(張士誠)[16]이 찾아와 허물었다.

> ≪宋元拾遺記≫: 高宗好耽山水, 於大內中更造別院, 曰小西湖. 自遜位後, 退居是地, 奇花異卉, 金碧輝煌, 婦寺宮娥充斥其內, 享年八十有一. 按錢武肅王年亦八十一, 而高宗與之同壽, 或曰高宗即武肅後身也. ≪南渡史≫又云: 徽宗在汴時, 夢錢王索還其地, 是日即生高宗, 後果南渡, 錢王所轄之地, 盡屬版圖. 疇昔之夢, 蓋不爽矣. 元興, 楊璉真伽壞大內以建五寺, 曰報國、曰興元、曰般若、曰仙林、曰尊勝, 皆元時所建. 按志, 報國寺即垂拱殿, 興元 即芙蓉殿, 般若即和寧門, 仙林即延和殿, 尊勝即福寧殿. 雕梁畫棟, 尚有存者. 白塔計高二百丈, 內藏佛經數十萬卷, 佛像數千, 整飾

15 鎭南은 '남방을 진압한다.'는 뜻이다. 양련진가가 남송 시기의 유골과 뼈를 탑 아래에 묻어 상징적으로 원나라가 송나라를 정복하고 그 잔재를 눌러 제압한다는 의미를 담은 것이다.
16 張士誠: 장사성(1321-1367)은 원나라 말기의 泰州의 소금장수였다. 혼란스러운 시기를 틈 타 반란을 일으켜 大周라는 나라를 세웠다. 江淮 일대를 장악하여 吳國이라고 칭하였으나, 남경에서 주둔하던 朱元璋에게 패하여 사망하였다.

華靡. 取宋南渡諸宗骨殖, 雜以牛馬之骼, 壓於塔下, 名以鎭南. 未幾, 爲雷所擊, 張士誠尋毀之.

부록작품 1

사고우,[17] <송내를 애도하다>
길가에 늘어선 버드나무 가지에 풀이 엉켜있는데,
무림(武林)에 나무 없는 건 전 왕조 때문이다.
야생 원숭이 새끼 끌고 와서 머물며,
꽃 사이 비취색 둥지 온통 휘저어 놓았다.

강 건너 비바람 여러 무덤 흔들고,
주인없는 정원의 풀 봄날 맞아 자랐구나.
듣자니 송나라 고종 임금도 눈물 흘렸다는데,
여관(女官)은 여전히 옛 궁의 사람이다.

황제의 궁궐과 누각에 노을 흘렀으나,
지금은 처량한 불자의 집.
차가운 햇살 아래 산 꽃과 이슬 흩어지고,
만년 가지 위에 수도복 걸렸구나.

[17] 謝皐羽: 사고우는 南宋의 애국 시인 謝翺(1249-1295)로, 字가 皐羽이다. 號는 晞髮子이고, 福建 路福安縣(지금의 福建省 福安) 사람이다. 咸淳 연간에 진사 시험에 낙방한 후 과거를 포기하고 고문을 주창하며 여러 작품을 남겼다. 德祐 2년, 文天祥에게 투항해 자문 참군을 맡았고, 문천상이 사로잡히자 浙東으로 피신하여 여러 인물과 교류하였다. 元貞 원년 폐병으로 타향에서 사망했다. 그의 시문은 기개와 독특한 기질로 평가받으며, 대표작으로는 <登西台慟哭記>, <短歌行> 등이 있다. 근체시는 슬픔과 함축된 감정을 담고 있으며, 해석이 어려운 은어가 많이 사용되었다.

모내기 누가 하며 대문을 지키랴?

꽃 떨어지는 궁전에서 어둠 속에서 혼이 사라졌다.

조원각(朝元閣) 아래 제비 돌아왔으나,

당시의 앵무새의 말 보이지 않는구나.

謝皐羽, <弔宋內>

復道垂楊草亂交, 武林無樹是前朝.

野猿引子移來宿, 攬盡花間翡翠巢.

隔江風雨動諸陵, 無主園林草自春.

聞說光堯皆墮淚, 女官猶是舊宮人.

紫宮樓閣逼流霞, 今日淒涼佛子家.

寒照下山花霧散, 萬年枝上掛袈裟.

禾黍何人為守閽, 落花臺殿暗銷魂.

朝元閣下歸來燕, 不見當時鸚鵡言.

부록작품 2

황진경,[18] <송내를 애도하다>

상전벽해의 역사 아득한데,

---

[18] 黃晉卿: 황진경은 元代의 문인 黃溍(1277-1357)으로, 字가 晉卿이며, 婺州 義烏(지금의 浙江省 義烏) 사람이다. 延祐 2년(1315)에 진사에 급제하여 여러 관직을 역임하였다. 그는 박학다식하고 문장에 능했으며, 후에 國子博士와 여러 학술직을 맡았다. 至正 8년(1348)에는 翰林直學士로 임명되었고, 지정 10년에 남쪽으로 돌아와 은거 생활을 하였다. 지정 17년(1357) 사망 후 江夏郡公으로 추봉되었고 시호는 文獻이었다. 문장이 민첩하고 재능이 뛰어났으며, 浦江의 柳貫, 臨川의 虞集, 豫章의 揭傒斯와 함께 儒林四傑로 불렸다.

길에서 만난 늙은 유민 황량하다 탄식한다.
고국(故國)에서 사슴이 노닐었다고 말하고,
빈산을 가리켜 봉황 있었다 외치네.
봄 지나자 푸른 풀 황제의 길을 어지럽히고,
자주 내리는 비에 궁궐 담장이 푸르다.
멀리서도 변수(汴水) 동쪽으로 흐름을 아는데,
또 그 강가에 너른 들판과 저녁노을도 있구나.

黃晉卿, <弔宋內>
滄海桑田事渺茫, 行逢遺老嘆荒涼.
為言故國遊麋鹿, 漫指空山號鳳凰.
春盡綠莎迷輦道, 雨多蒼翠上宮牆.
遙知汴水東流畔, 更有平蕪與夕陽.

부록작품 3

조맹부, <송내>

동남 제왕의 도회지,
삼월에 꾀꼬리 울고 꽃피던 옛날 같지 않구나.
고국의 금(金)나라 사람들 한(漢)나라 사람과의 이별이 아쉬워,
그 해 옥마(玉馬)타고 주(周)나라로 떠났다.
아름다운 호수와 산 아직도 남아 있는데,
강물만 망망히 저절로 흐른다.
천년의 흥망성쇠 모두 이와 같았고,

봄바람 무성한 기장이 사람을 슬프게 한다.

趙孟頫, <宋內>
東南都會帝王州, 三月鶯花非舊遊.
故國金人愁別漢, 當年玉馬去朝周.
湖山靡靡今猶在, 江水茫茫只自流.
千古興亡盡如此, 春風麥秀使人愁.

부록작품 4

유기,[19] <송대내>

비옥한 나라의 번화한 땅,

옛 왕조가 도움을 정했네.

청산은 백월(百粵)에 가득하고,

백수(白水)는 삼오(三吳)로 흘러 들어간다.

간악산(艮嶽山)에 왕의 기운 사라지고,

땅의 신령은 제왕의 대업을 시작한다.

두 궁궐에 천리의 한이 맺혔고,

---

[19] 劉基: 유기(1311-1375)는 明代 초기의 문인으로, 字는 伯溫이고 浙江省 靑田縣 사람이다. 어릴 때부터 경전과 역사, 천문과 병법 등을 학습했으며, 至順 4년(1333)에 진사에 급제하였다. 이후 여러 관직을 역임하였으나 다 버리고 고향에 은거하였다. 그러다 至正 20년(1360)에 주원장의 요청으로 응천에 가서 모사로 활동하였다. 洪武 4년(1371)에는 左丞相 胡惟庸과의 갈등으로 고향에 돌아갔고, 4년 뒤에 사망했다. 그의 문학 사상은 명초 문풍에 큰 영향을 미쳤다. 元代 이후의 섬세한 문체를 비판하고, 漢唐 시기의 문학 전통을 회복하자고 주장하였다. 주요 저서로는 ≪覆瓿集≫, ≪寫情集≫, ≪犁眉公集≫ 등이 있다.

아홉 아들 한 몸처럼 외롭다.
천연에 의지해 요새를 만들고,
바다 끝 등지고 편안함을 훔쳤네.
구름과 노을 궁전에 피어오르고,
가시덤불 정원에 우거졌다.
예물로 화친을 돈독히 하고,
활과 칼로 무장을 제압하네.
오직 서서 악기 연주하는 소리만 들릴 뿐,
조정에서 서서 부르짖는 자 보지 못하였다.
귀신과 물여우 같은 간신들이 화려한 옷을 드러내니,
거북과 자라 큰 곳에서 나온다.
지존은 북궐처럼 높고,
많은 선비 서호에서 즐긴다.
뱃머리 화려한 배 빨리 달리고,
용비늘 수놓은 저고리가 춤을 춘다.
거대한 게 발이 검을 받아내고,
향기로운 밥으로 줄풀로 거른다.
달팽이 뿔 천지만큼 크고,
자라 머리에서 기세가 남다르다.
진(秦)나라 조정은 사슴을 가리킨 일로 미혹되었고,
주(周)나라 왕실은 까마귀 내려다보고 한탄하네.
흰 말은 도성을 떠나고,
청동 낙타 길거리로 내던져졌다.
넓은 하늘과 땅을 포용하고,

나는 것들도 다 기른다.
귤과 유자 싸서 공물 바치고,
진흙에 기름칠하여 부역을 하네.
소뿔 잘라 월극(越戟)을 묻고,
조승주(照乘珠)에 수주(隋珠) 싣고 달린다.
옛 강산이 있음을 애도하고
세월이 흐름을 그리워한다.
고래와 자라가 바다에 없고,
노래하는 때도 이미 요순시절 뿐.
가죽 부대에 담은 근심 어찌 다하랴?
양가죽 갖옷 입고 낚시하는 일도 없구나.
기러기 떼 남쪽으로 떠남에 그리워,
고개 돌려 고향으로 돌아갈 생각 하네.

劉基, <宋大內>
澤國繁華地, 前朝此建都.
青山彌百粵, 白水入三吳.
艮嶽銷王氣, 坤靈肇帝圖.
兩宮千里恨, 九子一身孤.
設險憑天塹, 偸安負海隅.
雲霞行殿起, 荊棘寢園蕪.
幣帛敦和議, 弓刀抑武夫.
但聞當宁奏, 不見立廷呼.
鬼蜮昭華衮, 龜黿出巨區.
至尊巍北闕, 多士樂西湖.

鶂首馳文舫，龍鱗舞繡襦.
巨螯擎擁劍，香飯漉雕胡.
蝸角乾坤大，鰲頭氣勢殊.
秦庭迷指鹿，周室嘆瞻烏.
白馬違京輦，銅駝擲路衢.
含容天地廣，養育羽毛俱.
橘柚馳包貢，塗泥賦上腴.
斷犀埋越棘，照乘走隋珠.
弔古江山在，懷今歲月逾.
鯨鯢空渤澥，歌詠已唐虞.
鴟革愁何極，羊裘釣不迂.
征鴻暮南去，回首憶蓴鱸.

5

범천사(梵天寺)

　　범천사(梵天寺)는 산천단(山川壇) 뒤에 있다. 송(宋) 건덕(乾德) 4년(966) 오월(吳越) 전왕(錢王)이 세우고 남탑(南塔)이라 이름 붙였다. 치평(治平) 10년(1074)에 범천사(梵天寺)로 이름이 바뀌었다. 원(元)나라 원통(元統) 연간에 훼손되었다가 명(明)나라 영락(永樂) 15년(1417)에 재건되었다. 범천사에는 두 개의 석탑과 영만정(靈鰻井), 금정(金井)이 있다. 이전에 사명아육왕사(四明阿育王寺)[20]에 영만정이 있었다. 무숙왕(武肅王)이 아육왕(阿育王) 사리를 맞이하기 위해 범천사에 모시고 남랑(南廊)에 우물을 팠는데 갑자기 신령한 뱀장어가 보였다고 한다. 당시 승려 찬(贊)[21]이 이 일을 기록하였다. 소동파가 항주에

20　四明阿育王寺: 浙江 寧波에 있다. 晉 太康 3년에 탑기단 하나를 발견했는데, 높이가 1척 7촌이었고 안에 곡식 알갱이와 사리가 들어있었다. 아육왕이 세운 8만 4천개의 탑 중 하나라고 전해지며, 내부에 들어있는 사리는 부처의 유골이라고 한다.

21　승려 贊: 贊은 북송의 승려 贊寧(919-1001)이다. 속성은 高氏이고, 吳興 德淸(지금의 浙江省) 사람이다. 後唐 天成 연간에 杭州 祥符寺에서 출가하였고 天台山에서 구족계를 받았으며 三藏을 정밀히 연구하였다. 나중에 靈隱寺로 가서 南山을 전문적으로 연구하였다. 吳越王에 의해 兩浙僧統으로 임명되고 明義示文大師라는 號를 하사받았다. 宋 太宗에게 通慧大師라는 호를 하사받고 명을 받아 항주에서 ≪大宋高僧傳≫을 편찬하였다.

서 관리로 있을 때, 수전(守詮)[22] 스님이 이곳의 주지였다. 소동파가 찾아갔다가 벽에 적힌 시 한 수를 보았다.

석양에 가을 매미 우는데,
혼자 숲속 절로 돌아가네.
밤에도 사립문은 닫혀있지 않고,
조각달 나그네의 발길 따르네.
오직 개 짖는 소리만 들리고,
다시 푸른 덩굴 속으로 사라지네.

소동파가 붓을 들고 화답하였다.

안개 밖 종소리만 들리고,
안개 속 절은 보이지 않네.
은사(隱士)의 발길 멈추지 않아,
풀에 맺힌 이슬 짚신이 젖는다.
산머리에 걸린 달만,
밤마다 오가며 비추네.

맑고 그윽하니 그 분위기가 절로 어울린다.

梵天寺在山川壇後, 宋乾德四年錢吳越王建, 名南塔. 治平十年, 改梵天寺. 元元統中毀, 明永樂十五年重建. 有石塔二、靈鰻井、金井. 先是, 四明

22 守詮: 항주 범천사의 승려이다. 다른 고적에 志詮 혹은 惠詮으로 잘못 적혀 있다. <梵天寺見僧守詮小詩淸婉可愛次韻>를 통해 소식과 교유하였음을 알 수 있다.

阿育王寺有靈鰻井. 武肅王迎阿育王舍利歸梵天寺奉之, 鑿井南廊, 靈鰻忽見, 僧贊有記. 東坡倅杭時, 寺僧守詮住此. 東坡過訪, 見其壁間詩有: "落日寒蟬鳴, 獨歸林下寺. 柴扉夜未掩, 片月隨行履. 惟聞犬吠聲, 又入青蘿去." 東坡援筆和之曰: "但聞煙外鍾, 不見煙中寺. 幽人行未已, 草露濕芒履. 惟應山頭月, 夜夜照來去." 清遠幽深, 其氣味自合.

부록작품 1

소식, <범천사제명>

나는 15년 전, 지팡이를 짚고 짚신을 신고 남북산을 왕래하였다. 그 사이의 물고기와 새들이 모두 나를 알아보았으니, 하물며 여러 도인(道人)들은 어떠했겠는가! 다시 와보니 전과 같지 않게 모두 늦게 태어난 이들과 마주하니, 한스러움만 남았다. 소자첨(蘇子瞻)이 적는다.

원우(元祐) 4년 10월 17일 조회지(曹晦之), 조자장(晁子莊), 서득지(徐得之), 왕원직(王元直), 진소장(秦少章)과 함께 왔다. 이때 주지 스님이 모두 나갔고 뜰도 고요하여 오랫동안 기대어있었다. 소동파가 썼다.

蘇軾, <梵天寺題名>

余十五年前, 杖藜芒履, 往來南北山. 此間魚鳥皆相識, 況諸道人乎! 再至惘然, 皆晚生相對, 但有憎恨. 子瞻書.

元祐四年十月十七日, 與曹晦之、晁子莊、徐得之、王元直、秦少章同來, 時主僧皆出, 庭戶寂然, 徙倚久之. 東坡書.

승과사(勝果寺)

　승과사(勝果寺)는 당나라 건녕(乾寧) 연간에 무착(無著)[23] 스님이 지었다. 그곳은 소나무 길이 구불구불하고 계곡물이 소리높이 흐르고 있다. 나찰석(羅刹石)이 그 앞에 있고 봉황산(鳳凰山)이 그 뒤를 에워싸고 있어, 강의 경치가 여기보다 뛰어난 곳은 없다. 남쪽 탑을 나와 올라가면 바로 여기이다. 송나라 희녕(熙寧) 연간에 승려 청순(淸順)[24]이 여기서 살았다. 그는 교제를 삼가고 사람과 적게 사귀어, 큰일이 아니면 성안에 들어가지 않았다. 사대부 중 곡식을 봉양하는 자가 있었는데, 받는 것은 얼마 되지 않는 적은 양이었다. 그것을 쌀독에 넣어두었다가 하루에 두세 홉만 꺼내 먹었으며, 나물과 대나무순도 항상 부족하였다. 하루는 소동파가 승과사를 지나면서 벽에 적힌 시를 보았다.

---

[23] 無著: 앞의 주 참조.
[24] 淸順: 北宋 시기의 승려로, 字는 怡然이다. 생몰연도나 성씨는 자세히 알려지지 않았다. 그러나 蘇軾과의 교류로 대략 1050년 전후로 생존했던 인물로 추정된다. 청순은 유명한 시승으로 그의 시는 ≪詩人玉屑≫, ≪宋高僧詩選≫, ≪宋詩紀事≫ 등에 산재되어 전해진다.

대나무 무성하여 해가 통하지 않고
떨어지는 샘물 소리 빗소리 같네.
봄바람 절로 때가 있어,
복사꽃과 오얏꽃 깊은 곳까지 어지러이 피었네.

누가 지었냐고 묻자 누군가 청순 스님이라고 답하였다. 소동파가 곧장 가서 담소를 나누자 스님의 명성이 순식간에 올라갔다.

勝果寺, 唐乾寧間, 無著禪師建. 其地松徑盤紆, 潤淙潾瀏. 羅利石在其前, 鳳凰山列其後, 江景之勝無過此. 出南塔而上, 即其地也. 宋熙寧間, 在寺僧清順住此. 順約介寡交, 無大故不入城市. 士夫有以米粟饋者, 受不過數鬥, 盎貯幾上, 日取二三合啖之. 蔬筍之供, 恒缺乏也. 一日, 東坡至勝果, 見壁間有小詩云:"竹暗不通日, 泉聲落如雨. 春風自有期, 桃李亂深塢."問誰所作, 或以清順對. 東坡即與接談, 聲名頓起.

부록작품 1

원정, <승과사>

깊은 숲속 새의 길이 있고
오래된 동굴에는 봄 이끼 숨어있다.
먼 하늘에서 이른 물결 소리 들리고
빈 강에 달빛이 가득하다.
얼음과 서리 뒤덮인 풀과 나무 사이로
배가 흔들리며 풍파를 즐기네.
바위 아래 그윽한 곳에서

때때로 백석가(白石歌) 들려온다.

圓淨, <勝果寺>
深林容鳥道, 古洞隱春蘿.
天逈聞潮早, 江空得月多.
冰霜叢草木, 舟楫玩風波.
巖下幽棲處, 時聞白石歌.

부록작품 2

처묵,[25] <승과사>
중봉 위에서 시작된 길
돌아 나오면 넝쿨이네.
강에 이르면 오땅의 끝
건너편 너머 산이 많구나.
고목 숲은 푸르고
먼 하늘 흰 파도에 잠겨있네
내려가 성곽 가까이에서
종소리와 생황소리, 노랫소리가 뒤섞여 들린다.

處默, <勝果寺>
路自中峰上, 盤回出薜蘿.

---

[25] 處默: 처묵(?-?)은 唐末의 詩僧으로, 唐 文宗 전후로 태어나 874년 전후로 사망하였다. 婺州 金華(지금의 浙江省 金華) 사람이다.

到江吳地盡, 隔岸越山多.
古木叢青藹, 遙天浸白波.
下方城郭近, 鐘磬雜笙歌.

7

오운산(五雲山)

　오운산(五雲山)은 성의 남쪽 20리 떨어진 곳에 있다. 언덕이 깊고 숲과 산맥이 울창하게 솟아있다. 높이는 천 길이나 되고 둘레는 15리(里)이다. 강을 따라 서촌(徐村)[26]에서 길을 따라 산을 빙빙 돌아 올라가는데, 모두 6리 거리에 72개의 굽이진 길과 천 개의 돌계단이 있다. 산 중턱에는 복호정(伏虎亭)이 있는데 돌로 계단을 만들어 오가기가 편하다. 산의 정상 절반 지점까지 오르면 월륜산(月輪山)이라 불리는 언덕이 있다. 거기에 천정(天井)이란 웅덩이가 있어 가뭄에도 마르지 않는다. 동쪽은 대만(大灣), 북쪽은 마안(馬鞍), 서쪽은 운오(雲塢), 남쪽은 고려(高麗)가 있고, 더 동쪽으로 배산(排山)이 있다. 이 다섯 봉우리가 빽빽이 늘어서 구름과 노을을 타고, 남북 두 봉우리를 내려다보면 마치 송곳이 꽂혀 있는 것 같다. 장강이 산을 에워싸고 있고 서호가 거울처럼 펼쳐져 있다. 강 위의 돛대는 갈매기만 한 크기로 보여 연기와 물결 사이로 나타났다가 사라지는데, 정말 기이한 광경이다. 송나라 때 매년 섣달이 되기 전, 절의 스님들은 반드시 눈꽃 그림을 갖고 와

---

[26] 徐村: 浙江省 蘭溪에 위치한 마을이다.

서 바쳤다. 동이 트기 전에 성안으로 들어오면 아직 서리조차 내리지 않았는데, 그 지역이 높고 춥기 때문에 눈이 일찍 내린 것이다. 산 정상에는 진제사(真際寺)가 있고 오복신(五福神)[27]을 모셨다. 상인들은 반드시 오복신 앞에 가서 돈을 빌린 뒤 거기에 걸린 지전을 가지고 갔다가, 이익을 얻으면 두 배로 갚곤 하였다. 빌리러 오는 사람이 너무 많아 지전은 항상 부족했다. 신이 돈을 빌려주어도 가난과 근심을 면하지는 못한 것이다. 이에 수염을 걷어 올리고 한 번 웃었다.

> 五雲山去城南二十里, 岡阜深秀, 林巒蔚起, 高千丈, 周回十五里. 沿江自徐村進路, 繞山盤曲而上, 凡六里, 有七十二灣, 石磴千級. 山中有伏虎亭, 梯以石磴, 以便往來. 至頂半, 岡名月輪山, 上有天井, 大旱不竭. 東爲大灣, 北爲馬鞍, 西爲雲塢, 南爲高麗, 又東爲排山. 五峰森列, 駕軼雲霞, 俯視南北兩峰, 若錐朋立. 長江帶繞, 西湖鏡開, 江上帆檣, 小若鷗鳧, 出沒煙波, 真奇觀也. 宋時每歲臘前, 僧必捧雪表進, 黎明入城中, 霰猶未集, 蓋其地高寒, 見雪獨早也. 山頂有眞際寺, 供五福神, 貿易者必到神前借本, 持其所掛楮錠去, 獲利則加倍還之. 借乞甚多, 楮錠恒缺. 即尊神放債, 亦未免窮愁. 爲之掀髯一笑.

[27] 五福神: 《書經·洪範》에 의하면 오복, 즉 다섯 가지 복의 첫째는 壽[장수], 둘째는 富[재물], 셋째는 康寧[평안함], 넷째는 攸好德[아름다운 덕을 쌓음], 다섯째는 考終命[천수를 누림]이다. 오복신은 이 다섯 가지 염원을 바탕으로 재물신인 趙公明을 포함하여 민간에서 숭배하는 다섯 신을 말한다.

부록작품 1

원굉도, <어교장에 관한 짧은 글>

처음에 나는 오운산(五雲山)의 빼어난 경치를 동경하여, 날을 잡아 오르고 그 다음에 남고봉(南高峯)에 오르려고 하였다. 그러다가 어교장(御敎場)을 한 번 보고 나서는 유람하고픈 마음이 일순간 싹 사라졌다. 석궤(石簣)는 일전에 내가 보숙탑(保俶塔)에 오르지 못한 일을 두고 비웃었다. 나는 서호의 경치는 아래로 갈수록 더욱 요염하다고 하였다. 높이 올라 보면 나무가 얇고 산은 메말랐으며 풀도 앙상하고 돌도 민둥민둥하다. 천 경의 호수 풍경이 작은 술잔 안에 담기게 되는데, 북고봉(北高峰)과 어교장이 바로 그런 모습이다. 비록 시야가 조금 넓어졌을지라도, 내 키는 6척을 넘지 않으며 내 눈은 부릅뜨고 봐도 십 리를 보지 못하는데, 어찌 이렇게 큰 땅을 다 볼 것인가? 석궤를 책망할 길이 없다.

袁宏道, <御教場小記>
余始慕五雲之勝, 刻期欲登, 將以次登南高峯. 及一觀御敎場, 遊心頓盡. 石簣嘗以余不登保叔塔爲笑. 余爲西湖之景, 愈下愈勝, 高則樹薄山瘦, 草髡石禿, 千頃湖光, 縮爲杯子, 北高峰、御敎場是其樣也. 雖眼界略闊, 然我身長不過六尺, 睜眼不見十里, 安用許大地方爲哉? 石簣無以難.

8

운서(雲棲)

　운서(雲棲)는 송나라 희녕(熙寧) 연간의 승려 지봉(志逢)[28]이 살았던 곳이다. 지봉은 호랑이를 제압할 수 있어 세간에서 복호(伏虎) 스님이라 불렀다. 천희(天僖) 연간에 진제원(眞濟院)이란 편액을 하사받았다. 명나라 홍치(弘治) 연간에 홍수로 인해 파괴되었다. 융경(隆慶) 5년(1571) 연지(蓮池)[29] 스님이 왔는데, 그의 이름은 주굉(袾宏)이고 자(字)는 불혜(佛慧)로, 인화(仁和) 심씨(沈氏)의 아들이었다. 박사(博士) 제자(弟子)였을 때 시험을 칠 때마다 높은 점수를 받았고 성품이 청정하였으며 유학과 불학을 넘나들었다. 아들이 일찍 죽고 부인도 사망하였다. 하루는 ≪혜등집(慧燈集)≫[30]을 보다가 실수로 찻잔

28 　志逢: 지봉(909-985)의 號는 大扇和尙으로, 浙江 餘杭 사람이다. 杭州 五雲山에서 수행하며 華嚴道場을 열었다. 宋 乾德초에 錢俶이 雲棲寺를 지어 주어 그곳에서 살았는데, 호랑이가 많아 고기를 사 먹이며 사육하였다. 그래서 지봉 스님이 나타나면 호랑이들이 순종했다고 한다.

29 　蓮池: 앞의 주 참조.

30 　慧燈集: 元代 華嚴宗의 명승 仲華文才가 지은 책이다. 중화문재는 말과 글을 찌꺼기일 뿐이라며 通宗會意를 주장하였다. 元 世祖에게 '釋源宗主'라는 호를 하사받고 五台山 佑國寺의 초대 주지가 되었다.

을 깨트렸는데, 거기에서 깨달음을 얻었다. 이에 처자식을 노린내 나는 누더기 정도로 여기고 세상에 대한 모든 욕망을 한 번에 싹 지워버렸다. 노래를 지어 뜻을 담은 것도 다 버리고 오로지 부처를 모셨으니, 심지어 학사(學使) 도공(屠公)[31]이 힘껏 만류하였지만 마음을 돌리지 않았다. 사천의 스님을 따라 머리를 깎고 구족계를 받았다. 사방을 돌아다니며 수행하다 복우산(伏牛山)에 이르러 좌선수련에 들어갔다. 그런데 갑자기 옛날 버릇이 나타나 이른바 '한 번에 싹 지워버렸던 것들'이 어렴풋이 다시 나타났다. 동창부(東昌府) 사거사(謝居士)[32]의 집을 지나다가 비로소 해탈의 경지에 이르러, 이러한 게송을 지었다.

"20년 전의 일이 의심스러웠지만, 3천 리 밖에서도 무슨 기이한 일을 만났는가. 향을 피우고 창을 잡은 것이 꿈과 같았으니, 마귀와 부처는 헛되이 시비를 다투네."

이때 이미 유혹을 무너뜨리고 마음을 비운 것 같았으나 끝내 스스로 깨달았다고 여기지는 않았다.

돌아와 옛 운서사(雲棲寺) 터를 얻어 초막을 짓고 묵묵히 앉아, 솥을 걸어 죽을 끓이고 하루에 한 끼만 먹었다. 가슴에 철판을 달고 다녔는데, "철에서 꽃을 피우면 그때 다른 사람에게 설법할 것이다."라고 적었다. 오랜

---

[31] 屠公: 도공은 명말 浙江提學를 맡은 屠義英(1523-1582)이다. 도희영의 자는 淳卿이고 寧國(지금의 安徽省 寧國) 출신이다. 嘉靖 35년(1556)에 진사가 되면서 관직을 맡기 시작하였다. 관리로 공정하게 일하면서 청탁을 일절 거부하였다. 만력제의 사랑을 받아 '人春風化雨, 蔚爲人宗.'이란 친필 편액을 하사받았다.

[32] 東昌府는 고대 山東의 행정구역으로, 전신은 元東昌路이다. 명청 시대에는 조운이 발달하여 경제와 문화가 번성한 곳이었다. 謝居士라는 인물에 대해서는 정확히 알 수 없다.

시간이 지나자 신도들이 앞다투어 건물을 지어 주어 점점 큰 절로 발전하였고, 제자도 나날이 늘어났다. 그의 가르침은 주로 남산(南山)의 계율과 동림(東林)의 정토(淨土)를 주창하였는데[33] 먼저 ≪계소발은(戒疏發隱)≫을 짓고 ≪미타소초(彌陀疏鈔)≫를 나중에 지었다. 당시 장강 동쪽의 유학자들이 모두 와서 그의 가르침을 청하였다. 시랑(侍郞) 왕종목(王宗沐)[34]이 "지난 밤에 늙은 쥐가 찍찍거리며 왔던데 ≪화엄경(華嚴經)≫을 다 설법하셨군요?"라고 묻자, 스님이 "고양이가 갑자기 뛰어들면 어떻게 되나요?"라고 되묻고는 스스로 답하길 "법사는 달아나고 강단만 남겠지요."라고 하였다. 또 게송을 짓기를, "늙은 쥐 찍찍대며 ≪화엄경≫을 낭송하니, 기이하구나 왕시랑(王侍郞)이여, 그대도 축생에게 현혹되는구나. 고양이가 강단 앞에 뛰어들자 강단 위에서는 법문 소리 끊어졌네. 대방광불화엄경 세주묘엄품제일(大方廣佛華嚴經 世主妙嚴品第一.)이라."라고 하였다. 그의 지론은 엄정하였고 해석은 정밀하였다. 안찰사나 군수가 수레에서 내려와 물어도 당당하여 굴하지 않았다. 천하의 유명인사들이 우러러보고 진심으로 따랐다. 효정(孝定) 황태후[35]는 연지대사를 그린 초상화를 궁중에 모시고 예를 올렸다. 용가사를 하사하였지만, 감히 입지 않고 낡은 누더기 가사를 입으며 평생 변함없이 지냈다. 식사도 오직 나물로만 하였다. 절을 방문하는 사람이 있으

---

33 동림의 정토는 정토종으로 중국 불교 가운데 가장 광범위한 유파 중 하나이다. 아미타불의 구원을 믿고, 염불을 외어 西方極樂淨土에 왕생하여 깨달음을 얻는다고 하였다.

34 王宗沐: 왕종목(1523-1592)의 字는 新甫이고 號는 敬所으로, 臨海 城關(지금의 浙江省) 출신이다. 明 嘉靖 23년(1544)에 진사에 합격하고 刑部主事에 임명되었고 廣西按察僉事로 옮겨 宣成書院을 수리하고 崇迪堂을 건설하였다. 萬曆 3년(1575)에 刑部左侍郞이 되어 山西, 宣大 등 여러 변방의 군무를 순시하고 5년 뒤 관직에서 물러나 고향으로 돌아갔다.

35 孝定 황태후: 明 神宗 朱翊鈞의 생모 李太後(1546-1614)로, 張居正을 신임하여 재상으로 삼고 변법을 지지하였다. 불교를 믿어 사찰을 짓는데 많은 돈을 썼다.

면 고관에 오른 관리든 시종이든 모두 평등하게 대하여 콩 한 알도 보태지 않았다. 인화(仁和) 번령(樊令)³⁶이 "마음이 뒤숭숭한데 언제 진정될까요?"라고 묻자, 스님이 "마음을 한곳에 두면 이루지 못할 일은 없습니다."라고 하였다. 그 자리에 있던 한 선비가 "오로지 한 가지 일에 집중하는 것은 마음을 한곳에 두는 것인데, 그러면 무슨 일을 처리할 수 있습니까?"라고 반문하였다. 스님은 "격물(格物)을 논하자면, 오직 마땅히 주희(朱熹)의 활연관통[豁然貫通, 확연히 관통한다]의 견해에 따라야 하거늘, 무슨 일을 할 수 없겠습니까?"라고 답하였다. 누군가 "어째서 미래를 아는 것을 귀하게 여기지 않으십니까?"라고 물었다. 연지대사가 "예를 들어 두 사람이 ≪비파기(琵琶記)≫³⁷를 보고 있다고 해봅시다. 한 사람은 전에 본 적이 없고 다른 사람은 이미 본 적이 있어 미리 줄거리를 알고 있습니다. 어쨌든 결국 두 사람은 함께 끝까지 공연을 보았지만 한 장면도 더하거나 덜어질 것이 있겠습니까?"라고 하였다. 용동(甬東)³⁸ 출신 도륭(屠隆)이 정자사(淨慈寺)에서 연지 스님을 초대하여 자신이 지은 ≪담화전(曇花傳)≫를 보여 주려 하였다. 우순희(虞淳熙)³⁹는 스님의 엄격한 행보를 이유로 만류하였다. 그러나 스승은 결국 여러 귀족, 명사들과 함께 현장에 가서 꼼꼼히 관람하였고, 불경스러운 일

---

36 仁和 樊令: 仁和縣의 知縣인 樊良樞이다. 번량추의 정확한 생몰연대는 알수 없으나 대략 明神宗 萬曆 시기의 인물로 추정된다. 만력 32년(1604)에 진사에 합격하였고, 雲南提學副使, 浙江提學副使 등을 역임하였다.

37 ≪琵琶記≫: ≪비파기≫는 원나라 말기의 희곡작가 高明이 ≪趙貞女蔡二郎≫을 바탕으로 개작한 南戲이다. 대표적인 중국 고대 희곡 작품으로, 東漢의 書生 蔡伯喈와 趙五娘의 비극적인 사랑 이야기를 담았다.

38 甬東: 지금의 浙江省 寧波市이다.

39 虞淳熙: 우순희(1553-1621)의 字는 長孺이고, 浙江省 錢塘 출신이다. 태어날 때부터 눈을 뜨고 잤다고 한다. 兵部職方事와 禮部員外郎 등의 관직을 맡았고 나중에 回峰에 은둔하며 학문에 힘썼다. 저술로 ≪虞德園集≫, ≪孝經集靈≫을 남겼다.

은 일어나지 않았다. 절에서는 반드시 계율을 세워 준수하였고 비녀와 팔찌 같은 장신구 소리를 없앴다. 대신 때때로 거문고나 피리를 연주하여 마음을 즐겁게 하였다. 노년에 ≪선관책진(禪關策進)≫을 저술하였다. 그의 저술은 높은 산봉우리처럼 날카롭고 얼음처럼 차가웠으니, 어찌 보면 그와 비슷하였다. 백락천(白樂天)의 통달함을 좋아하여 그의 시를 골라 간행하였다. 평소에 웃고 떠들며 농담을 하였고 거침없이 자유롭고 유연하였으니 영공(永公)[40]의 청산한 풍모가 있었다. 그는 메마른 나무나 꺼진 재와 같지 않았으니 송욱(宋旭)[41]이 말한 외골수는 아니었다. 정말 불가사의한 사람이었다. 출가한 지 50년 동안 연지대사는 많은 가르침과 당부를 남겼다. 만력(萬曆) 을묘(乙卯, 1615) 6월 그믐날, 연지 스님은 여러 벗들에게 편지를 보내 작별하고 산으로 돌아와 제계하였다. 시주받은 것과 베푼 것을 나누어 표시하였는데, 마치 먼 길을 떠나는 듯하였다. 7월 3일, 갑자기 쓰러져 말을 하지 못하였다. 다음날 다시 깨어났다. 제자들이 후사에 대해 묻자 유언을 남겼다. 4일 정오에 몸을 서쪽으로 돌려달라 명하고 머리를 들고 눈을 떴는데, 병이 없을 때와 같았다. 염불을 외며 결가부좌를 틀고 숨을 거두었다. 과거 오(吳) 지역의 이담(李曇)이라는 신이 비산(毗山)[42]에 내려왔다고 하는데 그가 연지 스님이 고불(古佛)이라 하였다. 정안(靖安) 양만춘(楊萬春)[43]

---

40 永公: 晉代의 승려 慧永(332-414)으로, 西林覺寂大師라고도 한다. 河南 출신으로 속세의 성은 潘씨였다.

41 宋旭: 송욱(1525-1606)의 字는 初㻛이고, 號는 石門, 石門山人이다. 승려가 된 뒤에는 법명을 祖玄, 호를 天池發僧, 景西居士라 하였다. 송욱은 湖州(지금의 浙江省 湖州) 사람으로, 蘇松畵派의 선구자이다. 산수화와 인물화에 뛰어났으며 萬曆 연간에 특히 이름이 높았다.

42 毗山: 湖州의 동쪽에 위치한 산으로, 호주에 가깝기 때문에 毗山이라고 한다. 산 전체가 매화나무로 뒤덮여 있어 경치가 매우 아름답다.

43 靖安은 지금의 江西省 宜春市에 속한다. 楊萬春은 정확한 생몰연대를 알 수 없지만, 錢塘 사람으로 萬曆 연간에 거인이 되어 정안 지역의 현령을 맡았던 인물이다.

이 연지 스님의 현불신을 본 적이 있다 하여 오 지역에 음식을 시주하였다. 한 신자가 연지 스님이 쓰셨던 빈방을 살짝 들여다보았는데, 네 귀신이 등불을 들고 다가오더니 갑자기 세 개의 연꽃 자리를 펼쳤다. 연지 스님이 그 중 하나에 앉았는데 부처의 모습이었다고 한다. 그 영혼이 말하길, 장과(張果)가 영명사(永明寺)에서 스님께 ≪심부(心賦)≫[44] 설법을 들었다고 한다. 이둔부(李屯部)[45]의 아내는 원래 불교를 믿지 않았지만, 연지 스님에게 계를 받았다. 그 후 1년 만에 손가락 세 개를 구부리고 입적하였는데, 그녀가 말하기를 자신의 몸은 아나길다(阿那吉多)[46]라고 하였다. 승려와 속인들이 입적할 때, 많은 사람들이 연지 스님께 계율과 설법을 청하였다. 그러나 스님은 스스로를 '평범한 사람'이라 칭하시고 모든 일에 책망받을까 두려워 감히 요청을 들어주지 못하셨다. 그러나 입적하기 하루 전, 우연히 큰 연꽃 우산을 보았다는 말을 흘려 더는 왕생의 기이함을 감추지 못하였다.[47]

雲棲, 宋熙寧間有僧志逢者居此, 能伏虎, 世稱伏虎禪師. 天僖中, 賜眞濟院額. 明弘治間爲洪水所圮. 隆慶五年, 蓮池大師名袾宏, 字佛慧, 仁和沈氏子, 爲博士弟子, 試必高等, 性好淸淨, 出入二氏. 子殤婦歿. 一日閱≪慧燈集≫, 失手碎茶甌, 有省, 乃視妻子爲鵑臭布衫, 於世相一筆盡勾. 作歌寄意, 棄而專事佛, 雖學使者屠公力挽之, 不回也. 從蜀師剃度受具, 遊方至伏牛, 坐煉囈語, 忽現舊習, 而所謂一筆勾者, 更隱隱現. 去經東昌府謝居士

[44] ≪心賦≫: 宋 淨土宗의 고승 智覺禪師 延壽가 불교의 이치를 탐구하여 지은 책이다.
[45] 李屯部: 이둔부의 생애에 관해서는 알려진 바가 없다. 屯部는 明代 屯田部를 말한다.
[46] 阿那吉多: 阿那律陀라고도 하며, 석가모니의 10대 제자 중의 한 사람이다.
[47] 연꽃은 불교에서 부처를 상징한다. 진흙탕에서 피어나는 연꽃은 '절대 더럽히지 않는 청정함'이라는 뜻이다. 큰 연꽃 우산은 부처의 위대한 가르침과 지혜의 법을 상징한다. 따라서 연지 스님이 임종 전날 큰 연꽃 우산을 보았다는 말은, 그가 불가의 궁극적 경지에 이르렀으며 극락왕생의 자격을 갖추었음을 의미하는 상징적 표현이다.

家, 乃更釋然, 作偈曰: "二十年前事可疑, 三千里外遇何奇. 焚香執戟渾如夢, 魔佛空爭是與非." 當是時, 似已惑破心空, 然終不自以爲悟.

歸得古雲棲寺舊址, 結茅默坐, 懸鐺煮糜, 日僅一食. 胸掛鐵牌, 題曰: "鐵若開花, 方與人說." 久之, 檀越爭爲構室, 漸成叢林, 弟子日進. 其說主南山戒律、東林淨土, 先行≪戒疏發隱≫, 後行≪彌陀疏鈔≫. 一時江左諸儒皆來就正. 王侍郎宗沐問: "夜來老鼠唧唧, 說盡一部≪華嚴經≫. 師云: "貓兒突出時如何?" 自代云: "走卻法師, 留下講案." 又書頌云: "老鼠唧唧, ≪華嚴≫曆曆. 奇哉王侍郎, 卻被畜生惑. 貓兒突出畫堂前, 床頭說法無消息. 大方廣佛≪華嚴經≫, 世主妙嚴品第一." 其持論嚴正, 詁解精微. 監司守相下車就語, 侃侃略無屈. 海內名賢, 望而心折. 孝定皇太后繪像宮中禮焉, 賜蟒袈裟, 不敢服, 破衲敝幃, 終身無改. 齋惟蔬菜. 有至寺者, 高官興從, 一概平等, 幾無加豆. 仁和樊令問: "心雜亂, 何時得靜?" 師曰: "置之一處, 無事不辦." 坐中一士人曰: "專格一物, 是置之一處, 辦得何事? 師曰: "論格物, 只當依朱子豁然貫通去, 何事不辦得? 或問: "何不貴前知?" 師曰: "譬如兩人觀≪琵琶記≫, 一人不曾見, 一人見而預道之, 畢竟同看終場, 能增減一出否耶? 甬東屠隆於淨慈寺迎師觀所著≪曇花傳奇≫, 虞淳熙以師梵行素嚴阻之. 師竟偕諸紳衿臨場諦觀, 訖, 無所忤. 寺必設戒, 絕釵釧聲, 而時撫琴弄簫, 以樂其脾神. 晚著≪禪關策進≫. 其所述, 峭似高峰、冷似冰者, 庶幾似之矣. 喜樂天之達, 選行其詩. 平居笑談諧謔, 灑脫委蛇, 有永公清散之風. 未嘗一味槁木死灰, 若宋旭所議擔板漢, 真不可思議人也. 出家五十年, 種種具囑語中. 萬曆乙卯六月晦日, 書辭諸友, 還山設齋, 分表施襯, 若將遠行者. 七月三日, 卒仆不語, 次日復醒. 弟子輩問後事, 舉囑語對. 四日之午, 命移面西向, 循首開目, 同無疾時, 哆哪念佛, 趺坐而逝. 往吳有神李曇降毗山, 謂師是古佛. 而楊靖安萬春嘗見師現佛身, 施食吳中. 一信士窺空室, 四鬼持燈至, 忽列三蓮座, 師坐其一, 佛像也. 乩仙之靈者云, 張果聽師說≪心賦≫於永明. 李屯部婦素不信佛, 偏受師戒, 逾年屈三指化, 云身是梵僧阿那吉多. 而僧俗將坐脫時, 多請說戒、說法. 然師自名凡夫, 諸事恐呵責, 不敢以聞. 化前一日, 漏語見一大蓮華蓋, 不復能秘其往生之奇云.

부록작품 1

원굉도, <운서에 관한 짧은 글>

운서(雲棲)는 오운산(五雲山) 아래에 있는데, 가마를 타고 죽림 속을 7, 8리 가야 비로소 도착할 수 있다. 매우 깊고 외진 곳으로, 연지(蓮池) 스님이 여기서 기거하였다. 연지 스님은 계율이 정밀하고 엄격하였다. 도에 있어서 비록 크게 통달하지는 못했지만 그렇다고 또 소견이 없는 사람은 아니었다. 오직 '단제념불일문[単提念佛一门, 염불에 관한 부처의 가르침]'에 이르러서는 그야말로 더욱 직접적이고 간단하였다. 여섯 글자 속에서 하늘이 돌고 땅이 움직이니, 무엇하러 눈을 비비며 애를 쓰고 더 나아가 광기를 좇아 해석하는가? 그렇다면 연지를 깨달음이 전혀 없는 자라고 말해도 된다. 전혀 깨닫지 못한 것이 곧 진정한 아미타불이니, 부디 서둘러 주목하길 바란다.

袁宏道, <雲棲小記>

雲棲在五雲山下, 籃輿行竹樹中, 七八里始到, 奧僻非常, 蓮池和尚棲止處也. 蓮池戒律精嚴, 於道雖不大徹, 然不爲無所見者. 至於單提念佛一門, 則尤爲直捷簡要, 六個字中, 旋天轉地, 何勞捏目, 更趣狂解, 然則雖謂蓮池一無所悟可也. 一無所悟, 是真阿彌, 請急著眼.

부록작품 2

이유방, <운서춘설도에 쓴 글>

나는 봄, 여름, 가을 항상 서호에 있었지만 한산(寒山)을 보지 못하고 돌아왔다. 갑진년에 두 왕씨(王氏)와 함께 운서에 참배하였다. 그때는 이미 2월이라 많은 눈이 내려 한 자가량 쌓였다. 적산(赤山)을 걸어 나오니 길이 온통 옥 같은 나뭇가지와 줄기가 바람에 흔들려 반짝거렸다. 강남의 여러 산을 바라보니 새하얀 구름이 뒤덮여 더욱 아름다웠다. 경술년 가을, 백민(白民)과 함께 양제(兩堤)에서 눈 구경을 하였다. 내가 돌아간 뒤에도 백민은 홀로 남아 섣달까지 눈을 기다렸다. 그러나 그 해에는 결국 눈이 내리지 않았고, 백민은 실망하며 돌아왔다. 세상의 일에는 모두 인연이 있는 법, 마음대로 바랄 수 없는 노릇이다. 계축(癸丑) 음력 10월에 썼다.

李流芳, <雲棲春雪圖跋>

余春夏秋常在西湖, 但未見寒山而歸. 甲辰, 同二王參雲棲. 時已二月, 大雪盈尺. 出赤山步, 一路瓊枝玉幹, 披拂照曜. 望江南諸山, 皚皚雲端, 尤可愛也. 庚戌秋, 與白民看雪兩堤. 余旣歸, 白民獨留, 遲雪至臘盡. 是歲竟無雪, 怏怏而返. 世間事各有緣, 固不可以意求也. 癸丑陽月題.

부록작품 3

이유방, <설산도에 쓰다>

갑자년(甲子年) 음력 12월 9일, 큰 눈이 내렸다. 창문(閶門)에 배를 대고 이 그림을 그렸다. 기억해보면 지난해 서호에서 눈을 만났을 때, 눈이 내린 후 두 산이 구름 속에서 모습을 드러냈는데, 위아래가 다 하얗게 뒤덮여 구름인지 눈인지 분간할 수 없었다. 내가 그림을 그릴 때는 눈이 내 눈앞에 있었고 마음속에는 구름이 있었다. 감상하는 이들은 이 그림이 운산도(雲山圖, 구름과 산 그림)라고 하지만, 사실 내가 그린 것은 설산(雪山, 눈이 쌓인 산)임은 알지 못한다. 붓을 내려놓고 한 번 웃었다.

李流芳, <題雪山圖>
甲子嘉平月九日大雪, 泊舟閶門, 作此圖. 憶往歲在西湖遇雪, 雪後兩山出雲, 上下一白, 不辯其爲雲爲雪也. 余畫時目中有雪, 而意中有雲, 觀者指爲雲山圖, 不知乃畫雪山耳. 放筆一笑.

부록작품 4

장대, <연지대사에게 보낸 대련>
설법하는 평대(平臺)에서 생공(生公)이 한마디, 돌도 한마디,
운서 진두실(眞門室)에는 노승이 반 칸, 구름도 반 칸

張岱, <贈蓮池大師柱對>
說法平臺, 生公一語石一語;
棲真鬥室, 老僧半間雲半間.

9

육화탑(六和塔)

　월륜봉(月輪峰)은 용산(龍山)의 남쪽에 있다. 월륜(月輪)이란, 그 형상을 빗댄 것이다. 송나라 때 장군방(張君房)[48]이 전당의 현령을 지낼 때 월륜산(月輪山)에서 묵었는데, 밤에 계수나무 열매가 탑에 떨어지는 걸 보았다. 안개가 소용돌이치며 이삭이 흩날리고 떨어지는 것이 마치 하늘의 은하수 같았다. 월륜봉 옆에는 육화탑이 있는데, 송나라 개보(開寶) 3년(970)에 지각(智覺) 스님이 조수를 진정시키기 위해 만들었다. 탑은 9층으로, 높이가 50장(丈)이 넘는다. 공중에 우뚝 솟아 육부천(陸府川)을 가로지른다. 바다를 항해하는 배들은 이 탑의 등불을 길잡이로 삼았다. 선화(宣和) 연간 방랍(方臘)의 난[49]으로 파괴되었다. 소흥(紹興) 23년(1153)에 승려 지담(智曇)이 7층으로 개

---

[48] 張君房: 장군방의 생몰연대는 알 수 없으나 대략 宋 眞宗 咸平 시기를 살았던 문인으로, 嶽州 安陸(지금의 湖北省) 출신이다. 景德 연간에 진사에 합격하였고 尙書度支 員外郞, 集賢校理를 맡았다. 진종이 도교를 숭상하여 비각에 있는 책을 모두 항주로 보내 戚綸, 陳堯臣 등에게 교정하게 하였는데, 장군방도 함께 일을 맡았다. 귀신과 신비로운 일들을 담은 ≪乘異記≫를 지었다.

[49] 方臘의 난은 송나라 靑溪 출신의 방납이 宣和 2년(1120) 10월에 일으킨 반란이다. 방납은 스스로를 聖公이라고 칭하고 도교 신도들을 선동하였다. 강남 지역을 점령했으나 관군에게

조하였다. 명나라 가정(嘉靖) 12년(1533)에 망가졌다. 탑 안에 탕사퇴(湯思退)[50] 등이 편집한 불설(佛說) 42장(章)과 이백시(李伯時)[51]의 석각(石刻) 관음대사상(觀音大士像)이 있다. 탑 아래에는 도어산(渡魚山)이 있다. 강 건너편에 높은 산들이 많은데, 하나하나 셀 수 있을 정도로 뚜렷하게 보인다.

> 月輪峰在龍山之南. 月輪者, 肖其形也. 宋張君房爲錢塘令, 宿月輪山, 夜見桂子下塔, 霧旋穗散墜如牽牛子. 峰旁有六和塔, 宋開寶三年, 智覺禪師築之以鎭江潮. 塔九級, 高五十余丈, 撐空突兀, 跨陸府川. 海船方泛者, 以塔燈爲之向導. 宣和中, 毁於方臘之亂. 紹興二十三年, 僧智曇改造七級. 明嘉靖十二年毁. 中有湯思退等彙寫佛說四十二章、李伯時石刻觀音大士像. 塔下爲渡魚山, 隔岸剡中諸山, 曆曆可數也.

부록작품 1

이유방, <육화탑효기도에 쓰다>

연자기(燕子磯) 위의 누대,

용담역(龍潭驛)의 입구.

옛날에는 말을 함께 몰아가며,

꿈에서도 함께 즐겼네.

진압되어 처형 당하였다.

[50] 湯思退: 남송의 문인 탕사퇴(1117-1164)의 字는 進之이고, 號는 湘水이며, 靑田(지금의 浙江省) 사람이다. 어려서부터 책읽기를 좋아하여 南明山 승방에서 공부하였다. 1154년 진사에 합격하여 福建의 현령이 된 후 參知政事, 密密院事 등 여러 관직을 역임하였다.

[51] 李伯時: 이백시는 北宋의 李公麟(1049-1106)으로, 자가 백시이고, 號가 龍眠居士, 龍眠山人이다. 期舒州(지금의 安徽省 桐城) 사람이다.

나중에 오운산(五雲山)에 와서,
멀리 서흥(西興) 나루와 마주한다.
절벽에서 서서 강을 굽어보니,
이 그림의 경치와 흡사하네.
인생이 얼마나 오래가겠는가?
강산은 다행히 변함이 없구나.
다시 돌아와 함께하니,
이 즐거움 말로 형언할 수 없구나.
그림 속 경치에 몸을 두니,
그 어디로 돌아간다 하랴.
마땅히 운서(雲棲)를 찾아가야 하는데,
운서는 어디로 사라져버렸을까?

이 시는 내가 갑진년(甲辰年)에 왕숙사(王淑士) 평중(平仲)과 함께 운서를 가던 배 안에서 지은 제화시(題畫詩)이다. 오늘 내가 그린 <육화탑효기도(六和塔曉騎圖)> 그림을 펼쳐보니, 그 경치가 생생히 떠올라서 다시 한번 이 시를 붙였다. 정향교(定香橋) 배 위에서 임자년(壬子年) 10월 6일.

李流芳, <題六和塔曉騎圖>
燕子磯上臺, 龍潭驛口路.
昔時並馬行, 夢中亦同趣.
後來五雲山, 遙對西興渡.
絕壁瞰江立, 恍與此境遇.
人生能幾何, 江山幸如故.
重來復相攜, 此樂不可喩.

置身畫圖中, 那復言歸去.

行當尋雲樓, 雲樓渺何處.

此予甲辰與王淑士平仲參雲樓舟中為題畫詩, 今日展予所畫≪六和塔曉騎圖≫, 此境恍然, 重為題此. 壬子十月六日, 定香橋舟中.

부록작품 2

오거,[52] <육화탑 응제>

옥빛 무지개 멀리 걸려 있고,

푸른 산 바라보니 희미한 게,

한 줄의 눈썹 같다.

갑자기 하늘 바람 불어 바다를 일으키니,

마치 봄 천둥이 처음 울리는 것 같다.

흰 말이 공중을 날아오르고,

옥빛 거북이 물 위를 가로지르며,

밤낮으로 하늘의 문으로 향한다.

날아오르는 용과 춤추는 봉황,

무성한 숲이 오월(吳越)을 에워싼다.

이런 경치는 세상 어디에도 없으니,

동남 지역의 빼어난 지형은

---

[52] 吳琚: 오거(?-?)는 南宋의 서법가로 대략 宋 孝宗 淳熙 말기인 1189년 전후의 인물이다. 字는 居父이고 號는 雲壑이며 汴京(지금의 河南省 開封) 사람이다. 宋 孝宗 淳熙 말기 전후에 살았다. 오거는 乾道 9년(1173)에 臨安通判에 임명되었고, 그 후 尙書郎, 鎭安軍節度使 등을 역임하였다. 세간에서는 吳七郡王이라고 불렀고 사망 후에 忠惠라는 시호를 받았다.

위대한 광경으로, 정말 기이하고 절묘하다.

좋구나, 오나라의 아이들 깃발 날리며,

강물 위에 가을 눈발을 일으킨다.

천자의 수레 하늘 가까이,

물소는 구름에 둘러싸여,

한가운데서 젖는 노를 바라본다.

저녁이 되자 파도가 잔잔해지고,

바다 어구에 밝은 달 떠 오른다. (오른쪽 ≪뇌강월(酹江月)≫에 맞춘다.)

吳琚, <六和塔應制>
玉虹遙掛, 望靑山隱隱, 一眉如抹.
忽覺天風吹海立, 好似春霆初發.
白馬淩空, 瓊鼇駕水, 日夜朝天闕.
飛龍舞鳳, 鬱葱環拱吳越.
此景天下應無, 東南形勝, 偉觀眞奇絶.
好是吳兒飛彩幟, 蹴起一江秋雪.
黃屋天臨, 水犀雲擁, 看擊中流楫.
晚來波靜, 海門飛上明月. (右調≪酹江月≫)

부록작품 3

양유정, <조수 관람>

8월 18일, 잠든 용 죽고,

바다거북이 밤에 나찰수(羅刹水)를 마신다.

순식간에 바다 갈라져 감산(龕山)과 자산(赭山)의 문이 열리니,

땅이 말려 은룡이 종이보다 얇아졌다.

간산(艮山)은 천자의 궁으로 옮겨지고,

궁전 앞 화살 하나 서풍 따라 날아갔다.

겁화의 재로 뱀귀의 굴 씻으려 해도

파류(婆留) 쇠를 부러뜨리고 오히려 우쭐댄다.

망해루(望海樓)에서 꼭대기에서 경치를 자랑하나,

잘린 자라는 이미 금은섬으로 떠났다.

해신은 하룻밤에 바닷물을 옮기고

말은 모래밭 밟고 모래풀 먹는다.

절벽의 누선은 돌아올 것인가, 말 것인가?

일곱 살 아이가 길에서 울먹인다.

楊維楨, <觀潮>
八月十八睡龍死, 海龜夜食羅剎水.
須臾海辟龕赭門, 地捲銀龍薄於紙.
艮山移來天子宮, 宮前一箭隨西風.
劫灰欲洗蛇鬼穴, 婆留折鐵猶爭雄.
望海樓頭誇景好, 斷鰲已走金銀島.
天吳一夜海水移, 馬踱沙田食沙草.
崖山樓船歸不歸, 七歲呱呱啼軹道.

부록작품 4

서위, <영강루에서 조수를 감상하다>

물고기 비늘 같은 황금 갑옷 가지런히 진을 펴고,

돌아서서 조수의 머리를 가리킨다.

가을바람 휘몰아쳐 강문에 눈 내리고,

만 리 백합꽃 겹겹이 쌓인 파도같다.

전해 들으니, 오왕이 월나라로 진격하고자 강을 건널 때,

삼천 개의 강한 쇠뇌로 조수를 낮추었다고 한다.

오늘 아침 연회에서 전령을 보고,

잠시 거센 파도 맞추어 물소를 눌러야겠다.

徐渭, <映江樓看潮>
魚鱗金甲屯牙帳, 翻身卻指潮頭上.
秋風吹雪下江門, 萬里瓊花卷層浪.
傳道吳王渡越時, 三千强弩射潮低.
今朝筵上看傳令, 暫放胥濤掣水犀.

진해루(鎭海樓)

　진해루(鎭海樓)는 과거 조천문(朝天門)으로 불렸고, 오월왕(吳越王) 전씨(錢氏)가 지었다. 돌로 문을 만들고 그 위에 높은 누각을 지었다. 누각 기단은 돌을 쌓아 높이는 4장(丈) 4척(尺)이고, 가로가 56보(步), 세로가 그 절반이다. 양쪽에 돌계단을 만들어 누각에 오를 수 있으며, 누각과 기단을 합친 높이는 11장(丈)이었다. 원나라 지정(至正) 연간에 진해루는 공북루(拱北樓)로 이름이 바뀌었다. 명나라 홍무(洪武) 8년(1375)에 내원루(來遠樓)로 또 바꾸었으나, 나중에 글자가 불길하다 하여 다시 진해루로 고쳤다. 성화(成化) 10년(1474)에 불이 났다가 가정(嘉靖) 35년(1556)에 다시 지었는데, 또 그해 9월에 다시 불이 나서 총제(總制) 호종헌(胡宗憲)이 중건하였다. 누각이 완성되자 호종헌이 막객(幕客) 서위(徐渭)에게, "이 일은 반드시 기록으로 남겨야 하니, 그대가 나를 위해 써주시오."라고 하였다. 서위가 초고를 완성하여 가져가자 호종헌이 칭찬하며, "그대가 오랫동안 떠돌았다고 들었소. 돈을 담당하는 관리를 불러 늠은(廩銀) 220냥을 줄 테니 수재의 거처를 마련하는 데 사용하시오."라고 하였다. 서위는 고마웠으나 과하다며 감히 받지 못하였다. 호종헌이 "내가 진공(晉公)에게 부끄러워하듯, 그대도 이 글에 있어서 황보식에게 부끄럽게 할 수 있으니, 만약 복선사의 일을 가지고 숫자로 내 보답을 질책한다면, 내가 인색하지 어찌 과하단 말이요?"[53]라고 하였다. 서위가 호종헌의 말에 감동하여 공손히 받아서 집으로 돌아갔다. 그러고는 짐 속에 있던 모든 물건을 팔아 호종헌이 준 돈과 같은 액수를 마련하여 성의 동남쪽 10무(畝)의 땅을 샀다. 그곳에는 22칸의 방과 두 개의 작은 연못이 있었는데, 연못에는 물고기와 연꽃이 있었다. 나무도 과일나무와 땔감 나무 세 종류가 수십 그루에 달하였다. 길이가 1무(畝)가량 되는 울타리에 구기자를 심었다. 울타리 밖에는 대나무 수십 그루가 있었는데, 어린 순이 구름처럼 돋아났다. 손님이 오면 그물로 물고기를 잡고 어린 순을 구웠다. 떨어진 과일을 곁들여 술을 마시고 노래하였다. 처음에는 집들이 어수선했지만 점차 정돈하여 그 집을 "글삯당(酬字堂)"이라고 부르게 되었다.

鎭海樓舊名朝天門, 吳越王錢氏建. 規石爲門, 上架危樓. 樓基壘石高四丈四尺, 東西五十六步, 南北半之. 左右石級登樓, 樓連基高十有一丈. 元至正中, 改拱北樓. 明洪武八年, 更名來遠樓, 後以字畫不祥, 乃更名鎭海. 火於成化十年, 再造於嘉靖三十五年, 是年九月又火. 總制胡宗憲重建. 樓成, 進幕士徐渭曰: "是當記, 子爲我草." 草就以進, 公賞之, 曰: "聞子久僑矣." 趣召掌計, 廩銀之兩百二十爲秀才廬. 渭謝侈不敢. 公曰: "我愧晉公, 子於

---

[53] 晉公은 中唐 시기의 문인 裴度(765-839)를 말한다. 어느 날 배도는 복선사를 중수하고 비석을 세우려 하여 백거이에게 비문의 글을 청하였다. 그러자 판관으로 임명된 皇甫湜(777?-830?)이 매우 화를 내며 "가까이 있는 황보식을 두고 먼 백거이를 취하려 하니, 사직하겠소."라고 하자, 배도가 바로 사과하였다. 이에 황보식이 술을 마시고 즉석에서 글을 쓰자 배도가 말과 수레 등 값진 예물을 내렸다. 그러나 황보식이 다시 크게 화를 내며 "내가 3천 자 비문을 썼으니 한 글자마다 비단 세필(一字三縑)인데, 어찌 나를 이리 야박하게 대우하시오?"라고 하여 배도가 보답하였다. 호종헌은 중당 시기 배도와 황보식의 일화를 인용하여 서위에게 내린 예물이 과하지 않다고 말한 것이다. ≪新唐書·列傳≫ 第一百一 참조.

是文, 乃遂能愧浞, 倘用福先寺事數字以責我酬, 我其薄矣, 何侈爲!"渭感公語, 乃拜賜持歸. 盡橐中賣文物如公數, 買城東南地十畝, 有屋二十有二間, 小池二, 以魚以荷; 木之類, 果木材三種, 凡數十株; 長籬亙畝, 護以枸杞, 外有竹數十個, 筍迸雲. 客至, 網魚燒筍, 佐以落果, 醉而詠歌. 始屋陳而無次, 稍序新之, 遂領其堂曰"酬字".

부록작품 1

서위, <진해루에 관한 글>

진해루는 전해지는 바에 따르면 오월(吳越)의 전씨(錢氏)가 지은 것으로, 변경(汴京)을 바라보며 신하의 충성심을 표현하고자 지었다고 한다. 그 기단, 누각, 문, 난간 등은 매우 높고 넓으며 웅장하고 아름다우니, 자세한 내용은 별지(別志)에 기록되어 있다. 진해루는 전씨의 시대에는 조천문(朝天門)이라는 이름이었고, 원나라 지정(至正) 연간에는 공북루(拱北樓)로 이름이 바뀌었다. 명나라 홍무(洪武) 8년 다시 내원루(來遠樓)로 이름이 바뀌었다. 당시 어떤 점쟁이가 이름의 글자가 불길하다고 하였는데 나중에 과연 그 말이 맞아떨어지자 지금의 이름으로 바꾸었다. 성화(成化) 10년에 화재가 발생하였고 가정(嘉靖) 35년에 재건하였으나, 그해 9월에 또 화재가 났다. 나는 명나라 총독의 명을 받아 절민군무(浙閩軍務)로 임명되었고, 항주에 관부를 두었으나 당시 해적을 토벌하기 위해 가흥(嘉興)에 군대를 주둔시키고 있었다. 귀환한 뒤에야 비로소 몇몇 관리들과 함께 누각의 복구를 논의하였다. 어떤 사람은 급한 일이 아니라고 하였다. 그러자 내가 이렇게 말하였다.

"진해루는 도성 한가운데 있어 구강(衢江)을 넘고 오산 기슭을 가로지르는데, 그 사면에는 명산과 대해, 강호와 조수가 빼어난 절경으로 가득합니다. 한번 바라보면 푸르고 넓게 펼쳐진 게 가히 수백 리에 달하지요. 민가는 백만 호이고 그 사이 마을과 시장, 관사와 민가의 경치는 이루 다 헤아릴 수 없을 정도로 많습니다. 이 모든 풍경을 손가락으로 가리키고 감상할 수 있는 곳은 오직 이 진해루 뿐이며, 뛰어난 경관을 자랑합니다. 섬들이 넓고 아득하게 보이는 것으로 보자면, 그 역시 마치 내 손바닥 위에 있는 것 같습니다. 높이 솟아 멀리 내다보며 모든 오랑캐 땅을 굽어보고 압도할 수 있는 기세가 있습니다. 그리고 동이 오랑캐들도 이곳을 지나며 공헌할 때도 자주 바라보며 허리를 굽혀서 예를 갖추고서야 떠났습니다. 그러므로 사방에서 온 사람들이 모두 와서 구경하는 것입니다. 이것이 수백 년 동안 이어졌는데 갑자기 폐하게 되면 백성들이 의지할 곳을 잃으니, 이는 태평성대를 드러내고 가까운 곳과 먼 곳을 모두 기쁘게 하는 방법이 아닙니다. 이뿐만이 아니라, 누각에는 종과 북, 시계 같은 기구가 있어 사시(四時)와 기후를 알 수 있습니다. 백성들에게 해와 달의 출몰, 일해야 할 시간과 쉴 시간, 춥고 더운 계절의 시작, 뽕나무와 삼의 재배, 고기잡이 할 시기를 알려 줍니다. 이런 것들이 백성들에게 나침반과 같았습니다. 하지만 갑자기 폐하게 되면 백성들이 혼란스러워 갈 곳을 잃으니, 예절과 질서를 보여주고 온전히 활용하는 방법이 아닙니다. 또한 사람들이 전하기를, 전씨가 송나라에 신하의 예를 표하기 위해 이 누각을 지었다고 하니, 이 일은 이미 오래전부터 분명히 알려졌습니다. 방국진(方國珍) 시기에 이르러, 우리 고종 임금께 목숨을 구걸하면서 전진왕의 일을 빌미 삼아 요청하였습니다. 만일 오늘날 해상의 있는 흉측한 무리들도 전씨의 일을 알게 되어 그들도 방국진이 애초에 말한 것처럼 간청한다면, 신하의 도리를 갖추는 데 큰 도움이 될 것입니다. 그렇다면 어찌 그 자취를 지우고 밝히지 않겠습니까? 제가 맡은 바는 해상을 평정하는 일인데, 지금의 임무로 보아 이보다 시급한 일은 없습니다. 여러분은 모두 힘을 합하여 공사를 진행하되, 백성들에게 부역을 시키지 말고 먼저 자신부터 힘쓰십시오."

이에 몇몇 관리들이 약간의 공공 기금으로 돈을 얼마간 내고 백성들에게도 약간을 모금하였다. 이렇게 공사 재료를 모아 몇월 며칠에 공사를 시작하였다. 계획에 따라 문은 벽돌과 돌로 지었고 그 위에 누대를 얹었다. 누대 기반도 돌로 쌓았는데 높이가 몇 자가 되며, 동서로는 몇 보, 남북으로는 그 절반으로 하였다. 좌우로 계단을 돌려 누대에 오르게 하였는데, 누각의 높이도 몇 자로 하였다. 기둥은 모두 7개이고 기단은 백 개다. 커다란 종 하나, 크고 작은 북 아홉 개를 배치하였고 시간과 순서를 알려주는 판도 각각 다르게 하여 그 안에 보관하였으니 모두 성화(成化) 연간 때의 제도와 같았다. 공사는 대략 몇 년만에 완성되었다. 누각이 완성되기 전에는 왜구가 바다에 가득하여 내가 군대를 이끌고 가서 토벌하였지만, 날이 갈수록 여유가 없었다. 지난 5년 동안, 왜구의 무리들은 잡혔고 오는 자들도 도망갔으며, 있던 자들은 겁내어 감히 오지 못하여 바다가 비로소 평온해졌다. 그리고 누각이 때마침 완성되었으므로, 그 옛 이름인 진해(鎭海)를 그대로 사용하게 되었다.

徐渭, <鎭海樓記>

鎭海樓相傳爲吳越錢氏所建, 用以朝望汴京, 表臣服之意. 其基址、樓臺、門戶、欄楯, 極高廣壯麗, 具載別志中. 樓在錢氏時, 名朝天門, 元至正中, 更名拱北樓. 皇明洪武八年, 更名來遠. 時有術者病其名之書畫不祥, 後果驗, 乃更今名. 火於成化十年, 再建於嘉靖三十五年, 九月又火. 予奉命總督直浙閩軍務, 開府於杭,而方移師治寇, 駐嘉興, 比歸, 始與某官某等謀複之. 人有以不急病者. 予曰: "鎮海樓建當府城之中, 跨通衢, 截吳山麓, 其四面有名山大海、江湖潮汐之勝, 一望蒼茫, 可數百里. 民廬舍百萬戶, 其間村市官私之景, 不可億計, 而可以指顧得者, 惟此樓爲傑特之觀. 至於島嶼浩渺, 亦宛在吾掌股間. 高驁長騫, 有俯壓百蠻氣. 而東夷之以貢獻過此者, 亦往往瞻拜低回而始去. 故四方來者, 無不趨仰以爲觀遊的. 如此者累數百年, 而一旦廢之, 使民若失所歸, 非所以昭太平、悅遠邇. 非特如此已也, 其所貯鍾鼓刻漏之具、四時氣候之榜, 令民知昏曉、時作息、寒暑啟閉、桑麻種植漁佃, 諸如此類, 是居者之指南也. 而一旦廢之, 使民憪然迷所往, 非所以示節序、全利用. 且人傳錢氏以臣服宋而建, 此事昭著已久. 至方國珍時, 求緩死於我高皇, 猶知借鏐事以請. 誠使今海上群醜而亦得知錢氏事, 其祈款如珍之初詞, 則有補於臣道不細, 顧可使其跡湮沒而不章耶? 予職清海徼, 視今日務, 莫有急於此者. 公等第營之, 毋浚征於民, 而務先以己." 於是予與某官某等, 捐於公者計銀凡若幹, 募於民者若幹. 遂集工材, 始事於某年月日. 計所構, 甃石爲門, 上架樓, 樓基壘石, 高若幹丈尺. 東西若幹步, 南北半之. 左右級曲而達於樓, 樓之高又若幹丈. 凡七楹, 礎百. 巨鍾一, 鼓大小九, 時序榜各有差, 貯其中, 悉如成化時制. 蓋曆幾年月而成. 始樓未成時, 劇寇滿海上, 予移師往討, 日不暇至. 於今五年, 寇劇者禽, 來者遁, 居者憪不敢來, 海始晏然, 而樓適成, 故從其舊名"鎮海".

부록작품 2

장대, <진해루>

전씨(錢氏)가 조정에 복속한 역사는 대대로 전해지고,
위태롭게 우뚝 솟은 누각 하늘 향해 뻗어 있다.
월산(越山)과 오(吳) 땅이 다하는 곳까지
큰 바다와 긴 강은 손가락 가리키며 이어졌다.

사신 온 사방 오랑캐 모두 절하고,
밀려오는 조수는 아홉 번 굽이쳐 돌아간다.
성화와 가정 연간에 여기에 세 번 불이 났는데,
모두 왕의 군사가 바다를 평정한 해에 일어났다.
옛날 도호부에서 버려진 누각을 지었고,
문장(文長)이 여기서 노닐다 기록으로 남겼다.
때마침 곤궁에 처한 악어 관청에 투항하고
굶주린 독수리 스스로 내려왔다.
엄무(嚴武)는 시를 지어 두보(杜甫)에게 바치고,
조조(曹操)는 글자를 뜯으며 양수(楊修)를 꺼렸다.
이제 푸른 등나무 붓이 있다 한들,
그 누구 찾아 글자 값을 치를꼬!
이제 비록 푸른 대나무 붓이 있어도,
그 누구를 더 찾아 글자 값을 치를꼬.

張岱, <鎮海樓>
錢氏稱臣歷數傳, 危樓突兀署朝天.
越山吳地方隅盡, 大海長江指顧連.
使到百蠻皆禮拜, 潮來九折自盤旋.
成嘉到此經三火, 皆值王師靖海年.

都護當年築廢樓, 文長作記此中游.
適逢困鱷來投轄, 正值饑鷹自下韝.
嚴武題詩屬杜甫, 曹瞞拆字忌楊修.
而今縱有青籐筆, 更討何人數字酬!

11

오공사(伍公祠)

　　오왕(吳王)이 오자서(伍子胥)를 죽이라고 명을 내린 뒤,⁵⁴ 그의 시신을 가죽으로 만든 자루에 담아 강물에 띄워버렸다. 오자서는 강물을 따라 흘러 밀물에 따라 오르내리며 둑과 언덕에 부딪혀 흔들리고 부딪혔는데, 그 기세가 거칠었다. 어떤 이가 은빛 갑옷과 눈사람, 흰 수레와 백마가 조수 머리에 서 있는 듯한 모습을 보고 오자서를 위한 사당을 세웠다. 매년 음력 8월 16일이 되면 조수가 가장 높아지는데, 이때 항주 사람들은 깃발과 북을 치며 맞이하였다. 농조희[弄潮戱, 파도 놀이]는 아마 여기서 시작된 것 같다. 오공사는 송나라 대중(大中) 상부(祥符) 연간에 '충정(忠靖)'이라 적힌 편액을 하사받았고, 오자서는 영렬왕(英烈王)에 봉해졌다. 가희(嘉熙) 연간에 바닷물이 크게 범람하였다. 경조윤(京兆尹) 조여권(趙與權)이 신에게 기도하자 수해

54　吳王은 春秋時代 吳王 闔廬의 아들 夫差이고 오자서는 초나라 사람 伍員이다. 오원은 초나라 平王에게 아버지 伍奢와 형 伍尙을 잃고, 간신 費無忌의 농간에 초나라에서 도망친 태자와 함께 오나라에 망명한 인물이다. 오나라에서 합려를 섬기며 수차례 초나라를 비롯 주변 나라들을 공격하여 국력을 키웠으나, 합려의 아들 부차와 사이가 소원해지면서 자결하라는 명을 받아 죽게 된다.

가 갑자기 멈추었다. 그리하여 사당 안에 영위각(英衛閣)을 세우도록 주청하였다. 원나라 말기에 훼손되었다가 명나라 초기에 중건되었다. 당나라 노원보(盧元輔)의 <서산명서(胥山銘序)>와 송나라 왕안석(王安石)의 <묘비명(廟碑銘)>이 있다.[55]

> 吳王既賜子胥死, 乃取其屍盛以鴟夷之革, 浮之江中. 子胥因流揚波, 依潮來往, 蕩激堤岸, 勢不可御. 或有見其銀鎧雪獅, 素車白馬, 立在潮頭者, 遂爲之立廟. 每歲仲秋既望, 潮水極大, 杭人以旗鼓迎之. 弄潮之戲, 蓋始於此. 宋大中祥符間, 賜額曰"忠靖", 封英烈王. 嘉、熙間, 海潮大溢. 京兆趙與權禱於神, 水患頓息, 乃奏建英衛閣於廟中. 元末毁, 明初重建. 有唐盧元輔<胥山銘序>、宋王安石<廟碑銘>.

부록작품 1

고계, <오공사>

땅은 크고 하늘은 넓으며 패업은 공허하다.

청사에 남은 공도 탄식만 남았도다.

생전 충효 위해 초나라 무덤에 채찍질하고,

죽어서도 충절 위해 오문(吳門)에서 눈을 뽑았네.

분노의 파도 혼령이 눌러 흰 물결 뒤집고,

---

[55] 盧元輔(774-829)는 당나라의 문인으로 滑州 靈昌 출신이다. 字는 子望이고 貞元 14년(798)에 진사에 급제하였으며, 元和 8년(1042)에 杭州刺史를 지냈다. 王安石(1069-1076)은 북송 시기의 인물로 자는 介甫이고 호는 半山이다. 경력 2년(1042)에 진사가 되었고 나중에 재상에 자리에까지 올랐다. 대규모의 변법을 시행하였으며 荊國公에 봉해졌다. 저서로는 ≪臨川集≫이 남아 있다.

억울한 피 묻은 검 비린 바람 일으킨다.
내가 와 보니 무한한 슬픈 일,
모두 오산(吳山)의 안개와 빗속에 있구나.

高啟, <伍公祠>
地大天荒霸業空, 曾於靑史歎遺功.
鞭屍楚墓生前孝, 抉眼吳門死後忠.
魂壓怒濤翻白浪, 劍埋冤血起腥風.
我來無限傷心事, 盡在吳山煙雨中.

부록작품 2

서위, <오공묘>
오산 동쪽 기슭 오공사(伍公祠),
야사(野史)의 평 많아도 정설은 없다.
온 가족 무슨 죄로 함께 참수당하였나?
후인들 오히려 시체에 채찍질 놓고 논쟁하는구나.
농사를 관두고 오나라에 투항한 게 빨랐음을 깨닫고,
원한 풀고자 초나라로 들어간 건 늦었구나.
이제와 생각해 보니, 공은 정말로 불행했구나,
탁루검(鐲鏤劍)으로 여전히 부차(夫差)를 만났으니.

徐渭, <伍公廟>
吳山東畔伍公祠, 野史評多無定詞.

舉族何辜同刈草, 後人卻苦論鞭屍.
退耕始覺投吳早, 雪恨終嫌入郢遲.
事到此公真不幸, 鐲鏤依舊遇夫差.

부록작품 3

장대, <오상국사>
우뚝 솟은 오산(吳山) 구름과 안개에 잠겨있고,
밀물과 썰물, 큰 강 서쪽으로 왔다 갔다 한다.
두 산 삼켰다가 내뱉으며 혼례를 올리는 듯,
수만 마리의 말이 북소리에 맞춰 뛰어오른다.
맑고 탁한 물 뒤섞여 천지를 뒤덮고,
검은 하늘빛과 누른 땅 빛 엉켜 피 진흙 섞였다.
깃발과 휘장 펄럭이며 멀리까지 위엄 떨치고,
명령이 전해지자 아강(娥江)으로 모여든다.

옛날부터 조수에는 신비한 위엄이 있기에,
대낮에도 귀신의 기운 음산하다.
강 건너 월산(越山)에는 옛 원한이 남아 있으나,
강변 오나라도 이제 옛 도읍이 아니다.
전당(錢塘) 강물 한 팔로 채찍질 해 번개를 일으키고,
감산(龕山)과 자산(赭山)의 두 턱에서 눈보라 뿜어낸다.
등불 불빛 강물에 가득하고 비바람 거세게 몰아치니,
흰 수레와 백마타고 임금 돌아온다.

張岱, <伍相國祠>
突兀吳山雲霧迷, 潮來潮去大江西.
兩山吞吐成婚嫁, 萬馬奔騰應鼓鼙.
清濁溷淆天覆地, 玄黃錯雜血連泥.
旌幢幡蓋威靈遠, 檝到娥江取候齊.

從來潮汐有神威, 鬼氣陰森白日微.
隔岸越山遺恨在, 到江吳地故都非.
錢塘一臂鞭雷走, 奰赭雙頤噀雪飛.
燈火滿江風雨急, 素車白馬相君歸.

12

성황묘(城隍廟)

　　오산(吳山) 성황묘(城隍廟)는 송나라 이전에는 황산(皇山)에 있었으며, 옛 이름은 영고(永固)였다. 소흥(紹興) 9년(1139)에 이곳으로 옮겨 지었다. 송나라 초기에 모신 신은 성이 손(孫)이고 이름이 본(本)이었다. 영락(永樂) 때 모신 신은 주신(周新)이었다. 주신은 남해(南海) 사람으로, 처음 이름은 일신(日新)이었다. 문제(文帝)[56]께서 항상 신(新)이라 불렀기 때문에 그 이름이 되었다. 주신은 거인(擧人)으로 대리시평사(大理寺評事)[57]를 지낼 때 의심스러운 사건이 있었는데, 한마디로 결백을 밝혀냈다. 영락 초에 감찰어사(監察御史)로 임명되었는데, 탄핵할 때 과감하게 말하여 사람들이 '냉면한철[冷面寒鐵, 찬 쇠붙이처럼 서늘한 얼굴]'로 보았다. 장안(長安)에서는 주신의 이름만으로 아이의 울음을 그치게 하였다. 운남안찰사(雲南按察使)로 관직이 옮겨졌다가 다

---

[56] 文帝: 明 太祖 朱元璋의 넷째 아들이자 3대 황제 成祖 朱棣(1360-1424)이다.

[57] 大理寺評事: 억울한 옥사를 바로 잡는 일을 주관하는 관직이다. 漢代에 廷尉平, 廷尉正, 廷尉監을 설치하여 의심스러운 옥사를 판단했는데, 魏晉 시기에는 이를 廷尉三官이라고 하였다. 漢 景帝 때 정위는 大理라고 불렸고 隋나라 때 評事로 바뀌어 大理寺에 속하게 되었다. 당송 시기도 이어졌다. 보통 진사나 과거 급제자가 처음 맡는 관직이었으며, 품급은 각 조대마다 달랐다.

시 절강(浙江)으로 옮겨졌다. 주신이 변경에 이르렀을 때 여러 파리떼가 말 머리로 날아가는 것을 보았다. 꼬리가 모인 곳에서 시체를 하나 발견하였다. 시체에 남아 있는 것이라고는 자물쇠 하나와 쇠로 만든 작은 표식이었다. 주신은 "포목 상인이군."하고는 그것을 가져갔다. 부임지에 도착한 뒤, 주신은 사람을 시켜 시체가 발견된 곳 부근의 포목을 하나하나 검열하게 하였다. 시체에서 나온 쇠 표식과 같은 것을 가진 자들을 모두 잡아들였다. 도둑을 체포하고 시체의 가족들을 불렀다. 포목을 가져와 도적을 처벌하니 가족들이 크게 놀랐다. 주신이 관청에 앉아 있는데 회오리바람이 불어 나뭇잎이 모이자, 이상하게 여겼다. 주변에서 "이런 잎을 가진 나무는 성안에서는 보기 힘듭니다. 성에서 조금 먼 절이 있는데 오직 그곳에만 있지요."라고 하였다. 주신은 "그 절의 승려가 사람을 죽였는가? 그래서 원한이 맺혔나 보구나."라고 하였다. 그리고는 절에 가서 나무 아래에서 한 부녀자의 주검을 찾아냈다. 다른 날에 한 상인이 먼 곳에서 밤에 돌아와 집에 도착하기 전, 서낭당 돌 틈에 금덩어리를 숨겨두었다. 다음 날 아침에 찾아보니 없어졌다. 이에 상인은 주신에게 고발하였다. 주신은 "동행하던 사람이 있었나?"라고 물었고, "아니요, 없었습니다."라고 답하였다. "다른 이에게 이야기한 적은 있습니까?"라고 묻자, "아니요, 그저 제 아내에게만 말했습니다."라고 하여, 주신이 곧장 그의 아내를 가두고 심문하였다. 도둑을 잡고 보니 아내와 사통하던 자였다. 상인이 별안간 돌아오자 사통하던 자가 엎드려 숨어서 몰래 엿들었던 것이다. 주신이 정사를 다룰 때 이런 일들이 많았다. 주신이 관내를 순시할 때 평민 복장으로 다니다 현관에게 붙잡혀 감옥에 갇힌 적이 있었다. 그리하여 그 지역의 고통과 어려움을 모두 알게 되었다. 다음날, 마을 사람들이 안찰사가 온다는 소식을 듣고 함께 영접하러 나갔으나 만나지 못하였다. 그때 주신이 감옥에서 나오며, "바로 내가 안찰사요."라고 말하자 현관이 매우 놀랐다. 이때부터 주신의 명성이 천하에 자자하게 되었다.

금의위(錦衣衛)의 지휘관 기강(紀綱)[58]이란 자는 당시 가장 세력이 컸는데, 그가 천호(千戶)[59]를 시켜 절강을 정탐하게 하였다. 천호는 위세를 부리고 뇌물을 받았다. 주신이 경성에 들어가려고 탁주(涿州)[60]에 이르렀을 때 즉시 천호를 체포하여 주저 감옥에 가두었다. 천호가 도망치면서 기강에게 하소연을 하자 기강이 다시 주신을 모함하였다. 임금이 노하시어 주신을 체포하자, 주신이 잡혀 와 임금 앞에 나가 엄숙히 말하였다.

"안찰사가 간악한 자들을 체포하여 다스리는 것은 내부 도찰원에 내리신 임금의 명령입니다. 신은 조서를 받들고 죽을 것이며 죽어도 여한이 없습니다."

임금이 더욱 분노하여 주신을 처형하라 명하였다. 주신은 처형 직전에 큰소리로 외치기를, "살아서는 곧은 신하였으니, 죽어서도 곧은 귀신이 될 것입니다!"라고 하였다. 그날 밤, 태사(太史)가 문성(文星)이 떨어졌다고 아뢰자, 임금이 꺼림칙하여 측근들에게 주신이 누구인지를 물었다. 대답하기를 "남해(南海) 출신입니다."라 하자 "외지에도 과연 이런 사람이 있구나."라고

58　紀綱: 기강(?-1416)은 臨邑(지금의 山東省 德州) 출신으로, 明 成祖 永樂연간의 錦衣衛 지휘관을 지낸 간신이다. 금의위는 명 洪武 15년(1382)에 설치한 관서로 원래의 명칭은 錦衣親軍都指揮使司이다. 처음에는 황실을 호위하는 군대로 황제의 儀仗을 담당하였으나, 이후 권력이 더해지면서 죄인을 체포하거나 감옥에 가두는 등 법령에까지 관여하였다. 指揮使는 금의위의 최고 책임자이다.

59　千戶: 金나라에서 처음 설치한 세습 군직으로, 천명의 수장이다. 명나라 때도 이어져 千戶所의 수장을 말한다.

60　涿州: 지금의 河北省 保定市이다.

하였다. 그러던 어느 날, 임금이 붉은색 옷을 입은 사람이 서 있는 것을 보고 꾸짖으며 누구인지 물었다. 그가 대답하기를, "신은 주신입니다. 상제께서 신이 강직하다 하시며 절강의 성황으로 삼아 임금님을 위해 부정부패한 관리들을 다스리게 하셨습니다."라며, 말을 마치자 그 자리에서 사라졌다. 그리하여 임금이 주신을 절강성의 성황으로 추봉하였고, 오산에 사당을 세웠다.

吳山城隍廟, 宋以前在皇山, 舊名永固, 紹興九年徙建於此. 宋初, 封其神, 姓孫名本. 永樂時, 封其神, 為周新. 新, 南海人, 初名曰新. 文帝常呼"新", 遂為名. 以舉人為大理寺評事, 有疑獄, 輒一語決白之. 永樂初, 拜監察御史, 彈劾敢言, 人目為"冷面寒鐵". 長安中以其名止兒啼. 轉雲南按察使, 改浙江. 至界, 見群蚋飛馬首, 尾之蓁中, 得一暴屍, 身餘一鑰、一小鐵識. 新曰: "布賈也." 收取之. 既至, 使人入市市中布, 一一驗其端, 與識同者皆留之. 鞫得盜, 召屍家人與布, 而置盜法, 家人大驚. 新坐堂, 有旋風吹葉至, 異之. 左右曰: "此木城中所無, 一寺去城差遠, 獨有之." 新曰: "其寺僧殺人乎? 而冤也." 往樹下, 發得一婦人屍. 他日, 有商人自遠方夜歸, 將抵捨, 潛置金叢祠石罐中, 旦取無有. 商白新. 新曰: "有同行者乎?" 曰: "無有." "語人乎?" 曰: "不也, 僅語小人妻." 新立命械其妻, 考之, 得其盜, 則其私也. 則客暴至, 私者在伏匿聽取之者也. 凡新為政, 多類此. 新行部, 微服視屬縣, 縣官觸之, 收系獄, 遂盡知其縣中疾苦. 明日, 縣人聞按察使來, 共迓不得. 新出獄曰: "我是." 縣官大驚. 當是時, 周廉使名聞天下.

錦衣衛指揮紀綱者最用事, 使千戶探事浙中, 千戶作威福受賕. 會新入京, 遇諸涿, 即捕千戶系涿獄. 千戶逸出, 訴綱, 綱更誣奏新. 上怒, 逮之, 即至, 抗嚴陛前曰: "按察使擒治奸惡, 與在內都察院同, 陛下所命也, 臣奉詔書死, 死不憾矣." 上愈怒, 命戮之. 臨刑大呼曰: "生作直臣, 死作直鬼!" 是夕, 太史奏文星墜, 上不懌, 問左右周新何許人. 對曰: "南海." 上曰: "嶺外乃有此人."一日, 上見緋而立者, 叱之, 問爲誰. 對曰: "臣新也. 上帝謂臣剛直, 使臣城隍浙江, 爲陛下治奸貪吏."言已不見. 遂封新爲浙江都城隍, 立廟吳山.

부록작품 1

장대, <오산의 성황묘>

선실(宣室)[61]에서 정중하게 가의(賈誼)에게 물었지만,

귀신의 형상은 명명할 수 없구나.

형체가 환한 대낮 하늘에 드러나니 얼굴이 움직이고

피로 목욕한 황천에서 어전이 놀랐네.

가죽 술 자루도 여전히 온기가 있는데,

순장한 승냥이와 호랑이 어찌 영혼이 없을까?

지하의 용왕 만나면 비웃을까 걱정이라.

우습구나, 기이한 원한 성군을 만나니.

방금 궁에서 나왔음에도

오히려 서쪽 교외로 향해 곧은 신하를 배려한다.

귀신의 말로 성군을 되돌리고,

시체의 간언으로 무리들을 물리치려 하였네.

붉은 피로 물든 충성에는 주홍만큼 붉은색이 없고,

차가운 철은 황금으로 몸을 만들었네.

강물 앞에 앉으니 차가운 얼굴 많으나,

---

[61] 宣室: 漢나라 未央宮의 正殿이다. 賈誼와 文帝가 귀신에 대해 이야기를 나눈 곳이다.

지금까지도 원한은 풀리지 않았구나.

張岱, <吳山城隍廟>
宣室慇勤問賈生, 鬼神情狀不能名.
見形白日天顏動, 浴血黃泉御座驚.
革伴鴟夷猶有氣, 身殉豺虎豈無靈.
只愁地下龍逢笑, 笑爾奇冤遇聖明.

尚方特地出楓宸, 反向西郊斬直臣.
思以鬼言回聖主, 還將尸諫退僉人.
血誠無藉丹為色, 寒鐵應教金鑄身.
坐對江潮多冷面, 至今冤氣未曾伸.

부록작품 2

장대, <성황묘 기둥에 새기다>
근엄한 귀신 장순(張巡), 감히 피투성이 몸으로 밝은 해를 더럽히는구나.
염라대왕과 포씨(包氏) 노인아, 원래 강철같이 무서운 얼굴 황하처럼 크겠구나.

張岱, <城隍廟柱銘>
厲鬼張巡, 敢以血身污白日;
閻羅包老, 原將鐵面比黃河.

13

화덕묘(火德廟)

　화덕사(火德祠)는 성황묘(城隍廟) 오른편에 위치하며, 안에는 도사들의 승방이다. 북쪽을 바라보면 서령(西泠)으로, 호수의 경치가 빼어나 마치 화분 속의 작은 정경으로 보인다. 남북의 두 봉우리는 마치 책상에 놓인 산 모양의 벼루 같고, 명성이호(明聖二湖)는 탁자에 놓인 연적[62]같다. 창문과 문틀 등 호수를 볼 수 있는 곳이면 모두 한 폭의 그림이 된다. 작게는 두방(斗方) 같고, 길게는 단조(單條) 같으며, 넓게는 횡피(橫披) 같고, 세로로는 수권(手卷) 같아,[63] 걸음을 옮길 때마다 그림이 바뀐다. 만일 시인이 이런 광경을 만났다면 스스로 옷을 벗고 발을 뻗고 앉았을 것이다. 화가들이 말하는 수묵단청(水墨丹青)[64]이나 담묘농말(淡描濃抹)[65]의 기법이 모두 담겨있다. 예로부터 사

62　연적: 먹을 갈 때 벼루에 따를 물을 담아 두는 그릇이다.
63　서화의 형태로, 斗方은 작은 직사각형 모양, 單條은 길고 가는 모양, 橫披는 넓게 펼쳐진 모양, 手卷은 두루마리 모양을 말한다. 여기서는 바라보는 각도와 위치에 따라 호수의 모습이 작고, 길고, 넓고, 말리게 보인다는 뜻이다.
64　水墨丹青: 水墨画와 彩色画를 통칭하는 말이다. 水墨는 검은 먹으로 그린 그림을 가리키고, 丹青은 주홍색과 청색을 가리키는데, 중국 고대 회화에서 주로 사용되는 색이었기 때문에 丹青으로 통칭하게 되었다.
65　淡描濃抹: 중국 회화에서 수묵화와 채색화에 주로 사용되는 기법이다. 淡描는 담백한 필선

람들은 "한 알의 좁쌀 속에도 세상이 있고 반 시루의 솥 안에서도 산천이 끓는다."라고 하였는데, 아마도 이를 두고 하는 말인 것 같다. 화덕사에 사는 도사가 양선(陽羨)의 서생[66]이 될 수 있다면 육교(六橋)와 삼축(三竺)도 모두 새장 속 건물이 될 것이다.

> 火德祠在城隍廟右, 內爲道士精廬. 北眺西冷, 湖中勝槪, 盡作盆池小景. 南北兩峰如硏山在案, 明聖二湖如水盂在幾. 窓櫺門欂凡見湖者, 皆爲一幅圖畫. 小則鬥方, 長則單條, 闊則橫披, 縱則手卷, 移步換影. 若遇韻人, 自當解衣盤礴. 畫家所謂水墨丹靑, 淡描濃抹, 無所不有. 昔人言 "一粒粟中藏世界, 半升鐺里煮山川", 蓋謂此也. 火居道士能爲陽羨書生, 則六橋三竺, 皆是其鵝籠中物矣.

부록작품 1

장대, <화덕사>

중랑(中郞)이 서호 감상을 평함에,

높이 오르는 것보다 내려가는 것이 낫다 하네.[67]

천 경(頃)의 호수빛,

으로 대상의 윤곽을 표현하는 것이고, 濃抹은 짙은 채색으로 대상의 세부적인 부분을 표현하는 것이다.

66 陽羨의 서생: 명나라 문인 唐順之(1507-1560)를 말한다. 당순지의 자는 應德이고, 號는 荊川이며, 시호는 文襄이다. 南直 常州府 武進(지금의 江蘇省 武进) 사람이다. 관직에 있다가 고향으로 돌아와 陽羨 산중에서 10년간 글을 읽었다고 전해진다.

67 中郞은 袁宏道이다. 원굉도는 만력 25년(1597)에 杭州에서 <御敎場>을 썼는데, 서호의 풍경이 내려갈수록 멋지다고 하였다. "余爲西湖之景, 愈下愈勝, 高則樹薄山瘦, 草髡石禿, 千頃湖光, 縮爲杯子."

술잔만큼 줄어들었다.

나는 시야가 넓은 게 좋아,

대지가 틈새를 채우네.

항아리 창과 창살,

눈에 보이는 모든 게 그림이라.

점점 들어가면서 점점 더 좋아지니,

장강(長康)[68]이 사탕수수를 먹는 것과 같구나.

몇 번의 붓질로 예운림(倪雲林)[69]이 되어,

어느새 형하(荊夏)를 이겼네.

그림 솜씨 훌륭하지 않은 건 아니지만,

담담하고 먼 것이 오랜 명성을 지닌다.

내 도사의 집을 사랑하니,

차라리 중랑에게 꾸지람을 듣고 말지어다.

張岱, <火德祠>

中郎評看湖, 登高不如下.

千頃一湖光, 縮爲杯子大.

余愛眼界寬, 大地收隙罅.

---

68 長康: 장강은 東晉의 화가 顧愷之(약345-406)의 자이다. ≪晉書·顧愷之傳≫에 보면, 고개지가 사탕수수를 즐겨 먹었는데 항상 가느다란 윗부분부터 단맛이 강한 뿌리 쪽으로 먹었다고 한다. 사람들이 이상하게 생각하자, 갈수록 점점 좋은 경지로 들어가기 때문이라고 답하였다.(愷之每食甘蔗, 恒自尾至本, 人或怪之. 云, 漸入佳境.) 이로부터 '漸入佳境'이란 말이 나왔고, '문장이나 풍경, 또는 어떤 상황이 갈수록 흥미진진하게 전개된다.'는 뜻으로 파생되었다.

69 倪雲林: 원대 화가 倪瓚(1301-1374)으로, 자는 元鎭, 玄瑛, 호는 雲林, 雲林子 등이다. 다작을 한 화가로 알려졌는데, 먹을 금처럼 아껴 최소한의 붓질로 간결하게 그렸다.

甕牖與窓檻, 到眼皆圖畵.
漸入亦漸佳, 長康食甘蔗.
數筆倪雲林, 居然勝荊夏.
刻畵非不工, 淡遠長聲價.
余愛道士廬, 寧受中郎罵.

14

부용석(芙蓉石)

　　부용석(芙蓉石)은 지금의 신안(新安)[70] 오씨(吳氏)의 서재에 있다. 산에는 기이한 바위와 험준한 산봉우리가 많고, 소나무와 잣나무로 둘러싸여 있는데, 큰 것은 모두 한아름으로 감쌀만큼 굵다. 계단 앞에 있는 한 바위는 모양이 부용꽃 같아서, 비바람에 떨어져 절반이 모래와 진흙 속에 파묻혀 있다. 항주의 분운석(奔雲石)[71]과 비교하면 더 단단하다. 그러나 주인이 이 바위를 너무나 사랑하여 품에 안고 반 발짝도 떨어지려 하지 않는다는 게 아쉽다. 누각과 정자를 가까이 세워 오히려 바위를 가려버렸다. 만약 돌 받침대를 옮겨 한 장쯤 간격을 벌려주면, 소나무와 바위 사이의 정취는, 멀리서 보아도 그 묘미를 이루 다 말할 수 없을 정도일 것이다.

　　오씨 집안은 대대로 그 산에서 살았다. 주인은 열여덟에 몸에 실오라기 하나 걸칠 것도 없었기에, 사람들은 그를 오정관(吳正官)[72]이라고 부르며 업

---

[70] 新安: 지금의 江蘇省 新沂縣이다.
[71] 분운석은 서호 남쪽 南屏山에 있는 돌이다. 돌이 꽃 모양이고 비바람에 떨어져 절반이 흙에 묻혀 부용석과 비슷하다. 장대의 ≪도암몽억≫ 권1에 <奔雲石>이 있다.
[72] 吳正官: 正官은 항주 방언인데, 精光(남은 것이 없다)과 발음이 비슷하다.

신여겼다. 그러던 어느 날, 오씨가 아침 일찍 일어나 은비녀 하나를 주웠는데, 그 무게가 2수(銖)[73]였다. 그 돈으로 소의 피를 사서 가난한 사람들에게 끓여 먹였다. 그 후로 50여 년 동안 사업을 잘 운영하여 휘주(徽州)에서 연(燕)까지 오씨의 전포가 83개로 늘어났다. 소동파는 "은비녀 한 자루만으로도 부자가 될 수 있다."고 하였는데, 오씨를 보면 정말 맞는 말이다. 무릇 이 땅은 원래 누군가의 화원이었다. 돌아가신 우리 아버지가 3백 금(金)으로 사들여, 그 집을 부수고 기원(寄園)으로 지으셨다. 그러다 오씨가 이 버려진 땅을 후한 값에 사들였으니, 당시에는 이득이라고 생각했다. 그러나 지금 오씨의 정원에 괴이한 바위와 기이한 봉우리, 오랜 소나무와 무성한 잣나무를 보니, 품에 안았다 잃어버린 구슬 같아서, 정말 한 번 돌아보며 그리워하고 또 한 번 돌아보며 후회한다.

芙蓉石今爲新安吳氏書屋. 山多怪石危巒, 綴以松柏, 大皆合抱. 階前一石, 狀若芙蓉, 爲風雨所墜, 半入泥沙. 較之寓林"奔雲", 尤爲茁壯. 但恨主人深愛此石, 置之懷抱, 半步不離, 樓榭逼之, 反多陷塞. 若得礎柱相讓, 脫離丈許, 松石間意, 以淡遠取之, 則妙不可言矣.

吳氏世居上山, 主人年十八, 身無寸縷, 人輕之, 呼爲吳正官. 一日早起, 拾得銀簪一枝, 重二銖, 即買牛血煮之以食破落戶, 自此經營五十餘年, 由徽抵燕, 爲吳氏之典鋪八十有三. 東坡曰: "一簪之資, 可以致富." 觀之吳氏, 信有然矣. 蓋此地爲某氏花園, 先大夫以三百金折其華屋, 徙造寄園, 而吳氏以厚値售其棄地, 在當時以爲得計. 而今至吳園, 見此怪石奇峰, 古松茂柏, 在懷之璧, 得而復失, 眞一回相見, 一回懊悔也.

---

[73] 銖: 중국의 무게의 단위로, 1兩의 24분의 1에 해당한다. 지금의 단위로 환산하면 2銖는 약 7.4그램이다.

부록작품 1

장대, <부용석>

오산(吳山)은 석굴로 이루어져

그곳의 돌도 분명 아름답다.

여기 이 돌은 소박하여,

기이한 봉우리 되지 못하였다.

꽃잎 여러 겹으로 접혀 있고,

땅 떨어진 모습 마치 연꽃같다.

멍하니 풀밭에 누워 있고,

긴 소나무 그 위를 가린다.

씻기고 갈린 것이 마치 쇠를 단련하듯,

푸르름에 이끼가 끼어있다.

주인이 지나치게 아끼어,

사방으로 담장을 둘러 보호하였다.

펼쳐놓을 땅 없음이 한스러워,

지학(支鶴)[74]의 학처럼 새장 닫아 감춘다.

간신히 몇 자리 남겨,

기묘한 바위 감상의 즐거움으로 삼는다.

張岱, <芙蓉石>

吳山爲石窟, 是石必玲瓏.

---

[74] 支鶴: 東晉 시기의 승려 支遁의 학으로, 구속받지 않고 자유롭게 사는 이를 비유한다. 지둔에게 누가 감상용 학을 선물하자 자유롭게 살라며 날려 보냈다는 이야기이다. ≪高僧傳≫ 권4 <支遁傳> 참조.

此石但渾樸, 不復起奇峰.
花瓣幾層折, 墮地一芙蓉.
癡然在草際, 上覆以長松.
濯磨如結鐵, 蒼翠有苔封.
主人過珍惜, 周護以牆墉.
恨無舒展地, 支鶴閉韜籠.
僅堪留幾席, 聊爲怪石供.

15

운거암(雲居庵)

운거암(雲居庵)[75]은 오산(吳山)[76]에 있으며 외진 곳에 있다. 송나라 원우(元祐) 연간에 불인(佛印)[77] 스님이 지었다. 성수사(聖水寺)는 원나라 원정(元貞) 연간에 중봉(中峰)[78] 스님이 지었다. 중봉 스님의 호(號)는 환주(幻住)이다. 머리를 깎고 승려가 되었을 때, 송나라 궁인(宮人) 양묘석(楊妙錫)이란 자가 향합에 머리카락을 담아 두었는데, 사리가 수북하게 생겨났다. 이에 사리탑을 사찰 안에 세웠으나, 원나라 말에 훼손되었다. 명나라 홍무(洪武) 24년(1391), 성수사는 운거암과 병합되어 '운거성수선사(雲居聖水禪寺)'라는 이름을 하사받았다. 세월이 흘러 전각이 무너지자 성화(成化) 연간의 승려 문신(文紳)이

---

75 운거암은 절강성 항주 서호의 동남쪽에 있다.
76 吳山: 오산은 胥山이라고도 한다.
77 佛印: 宋代의 雲門宗 승려(1032-1098)이다. 불인의 俗姓은 林씨이고 법명은 了元이며, 神宗이 '불인선사'라는 호를 하사하였다. 江西省 浮梁 사람이며 일찍이 네 차례 운거에서 지냈다. 송대 필기에 소식과 불인선사와의 일화가 많이 기록되어 있다.
78 中峰: 元나라의 승려 明本(1263-1323)으로, 號가 중봉이다. 명본의 속성은 孫씨이고 法號는 智覺으로, 錢塘 新城(지금의 杭州) 사람이다. 어려서부터 불학을 배워 25세에 출가하였다. 나중에 天目山 獅子院의 주지가 되어 명성을 떨쳤다. 仁宗이 '廣慧禪師'라는 이름을 하사하였다.

고쳐서 복원하였다. 사찰 안에는 중봉 스님이 그린 작은 불상이 있는데, 그 위에 다음과 같은 찬(贊)이 적혀있다.

"승려 중에는 이런 모습이 없고, 이런 모습은 승려가 아니다. 만일 중봉이라 부른다면, 거울에 티끌만 더할 뿐이다."

옛말에 "육교(六橋)에는 수천 그루의 복숭아나무와 버드나무가 있어, 그 붉고 푸른 빛깔이 봄의 깊고 얕음을 나타냈다. 운거암에는 수천 그루의 단풍나무와 도토리나무가 있었는데, 그 붉고 누런 빛깔이 가을의 깊고 얕음을 나타냈다."고 하였다. 그러나 지금은 땔감으로 쓰려고만 하여 더 물을 수도 없다. 일찍이 이장형(李長蘅)[79]의 그림에 이런 글이 있다.

"무림성(武林城) 안 사원은 마땅히 운거암이 제일이다. 산문 앞뒤로 큰 소나무가 우거져 하늘을 찌르고 해를 가렸다. 중봉 스님이 직접 심었다 전해지는데, 세월이 흐르자 점점 심하게 자라 스님들이 나무를 잘라 열에 하나도 남지 않았다. 보면 볼수록 늙고 시든 느낌이다. 작년 5월에 작은 집에서 청파(淸波)로 친구를 찾아 절에 들렀다. 해 질 무렵 긴 회랑에 앉아 술을 조금 마신 후, 성을 돌아가며 봉황산과 남쪽에 병풍처럼 빽빽이 둘려진 산들을 바라보고 달빛을 따라 그림자 밟으며 돌아왔다. 이튿날 바로 맹양(孟暘)을 위해 이 그림을 그렸으니, 참으로 생각날 만하였다."

---

[79] 李長蘅: 李流芳이다. 앞의 주 참조.

雲居庵在吳山, 居鄙, 宋元祐間, 為佛印禪師所建. 聖水寺, 元元貞間, 為中峰禪師所建. 中峰又號幻住, 祝髮時, 有故宋宮人楊妙錫者, 以香盒貯髮, 而舍利叢生, 遂建塔寺中, 元末毀. 明洪武二十四年, 並聖水於雲居, 賜額曰雲居聖水禪寺. 歲久殿圮, 成化間僧文紳修復之. 寺中有中峰自寫小像, 上有贊云: "幻人無此相, 此相非幻人. 若喚做中峰, 鏡面添埃塵." 向言六橋有千樹桃柳, 其紅綠為春事淺深; 雲居有千樹楓柏, 其紅黃為秋事淺深, 今且以薪以爇, 不可復問矣. 曾見李長蘅題畫曰: "武林城中招提之勝, 當以雲居為最. 山門前後皆長松, 參天蔽日, 相傳以為中峰手植, 歲久浸淫, 為寺僧剪伐, 什不存一, 見之輒有老成凋謝之感. 去年五月, 自小築至清波訪友寺中, 落日坐長廊, 沽酒小飲已, 裴回城上, 望鳳凰南屏諸山, 沿月踏影而歸. 翌日, 遂為孟暘畫此, 殊可思也."

부록작품 1

이유방, <운거산 붉은 낙엽에 관한 글>

    나는 중추절에 세 번이나 호수에서 달을 보았지만, 모두 단풍이 들기 전에 돌아왔다. 전날 배를 타고 당서(塘棲)에 이르렀을 때, 아름답게 핀 몇 그루의 붉고 노란 나무를 보았다. 갑자기 영은(靈隱), 연봉(蓮峰)과의 약속이 떠올라 오늘에서야 비로소 한 번 그곳을 밟아보았다. 호수에 도착했을 때는 서리가 아직 완전히 내리지 않았고 운거산 정상에 천 그루의 단풍나무도 아직 물들지 않은 듯하였다. 어찌 나는 단풍과의 인연이 이리도 부족할까? 이로 인해 지난날이 기억났다. 인공(忍公)이 단풍으로 나를 초대하는 시를 짓자 나도 바로 대답하여 여기에 적어두었다.

"서호에서 스무날을 머물렀지만,

아직도 다 보지 못했구나.

하루아침에 그대와 이별하니,

이번 여행은 참으로 성급했네.

내가 떠나려고 할 때가 되어서야,

온 산의 가을이 이미 깊어졌고,

며칠 더 있었다면,

서리가 나무 끝에 가득 찼을 것이다.

그대 자주 내게 말했지,

영은의 단풍은 아름답다고.

천 개의 붉은색과 만 개의 자주색이,

어지러이 쏟아지는 가을 하늘.

화려한 비단처럼 펼쳐져 있고,

울창한 깃발 숲 같다.

평생 보지 못한 자가,

배불리 먹었다고 말하는 것과 무엇이 다를까?"

李流芳, <雲居山紅葉記>

余中秋看月於湖上者三, 皆不及待紅葉而歸. 前日舟過塘棲, 見數樹丹黃可愛, 躍然思靈隱、蓮峰之約, 今日始得一踐. 及至湖上, 霜氣未遍, 雲居山頭, 千樹楓柏尚未有酣意, 豈余與紅葉緣尚慳耶? 因憶往歲忍公有代紅葉招余詩, 余亦率爾有答, 聊記於此:

二十日西湖, 領略猶未了.

一朝別爾歸, 此遊殊草草.

當我欲別時, 千山秋已老.

更得少日留, 霜酣變林杪.

子常爲我言, 靈隱楓葉好.
千紅與萬紫, 亂插向晴昊.
爛然列錦鏽, 森然建旂旐.
一生未得見, 何異說食飽.

부록작품 2

고계, <환주 서하대에서 하룻밤 묵다>

창밖 새 소리 들리는 새벽빛,

잦아드는 종소리에 시내를 건너네.

이생의 깊은 꿈에서 깨어나니,

홀로 빈산에 있구나.

소나무 바위에 남은 불등(佛燈),

낙엽 사이로 울리는 스님들 발걸음 소리.

내 마음 더욱 고요해지고,

한가로이 누우니 흰 구름 떠 오르네.

高啟, <宿幻住棲霞臺>
窓白鳥聲曉, 殘鐘渡溪水.
此生幽夢迴, 獨在空山里.
松巖留佛燈, 葉地響僧履.
予心方湛寂, 閒臥白雲起.

부록작품 3

하원길,[80] <운거암>

누가 운거의 경치를 열었을까?

높은 곳에서 고성(古城)을 내려다본다.

두 호수 맑음은 푸름을 전송하고

삼축(三竺)의 새벽이 푸름을 나눈다.

경전에는 천 권의 비밀이 담겨있어,

종소리 울리자 만호(萬戶)가 놀란다.

여기서 진정한 즐거움을 얻을 수 있으니,

어찌 봉래산(蓬萊山)과 영주산(瀛洲山)을 방문할 필요 있을까?

夏原吉, <雲居庵>

誰辟雲居境, 峨峨瞰古城.

兩湖晴送碧, 三竺曉分靑.

經鎖千函妙, 鐘鳴萬戶驚.

此中眞可樂, 何必訪蓬瀛.

---

[80] 夏原吉(1366-1430)은 明代 초기의 문인으로, 字는 維喆이고, 號는 麓潛子이며, 湖南 湘陰 사람이다. 어린 시절 아버지를 여의고 학문에 정진하여 洪武 24년(1391) 太學에 입학하였다. 이후 여러 관리직을 거쳐 永樂 元年(1403) 戶部尙書로 임명되어 수해를 다스렸다. 영락 19년(1421) 成祖의 북정을 반대하다 투옥되었으나, 仁宗 즉위 후 少保兼太子少傅로 임명되었다. 宣宗 시기에는 漢王 朱高煦의 반란을 평정하였다. 宣德 5년(1430) 사망하여 광록대부, 태사로 추증되었고, 시호는 忠靖이다. 저서로 ≪夏忠靖集≫이 있다.

부록작품 4

서위, <운거암 소나무 아래에서 성의 남쪽을 바라보며>

저녁 노을 아직 남아 있는데,

성 위의 둥근 달 걸렸다.

석양 빛 반짝여 새들 날아드는데,

강물에 비친 소나무는 차다.

시장 사람, 손님, 도축업자 모두 모여

술 취해 높은 하늘 자주 본다.

고점리(高漸離)라 한들 어쩌겠는가? 축(築) 안고 와서 연주하리니.

(성 아래에 있는 눈먼 사람이 있는데, 탄사(彈詞)를 잘한다.)

徐渭, <雲居庵松下眺城南>

夕照不曾殘, 城頭月正團.

霞光翻鳥墮, 江色上松寒.

市客屠俱集, 高空醉屢看.

何妨高漸離, 抱卻築來彈.

(城下有瞽目者善彈詞.)

시공묘(施公廟)

　　시공묘(施公廟)는 석오구(石烏龜) 골목에 있다. 시공묘에서 모시는 신은 시전(施全)으로, 송나라의 전전소교(殿前小校)[81]이다. 소흥(紹興) 20년 2월 초하루에 진회(秦檜)가 조정에 들어가려고 견여(肩輿)[82]를 타고 망선교(望仙橋)를 지나갔다. 그때 시전이 긴 칼을 들고 길을 막아 진회를 찔렀는데, 가죽옷만 뚫고 말았다. 진회는 시전을 시장에서 참수하였다. 구경하는 사람들이 담장처럼 둘러쌌는데 그중 한 사람이 크게 소리쳤다. "큰일을 끝내지 못한 이 사내를 참수하지 않으면 어찌하리오!" 이 말이 무척 통쾌했다. 진회는 간악한 자라 천하의 사람들이 만세토록 모두 그를 죽이고 싶어 하였다. 시전이 그를 찌른 것 또한 천하 만세 사람 중 한 명이었던 것이다. 그 마음과 그 행동은 원래 악악왕(嶽鄂王)을 위한 게 아니었지만, 지금 전기소설에는 시전을 악악왕의 부하 장수로 묘사하고 있고 악묘에 시전을 익충사(翊忠

81　殿前小校: 殿前司의 小校이다. 전전사는 宋代 황제의 친위군을 담당하는 주요 기관이고, 소교는 군대의 하급관료를 말한다.

82　肩輿: 두 사람이 어깨에 메는 가마로, 좁은 길을 지날 때 임시로 사용하였다.

祠)에 들였으니, 이렇게 한 것은 도리어 공정하지 않다. 후세 사람들이 그를 이곳에서 제사 지내고 오히려 악분(嶽墳)에는 배향하지 않으니, 시전의 마음을 깊이 얻은 것이다.

> 施公廟在石烏龜巷, 其神為施全, 宋殿前小校也. 紹興二十年二月朔, 秦檜入朝, 乘肩輿過望仙橋, 全挾長刃遮道刺之, 透革不中, 檜斬之於市, 觀者如堵牆, 中有一人大言曰: "此不了漢, 不斬何為!" 此語甚快. 秦檜奸惡, 天下萬世人皆欲殺之, 施全刺之, 亦天下萬世中一人也. 其心其事, 原不為嶽鄂王起見, 今傳奇以全為鄂王部將, 而嶽墳以全入之翊忠祠, 則施全此舉, 反不公不大矣. 後人祀公於此, 而不配享嶽墳, 深得施公之心矣.

부록작품 1

장대, <시공묘>

시전(施殿)의 사당, 일을 끝내지 못한 사내,
호랑이를 찔렀으나 상처 입히지 못하고 뱀도 자르지 못했구나.
그 반격을 당해 이빨 같은 예리한 검을 씹고,
사람을 죽이고 아첨하는 자에 땀으로 보복한다.
복수심 불타는 귀신되어 대낮에 거리에 나타나고,
늙은 간신 이곳에 오면 얼굴을 가린다.
사람들 함성 지르며 모여들어 수레 장막을 에워싸고,
버려진 시체 전당(錢塘) 언덕을 떠돈다.
분노에 휩싸인 거대한 파도 천둥번개 몰아치고,
눈 덮인 봉우리가 옮겨져 세상이 뒤바뀐다.

張岱, <施公廟>

施殿司, 不了漢, 刺虎不傷蛇不斷.
受其反噬齒利劍, 殺人媚人報可汗.
厲鬼街頭白晝現, 老奸至此揜其面.
邀呼簇擁遮車幔, 棄屍漂泊錢塘岸.
怒卷胥濤走雷電, 雪巘移來天地變.

삼모관(三茅觀)

　　삼모관(三茅觀)은 오산(吳山) 서남쪽에 있다. 삼모(三茅)는 삼형제를 말하는데, 첫째 모영(茅盈), 둘째 모고(茅固), 셋째 모충(茅衷)이다. 이들은 진나라 초기 함양(咸陽) 사람이다. 모씨 삼형제는 도를 얻어 신선이 되어, 한나라 때부터 사람들이 높이 받들고 제사를 지냈다. 관 안에 있는 세 개의 신상 중 하나는 서 있고, 하나는 앉아 있으며, 또 다른 하나는 누워있는데, 무엇을 의미하는지 알 수 없다. 아마도 가고[行], 서고[立], 앉고[坐], 눕는[臥] 일이 모두 수련과 공부이니, 사람들에게 소홀히 하지 말라는 가르침인 듯하다. 송나라 소흥(紹興) 20년(1150)에 삼모관은 동경(東京)의 옛 이름을 따라 영수관(寧壽觀)이라는 이름을 하사받았다. 원나라 지원(至元) 연간에 파괴되었다가 명나라 홍무(洪武) 초에 다시 지어졌다. 성화(成化) 10년(1474)에 호천각(昊天閣)을 지었다. 가정(嘉靖) 35년(1556)에는 총제(總制) 호종헌(胡宗憲)이 왜구를 평정한 공을 세워 진무전(眞武殿)을 만들었다. 만력(萬曆) 21년(1593), 사례(司禮) 손륭(孫隆)이 중수하여 종취정(鐘翠亭)과 삼의각(三義閣)을 지었다. 전해지는 말에 따르면 삼모관에는 저수량(褚遂良)[83]이 소해체(小楷體)로 쓴 ≪음부경(陰符經)≫[84] 필적이 있었다고 한다. 경정(景定) 경신(庚申, 1260)에 송나라 이종(理宗)이 가사도(賈似道)가 강한(江漢)에서 공을 세워[85] 금과 비단 그리고 수만금을 하사하였으나 받지 않자, 본관에서 ≪음부경≫을 가져다 가사도의 공로에 보답하라는 명을 내렸다고 한다. 이 일은 매우 특이하나 가사도에게는 적절하지 않은 일이다. 나는 일찍이 이렇게 말했다. 조조(曹操)와 가사도(賈似道)는 천고의 간웅이다. 그러나 시문에는 조맹덕(曹孟德)이 있고 서화에는 가추학(賈秋壑)이 있으니,[86] 그들의 죄업이 하늘을 덮을 만큼 많아도 절반으로 줄어든 느낌이다. 시문과 서화를 이해할 수 있다면 이런 악인도 참회할 수 있다. 누구나 한 가지에 통달한다면 시문에 뜻을 더하고 서화에 마음을 두지 않을 수 있겠는가?

三茅觀在吳山西南. 三茅者, 兄弟三人, 長曰盈, 次曰固, 季曰衷, 秦初咸陽人也. 得道成仙, 自漢以來, 即崇祀之. 第觀中三像, 一立、一坐、一臥, 不知何說. 以意度之, 或以行立坐臥, 皆是修煉功夫, 教人不可蹉過耳. 宋紹興二十年, 因東京舊名, 賜額曰寧壽觀. 元至元間毁, 明洪武初重建. 成化十年建昊天閣. 嘉靖三十五年, 總制胡宗憲以平島夷功, 奏建真武殿. 萬曆二十一年, 司禮孫隆重修, 並建鐘翠亭、三義閣. 相傳觀中有褚遂良小楷 ≪陰符經≫墨跡. 景定庚申, 宋理宗以賈似道有江漢功, 賜金帛巨萬, 不受,

---

83 褚遂良: 저수량(596-658?)의 자는 登善이고 杭州 錢唐 사람이다. 당나라 때 재상을 지낸 고위관료이자, 初唐四大家의 한 명으로 楷書와 隷書에 능했던 문인이다.

84 ≪陰符經≫: ≪黃帝阴符经≫이라고도 한다. 도교의 경전으로, 저자와 완성 시기에 관해 명확히 밝혀진 바가 없다.

85 江漢은 長江과 漢水 사이와 그 주변으로, 지금의 湖北省 지역을 말한다. 开庆 元年(1259년)에 몽고의 忽必烈이 군사들을 이끌고 남송을 공격하자 가사도가 출병한 일을 말한다.

86 曹孟德은 曹操로, 孟德은 그의 字이다. 賈秋壑은 賈似道로, 추학은 그의 號이다.

詔就本觀取《陰符經》, 以酬其功. 此事殊韻, 第不應於賈似道當之耳. 余嘗謂曹操、賈似道千古奸雄, 乃詩文中之有曹孟德, 書畫中之有賈秋壑, 覺其罪業滔天, 減卻一半. 方曉詩文書畫, 乃能懺悔惡人如此. 凡人一竅尚通, 可不加意詩文, 留心書畫哉?

부록작품 1

서위, <삼모관에서 조수를 감상하다>
황색 깃발 수놓은 글자 금방울 무겁고
신선은 밤에 푸른 봉황 타고 이야기를 나눈다.
보배로운 나무 무성하여 녹색 물결 일렁이고
바닷가에 수차례 파도가 출렁거린다.
바다 신 춤을 멈추고 허리를 돌리니,
천지에 육신 있어도 보존할 곳 없구나.
누가 비단 띠로 가을 하늘 휘감을까?
누가 옛 저울로 봄 눈을 잴까?
검은 거북이 땅을 지탱한 지도 수만 년,
밤낮으로 온몸의 신혈(神血)이 마르는구나.
오르고 가라앉는 일은 순식간에 변하니,
인간 세상의 하얀 파도도 이와 같다.
한낮에 뜬 해 높이 떠도 빛나지 않고,
찬 무지개 그림자 따라 성벽을 에워싸네.
성안 사람들이 어찌 성 밖을 알까?
찬 기운 어디서 오나 의심한다.

사슴 동산 풀은 자라고 문수보살은 죽고,
사자가 사람을 따라와 나무 아래서 포효한다.
오산(吳山) 바위 위에 앉아 가을바람 쐬며
높은 관 쓰고 운무를 헤치고 지나간다.

徐渭, <三茅觀觀潮>
黃幡繡字金鈴重, 仙人夜語騎青鳳.
寶樹攢攢搖綠波, 海門數點潮頭動.
海神罷舞回腰窄, 天地有身存不得.
誰將練帶括秋空? 誰將古概量春雪?
黑鰲載地幾萬年, 晝夜一身神血幹.
升沉不守瞬息事, 人間白浪今如此.
白日高高慘不光, 冷虹隨身縈城隍.
城中那得知城外, 卻疑寒色來何方.
鹿苑草長文殊死, 獅子隨人吼祇樹.
吳山石頭坐秋風, 帶著高冠拂雲霧.

부록작품 2

서위, <삼모관에서 눈을 감상하다>
높은 곳에 모인 도사들,
한밤중 임궁(琳宮)[87] 난간에 앉아 있네.

---

[87] 琳宮: 아름다운 보석 궁궐이란 뜻인데, 도교의 신선 세계나 도교 사원을 가리키는 말로 사용된다.

매화 향기에 꽃봉오리 피기는 쉬워도,
눈꽃이 만발하기는 어렵구나.
처마 아래 달빛 따뜻한 봄 같고,
강 건너 산봉우리 찬 겨울 같네.
저녁 까마귀 횃불에 놀라,
산안개 헤치고 날아가 버리네.

徐渭, <三茅觀眺雪>
高會集黃冠, 琳宮夜坐闌.
梅芳成蕊易, 雪謝作花難.
簷月沉懷暖, 江峰入坐寒.
暮鴉驚炬火, 飛去破煙嵐.

18

자양암(紫陽庵)

자양암(紫陽庵)[88]은 서석산(瑞石山)에 있다. 서석산은 바위가 아름답고 동굴도 깊다. 송나라 가정(嘉定) 연간에 마을 사람 호걸(胡傑)이 이곳에 살았다. 원나라 지원(至元) 연간에 도사(道士) 서동양(徐洞陽)이 이곳을 얻어 자양암으로 이름을 바꾸었다. 그의 제자 정야학(丁野鶴)[89]이 이곳에서 수행을 하였다. 어느 날, 정야학은 아내 왕수소(王守素)를 산으로 불러 다음과 같은 게(偈)를 남겼다.

"60년 동안 게으름을 피워 아무도 내 묘한 능력을 알아보지 못하네. 순리와 역경 모두 잊으니, 허공 속에서 영원히 고요히 머무르리라."

---

[88] 紫陽庵: 자양암은 紫陽道院이다. 瑞石山 橐駝峰 측면, 三茅觀 옆에 위치한다. 송나라 때 集慶堂을 만들었고 원나라 때 자양암으로 고쳤으며 명나라 때 수리하였다. 건륭 22년에 寶成寺 뒤쪽으로 옮겼으나 함풍 연간에 훼손되었다.

[89] 丁野鶴의 정확한 생몰연대는 알 수 없으나 元代 杭州 錢塘 출신의 인물로 알려져있다. 속세를 떠나 全眞道士가 되어 錢塘 吳山에 잇는 紫陽庵에 살았다. 하루는 아내인 王守素를 산으로 불러 자신이 쓴 시를 건네주고는 앉은 채로 세상을 떠났다. 사람들은 그가 학을 타고 날아갔고 아내 왕수소 또한 도를 얻었다고 하였다.

말을 마치고 무릎을 껴안은 채 죽었다. 왕수소는 그의 시신을 모시고 옻칠을 하여 앉아 있는 모습 그대로 보존하였다. 그녀 자신도 머리를 묶고 여관(女冠)이 되어 20년 동안 산에서 내려가지 않았다. 오늘날에도 정야학의 진신(真身)은 정자의 오른쪽에 있다. 정자 안에는 명현들이 남긴 글씨가 매우 많다.

그 암자는 오랫동안 폐허가 되어 있었으나, 명나라 정통(正統) 갑자년(1444)에 도사(道士) 범응허(範應虛)가 다시 지었고 섭대년(聶大年)이 기록을 남겼다.[90] 만력 31년(1603)에는 포정(布政) 사계진(史繼辰)[91]과 범래(範淶)가 공취정(空翠亭)을 지었고 <자양선적기(紫陽仙跡記)>를 썼다. 또 풍경을 그려놓았고 유명인의 시(詩)도 더하여 석정(石亭)에 새겼다.

> 紫陽庵在瑞石山. 其山秀石玲瓏, 巖竇窈窕. 宋嘉定間, 邑人胡傑居此. 元至元間, 道士徐洞陽得之, 改為紫陽庵. 其徒丁野鶴修煉於此. 一日, 召其妻王守素入山, 付偈云:"懶散六十年, 妙用無人識. 順逆俱兩忘, 虛空鎮長寂." 遂抱膝而逝. 守素乃奉屍而漆之, 端坐如生. 妻亦束髮為女冠, 不下山者二十年. 今野鶴真身在殿亭之右. 亭中名賢留題甚眾.
>
> 其庵久廢, 明正統甲子, 道士範應虛重建, 聶大年為記. 萬曆三十一年, 布政史繼辰、範淶構空翠亭, 撰《紫陽仙跡記》, 繪其圖景並名公詩, 並勒石亭中.

[90] 範應虛의 자는 志敏이고 호는 西云이다. 자양암의 도사로, 일찍이 ≪紫陽道院集≫을 지었다. 聶大年(1402-1456)의 자는 壽卿, 호는 東軒으로, 江西 臨川 사람이다. 仁和訓導, 教諭를 맡았고 나중에는 翰林에 들어가 元史 편수를 맡았다. ≪東軒集≫을 남겼다.

[91] 史繼辰의 자는 應之이고 호는 念橋이다. 萬曆 5년에 進士가 되어 浙江布政司를 맡았다.

부록작품 1

이유방, <자양암화에 쓰다>

　　남산(南山)은 남고봉(南高峰) 기슭에서 뻗어 나가 도성 안의 오산(吳山)까지 이어져 있는데, 바위들이 모두 기이하고 아름답다. 용정(龍井), 연하(煙霞), 남병(南屛), 만송(萬松), 자운(慈雲), 승과(勝果), 자양(紫陽)과 같은 곳은 바위 하나 벽 하나가 모두 며칠씩 머물며 구경할 만하다. 그중 자양암은 특히 정교하여 굽어보고 올려다보는 위치 하나하나 사람의 마음에 꼭 들어맞아 더욱 기이하다. 나는 기해년(己亥年)에 숙사(淑士)와 함께 이곳을 유람하였고 그 후에도 여러 번 호수에 갔다. 그러나 도성에 들어가는 건 두려워 두 산 사이만 자주 돌아다녔다. 유독 자양암과는 거리가 있었다. 신해년(辛亥年)에 방회(方回)와 함께 친구 운거(雲居)를 방문하기 위해 다시 한번 이곳에 왔다. 십여 년간 보지 않은 사이에 가슴속에 간직했던 기억이 사라져버렸다. 산과 물이 가장 아름다운 곳에서는 매번 황홀하여 정신을 차릴 수 없을 정도였다. 그 감동을 억지로 붙잡으려 해도 금방 사라져버렸다. 이런 묘한 느낌은 고통을 모르는 자에게는 말할 수 없다. 내가 자양암을 그리려고 할 때 다시 자양암을 놓쳐버렸다. 어찌 자양암뿐이겠는가! 무릇 모든 산과 물을 그릴 수 없지만 그렇다고 그리지 않을 수도 없으니, 그저 그 황홀하게 남은 느낌만 간직할 뿐이다. 맹양(孟暘)에게 웃음을 선사하기 위해 글로 적는다.

李流芳, <題紫陽庵畫>
　　南山自南高峰邐迤而至城中之吳山, 石皆奇秀一色, 如龍井、煙霞、南屛、萬松、慈雲、勝果、紫陽, 一岩一壁, 皆可累日盤桓. 而紫陽精巧, 俯仰位置, 一一如人意中, 尤奇也. 余己亥歲與淑士同遊, 後數至湖上, 以畏入城市, 多放浪兩山間, 獨與紫陽隔闊. 辛亥偕方回訪友雲居, 乃復一至, 蓋不見十餘年, 所往來於胸中者,竟失之矣. 山水絕勝處, 每恍惚不自持, 強欲捉之, 縱之旋去. 此味不可與不知痛癢者道也. 余畫紫陽時, 又失紫陽矣. 豈獨紫陽哉, 凡山水皆不可畫, 然不可不畫也, 存其恍惚而已矣. 書之以發孟暘一笑.

부록작품 2

원굉도, <자양궁에 관한 짧은 글>

나는 도성에 들어가는 것을 무엇보다 두려워한다. 오산(吳山)은 성안에 있어 온전히 구경하지 못하고, 다만 급하게 자양궁(紫陽宮)만 한 번 둘러보았다. 자양궁의 바위는 영롱하고 어여쁘며 변화무쌍한 모습이 차고 넘친다. 서호의 바위와도 비교할 수 없으니, 매화도인(梅花道人)[92]이 그린 한 폭의 생생한 수묵화같다. 어찌하여 성안에 가두어 욕보이며 산림(山林)에 은둔하는 자들이 가까이 갈 수도 없게 만드는지, 정말 한탄스럽다.

袁宏道, <紫陽宮小記>

余最怕入城. 吳山在城內, 以是不得遍觀, 僅匆匆一過紫陽宮耳. 紫陽宮石, 玲瓏窈窕, 變態橫出, 湖石不足方比, 梅花道人一幅活水墨也. 奈何辱之郡郭之內, 使山林懶僻之人親近不得, 可歎哉.

---

[92] 梅花道人: 元나라의 화가 吳鎭(1280-1354)이다. 오진의 字는 仲圭이고 매화를 사랑하여 스스로 梅花道人이라 불렀다. 浙江省 嘉善 사람이다. 오진은 산수화에 뛰어났는데, 특히 매화, 대나무, 바위를 잘 그렸다.

부록작품 3

왕치등, <자양암 정진인 사당>

깊은 골짜기 사람 발길 끊겼고,

아름다운 꽃 동굴 속에서 피어나네.

험준한 절벽은 땅과 어우러져 깨어지고,

무수한 형상이 산봉우리 따라 만들어졌네.

돌마다 구름 기운 서려 있고,

소나무도 물소리도 들리지 않는다.

정생(丁生)[93]이 학으로 변한 곳,

허물이 감정을 이기지 못하네.

王稚登, <紫陽庵丁眞人祠>

丹壑斷人行, 琪花洞里生.

亂崖兼地破, 群像逐峰成.

一石一雲氣, 無松無水聲.

丁生化鶴處, 蛻骨不勝情.

부록작품 4

동기창, <자양암에 쓰다>

먼지 가득한 도시에 신령한 봉우리 자리 잡고,

---

[93] 丁生: 漢나라 때 신선이 된 丁令威이다. 그는 遼東 출신으로 靈虛山에서 신선술을 배우고 학으로 변하여 고향의 성문에 날아와 앉았는데 한 소년이 활로 그를 쏘려 하자 공중으로 날았다고 한다.

구불구불한 길 깊고 고요한 푸른 궁전으로 이어진다.
오래된 동굴 봄이 왔어도 여전히 눈으로 뒤덮여 있고,
험준한 절벽 백 척 높이에 기울어진 소나무 서 있다.
원숭이 텅 빈 단에서 달빛 받으며 고요히 부르짖고,
돌아온 학 고국의 종소리 듣고 슬퍼한다.
돌의 정수 해마다 땀에 녹아내리고,
이 자리에 오르니 신선의 발자취 부끄럽구나.

董其昌, <題紫陽庵>
初鄰塵市點靈峰, 徑轉幽深紺殿重.
古洞經春猶悶雪, 危厓百尺有欹松.
清猿靜叫空壇月, 歸鶴愁聞故國鍾.
石髓年來成汗漫, 登臨須愧羽人蹤.

저자 **장대**(張岱, 1597-1689?)

명말 청초 시기의 문학가. 자는 종자(宗子) 또는 석공(石公)이며, 호는 도암(陶庵), 접암(蝶庵), 고검노인(古劍老人)으로, 만년에는 육휴거사(六休居士)로 불렸다. 절강(浙江) 산음(山陰, 현재의 浙江省 紹興) 출신이다. 사대부 가문에서 태어나 명나라가 망하기 전까지 부유한 생활을 하였다. 관직에는 큰 뜻을 두지 않았으나, 희곡, 차, 그림, 여행 등 다양한 분야에 관심을 두고 즐겼다. 명나라가 망한 후 산에 은거하며 과거의 화려했던 시절을 회상하는 글을 쓰며 생을 마감하였다. 대표작으로 ≪도암몽억(陶庵夢憶)≫, ≪서호몽심(西湖夢尋)≫, ≪석궤서(石匱書)≫ 등이 있으며, 서호 주변의 경물을 담은 ≪서호몽심≫은 장대의 대표작이라 할 수 있다.

역주자 **김숙향**(金淑香)

고려대학교 중문과 석사를 졸업하고 박사과정을 수료하였다. 상하이 푸단대학교에서 박사학위를 취득하였다. 현재 고려대학교 중국학연구소 연구교수로 재직 중이다. 석사학위 논문으로 ≪장대(張岱) <도암몽억(陶庵夢憶)> 연구(研究)≫를 썼고, ≪서호몽심≫에 관한 다수의 논문이 있으며, 장대의 대표 저작인 ≪도암몽억≫을 번역하였다. 명청 시기 문학과 문화에 관심을 두고 연구와 번역을 하고 있다.